dumont taschenbücher

Vittorio Magnago Lampugnani, geboren 1951 in Rom, studierte Architektur an den Universitäten Rom und Stuttgart; Dr. Arch. und Dr. Ing. 1974–1980 wissenschaftlicher Mitarbeiter an der Universität Stuttgart; 1980–1984 freiberuflich tätig und wissenschaftlicher Berater der Internationalen Bauausstellung Berlin. 1981–1982 Stipendium des Deutschen Akademischen Austauschdienstes im Berliner Künstleraustauschprogramm; ebenfalls 1981 und 1982–1983 Forschungsförderung des American Council of Learned Societies an der Columbia University in New York. 1984 Konzeption und Leitung der Ausstellung »Das Abenteuer der Ideen; Architektur und Philosophie seit der industriellen Revolution«, die in der Berliner Neuen Nationalgalerie und im Mailänder Palazzo della Triennale gezeigt wurde. 1985 Professor an der Harvard University in Cambridge, Mass. Gegenwärtig Fellow am Wissenschaftskolleg zu Berlin, wo er an einer Ideengeschichte der Architektur im 20. Jahrhundert arbeitet und im Auftrag der Triennale di Milano die Ausstellung »Le città immaginate: un viaggio in Italia« vorbereitet.

1981–1985 Redakteur der Zeitschrift *Casabella;* seit 1986 Berater des Herausgebers von *domus*, Mailand. Mitarbeit bei verschiedenen internationalen Fach- und Kulturzeitschriften, bei der *Frankfurter Allgemeinen Zeitung* und *Die Zeit*. Daneben Architekturentwürfe und Bauvorhaben; im Januar 1986 wurde seine Ausstellung »Drei Projekte für drei Städte: Architektur 1980–1985« in der Berliner daad-Galerie gezeigt.

Ausgewählte Buchpublikationen: *Ästhetische Grundlagen der architektonischen Sprache* (1977); *Architektur und Städtebau des 20. Jahrhunderts* (1980); *Architektur unseres Jahrhunderts in Zeichnungen* (1982); *Lexikon der Architektur des 20. Jahrhunderts* (1983); *Modelle für eine Stadt* (1984); *L'avventura delle idee nell'architettura 1750–1980* (1985).

Vittorio Magnago Lampugnani

Architektur als Kultur

Die Ideen und die Formen.
Aufsätze 1970–1985

DuMont Buchverlag Köln

Umschlag: Johann Friedrich Penther, Frontispiz aus »Ausführliche Anleitung zur Bürgerlichen Baukunst«, Augsburg 1745.

Frontispiz: Thomas Cole. Der Traum des Architekten. Gemälde 1840. Ausschnitt. The Toledo Museum of Art, Toledo (Ohio). Geschenk von Florence Scott Libbey

CIP-Kurztitelaufnahme der Deutschen Bibliothek

Lampugnani, Vittorio Magnago:
Architektur als Kultur. Die Ideen und die Formen.
Aufsätze 1970–1985. – Köln, DuMont, 1986
(DuMont-Taschenbücher; Nr. 177)
ISBN 3-7701-1923-1

Erstveröffentlichung
© 1986 DuMont Buchverlag, Köln
Alle Rechte vorbehalten
Satz und Druck: Rasch, Bramsche
Buchbinderische Verarbeitung: Bramscher Buchbinder Betriebe

Printed in Germany   ISBN 3-7701-1923-1

Inhalt

Einleitung

1

Geschichte, vor allem zeitgenössische, stellt sich in vielerlei Hinsicht als kurzatmige Abfolge kontradiktorischer Leitbilder dar, immer wieder und immer hastiger entwickelt, verbraucht und verworfen. Bei dieser permanenten Katharsis wird freilich manches überbewertet und überstürzt aufgenommen: Auf die jeweils gewärtigte Krise wird mit todernstem Eifer reagiert und somit unweigerlich auf die nächste Krise zugesteuert.

So auch und vor allem in der Geschichte der Architektur und des Städtebaus. Es gibt kaum einen Bereich der europäischen Kultur, der in den letzten hundert Jahren seine konzeptionellen Grundannahmen und Modelle so häufig ausgetauscht zu haben scheint wie die Architektur; und kaum einen, bei welchem das Pendel so stark von einem Extrem in das andere ausgeschlagen hat.

Der Anschein deckt sich nur in Teilen mit der Realität. Die ruckartige, diskontinuierliche Apodiktik, die er suggeriert, wird durch eine Historiographie unterstützt, die tendenziös ist, ohne ihre Tendenziosität offenzulegen. Die kanonische Geschichte der Architektur übergeht nicht ohne Überheblichkeit die vielen Geschichten der Architektur. So stellt sie oft das, was lediglich Wiederaufnahme und Modifikation eines lange bestehenden, möglicherweise verschütteten Entwicklungsstrangs ist, als völlig neue, wurzellose und somit unerklärliche Erscheinung dar, dem Nichts entsprungen wie das Universum nach der christlichen Schöpfungsgeschichte.

Emblematisch ist der Fall Deutschland. Es war in Deutschland, wo um 1910 Persönlichkeiten wie Walter Gropius, Ludwig Mies van der Rohe und Ernst May die »Moderne Bewegung« initiierten und sogleich, unter empörter Ablehnung des Begriffs des Stils, als überzeitliche Norm ausgaben. Und es war in Deutschland, wo das begründet wurde, was man als »Moderne Architekturhistiographie« bezeichnen könnte: eine ausgesprochen parteiliche Bauge-schichtsschreibung, die sich kurzerhand daran machte, die neue Architektur (genauer: das »neue bauen«) als korrekte einzige Inter-pretation und notwendige Konsequenz des »Zeitgeistes« des 20. Jahrhunderts darzustellen.

Die Protagonisten der deutschen »Modernen Bewegung« verkün-deten, daß sie ihre stilistischen Entscheidungen aus dem Wesen der jeweiligen Aufgabe, des jeweiligen Materials, der jeweiligen Her-stellungsvorgänge und vor allem aus den gesellschaftlichen Bedin-gungen ableiteten. Sie begriffen ihr künstlerisches Tun als notwen-dige Folge der sozialen Realität oder der (mutmaßlichen, nicht selten utopischen) sozialen Entwicklung. Genau dies aber suchten die Bauhistoriker: künstlerisches Tun als Sediment und Darstellung von Gesellschaft. In den Augen eines Nikolaus Pevsner, der das Hegel-sche deduktive Modell auf die Baugeschichte übertrug, war die Architektur zu einer passiven Disziplin geworden, abhängig von der sozialen Evolution. Die Architektur aber, die diesem Modell zu entsprechen vorgab und zu entsprechen schien, war jene der »Modernen Bewegung«.

1936 veröffentlichte Pevsner, der zwei Jahre zuvor aus Deutsch-land nach Großbritannien emigriert war, *Pioneers of the Modern Movement*[1]. Sigfried Giedion, der bei Heinrich Wölfflin in Mün-chen promoviert hatte, seit 1928 Generalsekretär der CIAM (Con-grès Internationaux d'Architecture Moderne) gewesen und 1938 als Professor an die Harvard University in Cambridge, Massachusetts, berufen worden war, publizierte 1941 *Space, Time and Architec-ture*[2]. Hinzu kamen die Arbeiten von Gustav Adolf Platz[3] und von Adolf Behne[4], wie auch jene von nicht-deutschen Historikern wie Henry-Russell Hitchcock[5].

Die letztgenannten waren kritischer und pluralistischer. Dennoch vermochten sie nicht zu vermeiden, daß es letztendlich ein partei-liches, gefärbtes, expurgiertes und somit unvollständiges Bild war, was von der Architekturproduktion der ersten drei Jahrzehnte des 20. Jahrhunderts in die nächsten überliefert wurde.

Dabei ist die Tradition der tendenziösen Geschichtsschreibung keineswegs ein ausschließliches Privileg des 20. Jahrhunderts. Gior-gio Vasari, der exponierteste Chronist der italienischen Renaissance, tobte um die Mitte des 16. Jahrhunderts gegen die »maniera tedesca«, wie er den gotischen Stil nannte, die sich »wie eine Pest« über die ganze Welt verbreite. Ein Jahrhundert später empörte sich der römische Kunstschriftsteller Giovanni Pietro Bellori über Francesco Borromini, von dem er berichtete, er nenne sich großspurig Architekt, obwohl er von richtiger Architektur keine Ahnung habe. Er und seinesgleichen »verunstalten Häuser, ganze Städte und die Denkmäler der Vergangenheit, indem sie wie verrückt mit vorspringenden Ecken, Aussparungen und geschwungenen Linien herumzaubern oder indem sie Sockel, Kapitelle und Säulen in falschen Proportionen mit allerlei Stuckfirlefanz und läppischem Schmuck mißgestalten«. Und beide konnten sich, bei einer etwas großzügigen Interpretation, auf keinen Geringeren beziehen als den Theoretiker und Historiker der römischen Antike, Marcus Vitruvius Pollio, der schon in der eigenen Zeit gegen die »gegenwärtig verderbte Mode« gewettert hatte, bei Wanddekorationen die Säulen durch Rohrstengel und die Giebel durch Zierrate mit krausen Blättern und verschlungenen Ranken zu ersetzen[6].

Mit nur leichten zeitbedingten Veränderungen finden sich die gleichen Schimpftiraden in den Büchern, Zeitschriften und Feuilletons von heute. Das ist an sich kaum weiter bemerkenswert, zumal es nichts anderes zeigt, als daß die zeitgenössische Historiographie ebenso parteilich ist wie die vergangene; bemerkenswert ist die weiterhin andauernde Konfusion von historischen, theoretischen und kritischen Argumenten.

2

Um dieser Konfusion Einhalt zu gebieten, bedarf es einer definitorischen Klärung der drei Grundbegriffe Geschichte, Theorie und Kritik. Erstens: Der Begriff Geschichte, ursprünglich das augenblickliche, zufällige Ereignis, umfaßt neben dem tatsächlichen Geschehen auch dessen Darstellung und erklärende Analyse. Zweitens: Der Begriff Theorie, etymologisch betrachtet das »Sehen des Angeschauten«, bezeichnet ein System von Aussagen über eine (hypothetische) gesetzmäßige Ordnung eines bestimmten Erkenntnis- oder Objektbereichs. Drittens: Der Begriff Kritik umgreift sämtliche Auseinandersetzungen mit Handlungen, Handlungsnormen und Handlungszielen in Form von Distanzierung, Beurteilung, Wertung, Infragestellung bis hin zur Negierung.

Auf Architektur übertragen: Geschichte ist das erklärende Erzählen dessen, was in der Vergangenheit im Bauen geschehen ist; Theorie ist das System von Aussagen, das die Gesetzmäßigkeiten erfaßt, die hinter diesem Bauen stehen. Kritik schließlich ist die beurteilende und wertende Auseinandersetzung mit Gebautem und mit den Gesetzmäßigkeiten, die es regieren.

Daraus ergeben sich vielfache Abhängigkeiten. Geschichte ist eng mit Theorie verknüpft, weil man nicht von Architektur erzählen kann, ohne die Prinzipien einzubeziehen, nach denen Architektur gemacht ist. Umgekehrt ist Theorie eng mit Geschichte verbunden, weil die Prinzipien, die Architektur bestimmen, sich weitgehend aus ihrer historischen Entwicklung ableiten. Und schließlich hängt Kritik sowohl von Geschichte als auch von Theorie ab, zumal die Beurteilung und Wertung von Architektur auf die Parameter angewiesen ist, die durch ihre Historizität und ihre selbstgewählten Gesetzmäßigkeiten aufgestellt werden.

Alle drei Disziplinen sind keineswegs objektiv. Der Historiker vermag bei der Darstellung und Deutung des architektonischen Geschehens nie von der eigenen Geschichtlichkeit (und der eigenen Meinung) abzusehen. Der Theoretiker vermag bei der Aufstellung von Aussagen über Befunde und gesetzmäßige Ordnungen im Bauen nie von subjektiven Hypothesen über ihre möglichen Zusammenhänge zu abstrahieren. Und der Kritiker ist schließlich bei der Wertung und Beurteilung von Architektur zu einer persönlichen Stellungnahme geradezu aufgefordert.

Dies ist solange vertretbar, wie das Persönliche in der Stellungnahme explizit und nachvollziehbar ist. Explizit, das heißt: Das Persönliche muß so weit wie möglich von dem Objektiven abgesetzt werden, die Meinung des Erzählers, Theoretikers, Kritikers muß von den Fakten, die berichtet, miteinander verknüpft und beurteilt werden, deutlich getrennt bleiben. Nachvollziehbar, das heißt: Die Grundlage, auf welcher die subjektive Haltung aufbaut, und die Schritte, die zu ihr geführt haben, müssen dargelegt werden; und zwar so genau und transparent dargelegt werden, daß der Leser auch zu einem anderen Schluß zu kommen vermag als der Autor.

Genau dies wird in den vorliegenden Texten versucht. Sie fügen sich zu einem livre à thèse, zu einer durchaus subjektiven und persönlichen theoretischen Konstruktion zusammen. Doch ist diese Konstruktion argumentativ so aufgebaut, daß die Argumentation selbst überprüfbar bleibt: Die Grundannahmen werden aufgedeckt und die möglichen »anderen« Schlußfolgerungen zumindest offengelassen. Die Kritik stellt sich ihrerseits der Kritik.

3

Gegenstand der hier zusammengetragenen Essays ist Architektur als Kultur: als Kunst und Technik des Bauens, die sowohl materielle Bedürfnisse der Menschen wie Schutz und Umhüllung als auch immaterielle Bedürfnisse wie Kommunikation und ästhetisches Behagen erfüllt. Die mit anderen Worten nicht nur die verschiedensten Aktivitäten der Menschen behaust, sondern auch Erfahrungen, Erinnerungen und Ideen mitteilt; und zwar mit ihrer Form.

Architektur in diesem Sinn ist nicht, wie die archaische Definition nahelegen könnte, das souveräne, ganz und gar autonome »Dach der Künste«; ebensowenig das unmittelbare Produkt von gesellschaftlichen oder kulturellen Entwicklungen, von diesen wie von Prägestempeln geformt. Sie ist eine durchaus eigenständige, klar abgrenzbare Disziplin, die kaum anders als etwa die Literatur oder die Malerei eigenen Gesetzen folgt, dabei jedoch von dem, was um sie herum geschieht, immer wieder entscheidend beeinflußt wird: von Philosophie, Politik, Ökonomie und Technik ebenso wie von sämtlichen Bereichen der Kultur, deren untrennbaren Bestandteil sie bildet.

Solche Beeinflussungen allerdings erfolgen auf meist gewundenen und nicht selten unerwarteten Wegen, beruhen eher auf gegenseitigem halben Verstehen (wenn nicht gar auf ausgesprochenen Mißverständnissen) als auf wirklicher Erkenntnis und sind so gut wie nie geradlinig, transparent und logisch. Inmitten eines feinverzweigten Labyrinths von Ereignissen und Ideen schafft sich die Architektur ihre vielen eigenen Geschichten; Geschichten, die manchmal parallel verlaufen, manchmal auseinandergehen, manchmal einander überlagern und manchmal auch gegenläufig sind.

Die Behandlung eines derart unorthodox definierten Gegenstands verlangt eine unorthodoxe Methode. Jene bietet sich an, die Alberto Savinio theoretisch erörterte und auch immer wieder praktizierte: durch »andere Dinge« das eigentliche Sujet einkreisen, es von (immer wieder verschiedenen) Seiten beleuchten, um es durch seine Ausstrahlung auf sein (stets anders betrachtetes) Umfeld zu erklären[7].

Auf die Architektur bezogen: Die expressionistischen Bauvisionen, die in der Zeit um den Ersten Weltkrieg geträumt wurden, können allein im Licht der mystischen Welle gesehen werden, die als Reaktion zum positivistischen Materialismus Anfang des 20. Jahrhunderts vornehmlich Mittel- und Nordeuropa erfaßte. Die

Etienne-Louis Boullée. Lesesaal als Erweiterung der Bibliothèque Nationale, Paris. Projekt um 1785.

Etienne-Chérubin Leconte. Saal des Rats der Fünfhundert, Paris. 1794–1797. Federzeichnung.

»Kehrtwendung« des Bauhauses von einer handwerklich orientierten Schule zur Inkubationsstätte der industriellen Produktgestaltung verläuft nahezu exakt parallel zum wirtschaftlichen Aufstieg Deutschlands nach 1920. Die kühnen, revolutionären Formen der Projekte eines Max Berg oder eines Ludwig Mies van der Rohe setzen die neuen Techniken im Stahlbetonbau voraus. Die Beschäftigung mit der Malerei des Kubismus und freilich mit jener des von ihm mitbegründeten Purismus liefert einen der wichtigsten Schlüssel zum Verständnis der ästhetischen Forschungen von Le Corbusier. Schließlich spielen generell die Biographien der Protagonisten (man denke an das bewegte Leben von Frank Lloyd Wright und an seine parallelen architektonischen »Neubesinnungen«) eine zentrale Rolle bei der Entwicklung und Wandlung ihrer Architekturhaltung.

Das vorliegende Buch ist ein Beitrag zu einer solchermaßen angelegten ideengeschichtlichen Betrachtung von Architektur. Im ersten Teil werden methodische Überlegungen angestellt, um die »eigenwillige Muse« auf angemessene (und bis zu einem gewissen Grad neuartige) Weise zu untersuchen. Im zweiten Teil werden mit diesem Instrumentarium beispielhafte architektonische und städtebauliche »Fälle« analysiert; dabei spannt sich stets ein Faden von der Vergangenheit zur Gegenwart und ihren aktuellen Anliegen. Im dritten Teil werden grundlegende Debatten, die in der architektonischen Kultur der letzten fünfzehn Jahre ausgetragen wurden, kritisch resümiert. Im vierten Teil wird – ebenfalls mit einem Blick auf das Heute – die widersprüchliche Beziehung der Architektur mit Faschismus, Nationalsozialismus und Demokratie problematisiert. Schließlich wird im fünften und letzten Teil zu architektonischen Fragen, die gegenwärtig intensiv diskutiert werden, Position bezogen. Mit behutsamer Entschiedenheit: Wirklich radikale (und dabei überzeugende) Haltungen lassen sich in der Architektur nur im konkreten Entwurf annehmen. Immerhin werden Ausblicke in die nahe Zukunft gewagt.

Die Aufsätze sind in sich abgeschlossene Untersuchungen einzelner Aspekte von Architekturgeschichte und Architekturtheorie, fügen sich jedoch zu einem zusammenhängenden Diskurs: jenem der Architektur als Kultur. Dabei geht es, bei aller Verschiedenartigkeit, immer wieder um eines: Es geht darum, die Ideen aufzuspüren, die sich hinter den architektonischen Formen verbergen. Das geschieht von vielen unterschiedlichen Blickwinkeln aus und anhand vieler unterschiedlicher Gegenstände; dementsprechend bleiben auch Überschneidungen (genauer: Wiederholungen) nicht aus. Daß die Erkundung insgesamt in einen Irrgarten von Widersprüchen führt, denen dennoch eine logische Konstruktion zugrunde liegt, macht die Erkundung selbst um so faszinierender.

Sämtliche Texte, die größtenteils in Zeitungen, Zeitschriften und Katalogen abgedruckt sind, wurden stark überarbeitet und in einigen Fällen auch ganz umgeschrieben. Die Erstpublikation ist am Anfang der zum jeweiligen Kapitel gehörenden Anmerkungen angegeben. Diese sind am Ende des Buches zusammengefaßt. Ein Personenregister, ein Register über Städte, Bauten, Institutionen und Vereinigungen und ein Register über Pläne, Projekte, Wettbewerbe erleichtert die Konsultation.

Von der an zahlreichen Stellen eingegangenen unmittelbaren wissenschaftlichen Schuld zeugen die Anmerkungen. Explizit möchte ich Henning Ritter danken, der entscheidende Hinweise zur Neuordnung und Überarbeitung des Materials gab und dessen Publikation anregte; Romana Schneider, die mit Gewissenhaftigkeit und Einfühlungsvermögen die Bildredaktion besorgte; Christa Sturm, die den Text mit Sorgfalt redigierte; und Ernst Brücher, der nicht nur das Buch verlegte, sondern auch mit ungewöhnlicher Geduld, Liberalität und Sympathie seine Entstehung mitverfolgte.

Die Entstehung selbst war letztlich nur dadurch möglich, daß ich in der (ziemlich langen) Zeit, die sie forderte, die generöse Gastfreundschaft des Wissenschaftskollegs zu Berlin in Anspruch nehmen durfte. Peter Wapnewski und allen Mitarbeitern des Kollegs sei deshalb hier mit besonderem Nachdruck für ihre Hilfsbereitschaft und Liebenswürdigkeit gedankt.

Berlin, April 1986   V. M. L.

I   Methodische Versuche

Die eigenwillige Muse
Einführung in eine komplexe Auffassung von Architektur

»Ganz verwirrt und verdüstert ward es unserm Freund zumute, welcher noch von alters her den Geist, der über den Wassern schwebte, und die hohe Flut, welche fünfzehn Ellen über den höchsten Gebirgen gestanden, im stillen Sinne hegte, und dem unter diesen seltsamen Reden die so wohl geordnete, bewachsene, belebte Welt vor seiner Einbildungskraft chaotisch zusammenzustürzen schien.

Den andern Morgen unterließ er nicht, den ernsten Montan hierüber zu befragen, indem er ausrief: Gestern konnte ich dich nicht begreifen; denn unter allen den wunderlichen Dingen und Reden hoffte ich endlich deine Meinung und deine Entscheidung zu hören; an dessen Statt warst du bald auf dieser, bald auf jener Seite und suchtest immer die Meinung desjenigen, der da sprach, zu verstärken. Nun aber sage mir ernstlich, was du darüber denkst, was du davon weißt!

Hierauf erwiderte Montan: Ich weiß so viel wie sie, und möchte darüber gar nicht denken.

Hier aber, versetzte Wilhelm, sind so viele widersprechende Meinungen, und man sagt ja, die Wahrheit liege in der Mitte.

Keineswegs! erwiderte Montan, in der Mitte bleibt das Problem liegen, unerforschlich vielleicht, vielleicht auch zugänglich, wenn man es darnach anfängt.«
Johann Wolfgang von Goethe, *Wilhelm Meisters Wanderjahre*, 1821[8].

Historisches Nachdenken über Architektur vermag, je nach ideologischer Ausgangsposition, zweierlei. Wird nach Theodor Lessing *Geschichte als Sinngebung des Sinnlosen*[9], als Systematisierung weitgehend zufälliger und willkürlicher Fakten aufgefaßt, bedeutet ihre Bewältigung die Erarbeitung eines kulturellen Hintergrunds, der auch neue Bauten prägt. Wird Geschichte hingegen als Abfolge widersprüchlicher, aber weitgehend gesetzmäßiger Prozesse verstanden, vermag ihre Analyse mehr: Durch die Auseinandersetzung mit der Vergangenheit kann die Gegenwart begriffen und die Zukunft in Teilen vorausgesehen werden.

Allerdings ist Architektur ein äußerst komplexes kulturelles Phänomen. Eine Betrachtung, die dieser Komplexität Rechnung tragen will, muß wenigstens die wichtigsten unter den zahlreichen Beziehungen berücksichtigen, in welche Architektur eingebunden ist:

– Die Architektur und ihre Voraussetzungen und Umfelder
– Die Architektur und ihre kollektive Geschichte
– Die Architektur und ihre Theorien
– Die Architektur und ihre Orte
– Die Architektur und ihre Urheber
– Die Architektur und ihre individuellen Geschichten
– Die Architektur an sich

Diese Beziehungen sind keineswegs linear. In jeder von ihnen entfaltet sich eine Dialektik, welche die Beziehung selbst gleichzeitig bestimmt und in Frage stellt. Die Untersuchung dieser Dialektik, die möglicherweise nur schiere Widersprüchlichkeit ist, vermag keine »Wahrheit« ans Licht zu bringen; nur ein Problem.

Die Architektur und ihre Voraussetzungen und Umfelder

»... die größten Erzeugnisse der Architektur sind weniger individuelle als soziale Werke; eher das Machwerk von arbeitenden Menschen als die plötzliche Erfindung von Genies; der Niederschlag, den eine Nation hinterläßt; die Schichtungen, welche die Jahrhunderte bilden; der Satz der sukzessiven Verdunstungen der menschlichen Gesellschaft; in einem Wort, eine Art von geologischen Formationen«[10].

Victor Hugo schrieb dies 1832. In der Tat ist Architektur eine soziale Manifestation, die von jeher eng mit den philosophischen, politischen, ökonomischen, technischen und künstlerischen Entwicklungen ihrer Zeit verknüpft ist. Die fünf Verknüpfungen sind allerdings widersprüchlich; Beispiele, die sie konkretisieren und erläutern, zeigen es mit großer Deutlichkeit.

Als erstes kann Architektur zur Folge der ihr zugrunde liegenden Weltanschauung erklärt werden. So leitete sich etwa der architektonische Rationalismus der zwanziger und dreißiger Jahre aus dem allgemeinen Vertrauen ab, die verschiedenartigen Probleme, welche die Wirklichkeit aufwarf, mit Hilfe der Vernunft lösen zu können. Innerhalb oder am Rande der fortschrittlichen, aufgeklärten Ideologien, die sich nach dem Zweiten Weltkrieg und im Fahrwasser der russischen Oktoberrevolution von 1917 in Europa verbreiteten, erblühte das »neue bauen« mit seiner kargen, dekorationslosen, essentiellen Formensprache[11].

Allerdings stellt sich die Idylle nur innerhalb einer generalisierenden und unscharfen historischen Sicht einheitlich progressiv dar. Betrachtet man das, was im deutschsprachigen Raum gängigerweise unter Begriffen wie »Moderne Bewegung« oder »Funktionalismus« zusammengefaßt wird, etwas genauer, erscheint die Strömung widersprüchlicher. Immerhin gehören ihr neben dogmatischen Kommunisten wie Hannes Meyer und romantischen Sozialisten wie Bruno Taut auch schwer einzuordnende Skeptiker wie Ludwig Mies van der Rohe an. Walter Gropius, der 1919 Vorsitzender des nach dem Vorbild der revolutionären Arbeiterräte organisierten »Arbeitsrats für Kunst« war, versuchte fünfzehn Jahre später zu erklären, die »moderne Architektur« sei die einzige, welche das Wesen der germanischen Rasse auszudrücken vermöge. Le Corbusier, der sich durchaus der sozialen Verpflichtung der Architektur bewußt war und die vielsagende Alternative »Baukunst oder Revolution«[12] aufstellte, machte aus seiner Verehrung für Benito Mussolini keinen Hehl[13]. Und Hugo Häring, mit seiner organischen Formensprache einer der eigenwilligsten Vertreter des »neuen bauens« (den Begriff prägte er übrigens selbst), polemisierte zwar 1926 gegen den architektonisch konservativen und ideologisch reaktionären Paul Schultze-Naumburg[14], grübelte aber bereits 1934, worin »die züchterische Arbeit der germanischen Rasse an den dargebotenen Formwesen« bestehen möge[15].

Als zweites vermag Architektur als Produkt der Politik deklariert zu werden: Das Bauen bildet die Machtverhältnisse ab, in welchen es entsteht. Demnach sind zum Beispiel die neoklassizistischen Monumentalbauten, die in den dreißiger und vierziger Jahren im nationalsozialistischen Deutschland und im faschistischen Italien entworfen und realisiert wurden, getreuer Ausdruck totalitärer Staatsformen.

Die trockene Formensprache, die schematisch und dennoch ungenau von der Antike entliehen wurde, sollte den abenteuerlichen Machtanspruch historisch rechtfertigen und die neuen Herrscher mit der respektablen Aura der Tradition umgeben; die starre geometrische Ordnung war die Widerspiegelung der politischen, der sich die betroffenen Völker angeblich freiwillig untergeordnet hatten; in den megalomanen Dimensionen materialisierte sich die offen ausgesprochene Absicht, die Menschen einzuschüchtern.

Soweit leuchtet das Beispiel ein. Es vorschnell verallgemeinern und von Formanalogien auf sinngemäß entsprechende (oder gar historisch unveränderliche) dahinterliegende Inhalte schließen zu wollen, hieße jedoch, die dialektische Prägung der Geschichte (und der Baugeschichte) zu übergehen. Gewiß besteht eine enge Beziehung zwischen Politik und architektonischer Form; ihre Nicht-Linearität, Veränderbarkeit und Komplexität müssen allerdings berücksichtigt werden. Es gibt durchaus Fälle unterschiedlicher politischer Konstellationen, die sich mit ähnlichen Gestaltmitteln architektonisch darstellen: 1925–1931 baute Johan Sigfrid Sirén im bürgerlich-demokratischen Finnland das Parlamentsgebäude in Helsinki in einem strengen Neoklassizismus, der jenem von Paul Ludwig Troost oder Albert Speer durchaus nahesteht; nur vertraten

3   Giuseppe Terragni. Casa del Fascio, Como. 1932–1936.

4   Albert Speer. Neue Reichskanzlei, Berlin. 1937–1939. Aufnahme 1939.

die letzteren das totalitäre Deutschland. Und umgekehrt gibt es
Fälle vergleichbarer politischer Systeme, die verschiedene Architektursprachen wählen: Die Casa del Fascio in Como, 1932–1936 von
Giuseppe Terragni gebaut und in elegantem rigoristischen Rationalismus gehalten, repräsentiert ein Regime, das jenem hinter der
unbeholfenen historistisch-klassizistischen Berliner Neuen Reichskanzlei von Speer (1937–1939) verwandt ist[16].

Als drittes läßt sich die Entwicklung der Architektur aus jener der
Ökonomie ablesen. Die Insulae, die mehrgeschossigen Wohnblocks
des imperialen Roms, spiegeln die brutale Grundstückspekulation
der Kaiserzeit wider: schlechte, kurzlebige Bautechniken, winzige
Wohnungen, enge Höfe, höchstmögliche Verdichtung[17]. Oder: Die
Pariser Durchbrüche des Präfekten Baron Georges-Eugène Haussmann sollten innerhalb eines politischen Regimes, das ein Mindest-
maß an politischen Rechten mit einem Höchstmaß an materieller
Prosperität (allerdings nur für die Oberschicht) auszugleichen trach-
tete, zahlreiche Haus- und Grundstücksbesitzer begünstigen,
indem ihr Eigentum aufgewertet wurde[18]. Oder: Die großen historistischen Mietskasernen des späten 19. Jahrhunderts, wie sie etwa in
Berlin entstanden, sind das architektonische Abbild der kapitalistischen Expansion vor dem Ersten Weltkrieg: Die oft kleinen und
engen Wohnungen, dicht zusammengedrängt, um die städtischen

5 Giuseppe Mengoni.
   Galleria Vittorio
   Emanuele II, Mai-
   land. 1865–1867.

Grundstücke möglichst intensiv auszunützen, waren die unmittelbare Folge der staatlich tolerierten, wenn nicht gar geförderten Spekulation, während die monumentalen Straßenfassaden Bürgerstolz
und Bürgerprotz zur Schau trugen[19]. Oder: Die vielbewunderten
glasüberdachten Passagen von Paris, Brüssel, Mailand oder Neapel
sind aus kommerziellen Gründen und auf der Grundlage von ge-
winnorientierter (wenngleich dabei keineswegs immer erfolgrei-
cher) Privatinitiative entstanden[20]. Schließlich: Die Entwicklung der
Großstädte nach dem Zweiten Weltkrieg, die dazu führte, daß sich
die gläsernen Gespenster des Finanzkapitals in die historischen
Stadtzentren fraßen und das Wohnen aus der City in die Peripherie
verdrängten, ist in erster Linie eine Folge falscher Grundstückspoli-
tik und mangelhaft kontrollierter Privatwirtschaft[21].
   All dies ist richtig, erklärt aber die architektonischen Phänomene
in nur unzureichendem Maß. Spielten für die Insulae die klimati-
schen Aspekte des antiken Roms und die Lebensgewohnheiten des
damaligen »Subproletariats« nicht eine ebenso große Rolle wie die
Spekulation? Verfolgte Haussmann neben ökonomischen nicht
auch militärische, hygienische und ästhetische Ziele? Sind die Mietskasernen des von Werner Hegemann angeprangerten »steinernen
Berlins« nicht auch ein Versuch, eine angemessene städtische Wohn-
form um ruhige, oft baumbepflanzte Höfe zu verwirklichen und mit

21

sorgfältig behandelten, im Ton einheitlichen Fassaden der kollektiven Verpflichtung zu einer qualitätvollen Stadtgestalt und einem geschlossenen Straßenraum nachzukommen? Tritt dieses Denken für die Allgemeinheit nicht auch in der »Profitarchitektur« der Passagen hervor? Und verliert nicht die Erklärung, der Kapitalismus sei an allem schuld, was die westeuropäischen und nordamerikanischen Städte zerstört, angesichts der teilweise schlimmeren Verödung der neuen Siedlungen in nicht-kapitalistischen Staaten entschieden an Aussagekraft?

Das Studium der wirtschaftlichen Verhältnisse – für das Verständnis von Architektur unumgänglich – darf nicht zu einer einfältig-eindimensionalen Wertung führen. Denn wenn auch die kapitalistische Degradierung des Baulands zu einer Ware und die daraus folgende Zersplitterung der Grundstücke einer übergreifenden (und mithin rationellen) Planung im Weg standen, war der ökonomische

6   Joseph Paxton. Kristallpalast, London. 1851. Skizze 1850.

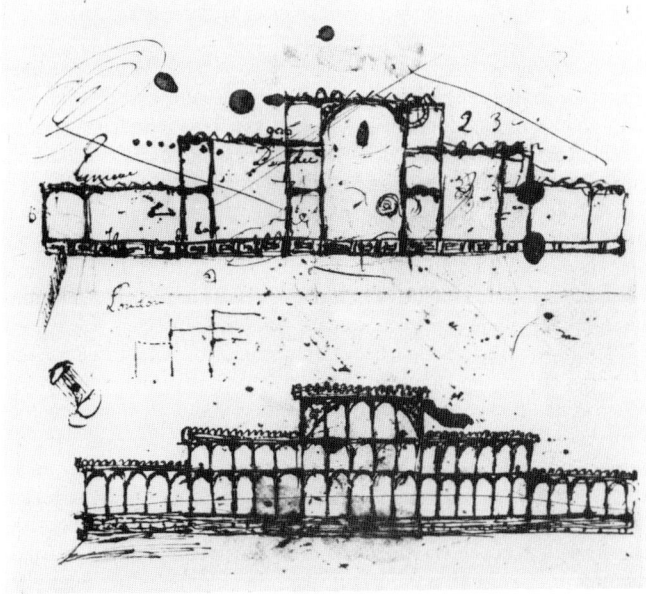

7   Joseph Paxton. Lismore Castle. 1850–1858.

Druck im Städtebau stets auch eine positive Kraft, welche die städtische Entwicklung vorangetrieben hat[22].

Als viertes kann Architektur aus der technischen Entwicklung abgeleitet werden: Die Veränderungen der Produktionsmittel, der Materialien und der Konstruktionsverfahren schlagen sich unmittelbar auf das Bauen nieder. So ist der Kristallpalast, den Joseph Paxton für die Londoner Weltausstellung von 1851 errichtete, eine direkte Folge der industriellen Revolution: Die gußeisernen Stützen und Gitterträger konnten nur hergestellt werden, weil man seit Mitte des 18. Jahrhunderts dank der Experimente von Abraham Darby das Eisen in größeren Mengen schmelzen konnte; der Entwurf beruhte maßgeblich auf der Länge der damals größten (und standardisierten) Glasscheibe, 1,25 m; die Bauteile wurden in der Fabrik in Serienproduktion vorgefertigt und innerhalb von sechs Monaten – einer aufsehenerregend kurzen Zeit – im Hyde-Park montiert[23].

So weit, so gut. Allerdings darf nicht übersehen werden, daß die technischen Möglichkeiten, die sich Paxton zunutze machte, teilweise schon lange vor seiner Zeit existierten. Schmiedeeisen und Gußeisen waren bereits nahezu vier Jahrtausende vor Christus den Ägyptern bekannt. Die Glastechnik, die ebenfalls aus Ägypten kam, wurde von den Römern so weit entwickelt, daß sie Fensterscheiben von einem Meter Seitenlänge gießen konnten[24] und Kaiser Tiberius im Jahr 30 n. Chr. aus einem Treibhaus mit Glaswänden seine Lieblingsspeise, Gurken, erhielt, die dort frühzeitig zur Reife gebracht wurden[25]. Desgleichen läßt sich das Prinzip der Serienproduktion bis tief in die Geschichte zurückverfolgen. Offensichtlich kam bei Paxton etwas Neues hinzu: der Wille, die vorhandenen technischen Möglichkeiten konsequent zu nutzen und spektakulär zu demonstrieren. Im übrigen baute der ehemalige Gärtner im gleichen Zeitraum, in dem sein filigranes, hochtechnisiertes, damals futuristisches Meisterwerk entstand, auch schwere, romantisch-schloßartige, konventionell gemauerte Landhäuser[26].

Schließlich wird als fünftes ein enger Zusammenhang zwischen Architektur und den übrigen kulturellen Phänomenen, insbesondere der bildenden Kunst, aufgezeigt. Das Paradebeispiel für diese Argumentation: In Paris ging zwischen 1905 und 1910 aus den parallelen Experimenten verschiedener Maler und Bildhauer – darunter Georges Braque und Pablo Picasso – der Kubismus hervor. Daneben artikulierten Persönlichkeiten wie Paul Klee, Wassily Kandinsky und Oskar Schlemmer ihre Vorstellungen von Durchsichtigkeit, Spiegelung und Mehrdimensionalität. Ungefähr zur gleichen Zeit tauchten in der Architektur kubische Formen, glatte Flächen, transparente und spiegelnde Glaswände, asymmetrische Kompositionen und dreidimensional ablesbare abstrakte Gebilde auf.

Doch so einfach, wie es die Aufzählung suggeriert, steht es um die Beziehung zwischen Architektur und künstlerischen Avantgarden nicht; eine differenziertere Sicht tut not. So entwickelte sich etwa zwischen 1911 und 1920 im Zusammenhang mit dem Einfluß der Pariser Kunstszene auf die tschechischen Maler (ein Einfluß, der vor allem durch den Kunsthistoriker und Sammler Vincenc Kramář gefördert wurde), die ephemere Bewegung des sogenannten Prager Architekturkubismus[27] um die Zeitschrift *Umělecký měsíčník* (Kunst monatlich) und übertrug die kubistischen gestalterischen Maximen auf ihre Bauten; das Ergebnis war eine vordergründige Kosmetik für weitgehend konventionelle Grundrisse und Herstellungsweisen. Ganz anders dagegen, trotz oberflächlicher formaler Ähnlichkeit, die frühen Arbeiten von Walter Gropius: Er versuchte, die Häuser innen neu zu organisieren, industrialisierte Technologien anzuwenden, einer fortschrittlichen ideologischen Weltanschauung baulichen Ausdruck zu verleihen. Keine Frage, daß er in die Suche nach der angemessenen Formensprache für diese Bemühungen den Einfluß des Kubismus und der parallelen Strömungen der bildenden Kunst aufnahm; doch sie sind nur einer der Parameter, die seine Architektur erklären.

Es zeigt sich: Architektur kann bereits in der Beziehung zu ihren Voraussetzungen und Umfeldern nicht eindimensional begriffen werden. Sie muß als soziale Manifestation verstanden werden, die aus gesellschaftlichen Entwicklungen erklärbar ist und ihrerseits gesellschaftliche Entwicklungen prägt. Andererseits ist jeder Schöpfer von Baukunst ein kreatives Individuum in eigenwilligem Widerspruch zu Prozessen, die er zu beeinflussen, zu lenken oder gar zu überwinden versucht. So spiegelt zwar das Bauen die Philosophien und Ideologien der jeweiligen Zeit und der jeweiligen kulturellen Gruppierungen wider, behält sich jedoch stets einen Interpretationsraum vor. Es bildet die politischen Systeme ab, die es in Auftrag gaben, aber keineswegs ausnahmslos affirmativ und schon gar nicht linear. Es leitet sich aus den ökonomischen Verhältnissen ab, allerdings immer wieder auf andere Art und Weise. Es orientiert sich an den bestehenden technischen Möglichkeiten, folgt jedoch kaum aus ihnen. Schließlich bewegt es sich in Wechselwirkung mit den künstlerischen Avantgarden, nimmt jedoch nur partiell und diskontinuierlich Anteil an ihren Experimenten.

Die Architektur und ihre kollektive Geschichte

Eine Betrachtung von Architektur darf sich aber nicht auf die Untersuchung ihrer Abhängigkeiten beschränken. Verarbeitet das Bauen als schöpferischer Akt die unterschiedlichen architekturexternen Impulse des besonderen historischen Augenblicks, stützt es sich ebenso auf die eigene, disziplinimmanente Geschichte. In jeder großen Architektur ist latent die Geschichte aller vorausgegangenen Architekturen enthalten; denn jedes bedeutende Werk unterhält eine gleichzeitig vertraute und widerstrebende Beziehung zu zahlreichen Vorbildern[28].

In der Tat wäre die gesamte Entwicklung der Architektur von der Mitte des 18. Jahrhunderts bis heute undenkbar ohne das, was davor sich im Bauen ereignete. Der Klassizismus könnte ohne seine Ideale der griechischen und römischen Antike nicht existieren. Ein Bau wie Karl Friedrich Schinkels Altes Museum in Berlin (1822–1828) ist ohne die Vorbilder des Parthenons in Athen und des Pantheons in Rom unvorstellbar. Ebensowenig hätte natürlich der Historismus ohne die historischen Stile bestehen können, auf die er sich bezieht;

8 Francesco Borromini.
San Carlo alle quattro
Fontane, Rom.
1634–1641.

9 Charles Garnier. Le Nouvel
Opéra, Paris. 1861–1874.
Treppenhaus.

Charles Garnier etwa brauchte für seinen Nouvel Opéra in Paris (1861–1874) den Barock, um ihn als Neobarock wiederaufleben zu lassen. Die Arts-and-Crafts-Bewegung stützt sich auf die geistige Haltung und auf die Formensprache des Mittelalters; selbst das Red House, das Philip Webb für William Morris 1859 in Bexley Heath (Kent) baute und das zuweilen als Auftakt der »modernen Architektur« präsentiert wird, ist eine neogotische Komposition mit sichtbar belassenem Mauerwerk, asymmetrisch zusammengefügten Räumen und romantisch eingeschnittenen Spitzbögen. Der Jugendstil knüpft trotz seines radikalen Neuerungsanspruchs ebenfalls an die – vornehmlich späte – Gotik an; Kraftlinien, wie sie etwa Henry van de Velde 1901/02 im Hagener Folkwang Museum schuf, erinnern an die dekorativ miteinander verflochtenen Rippen der Gewölbe der Kapelle des King's College in Cambridge. Das gleiche gilt für die schlanken Tragglieder früher Eisenkonstruktionen wie das Palm House, das Decimus Burton und Richard Turner 1844 in Kew Garden bauten. Der Rationalismus lehnt sich an die Renaissance an; die Dekompositionen eines Theo van Doesburg sind in ihren Grundprinzipien jenen eines Filippo Brunelleschi ähnlich, die Suche nach geometrischen und proportionalen Regeln, wie sie von Ludwig Mies van der Rohe und Le Corbusier mit großer Akribie vorangetrieben wurde, folgt den Forschungen von Leon Battista Alberti und Andrea Palladio. Die organische Architektur schöpft aus der Quelle der traditionellen regionalen Architektur und aus dem Barock; die frei artikulierten, einfachen Usonian Houses von Frank Lloyd Wright sind den Farms der frühen amerikanischen Siedler nachempfunden, während die schwingenden Kurven und atmenden Volumina von Alvar Aalto entfernt an jene von Gian Lorenzo Bernini oder Guarino Guarini erinnern. Innerhalb des Traditionalismus orientierten sich Architekten wie Heinrich Tessenow an volkstümlichen Haustypen. Im Neoklassizismus versuchten sich Baumeister wie Albert Speer in einer ungelenken Umdeutung von Karl Friedrich Schinkel. Der Spätrationalismus nach dem Zweiten Weltkrieg bemühte sich um die Fortführung des Vorkriegsrationalismus. Im Rahmen der darauf eintretenden Reaktion entdeckte Louis Isidore Kahn die typologische Vielfalt der römischen Antike neu, wie sie sich etwa in dem gebauten Architekturtraktat der Villa Adriana bei Tivoli offenbart. Und die gegenwärtig tätigen Architekten sind mit dem Bekenntnis ihrer Vorbilder sogar explizit: Peter Eisenman bezieht sich auf Giuseppe Terragni, Richard Meier auf Le Corbusier, Aldo Rossi auf Adolf Loos sowie auf Etienne-Louis Boullée,

Giorgio Grassi auf Heinrich Tessenow, Paolo Portoghesi auf Francesco Borromini, Oswald Mathias Ungers auf Friedrich Weinbrenner, Josef Paul Kleihues auf Peter Behrens.

Doch wäre nichts falscher, als darin lediglich eine lineare Kontinuität oder gar eine Serie von Revivals zu sehen. Der Widerspruch entfesselt sich mit der innovativen Kraft der Strömungen und dem Schöpfertum der einzelnen Protagonisten. Jede Tendenz nimmt sich eine Stilrichtung zum Vorbild, um sie auf den Kopf zu stellen; jeder Architekt einen oder mehrere andere Architekten, um sie in irgendeiner Weise zu widerlegen. In der Baugeschichte geht es weniger um das Gemeinsame als um das Neue und Andersartige. Die Architekten, die darin eingehen, tun es nicht auf Grund dessen, was sie übernommen, sondern was sie anders gemacht haben.

Die Architektur und ihre Theorien

Von besonderer Wichtigkeit und gleichzeitig besonderer Widersprüchlichkeit ist das Verhältnis von Architektur und Theorie. Seit Marcus Vitruvius Pollio ist die Architekturtheorie ein wesentlicher Impuls für die Baukunst[29]; und seit Marcus Vitruvius Pollio ist die Beziehung zwischen Theorie und Praxis eigentümlich zwiespältig.

Freilich gibt es Fälle, in denen diese Beziehung durchaus linear nachvollziehbar zu sein scheint. Adolf Loos verwirklichte die Prinzipien der Schlichtheit, Kargheit und dekorativen Zurückhaltung, die er 1908 im Aufsatz »Ornament und Verbrechen« ebenso einnehmend wie eindringlich dargelegt hatte[30], zwei Jahre später im Haus Steiner in Wien, ein revolutionär einfaches Gebäude mit glatten weißen Wänden und scharf eingeschnittenen Fensteröffnungen. Und Le Corbusier, der im 1923 erschienenen Buch *Vers une architecture* gefordert hatte[31], die Großindustrie müsse sich des Bauens annehmen und die Hauselemente in Serie herstellen, hatte sich tatsächlich bereits zwischen 1914 und 1915 im Projekt der Maison Dom-ino mit dem Problem des industrialisierten Bauens auseinandergesetzt.

Aber schon unter der Oberfläche dieser scheinbaren Übereinstimmungen schwelen die Widersprüche. Denn die asketisch kargen Hüllen von Loos' Häusern verbergen edle, teilweise sogar verschwenderische Innenausstattungen; und trotz seiner wiederholten Plädoyers für die Serienherstellung im Bauen sind Le Corbusiers

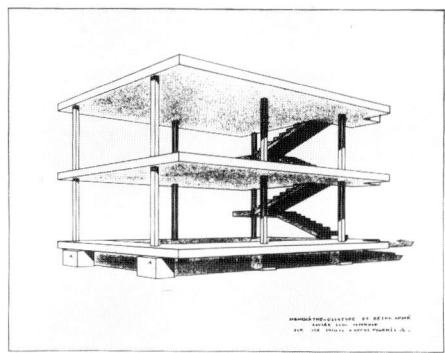

10 Le Corbusier.
    Maison Dom-ino.
    Projekt 1914/15.

Architekturen konventionell hergestellte Gebilde, die den Einbruch
der Industrialisierung lediglich in einer poetischen Metapher ver-
künden.

Das gleiche tat der Deutsche Pavillon, den Ludwig Mies van der
Rohe anläßlich der Internationalen Ausstellung 1929 in Barcelona
realisierte. Das raffinierte Meisterwerk des Architekten, der sechs
Jahre früher mit Nachdruck »jede ästhetische Spekulation, jede
Doktrin und jeden Formalismus« zugunsten neuer Konstruktions-
weisen abgelehnt hatte[32], ist ein ausgesprochen ästhetisches, doktri-
näres und formalistisches Objekt. Und eine ausgesprochene konstruktive Lüge. Das Dach, das sich als dünne Betondecke darstellte,
war aller Wahrscheinlichkeit nach – die Konstruktionspläne sind
nicht erhalten – ein komoufliertes leichtes Stahlskelett: Eine solche
Betondecke hätte damals gar nicht gebaut werden können, sie wäre
unter dem eigenen Gewicht zusammengestürzt. Auch die ver-
chromten Stützen, die als die einzigen sichtbaren Tragelemente auf-
traten, erfüllten ihre statische Aufgabe keineswegs alleine: In den
Wänden versteckt (»Bei tragender Binderkonstruktion eine nicht-
tragende Wand«[33]) befanden sich weitere Stützelemente, die das
sonst zu schwere Gewicht des Daches mit in die Fundamente ableiteten. Wiederum ging es nicht um die Realität eines konstruktiven
Prinzips, sondern um dessen Sinnbild. Daß dieses Sinnbild zu einem
Ausstellungsstück wurde (denn der Barcelona-Pavillon war keineswegs eine Hülle für Ausstellungsgegenstände, sondern er war selbst,
und zwar bereits vom Programm her, ein Exponat) zeigt die große
ihm beigemessene Bedeutung.

Ein noch eklatanterer Widerspruch, jenem von Le Corbusier und Mies van der Rohe nicht unähnlich, offenbart sich bei Hermann Muthesius. 1902 hatte er geschrieben: »Der menschliche Geist denke nur die Formen aus, die die Maschine leisten kann, und diese werden, sobald sie logisch aus den Bedingungen der Maschine entwickelt sind, auch das sein, was wir getrost künstlerisch nennen können«[34]. 1914 machte er dem Deutschen Werkbund den Vorschlag, er möge sich der Typisierung annehmen – ein kühner, weitsichtiger und damals geradezu subversiver Vorschlag, der nicht zufällig auf Ablehnung und Entrüstung stieß. Zur gleichen Zeit – und bis tief in die zwanziger Jahre hinein – war Muthesius allerdings damit beschäftigt, herrschaftliche Landvillen für das vornehmlich Berliner Großbürgertum als luxuriöse, exklusive und anachronistische handwerkliche Einzelstücke zu bauen.

Bei alledem geht es nicht darum, Loos, Le Corbusier oder Muthesius Inkonsequenz vorzuwerfen. Jeder dieser Widersprüche hat seinen guten historischen Grund. Das nicht schematische, widersprüchliche und manchmal sogar gebrochene Verhältnis zwischen Theorie und Praxis läßt sich immer wieder feststellen: nicht nur, aber vielleicht ganz besonders in der Architektur.

Die Architektur und ihre Orte

Architektur kann nicht losgelöst von dem Ort betrachtet werden, wo sie steht: Sie unterhält mit ihm eine komplexe Beziehung. Damit ist das ebenso häufig wie unzufriedenstellend diskutierte Problem des genius loci angerissen[35].

In der freien Landschaft bemüht sich die Architektur oft um Einpassung und Verschmelzung. Viele traditionelle Bauernhäuser, aber auch die Prairie Houses von Frank Lloyd Wright übernehmen die Materialien und die Farben von der sie umgebenden Natur, in welche sie sich ducken und mit ihrem »Windmühlen-Grundriß« hineingreifen. Dagegen stehen etwa die hoch aufragenden, betont künstlichen Häuser einiger Tessiner Bergdörfer oder die Bauten des frühen Rationalismus: Die von Le Corbusier 1927–1931 gebaute Villa Savoye in Poissy schwebt auf ihren schlanken Pilotis wie ein fremder Schmetterling über der Wiese, und ihre kubistisch inspirierten, entschieden artifiziellen Formen setzen sich stolz von jenen der Natur ab.

Der gleichen Ambivalenz begegnet man im städtischen Kontext. Victor Horta übernahm in seinem Brüsseler Hôtel Tassel von 1892/93, einem Haus in einer Baulücke, das Erkerelement der Nachbarhäuser, das in seiner immer wieder variierten Wiederholung die Straßenfront prägt, und verwandelte es lediglich in einen elegant sich hinauswölbenden Teil der schwungvollen Jugendstilfassade. Im Gegensatz dazu scherte sich Gerrit Thomas Rietveld wenig um die bestehende Bausubstanz, als er 1924 sein Haus Schröder an eine Utrechter Häuserzeile anfügte – in einem völlig anderen Maßstab und mit einer unbekümmert dissonanten, verwegen eigenwilligen Fassadengliederung.

Aber das Phänomen des genius loci ist komplexer. Denn es ist nicht immer nur so, daß eine bestimmte – ländliche oder städtische – Umgebung die Architektur in irgendeiner Weise konditioniert. Auch der gegenteilige Fall kann eintreten: daß eine bestimmte Architektur die Umgebung prägt.

Es gibt Bauten, die auf Grund ihrer Nutzung, ihrer Lage, ihrer Dimension und vor allem ihrer herausragenden Form zu Festpunkten und Katalysatoren städtischen Wachstums werden. Sie überdauern Generationen von Häusern, werden von den unterschiedlichsten gesellschaftlichen Systemen angeeignet, ändern immer wieder ihre Funktion und ihre Bedeutung und bleiben dabei stets in ihrer ursprünglichen Architekturform erkennbar[36]. Zudem strahlt ihr Einfluß in die Umgebung aus und bestimmt nicht selten die benachbarte Bebauung.

Ein Beispiel für dieses Phänomen sind die altrömischen Amphitheater. Nach dem Zusammenbruch des Imperiums verloren sie ihre Funktion; hinzu kam, daß die Städte stark schrumpften. Dennoch blieben die großen antiken architektonischen Strukturen bestehen. In Nîmes verwandelten die Visigoten das Amphitheater in eine Festung, die eine kleine Stadt von etwa 2000 Einwohnern umschloß; der Rest des ursprünglichen urbanen Areals wurde aufgegeben. Ähnlich wurde in Arles mit dem Theater umgegangen. In Lucca wurde das elliptische altrömische Bauwerk vollständig in das mittelalterliche städtische Gewebe integriert und als Wohn- und Ladenraum genutzt; auch die Arena wurde teilweise zugebaut. 1838 plante Lorenzo Nottolino die Wiedereröffnung des internen Platzes, die in der Folgezeit durchgeführt wurde. In Florenz ist der Umriß des nicht mehr existierenden Amphitheaters noch heute in der Straßenführung und in der Planimetrie der Häuser erkennbar, die an seiner Stelle entstanden sind.

11 Lucca. Die Piazza del Mercato (auf dem Grundriß des römischen Amphitheaters). Stich aus dem 19. Jahrhundert.

12 Florenz. Das Stadtviertel von Santa Croce mit den Bauten, die auf dem Fundament des römischen Amphitheaters errichtet wurden.

Besonders emblematisch ist jedoch das Kolosseum (Amphi-
theatrum flavium) in Rom. Mit dem Bau wurde im 1. Jahrhundert
n. Chr. unter Kaiser Vespasian begonnen, nachdem ein von Nero
angelegter künstlicher See im heiligen Tal zwischen Palatin, Esquilin
und Caelius zugeschüttet worden war; unter Titus wurde das
Monument 80 n. Chr. vollendet. Gladiatorenkämpfe fanden zuletzt
405, Tierhetzen bis 523 statt. Danach blieb der Bau bis ins 11. Jahrhundert ungenutzt. Anfang des 12. Jahrhunderts wurde er in die
Festung des römischen Adelsgeschlechts der Frangipani einbezogen. Danach wurde das Gebäude als Steinbruch für den Dom von
Orvieto, Palazzo Venezia, die Cancelleria und Palazzo Farnese verwendet. Papst Sixtus V. beabsichtigte, ihn in eine große Wollspinne-
rei zu verwandeln, um die marode wirtschaftliche Lage Roms zu
verbessern; in seinem Auftrag erarbeitete Domenico Fontana 1590

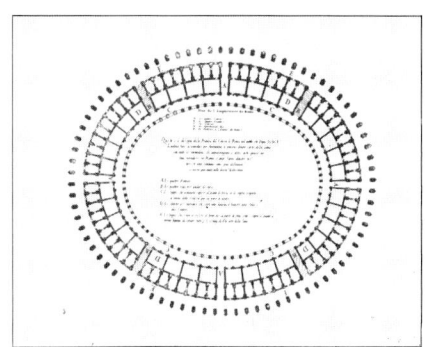

13 Domenico Fontana.
    Projekt, das Kolos-
    seum in Rom als
    Wollspinnerei mit
    Arbeiterwohnungen
    zu nutzen. 1590.

einen entsprechenden Entwurf, der im Erdgeschoß die Werkstätten
und in den oberen Stockwerken die Arbeiterwohnungen vorsah.
1707 projektierte Carlo Fontana (der übrigens mit Domenico *nicht*
verwandt ist) den Umbau des Kolosseums in ein Forum für eine
Zentralbaukirche; 1744 wurde es als Märtyrerstätte geweiht. Im 19.
Jahrhundert wurde die Ruine ausgegraben und vor weiterem Zerfall
geschützt. Die Restrukturierungen des umliegenden Stadtbereichs,
die größtenteils unter dem faschistischen Regime durchgeführt wurden, ordneten sich der dominierenden Anwesenheit der Großform
unter.
    Bemerkenswert ist, daß bei den altrömischen Amphitheatern
zwar die unterschiedlichsten Nutzungen und Modifikationen

geplant und teilweise realisiert wurden, in den seltensten Fällen jedoch der Abriß erwogen oder gar durchgeführt wurde. Die Erklärung, man habe eine so große Baumasse aus utilitaristischen und ökonomischen Gründen nicht ohne weiteres aufgeben wollen, trifft nur einen Teil der Wahrheit. Der andere liegt im Respekt vor der konkretisierten schöpferischen und handwerklichen Arbeit, vor der Leistung, der Dimension, der Form, der enigmatischen Schichtung von Bedeutungen. Kurz: Er liegt in der Architektur an sich.

Daß auch dieses Phänomen sein Gegenstück hat: daß es nämlich Bauwerke gibt, die ihre Funktion und Bedeutung nicht verändern, nicht auf ihre Umgebung ausstrahlen und auch nicht erhalten werden, braucht nicht weiter ausgeführt zu werden; denn solche Bauten sind die Regel.

Das Problem des genius loci ist zu vielschichtig, um an dieser Stelle mit auch nur annähernd zufriedenstellender Vollständigkeit abgehandelt zu werden. Es sollen nur zwei weitere Aspekte angerissen werden: die »Vorbestimmtheit« gewisser Orte, durch Architektur zusätzlich charakterisiert und angereichert zu werden, und die Fähigkeit von Architektur, sich zu verselbständigen und durch ihre Präsenz »Orte« zu schaffen.

Bleiben wir beim Beispiel Rom. Die Stelle der Campagna, an welcher die Stadt gegründet wurde, war keineswegs zufällig. Vergils Beschreibung ist aufschlußreich:

»Als er (Euander) dieses gesagt, da zeigt er im Gehn den Altar ihm (Aeneas)
Und das carmentalische Tor, das gepriesen von allen
Römern noch heute, ein ehrendes Denkmal der Nymphe Carmentis,
Jener Prophetin, welche zuerst des aeneischen Stammes
Künftige Macht und den Ruhm des Pallanteum verkündet.
Dann den gewaltigen Hain, den zur Freistatt machte der tapfre Romulus, auch das Lupercal am Fuß des eisigen Felsens,
Wie's in Arkadien Brauch, nach dem Pan vom Lykeios es nennend.
Ferner zeigt er den Wald des grausigen Argiletum,
Weist ihm die Stätte, erzählt ihm des Gastfreunds Argus Ermordung;
Auch zum tarpeischen Fels und zum Kapitolium führt er,
Das, nun golden, voreinst von wilden Dornen umstarrt war.

Damals schon schreckt ein heiliges Graun vor dem Ort das ver-
zagte
Landvolk, damals schon sah es mit Beben den Wald und den
Felsen.
›Dort im Haine‹, so sprach er, ›und hoch auf dem schattigen
Hügel
Wohnt ein Gott, doch welcher, ist ungewiß . . .‹«[37]

Die Bebauung eines solchen schon von vornherein »grauenvollen
Ortes« steigert dessen Qualität; nicht nur optisch, wirtschaftlich
und funktional, sondern auch und vor allem im Bewußtsein der
Bewohner. Formen, Ereignisse, Emotionen, Bedeutungen lagern
sich in geheimnisvollen Stratifikationen ab; Nutzungswechsel tragen zu immer neuen Konnotationen bei. Konstant bleiben im historischen Prozeß nur der Ort und die Architektur, die jenseits ihrer
ursprünglichen Bestimmung einen verselbständigten Wert erhält.
  Dieser Wert ist eng mit der Form und dem Originalitätscharakter
der Architektur verbunden; kommt die eine oder der andere abhanden, verflüchtigt sich auch der Wert. Das ist der Grund, weswegen
Plätze, Straßen und Gebäude, die nach einer Zerstörung angeblich
»originalgetreu« wiederhergestellt werden, meistens nur optische
Kulisse bleiben: Die geistige Substanz, die Architektur gewordenen
Ereignisse und Signifikate sind unwiederbringlich verloren. Das
Faksimile, als solches erkannt, wird zur hohlen Theaterszenerie.

Die Architektur und ihre Urheber

Architektur ist eine rational überprüfbare, logisch entwickelbare
und mitteilbare Disziplin; wäre sie es nicht, würde jede Architekturgeschichte, jede Architekturtheorie und jede Architekturkritik
gegenstandslos. Das bedeutet jedoch nicht, Architektur wäre deswegen objektiv. Sie ist dort, wo sie nicht akademisch ist, stets entscheidend von den Persönlichkeiten ihrer Urheber geprägt.
  So kann es geschehen, daß zwei Architekten, die als Zeitgenossen
vergleichbaren Architekturhaltungen verpflichtet sind, trotzdem
unterschiedliche Architekturen machen: weil ihre Charaktere verschieden sind. Le Corbusier, dem eine überschäumende Vitalität
eigen war, konzentrierte sich auf die plastischen Werte des architek-

tonischen Rationalismus, überwand dessen Schematismus bereits in den frei gestalteten Dachaufbauten der Villa Savoye in Poissy und brach schließlich mit Notre-Dame-du-Haut in Ronchamp (1950–1954) vehement mit der ursprünglichen Strenge. Ludwig Mies van der Rohe hingegen, der die kühle Selbstdisziplin zum höchsten Gebot erhob, folgte in der eigenen recherche patiente einem entgegengesetzten Weg und strebte in seiner Architektur die extreme formale Reduktion an: War der Deutsche Pavillon auf der Internationalen Ausstellung in Barcelona bei aller Zurückhaltung noch ein vielgestaltiger Bau mit seinem »fließenden Raum« zwischen den ausgreifenden Wandsegmenten aus unterschiedlichen edlen Materialien, versagten sich Gebäude wie das Farnsworth House in Plano, Illinois (1949/50), selbst die letzte freundliche Geste, um durch die Reinheit der absoluten Geometrie zu einer eisigen Sprache des Schweigens zu gelangen.

Freilich waren beide Meister der »Modernen Bewegung« keineswegs Sklaven ihrer Persönlichkeitsstruktur und agierten nicht als isolierte Individuen, sondern in enger – und kritischer – Beziehung zu den kulturellen Bewegungen ihrer Zeit. Dies zeigen Projekte, die aus ihrem Psychogramm herauszufallen scheinen: etwa die äußerst strengen Maisons Citrohan von Le Corbusier (1920–1922) oder die expressiven gläsernen Wolkenkratzerprojekte von Mies van der Rohe (1920/21). Auch die Beziehung zwischen schöpferischem Individuum und Zeitgeist, zwischen Subjektivem und Gesellschaftlichem ist in der Architektur wechselseitig.

Es geht noch weiter. Denn nicht allein die Persönlichkeit des Architekten beeinflußt sein Werk, sondern auch seine Biographie. Es wird gemutmaßt, die Entfaltung von Le Corbusiers sinnlicher Formensprache fiele mit jener der eigenen Sinnlichkeit zusammen[38]. Die architektonischen »Neubesinnungen« von Frank Lloyd Wright wurden entscheidend von persönlichen Erlebnissen forciert: Der tragische Tod von seiner Lebensgefährtin Mamah Cheney beim Brand von Taliesin im Jahr 1914 trieb den amerikanischen Architekten nach Japan und in eine neue Schaffensperiode. Und Aldo Rossi gibt offen zu, daß besonders enge und intensive Beziehungen, die er zu einigen Städten und zu einigen Frauen in diesen Städten gehabt hat, seine Architektur geprägt haben. »Denn es ist undenkbar, daß wir, während wir diese oder jene bestimmte Architektur machen, nicht auch etwas anderes ausdrücken wollen, etwas von uns. Dies wenigstens, wenn wir nicht völlig medioker sind.«[39]

»... auch etwas anderes ..., etwas von uns«; nicht: *nur* etwas von uns. Die subjektive Komponente ist lediglich ein Teil jener Dialektik, aus der Architektur (wie jede andere Kunst auch) entsteht. Die Definition von Gotthold Ephraim Lessing vom Genie als »gebornem Kunstkritiker«[40], der sowohl schöpferisch erfinden als auch logisch denken kann, trifft auf den genialen Architekten in wahrscheinlich besonderer Weise zu.

Die Architektur und ihre individuellen Geschichten

Die Geschichten der einzelnen Bauten prägen deren Form. So, wie sie sich als fertiges Ergebnis darstellen, sind sie immer auch Produkt der Ereignisse, die zu ihrer Verwirklichung geführt haben.

Solche Ereignisse können durchaus auch marginal oder sogar zufällig sein und trotzdem bedeutende Wirkungen zeitigen. Das erste Projekt, das Daniel Hudson Burnham und John Wellborn Root für das Monadnock Building in Chicago (1889–1891) zeichneten, sah noch ein verziertes Gebäude im Stil des ausgehenden 19. Jahrhunderts vor. Der Bauherr aber wollte für Dekoration kein Geld ausgeben und bewegte die Architekten durch Geiz zur Schlichtheit; und ausgerechnet die Schlichtheit der elegant modellierten Fassade sicherte dem letzten großen Hochhaus aus Mauerwerk einen Platz in der Baugeschichte.

In anderen Fällen hingegen hatten genauso unvorhergesehene und möglicherweise auch schwerwiegendere Zwischenfälle keinerlei Auswirkung auf die architektonische Form. Das Home Insurance Building von William Le Baron Jenney, das 1883–1885, wenige Jahre vor dem Monadnock Building, in Chicago entstand, war als mit Mauerwerk verkleidete Stahlkonstruktion geplant; statt dessen wurde das Tragwerk bis zum siebten Geschoß aus Gußeisen realisiert, weil der Stahl nicht geliefert werden konnte. An der Form änderte sich deswegen so gut wie nichts.

Analog dazu zwang 1920 ein Engpaß in der Betonlieferung Erich Mendelsohn, den Einsteinturm in Potsdam, ursprünglich als radikale Demonstration der plastischen Möglichkeiten des Stahlbetons konzipiert, in konventionellem Mauerwerk zu bauen. Dafür waren natürlich die runden, konkaven und konvexen Formen denkbar ungeeignet. Mendelsohn gab jedoch trotz technischer Schwierigkeiten seine originäre Formvorstellung nicht auf und ließ den Bau so

14 Daniel Hudson Burnham, John Wellborn Root. Monadnock Building, Chicago.
1889–1891. Aufnahme um 1920.

5　Erich Mendelsohn. Einsteinturm, Potsdam. 1917–1921. Aufnahme 1921.

verputzen, daß er wie gegossen wirkt. Nichts in seiner Gestalt verrät den Zwischenfall.

Die Architektur an sich

Architektur ist aber primär nicht Ausdruck der historischen Voraussetzungen und Umfelder, die auf sie wirken; nicht der eigenen Geschichte, wie sie sich in den Jahrtausenden entwickelt hat; nicht ihrer Theorie; nicht ihres Ortes; nicht ihrer Urheber; nicht ihrer speziellen, individuellen Historie. Architektur ist in erster Linie eine eigenständige Disziplin, die eigenen, immanenten Gesetzmäßigkeiten folgt. Diese Gesetzmäßigkeiten sind vornehmlich jene des Typus und der Form[41].

Drei gängige Mißverständnisse müssen in diesem Zusammenhang geklärt werden: die Form sei vom Material, die Form sei von der Konstruktion und die Form sei von der Funktion abhängig. In Wahrheit bestehen zwischen Material, Konstruktion und Funktion auf der einen Seite und Form auf der anderen Seite variable und oft mehrdeutige Beziehungen.

Das Material, aus welchem Architektur gemacht wird, ist nicht notwendigerweise formbestimmend. Zwar wurden zahlreiche Wohnhaustypen vergangener Kulturen unmittelbar aus dem Holzbau entwickelt; später wurden sie aber – teilweise aus Gründen des Prestiges, teilweise aus Gründen der Feuersicherheit und Dauerhaftigkeit – als Steinbauten realisiert, ohne auf den neu eingeführten Baustoff wirklich zu antworten. Le Corbusier leitete seine Formensprache – glatte weiße Flächen, scharfe Kanten, große Öffnungen, kühne Auskragungen – aus den konstruktiven Möglichkeiten des Stahlbetons ab; wenn jedoch heute Richard Meier das gleiche architektonische Vokabular in verbretterten Holzbauten verwendet, wo es nur noch ein abstraktes morphologisches Prinzip darstellt, bricht die logische Relation zwischen Material und Form ab. Die radikale Entkoppelung schmälert die architektonische Qualität keineswegs.

Auch konstruktive Logik und bauliche Form können, müssen aber nicht unbedingt korrelieren. Die Schönheit der gotischen Kathedralen beruht vornehmlich auf der Identität von Form und Konstruktion; ihre Architektur besteht aus den sichtbar gemachten statischen Kraftflüssen und konstruktiven Bedingtheiten. Diese Kongruenz wurde allerdings in der Renaissance und im Manierismus aufgegeben. Die in Nischen gestellten Doppelsäulen vor

16 Kathedrale von Reims. 13.–15. Jahrhundert. Mittelschiff nach Osten.

17 Michelangelo
Buonarroti. Biblioteca
Laurenziana, Florenz.
1524 ff.

Michelangelos Biblioteca Laurenziana in Florenz (von 1524 an) haben keinerlei statische Funktion, stellen sogar die konstruktive Logik auf den Kopf – und schöpfen gerade aus dieser bewußten, bewußt eingesetzten Paradoxie ihre innovative Ausdrucksqualität. Ludwig Mies van der Rohe leitete seine Architekturformen aus ihren Produktions- und Konstruktionsbedingungen ab, um die ihnen eigene Ästhetik aufzudecken und zur – nicht immer »ehrlichen«, wie bereits im Fall des Barcelona-Pavillons angemerkt – Darstellung zu bringen; während ein zeitgenössischer Architekt wie Robert Venturi wieder bemüht ist, Konstruktion und Form zu trennen und das Tragwerk durch vorgeblendete Fassaden und Verkleidungen zu maskieren.

Genausowenig wie zwischen Material und Form oder Konstruktion und Form besteht in der Architektur zwischen Funktion und Form eine direkte Kausalbeziehung. Funktionen sind komplex, treten meistens als Bündel auf und lassen sich daher kaum linear in Gestalt umsetzen. Zahlreiche einfache Wohnhäuser, etwa die organisch artikulierten Farms der amerikanischen Pioniere, spiegeln in ihrer räumlichen Gliederung die Nutzung exakt wider; aber daneben gibt es in allen Zeiten und in allen Ländern mindestens ebenso viele Bauten – vom Parthenon von Iktinos, Kallikrates und Phidias

18 Louis Le Vau, Jules Hardouin-Mansart, André Le Nôtre (Parkgestaltung). Schloß Versailles. 1661 ff. Kupferstich von P. Menant, 1715.

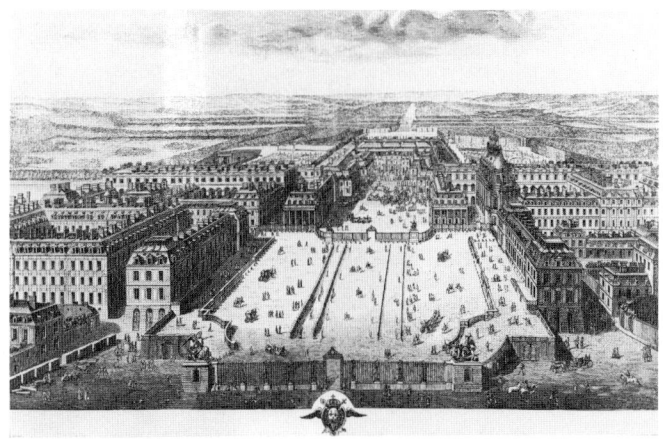

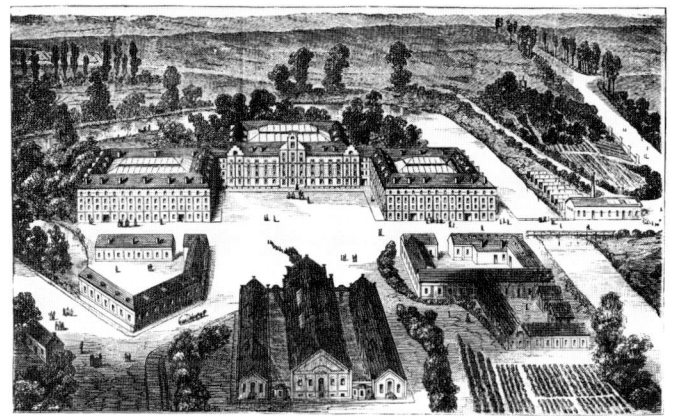

19   Jean-Baptiste André Godin. Familistère. Stich aus »Solutions sociales«, 1871.

über Andrea Palladios Villa Rotonda (Villa Almerico; 1566–1570) bis hin zu Peter Behrens' frühen Häusern –, die nicht aus den Funktionen abgeleitet sind, die sich in ihnen abspielen. Das Dessauer Bauhausgebäude von Walter Gropius, 1925/26 realisiert, ist formal weitgehend aus der Nutzung entwickelt, die es erfüllen muß, und schlägt aus der funktionalistischen Logik ästhetisches Kapital; gerade dieser Logik folgen jedoch die neueren Arbeiten von Aldo Rossi oder James Stirling mitnichten.

Es sind andere Grundlagen, auf welchen die Kontinuität von Architektur aufbaut: die Form und der Typus als Ergebnis der schöpferischen Verarbeitung der Zwänge und Einflüsse, die auf das Bauen einwirken. Formen und Typen leben länger als ihre ursprünglichen materialbedingten, konstruktiven und funktionalen Wirkzusammenhänge. Die Kombination der Formelemente Basis-Stütze-Kapitell, aus dem Holzbau abgeleitet, hat bis heute ihre Gültigkeit nicht verloren – trotz völlig anderer Materialien und Konstruktionsverfahren. Genauso überdauern Bautypen die Nutzungen, die sie ursprünglich bedingten: Der Arkadenhof der Renaissance, seinerseits eine Neubelebung der antiken Portikus-Höfe, wurde das Urbild des barocken Logentheaters. Im Grenzfall sind sogar gegensätzliche Nutzungen im gleichen Bautypus möglich: Das Schema des absolutistisch-monarchischen Versailler Schlosses wurde von Charles Fourier für seinen (nie realisierten) sozialrevolutionären Phalanstère (1829) und, leicht abgewandelt, von Jean-Baptiste André Godin für den (1850 bei Guise gebauten) Familistère übernommen; die gesellschaftliche Utopie bezog sich ausgerechnet auf das, was sie zu überwinden suchte.

Architekturgeschichte ist in erster Linie die Geschichte der Veränderungen, Wiederverwendungen und Umdeutungen tradierter Formen und Typen.

Auf dem Weg zu einer Definition

Nach alledem ist Architektur als eigenständiges gesellschaftliches Produkt von Individuen definierbar, die unter dem Einfluß philosophischer, politischer, ökonomischer, technischer und kultureller (insbesondere künstlerischer) Ereignisse stehen und sich dabei mit Redlichkeit und Erfolg bemühen, den stets neuen Anforderungen dieser Ereignisse gerecht zu werden; die sich mit einer bauhistorischen Tradition auseinandersetzen; die ihre Praxis in Beziehung zu einer Theorie stellen; die schließlich auf die Anforderungen des Ortes Rücksicht nehmen.

Um Architektur innerhalb dieser Sichtweise zu betrachten, muß folglich eine ganze Anzahl architekturexterner Bereiche untersucht werden: unter anderem Philosophie und Ideologie; Politik und Soziologie; Ökonomie und Volkswirtschaft; Wissenschaft und Technik; Literatur, Theater, Film, Malerei, Skulptur und Musik; Design und Graphik. Die Baugeschichte ist selbstverständlich ebenfalls Gegenstand der Analyse. Weiterhin vermag Baukunst nie von ihren theoretischen Voraussetzungen losgelöst zu werden: Eine Betrachtung der Architektur ist immer gleichzeitig auch eine Betrachtung der Architekturtheorie. Auch der Ort, der das Gebaute aufnimmt, wird in die Untersuchung einbezogen werden. Die Persönlichkeiten und Lebensläufe der Protagonisten der Architekturentwicklung verlangen als psychologische Einflußfaktoren ebenfalls Berücksichtigung. Das gleiche gilt für die Entstehungsgeschichten der einzelnen Bauten. Schließlich muß eine Betrachtung von Gebautem – und das bedeutet von Architektur und Stadt, denn sie sind nicht voneinander zu trennen – durch die formale und typologische Analyse die Eigenständigkeit und das Eigenleben der architektonischen Disziplin respektieren.

Auf der Suche nach der verlorenen Theorie
Museumsarchitektur als Paradigma

»Diejenigen, die sich in die Praxis ohne Wissenschaft verlieben, sind wie der Steuermann, der ohne Steuer oder Kompaß auf das Schiff steigt und nie Gewißheit hat, wohin es geht. Immer muß Praxis auf guter Theorie aufgebaut sein.«
Leonardo da Vinci, *Frammenti letterari e filosofici*, um 1490[42].

Die Prinzipien zu erklären, die Entwürfen und Bauten zugrunde liegen, gehört zu den wichtigsten Aufgaben des über Architektur Nachdenkenden. Erst wenn man die Regeln kennt, die ein Entwerfer sich auferlegt hat, vermag man zu beurteilen, wie er mit ihrer Anwendung fertig geworden ist. Ohne dieses Wissen droht eine Wertung auf falschen Parametern gestützt zu sein: Man kann Hermann Finsterlins Arbeiten nicht an den Maßstäben des Rationalismus messen und Hannes Meyers Entwürfe nicht an jenen der expressionistischen Architektur.

Doch ist es mit der Erklärung der Prinzipien der verschiedenen Strömungen nicht getan: Die Strömungen müssen auch an sich

20   Hermann Finsterlin.
     Rotes Haus. 1921.

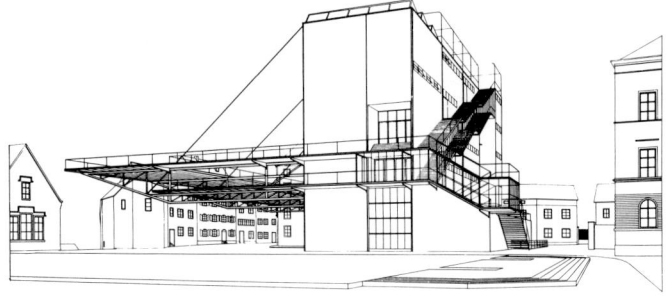

21   Hannes Meyer, Hans Wittwer. Petersschule, Basel. Projekt 1926.

bewertet werden. Das wird kaum zu einem apodiktischen schwarz-
weiß-Urteil führen. Auf die frühen zwanziger Jahre zurückblik-
kend, läßt sich nicht sagen, die funktionalistische und rigoristische
Bewegung um Futurismus, Konstruktivismus, De Stijl und Bauhaus
sei »richtig« und der architektonische Expressionismus »falsch«
gewesen. Dennoch steht außer Zweifel, daß die Geschichte zunächst
der ersten Tendenz Recht gegeben hat. Offensichtlich hat das Bauen
der »Neuen Sachlichkeit« die historische Entwicklung der folgenden Jahrzehnte korrekter interpretiert und war – aus Gründen, die
hier nicht untersucht werden, aber durchaus untersucht werden
können – »zeitgemäßer« und mithin wirksamer. Diese Untersuchung und Beurteilung vermag nur mit Hilfe von Theorie durchgeführt zu werden.

Ein kurzer Exkurs mag das erklären.

Ein gebautes Werk ist zunächst ein Gebrauchsgegenstand: Es
wird mit bestimmten Materialien nach bestimmten konstruktiven
und bestimmten nutzungsbezogenen Regeln gemacht, damit es als
Ding funktioniert. Ein gebautes Werk ist aber mehr: Es ist – oder,
besser, es sollte sein – ein Kunstwerk. Es interpretiert die geistige
Position eines Individuums innerhalb einer Gesellschaft, spiegelt die
Widersprüche seiner Zeit wider und hat eine kommunikative, ästhetische Aufgabe.

Diese zwei Aspekte von Architektur – Umberto Eco bezeichnet
sie als »Primär-« und »Sekundärfunktionen«[43] – sind in jedem Bautypus in unterschiedlicher Gewichtung vorhanden: Bei einem
Lagerraum überwiegt beispielsweise der Gesichtspunkt der Nutzung, bei einem Denkmal jener des Ausdrucks. Das bedeutet nicht,

ein Lagerraum dürfte nicht schön sein und ein Denkmal nicht benutzbar; aber – es ist im Grunde eine Platitüde – ein unnützer Lagerraum ist ungleich unsinniger als ein unnützes Denkmal, und ein häßliches Denkmal wird seiner Funktion weit weniger gerecht als ein häßlicher Lagerraum.

Keine Frage, daß das Museum (es soll diese Gattung als Paradigma herausgegriffen werden) neben den Primärfunktionen auch wesentliche Sekundärfunktionen erfüllen muß; daß es somit innerhalb des Baues einen besonderen Freiraum für die Architektur und ihre disziplinäre Eigengesetzlichkeit bietet; daß es deswegen nahezu prädestiniert ist, zum Zündpunkt architektonisch-kultureller Auseinandersetzungen zu werden[44]; daß es also einen geeigneten und willkommenen Ansatzpunkt auf der Suche nach der verlorenen Theorie darstellt.

Es fragt sich, wie diese Suche anzugehen ist. Zunächst mit Hilfe einer bewußten Limitierung: vorwiegend aus Gründen der Übersichtlichkeit sollen nur die Sekundärfunktionen von Architektur betrachtet werden, also ihr kommunikativer, künstlerischer Anspruch. Dann mit Hilfe einer Definition: Architektur als Kunst ist etwas, das von einzelnen geschaffen wird, die unter dem Einfluß ideologischer, politischer, ökonomischer, technischer und kultureller Ereignisse stehen. Die individuelle Komponente ist dabei das, was sich der Regel entzieht; sie ist wissenschaftlich nicht erfaßbar und fordert lediglich Offenheit der Theorie, um sich entfalten zu können, ohne die Theorie zu sprengen (was jedoch manchmal trotzdem geschieht; Michelangelo stellte beispielsweise die architektonischen Konventionen der Renaissance nahezu buchstäblich auf den Kopf). Die kollektive Komponente ist hingegen gesetzmäßig und vermag historisch analysiert zu werden.

Das Anliegen sprengt den Rahmen des vorliegenden Beitrags. Hier kann lediglich eine Methode aufgezeigt sowie ein kleiner Teil der Lösungsansätze erfaßt werden, die eine solche Methode zu zeitigen imstande ist. Dies soll mit Hilfe von fünf Geschichten versucht werden, welche die Architektur des Museums zu ideologischen, politischen, ökonomischen, technischen und kulturellen Ereignissen in Beziehung setzen. Die Geschichten bestehen hauptsächlich aus unbeantworteten Fragen; sie sind bruchstückhaft, gerafft, vereinfachend und subjektiv; und nicht selten gehen sie am selbstgestellten Thema Museum vorbei, weil sie Probleme streifen, welche die gesamte Architektur betreffen.

Erste Geschichte:
Über die Beziehung von Museum zur Ideologie

Kurz nach der Fertigstellung des Sainsbury Centre for Visual Arts in Norwich äußerte sich Norman Foster mißbilligend über Architekten, die anläßlich von Besichtigungen des Bauwerks fragten, »ob ein Museum so aussehen dürfe«. Er fand die Fragen von Schülern, die wissen wollten, wie die Aluminiumpaneele und die Dichtungen und die Fachwerkträger hergestellt würden, natürlicher und positiver[45].

Derlei Ungehaltenheit ist angesichts der Plattheit der Frage: Darf es denn so aussehen? verständlich, darf jedoch nicht vergessen machen, daß die Auseinandersetzung um die architektonische Form philosophische, ideologische und gesellschaftliche Probleme berührt und daher möglichst öffentlich geführt werden muß. Allerdings wird die Frage nicht mehr lauten: Darf man das? Sondern: Ist das dem ideologischen Anspruch angemessen? Und: Ist der ideologische Anspruch an sich richtig?

Vornehmlich im Zusammenhang mit dem Pariser Centre d'Art et de Culture Georges Pompidou wurde die Forderung laut, Kunst von ihrem Podest herunterzuziehen und ohne Hindernisse und Barrieren zu präsentieren, um es den Menschen zu erleichtern, sich kulturellen Einrichtungen zu nähern.

Zweifelsohne: Kunst sollte nicht Eingeweihten vorbehalten, sondern dem Volk zugänglich sein. Dennoch darf man Kunst nicht

22   Foster Associates. Sainsbury Centre for Visual Arts, University of East Anglia, Norwich. 1978.

bagatellisieren, sie auf die Ebene von Konsumprodukt hinunterziehen, das man en passant benutzt und dann wie eine Coca-Cola-Dose liegenläßt. In einer Wegwerfgesellschaft ist zwar Wegwerfkunst in einer Wegwerfarchitektur vielleicht eine einsichtige Konsequenz, aber letztlich eine unmenschliche. Dies ist übrigens keine Frage von elitärem Denken, sondern von gesellschaftlichem Optimismus: Die ideologische Alternative ist, ob man davon ausgeht, daß die Korrelation zwischen Fortschritt und Entfremdung unabänderlich ist und man somit die verheerenden Aspekte unserer Gesellschaft als notwendigen Preis für ihre Fortentwicklung akzeptiert, oder ob man hofft, diese Korrelation sprengen zu können. Ob man – anders ausgedrückt – meint, die Kunst erniedrigen zu müssen, um sie den »tumben Massen« verständlich zu machen, oder ob man zuversichtlich ist, die Kommunikation herstellen zu können, indem man alle Menschen soweit aufklärt, daß sie die paar Stufen zur Kultur hochzusteigen vermögen. Gegenwärtig gewiß eine Utopie; aber Aufgabe der Architektur sollte es sein, Modelle einer besseren Welt zu schaffen und ihnen eine baubare Form zu geben. Ohne Hoffnung, die Welt zu verändern, wird (nicht nur) Architektur stagnierend und regressiv.

In diesem Kontext erscheint auch die Gegenüberstellung von Lernort contra Musentempel[46] künstlich: Die scheinbaren Gegensätze schließen sich keineswegs aus. Museum kann und muß beides sein, Lernort *und* Musentempel. Solche Dialektik vermag sich natürlich nicht in der Architektur allein zu verwirklichen, ist nicht nur durch einen neuen Bautypus zu realisieren. Aber neue Bautypen sollten an dem Beitrag gemessen werden, den sie zur Aufhebung dieses Widerspruchs leisten.

Zweite Geschichte:
Über die Beziehung von Museum zur Politik

Mit der Französischen Revolution von 1789 und der Ablösung des Feudalismus durch die bürgerliche Demokratie änderten sich die politischen Aufgaben der Architektur von Grund auf: Hatte sie bis dahin weitgehend der Machtdarstellung der bestehenden feudalabsolutistischen Herrschaftsordnung gedient, mußte sie nunmehr den Anforderungen einer pluralistischen bürgerlichen Republik gerecht werden.

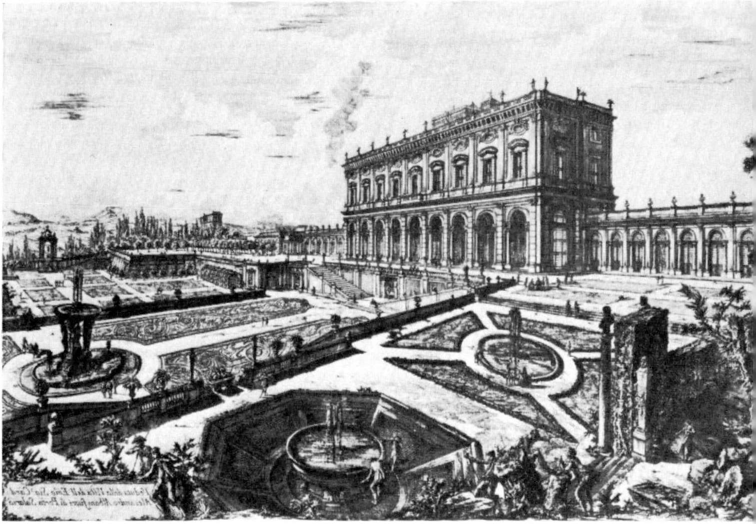

23   Carlo Marchionni. Villa Albani, Rom. 1746–1763. Stich von Giovanni Battista Piranesi.

24   Hubert Robert. Die große Galerie des Louvre. 1794–1796. Gemälde.

Diese Entwicklung berührte auch die Institution des Museums. Vor der Revolution hatte es nur private Sammlungen gegeben: etwa die Villa Albani in Rom (heute: Villa Torlonia), 1746–1763 von Carlo Marchionni für die Antikensammlung des Kardinals Alessandro Albani errichtet; das British Museum, 1759 in Montague House im Londoner Stadtviertel Bloomsbury eröffnet und einem kleinen Gelehrtenkreis zugänglich gemacht; und das Museum Fridericianum in Kassel, 1769–1776 von Simon-Louis du Ry für den Landgrafen Friedrich von Hessen erbaut, der dort seinen Studien nachging und nur in Ausnahmefällen Gelehrten Zutritt gestattete[47].

Mit der Veränderung der Gesellschaft änderte sich auch die Aufgabe des Museums. 1791 verfügte die Pariser Konstituierende Versammlung mit einem Dekret die Verstaatlichung der königlichen Kunstsammlung, 1793 öffnete das »Musée Français« seine Pforten – und zwar als allgemein zugängliche Sammlung. In der Folgezeit wurden, der Restauration zum Trotz, die Ausstellungen erweitert und systematisiert, die Kunstwerke zur Belehrung des Volks mit erklärenden Unterschriften versehen, und es erschienen preiswerte Kataloge in Form von erläuternden Oktavbändchen. Als Sitz war der Louvre festgelegt worden.

Es überrascht, mit welcher Unbekümmertheit eine von der Funktion und der demokratisch-kulturellen Intention her revolutionäre Einrichtung ausgerechnet im monumentalen Sitz der ehemaligen Académie Royale angesiedelt wurde. Man erachtete es nicht als notwendig, für die neue Aufgabe und den neuen politischen Anspruch ein neues Gebäude zu errichten. Denn auch wenn man die stagnierende Bautätigkeit in der Zeit unmittelbar nach 1789 in Rechnung zieht, spätestens unter Napoleon I. wären die für einen Neubau erforderlichen finanziellen Mittel verfügbar gewesen. Man übernahm die repräsentative Monumentalität eines royalistischen Bauwerks und polte sie einfach auf Demokratie um: mit ausreichender Selbstsicherheit und ausreichendem Vertrauen, der neue Geist sei stärker als der alte.

Vielleicht ist die gegenwärtige bange Besorgtheit um »demokratische Architektur« (was das auch immer sei[48]) nichts als ein Anzeichen der Zweifel an der Überzeugungskraft des bestehenden politischen Systems.

Dritte Geschichte:
Über die Beziehung von Museum zur Ökonomie

Walter Gropius trat 1907 in das Berliner Büro von Peter Behrens ein. 1910 machte er sich als Industriedesigner und Architekt selbständig.

Anfang 1911 hielt er im Hagener Folkwang Museum einen Vortrag mit dem vielsagenden Titel »Monumentale Kunst und Industriebau«, in welchem er die Beziehung zwischen Architektur und Technik betonte[49]. Im selben Jahr wurden die innovativ modernistischen Faguswerke in Alfeld an der Leine fertiggestellt.

1915 wurde Gropius vom Großherzog von Sachsen-Weimar zum Direktor der Großherzoglich-Sächsischen Kunstgewerbeschule und der Großherzoglich-Sächsischen Hochschule für Bildende Kunst in Weimar ernannt; 1919 schloß er beide Schulen zum Staatlichen Bauhaus zusammen. In diesen Jahren wandte er sich erneut dem Handwerk zu. Schon der Name »Bauhaus« sollte an die Bauhütte erinnern, den Werkstattverband der an größeren Bauvorhaben tätigen Bauleute im Mittelalter, und tatsächlich zierte ein Holz-

25   Walter Gropius. Bauhaus, Dessau. 1925/26. Nordwestansicht.

schnitt von Lyonel Feininger, der eine Kathedrale darstellte, das Deckblatt des ersten Programms der Schule.

1924 veröffentlichte Gropius den Aufsatz »Wohnhaus – Industrie«, in welchem er eine Revolution in der Herstellung von Architektur voraussagte und den Stil von den (industriellen) Produktionsverfahren abhängig machte[50]. Er blieb ein entschiedener Befürworter der Industrie auch nach seiner Auswanderung aus dem nationalsozialistischen Deutschland (1934) nach England und später in die Vereinigten Staaten von Amerika.

Es ist kein Zufall, daß diese Chronologie ziemlich exakt den Phasen der wirtschaftlichen Entwicklung Deutschlands entspricht. In den neunziger Jahren des 19. Jahrhunderts setzte, durch die Entdeckung neuer Goldfelder und die gewaltige Ausweitung des internationalen Absatzmarktes forciert, ein starker kapitalistischer Aufschwung ein. 1914 blockierte der Erste Weltkrieg die Hochkonjunktur; der Versailler Vertrag warf die deutsche Wirtschaft durch die Maßgabe hoher Reparationszahlungen und den Verlust wichtiger Rohstoffquellen (75 % der Eisenerzvorkommen und 26 % der Kohleförderung) empfindlich zurück. Anfang der zwanziger Jahre erholte sie sich wieder, und die Industrie verzeichnete einen erneuten Aufwärtstrend.

Es ist eine Binsenweisheit, daß die ökonomischen Verhältnisse die Architektur prägen; und dadurch, daß sie als »Ding« gemacht werden muß, offenbart sich die Art und Weise des Machens nicht zuletzt in ihrer kommunikativen Funktion. Die Mindestanforderung, die man an ein Bauwerk (auch an ein Museum) stellen kann, ist, daß es die wirtschaftlichen Bedingungen, in welchen seine Form wurzelt, bewußt transparent macht; die Höchstanforderung, daß es sie kritisch beeinflußt.

Vierte Geschichte:
Über die Beziehung von Museum zur Technik

Joseph Paxton, Sohn eines Kleinbauern und Gärtner von Beruf, baute nach mehreren Gewächshäusern den Kristallpalast für die Londoner Great Exhibition von 1851. Sein Ausstellungsgebäude geriet nicht nur wegen der rationalen Lösung der Bauaufgabe epochemachend, sondern auch, weil es aus damals weitgehend neuen Baumaterialien bestand – neben Holz auch Eisen und Glas – und weil die Elemente des rund 600 m langen Bauwerks in Serienproduk-

26 Joseph Paxton. Kristallpalast, London. 1851. Aquarellierte Federzeichnung von
C. Burton, um 1852.

tion hergestellt und am Bauplatz montiert wurden: das erste umfassende Beispiel der Präfabrikation von Gebäuden. Gleichzeitig beschäftigte sich Paxton mit Parkgestaltung und entwarf unter anderem Landhäuser im historistischen Stil, die keinerlei technische Neuerung aufwiesen.

Der zweite Teil dieser sehr kurzen Geschichte wird gewöhnlich entweder unterschlagen oder nur augenzwinkernd als Kuriosum erzählt. Indessen sollte durchaus über ihn nachgedacht werden: Wenn man von der versimpelnden (und falschen) Interpretation eines verurteilenswerten »Rückfalls« absieht, straft er den lange gepflegten Mythos der guten Architektur Lügen, die sich linear aus der fortschrittlichen Technik entwickelt.

Tatsächlich ist die moderne Technik, wenn auch zweifelsohne ästhetisch auswertbar, weder Garantie noch Conditio sine qua non für gute Architektur. Die Entscheidung über ihren Einsatz muß auf anderen Überlegungen beruhen. Zum Beispiel: ob die Möglichkeiten der modernen Industrie genutzt werden sollen, um Häuser oder wenigstens Teile davon in Serie und somit preiswert zu produzieren, oder ob man mehr auf das Handwerk zurückgreifen sollte, um das von der kapitalistischen Konzentrationstendenz bedrohte Gewerbe zu unterstützen und seine traditionsreiche und künstlerisch wertvolle Produktivkraft zu erhalten. Ob die Arbeitsbedingungen der Bauarbeiter durch Vorfertigung in der Fabrik, durch handliche, leicht zu montierende Bauteile und durch gut organisierte Bauprozesse zu verbessern sind, indem die Zeiten auf der (klimatisch meistens unangenehmen) Baustelle verkürzt, die Handgriffe vereinfacht und die auftretenden Unannehmlichkeiten und Gefahren vermindert werden. Ob man das Risiko eingehen darf, die Zersplitterung und Entfremdung der Fließbandarbeit auch auf Gebiete auszuweiten, wo bislang noch individualisierte, in ihren Bezügen durchsichtige, befreiende Arbeit in Teilen möglich war. Ob die erhöhten Ansprüche an Qualität und Ausstattung von Bauten anders als durch die exakte und hochdifferenzierte industrielle Produktion zu erfüllen sind. Ob Energieknappheit und Umweltverschmutzung nicht ganz neue Bauverfahren erfordern, die vielleicht sogar Industrialisierung und Handwerk auf unkonventionelle Art miteinander kombinieren und durchgängig – von der Herstellung der Bauteile über den Bauprozeß bis hin zum Unterhalt des Gebäudes – energetisch sparsam und umweltfreundlich sind.

Fünfte und letzte Geschichte (die eigentlich gar keine ist): Über die Beziehung von Museum zur Kultur

Architektur und Kultur, vor allem Malerei und Bildhauerei, waren stets eng miteinander verbunden: in der Bewegung der Arts and

27 Joseph Paxton. Kristallpalast, London. 1851. Innenansicht. Lithographie von Thomas Ashburton Picken.

Crafts, in De Stijl, im Futurismus, im Konstruktivismus, im Bauhaus. Auch im Bauhaus: Den emphatisch funktionalistischen Beteuerungen zum Trotz, lediglich Zweckmäßigkeit anzustreben und keine schöne Form, brachte die Schule eher kubistische und puristische als wirklich funktionierende Gebäude hervor.

Die Entscheidung, mit welchen künstlerischen Strömungen sich Architektur heute zu verbünden habe, kann nicht ohne weiteres gefällt werden. Wahrscheinlich kann sie überhaupt nicht gefällt werden, weil Kultur gegenwärtig mehr denn je nach Pluralismus verlangt. Dennoch gibt es neun Ziele, die Architektur (und hier vor allem: Museumsarchitektur) als kulturelle Erscheinung in diesem historischen Augenblick und in dieser gesellschaftlichen Situation verfolgen zu sollen scheint.

1. Ordnung. Architektur ist ein künstlicher Eingriff in die Umwelt; anstatt mit den natürlichen Formen zu wetteifern, sollte sie sich zu ihrer Künstlichkeit bekennen und sie einsetzen, um durch räumliche Ordnung den Menschen die Aneignung ihrer Umwelt zu erleichtern. Dem »Unheimlichen« der Natur muß die Architektur das »Heimische« und Vertraute geordneter, übersichtlicher und nachvollziehbarer Strukturen entgegensetzen. Dies vermag sie in erster Linie durch die menschliche Ordnungskonstruktion par excellence: die Geometrie, welche die (in Menschen verwurzelten) Begriffe des Oben und Unten, des Vorne und Hinten, des Rechts und Links in ein zusammenhängendes System faßt[51].

2. Verständlichkeit. Das universale System der Geometrie ist in seiner Elementarform per definitionem allgemeinverständlich. Das trifft sich gut: denn Architektur ist eine öffentliche Instanz und sollte für die Öffentlichkeit verständlich sein. Das Gebaute muß eine klare Sprache sprechen. Das bedeutet, daß sowohl typologisch als auch formal nicht alles möglich ist, sondern daß der Kreativität des Architekten nur ein beschränktes, historisch gewachsenes und etabliertes Repertoire zur Verfügung steht. Bauen heißt nicht nur Hüllen schaffen, sondern auch Ausdruck. Dafür Formen aus dem Vorrat der Geschichte zu benutzen, ist weder abwegig noch ungewöhnlich: Auch Zeitalter wie die Renaissance, die anerkanntermaßen große baukünstlerische Leistungen vollbracht haben, haben auf vorhandene Formen (der Antike) zurückgegriffen und sie zu neuen Gebilden schöpferisch verschmolzen. Wenn ein Museum gebaut wird, dann muß es die Architektur *sagen*, damit es nicht wie ein Krankenhaus oder eine Müllverbrennungsanlage aussieht: Ein Museum ist ein Repräsentationsgebäude.

28 The Queen's
Croquet Ground.
Aus: Lewis Carroll
»Alice's
Adventures in
Wonderland«.

3. Rationalität. Die Konstruktion der Architektur kann als künstlicher Vorgang keinen anderen Gesetzen folgen als jenen der Vernunft. Freilich besteht die Welt, in der Architektur entsteht und an welcher sie sich mißt, aus mindestens ebensoviel Irrationalität wie Rationalität; aber nur die letzte bietet logische Gesetze und nachvollziehbare, vorhersehbare und vermittelbare Regeln. Und Architektur braucht (wie manches andere) Regeln, um nicht zur beunruhigenden Willkür auszuarten wie die Croquet-Partie in Lewis Carrolls »Alice's Adventures in Wonderland«, wo die Bälle Igel sind, die sich aus dem Staub machen, die Tore Soldaten, die unbekümmert im Feld umherspazieren, und die Gesetze von Augenblick zu Augenblick durch einen arbiträren Erlaß der Königin beliebig umgestoßen werden. Solche Regeln werden natürlich nichts anderes sein als der strukturelle Rahmen, in welchem sich die Innovation des jeweiligen Architekten entfaltet: Doch ist Schöpfertum etwas anderes als Zügellosigkeit.

4. Sinnlichkeit. Nicht nur im Hinblick auf die »röhrenden Hirsche« sollte man in der Architektur von Sinnlichkeit sprechen, als seien populistisch legitimierte Kitscherzeugnisse die einzige Alternative zu den berüchtigten »weißen kahlen Kisten« des »neuen bau-

ens«. Als verfügten die guten unter den »weißen kahlen Kisten« etwa nicht über eine Ausstrahlung, die sich den Sinnen mitteilt.

Gewiß, wenn man oberflächlich schaut, mag die Hülle stumm und taub anmuten: so stumm und taub, daß sie eine applizierte Verzierung zu rechtfertigen oder gar zu fordern scheint. Doch sobald man genauer hinsieht; sobald man versucht, die räumlichen und plastischen Geheimnisse des Bauwerks zu ergründen, indem man an ihm entlanggeht und es von allen Seiten betrachtet; sobald man beobachtet, wie es sich in tausend Weisen verändert: von vorne, von hinten, von der Seite, von unten, von oben, zu verschiedenen Tageszeiten, wenn es stets changierende Schatten wirft und in den unterschiedlichen Licht- und Witterungsverhältnissen hart und weich und rauh und glatt und matt und glänzend und scharf und verschwommen wird; sobald man das ihm zugrunde liegende Kräftespiel nachvollzieht und die Logik seines strukturellen und räumlich Aufbaus, die Zusammensetzung und die Festigkeit und die Farbe und das Korn und die Oberflächenstruktur seines Materials: dann wird auch ein scheinbar stummes, »steriles« Gebäude vielgesichtig, reizvoll und sinnlich.

Könnte eine neue Architektur nicht auch diese subtile (aber darum nicht weniger intensive) Sinnlichkeit anstreben? Sollte ein

29 Le Corbusier.
Maison Ozenfant,
Paris. 1923.

Museum nicht Kunst in Kunst einfassen – ohne mit dem Ausgestellten zu konkurrieren, aber auch ohne sich in betont nüchternes Schweigen zu hüllen? Und: Ist es unerwünscht und verwerflich, wenn die Leute nicht nur in ein Museum gehen, um die Kunst anzuschauen, sondern auch, um den Bau zu besichtigen, in dem sie vorgestellt wird?

5. Einheit. Im Rahmen der Kritik an dem architektonischen Rationalismus der zwanziger Jahre ist der Vorwurf der Zersplitterung der treffendste. Damals ging man – zumindest theoretisch – vom Zweck aus, und um den Zweck zu erfüllen, teilte man das Problem in eine Anzahl von Bedingungen auf, denen separat Rechnung getragen wurde. Eine Wand muß stützen und bergen? Dann trennt man Tragwerk und Hüllsystem. Eine Stadt muß vier Funktionen erfüllen: Wohnen, Arbeiten, Erholung und Verkehr? Sie wird dementsprechend zerstückelt. Die Produktion von Häusern erfordert vielerlei unterschiedliche Arbeitsschritte? Sie werden aufgesplittet. Die Analogie zum Mechanismus der kapitalistischen Industrie liegt auf der Hand; in seinen Zahnrädern erstickte der ebenso generöse wie unzulängliche Ruf nach dem Gesamtkunstwerk, während ausgerechnet die künstlerisch und sozial fortschrittliche Architektur zum Erfüllungsgehilfen ökonomischer Trusts wurde.

Demgegenüber muß die Einheit in Architektur und Städtebau wiedergewonnen werden. Nicht, indem man Wände einfach wieder tragend macht, Städte wie im 19. Jahrhundert mit stinkendem und lärmendem Gewerbe in den Innenhöfen der Wohnblocks auffüllt und die Bauproduktion in maschinenstürmerischen Allüren zur Handarbeit relegiert. Der aufgeklärte Intellekt darf nicht zugunsten rein emotionaler Nostalgie aufgegeben werden, nur weil er in Bereichen versagt hat. Er sollte vielmehr eingesetzt werden, um nach zeitgemäßen Wegen zu suchen, aus den funktionalistisch zersplitterten Teilen eine neue autonome Einheit zu schaffen.

6. Einfachheit. Einen der möglichen Auswege aus der funktionalistischen Zersplitterung und Entfremdung bietet die Einfachheit. Anstatt das Haus als außerordentlich kompliziertes Gerät aufzufassen, das auf die außerordentlich komplizierten ihm gestellten Anforderungen mit der Beschaffenheit einer hochgezüchteten Maschinerie antwortet, wird der unüberschaubaren und unendlich vielschichtigen Wirklichkeit mit extremer Schlichtheit begegnet. Das ist nicht nur entwaffnend; es ist auch effektiv. Das Einfache vermag Unterschiedlichem gleichzeitig zu entsprechen. Ein Museum zum Beispiel muß vieles auf einmal: Es muß Menschen und Kunstwerke beher-

bergen, und zwar ausgesprochen unterschiedliche Menschen und ausgesprochen unterschiedliche Kunstwerke. Versucht es, sich auf die einen einzustellen, tut es den anderen unrecht. Bietet es hingegen nichts als schlichte rechteckige Räume mit vier weißen Wänden und ein Oberlicht, und dies in einem klaren Rundgang, stellt es alle zufrieden.

7. Neutralität. Eine einfache Architektur, die vielfach verwendbar zu sein sich anheischig macht, muß allerdings, im Sinne Robert Musils, eine Architektur »ohne Eigenschaften« sein: neutral. Architekt und Auftraggeber haben dabei gleichermaßen zurückzutreten. Das Haus wird kein Porträt, weder des einen noch des anderen. Es findet kein verbissenes Ringen um das Aufsehenerregende statt, um das Kuriose, um das Originelle um des Originellen willen, sondern ein Rückgriff auf Elemente, die Architektur seit jeher prägen. Keine exhibitionistische Selbstdarstellung des Künstlers oder des Besitzers, sondern karge, verallgemeinerbare, »normale« Lösungen. Eine Architektur ohne einmalige Anziehungspunkte und ohne spektakuläre Ereignisse. Sie muß deshalb keineswegs des Reizes entbehren. »Ich liebe die Augenblicke, in denen nichts geschieht«, pflegte Luis Buñuel zu sagen.

8. Harmonie. Neutralität heißt Verzicht auf ostentative Individualität; nicht auf Sorgfalt, Genauigkeit, Kreativität, Eleganz und Schönheit. Nur wird es sich nicht um die laute Schönheit der extremen dissonanten Geste handeln, sondern um jene leise, stille Schönheit, die auf Harmonie gründet. Der griechischen Sage nach war Harmonia die Tochter von Ares und Aphrodite, des Gottes des Krieges und der Göttin der Liebe, und verkörperte die dynamische Synthese scheinbar gegensätzlicher, autonomer und gleichwertiger Kräfte. Es geht mithin nicht um Ausgleich und Befriedung, sondern um die kunstvolle Komposition der bestehenden Widersprüche. Es geht darum, gegen den verworren zur Schau getragenen Aktivismus ein kontemplatives Moment einzuführen: vornehmlich in Repräsentationsbauten für Kultur, wie es Museen sind.

9. Realismus. Architektur ist eine gesellschaftliche Institution mit politischen Funktionen. Sie darf keine verbrämte, illusorische Oase innerhalb der Entfremdung der Industriegesellschaft vorgaukeln, sondern muß dieser Entfremdung gerade dadurch entgegenwirken, daß sie sie realistisch entlarvt und ihr ebenso realistische Alternativen gegenüberstellt. Architektur muß wahr sein: keine mitleidsvolle Tröstung, sondern eine von Optimismus getragene Auseinandersetzung[52].

Der
Kristallberg

Der Fels ist
oberhalb der
Vegetations-
zone behauen
und gestaltet
zu vielfachen
kristallinischen
Formen.

Die hinteren
Schneekuppen
sind mit
Glasbogen-
architektur
bebaut.

Vorne kristall-
nadelpyra-
miden —
Über dem Ab-
grund eine
Brückenver-
gitterung aus
Glas

) Bruno Taut. Der Kristallberg. Projekt aus: »Alpine Architektur«, 1917–1919.

Das ist keineswegs eine Absage an die Utopie in der Architektur; es ist ein Imperativ, die Utopie auf ihren konkreten Ursprung zurückzuführen. Mit den Worten Adolf Behnes von 1920: »Wir leisten Zukunftsarbeit. Die Gegenwart müssen wir preisgeben. Eine Generation einmal muß diese Aufgabe übernehmen, abseits vom alten Hause das Fundament zu legen für ein neues ... Unsere Luftschlösser sind zähere Arbeit als das eilige Tageswerk, das angeblich so fest auf der Erde steht. Aber in Wirklichkeit steht es gar nicht auf der Erde, sondern auf herausgeschnittenen Parzellen, Grundstükken und Terrains. Auf der Erde stehen unsere Luftschlösser – auf dem Sterne, auf der Kugel, auf dem Ganzen. Bauen ist etwas anderes als Mauern ... Mauern können auch die Spekulanten. Unser Ruf ergeht zum Bauen.«[53]

Luftschlösser sind notwendig; sie müssen jedoch fest auf der Erde stehen. Vor allem, wenn sie Architektur meinen.

Im Dialog »Eupalinos ou l'Architecte« schrieb Paul Valéry 1921: »Ich habe die Richtigkeit in den Gedanken gesucht, damit sie sich, klar gezeugt durch die Betrachtung der Dinge, wie von selbst in die Handlungen meiner Kunst verwandeln. Ich habe meine Aufmerksamkeiten verteilt; ich habe die Ordnung der Probleme neu gemacht; ich beginne dort, wo ich einst aufhörte, um ein wenig weiter zu gehen ... Ich geize mit Träumereien, ich konzipiere, als ob ich ausführte. Niemals mehr betrachte ich im formlosen Raum meiner Seele jene imaginären Gebäude, die zu den wirklichen Gebäuden wie die Chimären und die Gorgonen zu den wirklichen Tieren sind. Sondern was ich denke, kann gemacht werden; und was ich mache, bezieht sich auf die intelligible Welt.«[54]

Auch heute sollten die Aufmerksamkeiten verteilt, sollte die Ordnung der Probleme neu gemacht und dort begonnen werden, wo einst aufgehört wurde, um ein wenig weiter zu gehen.

II   Geschichte, Stadt, Architektur

Die bewußte Dekoration
Planung der Schönheit in der mittelalterlichen Stadt

»Laßt Revue passieren und analysiert all das, was natürlich ist … ihr werdet nichts als Scheußliches finden. Alles, was schön und edel ist, ist das Ergebnis der Vernunft und der Berechnung.«
Charles Baudelaire, ›Éloge du maquillage‹, 1863[55].

Alle Jahre wieder geschieht es: Tausende von Stadtmenschen verzichten zeitweilig auf ihren nicht selten mühsam zusammengesparten Komfort, drängen in überfüllte Flugzeuge, Züge, Autobusse und Personenwagen und ergießen sich dorthin, wo sie Komfort entbehren müssen. Sie nehmen Kosten, Mühen und Ungemach auf sich, um alte Häuser in alten Städten anzuschauen.

Die geradezu ergreifende Begeisterung, mit welcher etwa toskanische Ortschaften wie Florenz, Siena, Arezzo oder San Gimignano besichtigt werden, ist allerdings mit fatalistischer Hoffnungslosigkeit gepaart. Sie gilt der Perspektive, etwas von der ästhetischen Qualität solcher Stadtbilder aus Mittelalter und Renaissance in der Architektur der zeitgenössischen Stadt verwirklichen zu können.

Solcherlei Resignation findet sich von einem Großteil der Wissenschaft bekräftigt. Die historische Stadt wird imme wieder als unmittelbare Folge ihres geschichtlichen Hintergrunds dargestellt; ihre Schönheit als »unwillkürliches« Produkt der gemeinsamen Arbeit gemeinsam lebender Menschen. Daß dieses »unwillkürliche« Produkt unter den extrem gewandelten Bedingungen der Gegenwart nicht einmal partiell künstlich reproduzierbar ist, versteht sich – so scheint es – von selbst.

Auch die Ansätze, architektonische und städtebauliche Prozesse de Vergangenheit mit dem methodischen Instrumentarium der Kybernetik zu beschreiben[56], neigen dazu, diese Prozesse als auto-

31   Sorano (Toskana).

matisch oder selbstlenkend darzustellen. Traditionell bedingte
Feedback-Impulse der gesellschaftlichen Übereinkunft stellen eine
Kontrolle dar, die in Abhängigkeit von den architektonischen und
städtebaulichen Abläufen diese steuert und ihr konstantes Funktionieren gewährleistet. Ergebnis ist das, was gängigerweise etwas verschwommen und oft unzutreffend als anonyme Architektur[57]
bezeichnet wird: eine kompakte und vielgestaltige städtische Struktur, die dank des subtilen Gleichgewichts zwischen Mannigfaltigkeit
ihres architektonischen Ausdrucks und Einheitlichkeit ihres formalen Vokabulars Menschlichkeit ausstrahlt.

All dies ist in Teilen zweifelsohne richtig, bedarf jedoch in anderen der Korrektur, der Klarstellung und der Präzisierung. Dazu
müssen erst einmal zwei immer wieder auftauchende Mißverständnisse aus dem Weg geräumt werden.

Zwei Mißverständnisse:
der direkte Bauprozeß und das freie Wachstum

Das erste bezieht sich auf den Prozeß, der vom Bauvorhaben zur
architektonischen Realisierung führt. Es wird gemeinhin angenom-

men, dieser Prozeß sei ursprünglich direkt gewesen. Mit anderen Worten: Man meint, die Funktionen Nutzer, Planer, Bauherr, Architekt, Bauleiter, Polier, Maurer, Zimmermann, Installateur und so weiter seien in der guten alten Zeit in einer einzigen Person vereint gewesen, so daß die heute auftauchenden organisatorischen Probleme des Informationsflusses zwischen den verschiedenen Instanzen nicht existiert hätten und der Bauablauf deshalb reibungslos vonstatten gegangen sei.

Dem ist nicht so. Schon bei den meisten sogenannten primitiven Kulturen, im Mittelalter aber ganz besonders, gab es ausgesprochen arbeitsteilige soziale Strukturen. Insofern erforderten die Bauprozesse bereits eine feinfühlige Steuerung, die ihrer Komplexität gerecht werden mußten. Das bedeutete eine Organisation, die sowohl auf der Ebene der Bauleitung als auch auf jener der Rechtsprechung und der Verwaltung wirksam war.

Das erste Mißverständnis führt zum zweiten. Unter dem Stichwort des organischen Wachstums pflegt man sich idyllische Siedlungen vorzustellen, die spontan wuchernd ihren ästhetischen Reiz dem Zufall allein verdanken. Jeder Bürger baut sich das, wonach es ihn

32 Bau einer Abtei im 15. Jahrhundert. Der Fürst besichtigt die Baustelle. Zeitgenössische Buchmalerei.

33   Siena. Piazza del Campo. Das Pferderennen zu Ehren der Madonna. Gemälde.
Entstehungsjahr unbekannt.

gelüstet, und aus der allgemeinen Freiheit kristallisiert sich, gleichsam aus dem Nichts, eine humane Struktur heraus, die, dem Menschen immanent, seine Neigungen in der ansprechenden baulichen Anordnung widerspiegelt.

Auch diese romantische Auffassung von Architektur und Städtebau entspricht nicht der Wirklichkeit[58]. Schon das Wort Freiheit läßt Zweifel aufkommen, lehrt doch die Informationstheorie, wie deren uneingeschränkter Einsatz im kommunikativen Bereich (und Architektur ist unweigerlich Kommunikation, sobald sie einen gestalterischen Anspruch erhebt) zur unverständlichen Entropie führen kann[59]. Weiterhin hat der Begriff organisch, einst Synonym für Zufall und Natürlichkeit, durch die Kybernetik eine Berichtigung erfahren, indem die zentrale Rolle der Steuerungsprozesse bei den Phänomenen des Lebens nachgewiesen wurde[60]. Solche Lenkungen wirken auch in architektonischen und städtebaulichen Systemen; nicht nur auf der unbewußten Ebene der Tradition, die gesellschaftsbedingt bestimmte Formelemente immer wieder reproduziert, sondern durchaus auch bewußt, als Rechtsbestimmungen und kommunale Anordnungen.

Das vielleicht beste Beispiel für diese Tatsache ist die Piazza del Campo in Siena. Verleiten auch die sanfte Natürlichkeit der Form und die selbstverständliche Harmonie der Eingliederung in die urbane Textur zur Annahme, der Platz sei ein Werk des Zufalls, so belehren die Urkunden in den Archiven eines Besseren. Ebenso genaue wie strenge Verordnungen legten die regelmäßige und angemessene Bebauung des Campo fest: Nicht nur, daß von der vorgegebenen Platzflucht um keinen Zentimeter abgewichen werden durfte; die Fassaden der Häuser sollten in Höhe und Größe der Fenster ebenfalls übereinstimmen und des Hauptplatzes einer stolzen Stadt würdige Verzierungen aufweisen. In einem Erlaß aus dem Jahr 1297 heißt es: »Daß in jedem Haus, das um den Campo des Marktes neu gemacht werden sollte, alle Fenster mit kleinen Säulen gemacht werden mögen. Auch legen wir fest und befehlen, daß, wenn es jemals geschehen sollte, daß irgendein Haus oder Palast um den Campo des Marktes neu gebaut werde, alle und jegliche Fenster dieses Hauses oder Palastes, die auf den Campo des Marktes schauen, mit kleinen Säulen und ohne Erker gemacht zu werden haben. Und das muß der Podestà beachten lassen...« »Ohne Ordnung«, heißt es in einem anderen Dekret, »kann man nichts Gutes schaffen. Die Regierung der Stadt ist dazu berufen, der ganzen Civitas Ordnung und Regel zu geben.«

Für Florenz, Arezzo und Orvieto gab es ähnliche Vorschriften. Sogar kleinere Städte wie das sich ebenfalls in der Toskana befindende Sorano hatten Statuten, welche die Verzierung und Verschönerung der Häuser mit architektonischen Ornamenten als belohnungswürdig deklarierten[61]. All das ist Zeuge eines Bewußtseins, das aufmerksam über das harmonische Wachsen der urbanen Strukturen wachte und vermittels Gesetzen und Kommissionen (eine von ihnen, in Siena, hieß »Ufficio dell'Ornato«) ihre ästhetische Wirkung kontrollierte.

Der Mythos des Natürlichen und die entworfene Lebendigkeit

Es ist überhaupt Vorsicht geboten, wenn man vom Natürlichen spricht, ist doch kaum etwas übrig, was diese Bezeichnung verdient. Die mittel- und südeuropäischen Landschaften, romantisches Sinnbild der Spontaneität, sind nahezu alle artifiziell. Auch der Schwarzwald wurde von deutschen Fürsten künstlich angelegt, weil Tannen gerades und mithin wirtschaftlich verwertbares Holz liefern. Die

34 Richard Wilson. Italienische Landschaft. Gemälde um 1760.

Dichotomie im Vergleich zu den Vogesen, die noch bedingt natürlich sind, wird angesichts der geologischen Einheit der beiden durch den Rhein geteilten Anhöhen um so deutlicher. Mehr oder weniger ausgeprägt gelten solcherlei Beobachtungen allgemein, so daß es durchaus legitim ist, von einer etruskischen, venezianischen oder gar von einer absolutistischen Landschaft zu reden.

Das Problem drängt sich auf, inwieweit der Mensch in der Lage ist, »Natürliches« zu planen. Für die Landschaft ist die Frage bereits implizit beantwortet; nicht für das Entwerfen einer Stadt. Alfred Prokesh behaupet, es sei »eine geschichtliche Tatsache, daß es keine erfolgreiche Stadtplanung gibt oder gegeben hat«[62]. Dieser Resignation kann man jedoch kaum zustimmen. Sie läßt sich durch ein konkretes Beispiel widerlegen.

1485 führte Leon Battista Alberti seine Theorie des Stadtentwurfs aus: »Nähert sie [die Straße] sich der Stadt und ist das Gemeinwesen berühmt und mächtig, so soll es gerade und breite Straßen haben, welche zur Würde und zum Ansehen der Stadt beitragen. Wird es aber eine Kolonie oder eine befestigte Stadt sein, so wird der Zugang dann am sichersten sein, wenn er sich nicht frei aufs Tor hinrichtet, sondern sich zur Rechten oder Linken nahe an der Mauer und besonders unterhalb der Außenwerke der Mauer selbst hinzieht. Innerhalb der Stadt aber soll sie [immer noch die Straße] nicht gerade, sondern wie ein Fluß hierhin und dorthin und wieder nach derselben früheren Seite in weicher Biegung gekrümmt sein. Denn außerdem, daß sie dort, wo man sie weiter überblicken kann, die Stadt größer erscheinen läßt, als sie ist, trägt sie in der Tat auch zur Schönheit, Zweckmäßigkeit und zu den wechselnden Bedürfnissen der verschiedenen Zeiten außerordentlich bei. Und wie schön wird es sein, wenn sich einem beim Spazierengehen auf Schritt und Tritt allmählich immer neue Gebäudeansichten darbieten, so daß jeder Hauseingang und jede Schauseite mit ihrer Breite mitten auf der Straße aufmarschiert und daß, ob zwar anderswo eine zu große Weite unschön und auch ungesund, hier sogar ein Übermaß von Vorteil ist.«[63]

Sich auf diese Ausführungen stützend, legte Vespasiano Gonzaga knapp hundert Jahre später die Stadt Sabbioneta bei Mantua an. Die von einem einzelnen Architekturdilettanten geplante urbane Struktur hat nichts von der Starrheit zahlreicher Idealstädte der Renaissance[64]. Die leicht unregelmäßige Führung der Straßen, die gegeneinander geringfügig verschobenen Kreuzungen, die subtile Massenverteilung der Gebäude: alles läßt auf einen übergreifenden Gestaltungswillen schließen, dem es gelang, lebendige Durchblicke und spannende Raumeffekte zu schaffen, ohne dabei der übertriebenen Verspieltheit oder der geometrisierenden Monotonie zu verfallen.

Die Feststellung, daß das, was anonyme, spontane oder natürliche Architektur genannt wird, ohne weiteres auch von einem Architekten entworfen und gebaut zu werden vermag, schlägt hier-

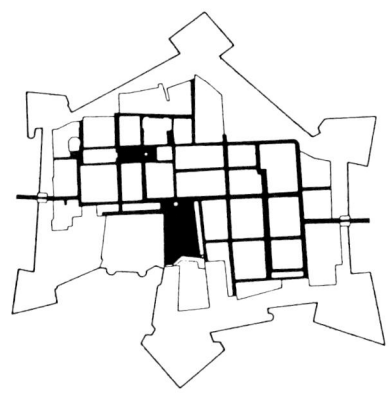

35 Sabbioneta.
Plan der Straßen
und Plätze.

bei um in die paradoxe Erkenntnis, daß es kaum eine »anonyme« Architektur ohne einen Architekten gegeben hat. Darunter wird allerdings weniger die physische Person verstanden, die zwischen Benutzer und Erbauer vermittelt, als der übergreifende Koordinationsgedanke, der Form und Ausdehnung einer Siedlung bestimmt. Mag diese koordinierende Funktion in einem frühen Entwicklungsstadium der Versammlung eines Stammes, dem Zauberer oder dem Häuptling zugekommen sein, mag diese Aufgabe später, mit zunehmender Arbeitsteilung, einer besonderen Verwaltungsinstanz, einem Spezialisten, einem Künstler oder einem Planer übertragen worden sein, so ändert das nichts an dem prinzipiellen Vorhandensein einer gezielten Ordnungsabsicht, die über das Wachstum einer urbanen Struktur wacht und deren Gestalt beeinflußt[65].

Bezieht sich diese Steuerung auf die Makrostruktur Stadt, erweist sich bei genauerer Betrachtung die Mikrostruktur Haus als nicht minder festgelegt. Die Festlegung entsprang einerseits einer imitativen Tendenz, welche die Nachahmung des eigenen traditionellen baulichen Kontextes und somit die Einheitlichkeit förderte; zum anderen aber verhinderte ein ausgeprägtes Formbewußtsein, das zusätzlich wettkampfmäßig und finanziell gefördert wurde, die rein passive Imitation zugunsten ästhetisch fruchtbarer Innovation.

Die kollektive Vorstellungswelt als stadtplanerische Kraft

All dies soll nicht über die Tatsache hinwegtäuschen, daß die erfolgreichen Beispiele individueller Stadtplanung an den Fingern einer Hand abgezählt werden können. Das ist insofern nicht verwunderlich, als sich der Architekt dabei vor die Aufgabe gestellt sieht, den extrem verschiedenen Bedürfnissen der zukünftigen Einwohner a priori gerecht zu werden. Das ist nur möglich, wenn diese Bedürfnisse in eine umfassende Verallgemeinerung eingeschlossen werden, die zumindest den Kern aller Wünsche, Erwartungen und Forderungen der Benutzer enthält[66]. Damit ist der Begriff der kollektiven Vorstellungswelt eingeführt.

Für die materiellen Bedürfnisse des Menschen ist die kollektive Vorstellungswelt vergleichsweise eindeutig. Auf dieser Ebene sind die Gegensätze wenig ausgeprägt, auch sind Mindestanforderungen durch Zahlen und Normen erfaßbar. Für die immateriellen Bedürfnisse hingegen, die Bedeutung, Atmosphäre und Zeichenhaftigkeit einbeziehen, stellt sich das Problem schwieriger dar. Ästhetische Wertvorstellungen sind weder quantifizierbar noch übergreifend gültig. Sie variieren von Epoche zu Epoche, von Land zu Land sowie von Individuum zu Individuum und lassen sich, da sie größtenteils auf der vorbewußten, irrationalen Ebene wirksam sind, weder begründen noch widerlegen.

Auch vom seltenen Ausnahmefall abgesehen, in welchem ein einzelner Architekt eine gesamte Stadt ex novo zu entwerfen hat, bleibt das Problem. Denn jeder Eingriff in die bauliche Struktur einer Stadt ist ein Eingriff in ihr Bild und sollte infolgedessen der kollektiven Vorstellungswelt entsprechen. Die Erkenntnis bahnt sich an, daß die Stadtverwaltungen des Mittelalters und der Renaissance durchaus ästhetische Wertvorstellungen gehabt haben müssen; sie hätten sonst keine Statuten »ad maiorem decorum urbis« erlassen können. Woher aber nahmen sie die ihnen zugrunde liegenden Gewißheiten?

Aus der Einheitlichkeit der kollektiven Vorstellungswelt. In geschlossenen kulturellen Systemen, in denen sich die Formen im Lauf der Zeit allmählich zu bedeutungsträchtigen Zeichen destillierten, entwickelte sich das Schönheitsbewußtsein ebenso stark wie

36 Ambrogio Lorenzetti. Eine Stadt (Talamone). Gemälde um 1330. Siena, Accademia.

homogen. Ästhetische Wertungen vermochten ein hohes Maß an Übereinstimmung zu erreichen. Die gegenwärtige vage, unscharfe und heterogene kollektive Vorstellungswelt ist der Preis, der für die Toleranz eines offenen gesellschaftlichen Systems gezahlt werden muß[67].

Dies heißt nicht, ein Architekt des Mittelalters oder der Renaissance sei befähigt gewesen, die gemeinsame Vorstellung der Stadtbevölkerung in eine bauliche Form umzusetzen. Es war im Gegenteil die kollektive Vorstellung selbst, die in der Lage war, sich zu artikulieren und zwischen verschiedenen architektonischen Alternativen diejenige zu wählen, die ihr entsprach. Das war beispielsweise der Fall, als in Florenz die schwierige Entscheidung anfiel, wie die Kuppelschale des Domes Santa Maria del Fiore gebaut werden sollte, und sich die Florentiner nach Beratung der verschiedenen technischen und gestalterischen Möglichkeiten zugunsten der Lösung aussprachen, die Filippo Brunelleschi dann auch durchführte[68].

Nach einem solchen Entscheidungsprozeß konnte es geschehen, daß das Bild des gebauten Werks als Feedback das ästhetische Bewußtsein der betroffenen Gemeinschaft steigerte und somit die kollektive Vorstellungswelt erweiterte. Es existierten also zwei parallele, voneinander abhängige Systeme, jenes der architektonischen Produktion und jenes des kollektiven »Geschmacks«, das eine immer dem anderen ein wenig voraus und beide in einer allmählichen, schrittweisen Entwicklung begriffen. Dabei wirkten die steuernden Kräfte so, daß sie die qualitative Veränderung unter Kontrolle hielten, die Dimension jedoch nicht einschränkten.

Wachstum, Geschlossenheit, Partizipation

Es ist wahrscheinlich, daß einem städtischen Organismus, analog einem lebendigen Körper, Grenzen des Wachstums eigen sind, über die hinaus seine Funktion sich gegen ihn wendet. Wird er zu groß, vermag die kollektive Vorstellung die Vielfalt der immateriellen Bedürfnisse nicht länger zu fassen, weil sie zu zahlreich und zu unterschiedlich sind. Dem Stadtgebilde droht auf der Gestaltebene das Schicksal der Dinosaurier, deren Größe zum Untergang der Gattung führte[69].

Diesen Umstand als Erklärung der Zerstörung (und Selbstzerstörung) zeitgenössischer Städte anzuführen, scheint nur bedingt sinnvoll. Schließlich hatte Rom in seiner Blütezeit unter Augustus eine

Million Einwohner, eine Zahl, unter der sich mehrere moderne Städte befinden, die einem zunehmenden Gestaltungszerfall erliegen. Ihre Krise ist nicht die der Dimension, die man in einer Stadt mit Atmosphäre immer in Kauf nimmt; ihre Krise ist jene der Architektur allgemein, und ihre Wurzeln stecken tiefer als in der bloßen quantitativen Ausdehnung.

Die Erkenntnis der Erweiterbarkeit des städtischen Gebildes sprengt ein weiteres Vorurteil. Die mittelalterliche Stadt ist nicht ein geschlossenes Werk, in sich vollkommen und keinerlei Ergänzung zulassend, sondern ein geschlossenes System; ihre Grenzen sind nicht die der Stadtmauer, die man immer weiter verschieben kann, wie es in Florenz dreimal geschah, ohne dabei dem urbanen Raum Abbruch zu tun, sondern die der kollektiven Vorstellungswelt; ihre Einheitlichkeit ist nicht allein jene der baulichen Erscheinung, sondern jene der tieferen Ursache dieser Erscheinung, nämlich des ästhetischen Bewußtseins ihrer Bürger.

Das Stichwort richtet die Aufmerksamkeit auf die Beziehung zwischen den beiden parallelen Systemen Stadt und kollektive Vorstellungswelt und führt zur Problematik der Partizipation. Dabei fragt

37 Ferrara. Perspektivischer Stadtplan. Aus: Matthäus Merian »Topographia Italiae«, 1688.

sich , wieweit die Bevölkerung an Entscheidungen tatsächlich beteiligt war.

Die liebenswürdige Anekdote über die Wahl der Kuppel für den Florentiner Dom hat auf den zweiten Blick ihre schwachen Punkte. Es mutet ziemlich unwahrscheinlich an, daß bei jener Gelegenheit das gesamte Volk mitreden durfte; die auftauchenden technischen Schwierigkeiten eines solchen Referendums hätten die zeitgenössischen Chronisten erwähnt. Zudem widerspricht ein derart demokratischer Entschluß dem Geist der gesellschaftlichen Struktur des Mittelalters. Wahrscheinlicher ist, daß die oberen Schichten der Adligen und reichen Bürger zusammen mit den Vertretern der Stadtbürgerschaft und der Zünfte beraten haben[70].

Das war freilich nicht wenig. In den toskanischen Stadtstaaten war die res publica im wahrsten Sinn des Wortes eine öffentliche Sache. Im Florenz des 13. Jahrhunderts, als die Stadt noch knapp 40 000 Einwohner zählte, tagten bereits fünf gesetzgebende Körperschaften mit insgesamt 676 Mitgliedern (die übrigens jedes halbe Jahr neu gewählt wurden und in denen niemand zweimal hintereinander demselben Ausschuß angehören durfte). In kleineren Städten

38   Florenz. Stadtansicht. Aus: Matthäus Merian »Topographia Italiae«, 1688.

war das Verhältnis noch eklatanter: In Lucca umfaßte, bei 15 000 Einwohnern, der große Rat 550 Mitglieder, in San Gimignano waren bei 4000 Einwohnern 300 Leute in Staatsgeschäften auf den Beinen. Eigenverantwortung, Gemeinschaftsgefühl, auf die Allgemeinheit orientiertes Denken wurden geübt – und zwar von bemerkenswert zahlreichen Bürgern.

Nachträglich an ihrer Effizienz gemessen, dünkt diese Art von Partizipation keineswegs die schlechteste. Die Kombination von Spezialisten (die Oberschicht von damals als Kunst- und Architekturexperten) und gewählten Volksvertretern scheint eine kollektive Vorstellungswelt würdig bestreiten zu können: zusammen mit dem Architekten, der seiner Verantwortung keineswegs enthoben wird, sondern lediglich in seinen programmatischen Entscheidungen Unterstützung erfährt. Künstlerische, innovative Impulse vermögen so mit traditionellen, bewährten Formen jene Synthese einzugehen, die man konkretisiert in den Städten des Mittelalters und der Renaissance beobachtet[71].

Kunst und Massengesellschaft: ein optimistisches Korollarium

Die vorliegenden Überlegungen haben sich bewußt auf die sogenannte anonyme Architektur beschränkt; die »hohe« Baukunst eines Michelangelo Buonarroti oder eines Francesco Borromini wurde aus der Betrachtung ausgeklammert. Das hat zwei Gründe.

Erstens scheint es, als ob dem implizit verfolgten Zweck, aus der historischen Analyse vergangener architektonischer und städtebaulicher Prozesse ästhetische Gesetzmäßigkeiten herauszukristallisieren, die auch der Gegenwart zugute kommen können, die ehrfürchtige Bewunderung, aber auch die staunende Erkenntnis genialer Taten wenig dienlich ist. Es ist schon von vornherein kaum anzunehmen, daß solche großartigen Intuitionen nachvollziehbar sind.

Zweitens drängt sich eine gewisse Skepsis gegenüber dem verschwommenen Begriff der Intuition auf. Es stellt sich die Frage, ob diese nicht die konzentrierte Zusammenfassung, in einer Person und in einer glorreich kurzen Zeit, der soeben beschriebenen kybernetischen Prozesse sein könnte. Dies würde die Möglichkeit der Verwirklichung einer »niedrigeren«, weil langsameren Massenkunst belegen, die jedoch gemeinschaftlich geschaffen werden könnte[72].

Entwickelt man diese Hypothese weiter, schimmert darin die Hoffnung einer architektonischen und städtebaulichen Kunst, die innerhalb der heutigen Massengesellschaft einen angemessenen Platz finden und für eben diese Massengesellschaft geeignete semantische Gehalte schaffen könnte. Sie würde nicht nur imstande sein, mit dem sozialen und kulturellen Wandel Schritt zu halten, sondern auch, sowohl das elitäre Denken als auch die alltägliche Entwertung fliehend, der sich stetig weiterentwickelnden kollektiven Vorstellungswelt zu entsprechen.

Sizilianische Stadtgeometrien
Die Projekte der skeptischen Aufklärung um 1700

»Die Vernunft liegt vor den Fakten und bestimmt deren Existenz. Es ist eines der schönsten Axiome des ›lateinischen Geistes‹. Ob richtig oder falsch weiß ich nicht. Kann sein, daß es falsch ist. Kann sein, daß die Fakten sich nicht aus der Vernunft ergeben, sondern auf irrationale Weise entstehen. Alles ist: so vermag alles philosophisch bewiesen zu werden. Dies ist der tiefe Grund des menschlichen Unglücklichseins. Doch um nicht unglücklich zu sein, um dem ›zwingenden Thema‹ des Unglücklichseins auszuweichen, klammern wir uns verzweifelt an das künstliche (mit Kunst gemachte) System; und, zwischen allen ›künstlichen‹ Systemen, an jenes, welches mit dem Höchstmaß an Kunst gemacht ist: den lateinischen Geist. Und wir glauben an die Vernunft: an die absolute Existenz der Vernunft; an ihren perfekten Organismus, an ihre unausweichlichen Gesetze, an ihre beschützende und heilsame Kraft.«
Alberto Savinio, *Ascolto il tuo cuore, città*, 1944[73].

Die urbanistischen »Zeichen« der sizilianischen Stadtgründungen aus dem 17. Jahrhundert – darunter Avola, Ferla, Grammichele, Noto und Ragusa – versetzen in Staunen. Die verblüffende Ablesbarkeit ihres funktionellen Aufbaus artet nie in Sterilität aus; die klare Geometrie ihrer Straßenführung verfolgt ihr eigenes Prinzip ohne Sturheit; die scharfe Trennung zwischen Stadt und Land steht in schmerzhaftem Kontrast zur Ausfransung der modernen Ballungsräume.

Jenseits der kontemplativen Resignation und des – unleugbaren – ästhetischen Genusses, den ihre Betrachtung verursacht, stellt sich die Frage nach der Entstehung solcher Städte: nicht als rein rückblickendes geschichtliches Forschen, sondern als Versuch, Prozesse zu verstehen, die möglicherweise auch für die heutige urbanistische Praxis von Bedeutung sein können[74].

Die etikettierten Stadtgeometrien

Bei Geometrien städtebaulicher Strukturen sind leichtfertige Architekturkritiker und oberflächliche Bauhistoriker mit Schwarzweiß-Klassifizierungen schnell bei der Hand. Apodiktische Trennungen

schießen munter ins Kraut: Auf der einen Seite stehen die unregelmäßigen, verwinkelten, organischen Muster »gewachsener« Städte,
auf der anderen die regelmäßigen, orthogonalen, künstlichen Geometrien »geplanter« Siedlungen. Stellen sich die einen wohlausge-
wogen dar, einem ungetrübten Verhältnis zwischen Mensch und
Landschaft entspringend, drängen die anderen gewalttätig und
rücksichtslos rein intellektuelle, idealistische und realitätsfremde
Abstraktionen der Umwelt auf.

Weitere Assoziationen werden durch die vereinfachende Sortie-
rung beschworen. Unregelmäßige Städte sind beispielsweise – so
meint man oft – jene des italienischen Mittelalters, also Gebilde, die
sich aus in Teilen demokratischen Gesellschaftsformen entwickelt
haben; regelmäßige urbanistische Planungen hingegen jene des
Absolutismus, des Kolonialismus, des Totalitarismus. Während
idyllische Visionen aus Aldous Huxleys *Island* auftauchen und den
drohenden Gespenstern aus George Orwells *1984* gegenübergestellt
werden, steigert sich das versimpelnde Spiel der Kästchensortierung
zur naseweisen Etikettierung: Organische Strukturen sind offen und
demokratisch, geometrische geschlossen und despotisch.

Zu einfach, um wahr zu sein, gründet die Erklärungskette auf
verschiedenen Mißverständnissen. Sie sind um so schwerer aufzu-
klären, als sie stets Halbwahrheiten enthalten und oft ausnehmend
plausibel anmuten.

Drei Mißverständnisse

Das erste Mißverständnis liegt in der Annahme, städtebauliche
Organismen mit unregelmäßiger Straßenstruktur seien nicht
geplant, sondern »natürlich gewachsen«. Das stimmt nicht: Etwa
für die mittelalterlichen Städte läßt sich nachweisen, daß sie keineswegs frei gewuchert sind, den Launen der jeweiligen Bevölkerung
planlos folgend, sondern daß im Gegenteil strenge und größtenteils
erstaunlich aktuelle Baugesetze das städtische Wachstum einschränkten, um es in geregelte Bahnen zu lenken[75]. Architektonische Planung muß nicht zwangsläufig zu starrer Geometrie
führen.

Das zweite Mißverständnis setzt die Geometrie, und zwar die
euklidische und orthogonale Geometrie, der Unnatürlichkeit und
der Unmenschlichkeit gleich. Auch das ist unrichtig. Man braucht

9   Venedig. Perspektivische Stadtansicht. Aus: Matthäus Merian »Topographia Italiae«, 1688.

0   Turin. Schematischer Stadtplan. Aus: Matthäus Merian »Topographia Italiae«, 1688.

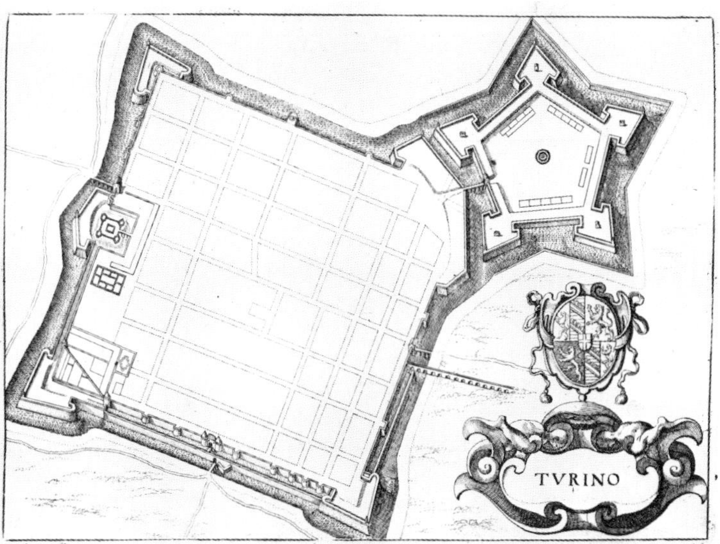

sich nicht erst den Bienenwaben oder der Nautilusschale zuzuwenden, um perfekte Beispiele biologisch entstandener und exakt geometrischer Architektur zu bestaunen; schon der Mensch kennt vorne und hinten, oben und unten, rechts und links, Begriffe, die durch seinen Körper gegeben sind. Die Geometrie ist nichts anderes als die Abstraktion dieser Begriffe zu einem System, das letztendlich den Menschen widerspiegelt.

Das dritte und letzte Mißverständnis verkündet die Übereinstimmung von Stadtstruktur und Gesellschaftsordnung: Zeig mir, wie deine Stadt aussieht, und ich sage dir, wie dein soziales Gefüge aufgebaut ist. So einfach geht es allerdings nicht[76]. Zwar lassen die strukturalistischen Analysen der Beziehungen zwischen Siedlungsformen und Gesellschaftssystemen bei Eingeborenendörfern solche Übereinstimmungen vermuten[77]; allein können die Methoden, die für die Untersuchung solch einfacher Gebilde geeignet sind, nicht auf die komplexen Strukturen der Gesellschaften und Bauformen hochentwickelter urbaner Ballungsräume angewendet werden[78]. Das heißt freilich nicht, daß ein Zusammenhang zwischen Stadt und Gesellschaft tout court geleugnet wird; er ist lediglich nicht so linear.

Es wird deutlich, daß die eingangs erläuterte Trennung zwischen gewachsener, natürlicher, demokratischer Stadtstruktur und geplantem, geometrischem, totalitärem Stadtraster viel zu grob ist, um die urbanistische Wirklichkeit zu erfassen. Es muß eine genauere und wirksamere Betrachtungsweise gewählt werden.

Natürliche und ideelle Geometrien

Die von Maria Ajroldi[79] eingeführten Begriffe der natürlichen und der ideellen Geometrien bieten sich an. Sie haben den Vorteil, sich nicht nur auf die Form der Stadt zu beziehen, sondern die Relation zwischen Form der Stadt und natürlicher Umwelt zu bestimmen. Demnach sind natürliche Geometrien jene, die sich harmonisch in die Landschaft einfügen und eine Einheit mit ihr bilden; ideelle Geometrien hingegen jene, die einen – mitunter durchaus reizvollen – Kontrast zur Landschaft aufbauen und als Gegensatz zu den natürlichen Gegebenheiten bestehen.

Diesem ersten Vorzug entspringen weitere. Die Begriffe der natürlichen und der ideellen Geometrien sind frei von Spontaneitätsvorurteilen, weil die Vorstellung einer Geometrie von vornherein jene eines rationalen planerischen Eingriffs beinhaltet. Weiterhin entgehen sie, dank der Koppelung natürlich – geometrisch, der Verallgemeinerung, jegliche Geometrie sei widernatürlich und unmenschlich. Schließlich sind sie politisch neutral, weil sie kaum dazu verführen, sie ohne weiteres mit Gesellschaftsordnungen in Beziehung zu setzen. Somit überwindet die methodische Ausgangsposition die drei angeführten Mißverständnisse.

Wie steht es jedoch um den Einwand der Vereinfachung? Gewiß stellt auch die neue Trennung die Simplifizierung eines komplexen, vielgestaltigen und vielschichtigen Tatbestands dar; sie bietet allerdings dadurch, daß sie keinerlei morphologische Festlegung von vornherein trifft, den Vorteil der Anpassungsfähigkeit. Lediglich die Extreme werden bestimmt; dazwischen öffnet sich ein weites Spektrum, innerhalb dessen die Bestimmung einer besonderen urbanistischen und architektonischen Situation ebenso genau wie unkonventionell zu erfolgen vermag. So kann eine unregelmäßige Stadtstruktur, die sich rücksichtslos der Topographie aufzwingt, durchaus ideell sein, während ein orthogonaler Raster, der sich behutsam in die Landschaft einfügt, die Züge einer natürlichen Geometrie tragen wird.

Die sizilianischen Zeichen

Bis zum Anfang des 17. Jahrhunderts bestand in der sizilianischen Regionalplanung kaum ein übergeordneter Ordnungswille. Dörfer und Landstädte wurden Fall für Fall und Stein auf Stein errichtet; die jeweils vorhandene natürliche Morphologie bestimmte maßgeblich die Form der Ansiedlung. Es entstanden hauptsächlich frei gegliederte Siedlungen mit unregelmäßigen Straßenstrukturen, deren geschlossener Organismus sowohl formal als auch funktional einen Einzelfall darstellte und meist durch den Anbau weiterer geschlossener »Unterorganismen« erweitert wurde.

Mit wachsender wirtschaftlicher Bedeutung ihrer Hafenanlagen übten indessen die großen Küstenstädte Palermo, Messina und Catania eine immer größere Anziehungskraft auf die Landbevölkerung aus und expandierten auf Kosten ihres Umlands. Die kleineren Städte schrumpften und trockneten allmählich aus. Dieser Bevölkerungsfluß vom Land in die Stadt, der – in abwechselnder Richtung – die Geschichte Siziliens prägt, wurde weder politisch noch planerisch kontrolliert.

41 Cefalú
(Sizilien).

42 Messina. Perspektivischer Stadtplan. Aus: Matthäus Merian »Topographia Italiae«, 1688.

Um 1600 war die Abwanderung so weit fortgeschritten, daß sich ernste Folgen einstellten: Die Übervölkerung der Großstädte und die Funktionsschwäche der landwirtschaftlichen Kernzone der Insel bewirkten immer öfter wiederkehrende Hungersnöte in den urbanen Ballungsräumen. Die zentrale Regierung Siziliens sah sich gezwungen, Abhilfe zu schaffen. Um die Landflucht einzudämmen, die Wiederbevölkerung des Landesinneren voranzutreiben und die Landwirtschaft anzukurbeln, wurden zahlreiche kleinere Stadtgründungen vorgenommen: anfangs im westlichen Teil der Insel, später, nach dem großen Erdbeben von 1693, auch im östlichen Teil.

Die neuen städtebaulichen Eingriffe waren vornehmlich von pragmatischen Überlegungen geleitet. Die Siedlungen sollten möglichst rasch entstehen und möglichst wenig kosten; sie sollten funktionell, hygienisch und anpassungsfähig sein; und sie sollten – keineswegs an letzter Stelle – der Ausdehnung und Effizienz der zentralen Verwaltung dienen. So wurde ein einmalig ausgearbeitetes Schema seinem Prinzip nach ständig wiederholt: Man stellte zunächst die Primäreinrichtungen fertig und legte dann einen orthogonalen Straßenraster, der sich meist nach allen Seiten hin ausdehnen konnte, um sie herum. Das Ergebnis war eine scharfe Trennung: in der Mitte die Strukturen der Macht, die Festung, der Palast des Stadtherren und die Hauptkirche; rundherum das kaum hierarchisierte und differenzierte städtische Gewebe, das die Einheitlichkeit der sozialen Schicht (der Bauern und Fischer; die emporstrebende Bürgerklasse gab es nur in den Großstädten) widerspiegelte, die es beherbergte.

Ironie und Harmonie

Der Bruch gegenüber früheren Ansiedlungen ist offenkundig. Der sehr greifbaren Unregelmäßigkeit mittelalterlicher Stadtstrukturen wird jene souveräne Abstraktheit klassischer Formen gegenübergestellt, die bereits in der Zeit der Kolonialisierung der Insel durch die Griechen und später durch die Römer die sizilianische Stadtbaugeschichte geprägt hatte und mit der Renaissance wieder aktuell geworden war; das mühevolle, zögernde Sichherantasten an eine Lösung, durch Zweifel und Rückschläge gehemmt, wird von einer lässigen, entschiedenen und selbstbewußten Geste abgelöst. Die natürlichen Geometrien werden verdrängt und unterliegen: In der nahezu unvermittelt einsetzenden rational orientierten Stadtplanung blühen die ideellen Geometrien auf.

Daß sie dabei nicht in die extreme Abstraktion abgleiten und mit der rücksichtslosen Überlagerung der Natur durch das Ideal Sterilität zeitigen, hat verschiedene Gründe. Diese wurzeln nicht allein in der besonderen Situation der Epoche zwischen 1600 und 1700, sondern auch und vor allem in der besonderen Situation Siziliens.

Der erste Grund ist materiell. Der kommunikative Prozeß, der zwischen der zentralen Verwaltung und der einzelnen Landstadt abläuft, ist durch mehrere Störungen behindert: Die Kanäle für die Informationsvermittlung zwischen der Hauptstadt Palermo und dem jeweiligen Standort der beabsichtigten Neugründung sind mangelhaft, die verantwortlichen Architekten vertreten unterschiedliche Auffassungen und verfolgen unterschiedliche Ziele, der Bauprozeß ist schon damals komplex und schwer kontrollierbar. Die Absicht der Zentralregierung, ein homogenes städtisches Muster unverändert zu vervielfältigen, erleidet zwangsläufig Abstriche. Hinzu kommt die Schwierigkeit, physische Zeichen wie Häuser, Straßen und Städte zu realisieren: Die abstrakten Muster müssen je nach Orientierung, Klima, verfügbarem Material, Topographie und Verkehrseinbindung abgeändert werden. Der genius loci[80] wirkt auf das gleichförmige und gleichgültige Schema, die Form der Stadt erhält – noch in ihrer Strenge – eine besondere Individualität.

Der zweite Grund ist geistig. Er entspringt jenem reflektierten Bewußtsein für Tradition, das Neues nur auf dem Hintergrund einer Vergangenheit beurteilt und verwirklicht. In der Geschichte der sizilianischen Stadtplanung wurden die vom Mittelalter überlieferten natürlichen Geometrien nicht abrupt vergessen, um statt dessen hemmungslos ideelle Geometrien zu reproduzieren. Erinnerungen und tradierte Lehren wirkten nach.

Der dritte und letzte Grund ist subtiler als die vorausgehenden, weil er eine besondere sizilianische Eigenart ins Spiel bringt. Der griechische Ursprung und die geschichtlichen Erfahrungen in zahlreichen einander ablösenden Fremdbestimmungen haben in die Denkmuster der Inselbevölkerung die Eigenschaft der Ironie verwoben; Ironie nicht als isolierte, episodische Erscheinung, sondern als Haltung dem Leben gegenüber. Wenn man, wie es in Sizilien der Fall war, über Generationen hinweg die Versuche beobachtet hat, realen Gegebenheiten ideelle Strukturen aufzuzwingen, um Macht auszuüben; wenn man dabei erlebt hat, daß jede Durchdringung willentlich oder gezwungenermaßen ausblieb; wenn man immer

43 Noto. Vedute von Paolo Labisi. Um 1750–1760.

wieder die Folgen dieser mangelnden Durchdringung als klaffende
Wunde zwischen Wunsch und Wirklichkeit erfahren hat: so stellt
sich unweigerlich Skepsis ein. Die reformistische Begeisterung über
das vom Festland importierte und zentral aufgezwungene urbane
Schema der ideellen Geometrien konnte sich in Sizilien nicht gegen
skeptisches Nachdenken durchsetzen, zumal die bestehenden ökonomischen und sozialen Spannungen auf der Insel den utopischen
aufklärerischen Enthusiasmus Lügen straften.

Das Ergebnis war Harmonie[81]. Die Natur wurde respektiert,
erhielt jedoch die eindeutige Prägung eines ordnenden Eingriffs; die
Geometrie blieb als Prinzip erhalten, wurde allerdings durch örtliche Charakteristika gemildert; die Unverbindlichkeit und Wieder-
holbarkeit des allgemeinen strukturellen Rasters fand sich in frucht-
barem Widerspruch zur Verbindlichkeit und Unwiederholbarkeit
des städtebaulichen Einzelfalls. Dieser Dialektik von Planung und
Skepsis, von Ordnung und Unordnung, von Geometrie und Landschaft entsprangen in ironischem Dialog zwischen Neuerung und
Tradition die sizilianischen Landstädte um 1700: menschliche
ideelle Geometrien.

Zukünftige Strategien

Über die rein betrachtende Bewunderung der sizilianischen Stadtgründungen am Ende des 17. Jahrhunderts hinaus tut der Versuch
not, aus der geschichtlichen Analyse gegenwarts- und zukunftsbe-
zogen zu lernen. Die damalige Problematik hat an Aktualität nichts
verloren: Abwanderung der Bevölkerung aus den Landgebieten,
Verfall der ländlichen Dorfstrukturen, unkontrollierte Überfüllung
und Ausfransung der Ballungsräume, Zerstörung der städtischen
Randzonen, keine deutliche Trennung von Stadt und Land, allzu
abstrakte, seelenlose Stadtgeometrien. Gewiß vermag diese Problematik gegenwärtig nicht in gleicher Weise wie um 1700 gelöst zu
werden; dazu hat die Komplexität und Verflechtung der auftretenden politischen, wirtschaftlichen und architektonischen Konflikte
allzusehr zugenommen. Dennoch gibt es Parallelen, die parallele
Strategien zulassen.

Zunächst muß ein Gleichgewicht zwischen Planung und Spontaneität erreicht werden. Planung und die damit verbundene Abstraktion von Funktionen ist notwendig, darf jedoch die konkreten
Eigenheiten des besonderen städtebaulichen Eingriffs nicht übergehen. Der Ordnungsgedanke muß sich klar artikulieren; sogar so
klar, daß er sich selbst in Teilen wieder verleugnen kann, ohne seine
Überzeugungskraft einzubüßen. Das ist kein Paradoxon: Nur eine
starke intellektuelle und formale Struktur vermag Abstriche ohne
Verlust, ja im Gegenteil mit Gewinn zu dulden.

Ein analoges Gleichgewicht muß zwischen Neuerung und Tradition anvisiert werden. Durchbrüche sind auf der einen Seite notwendig, um eingefahrene Wege zu verlassen und neue Ausdrucksformen
zu finden; andernfalls versinkt jede kulturelle Erscheinung in Stagnation. Auf der anderen Seite sind alle Versuche, sich von sämtlichen traditionellen Bindungen zu lösen und reine Innovation zu
produzieren, prinzipiell zum Scheitern verurteilt: Niemand, auch
nicht die genialste Künstlerpersönlichkeit, ist befähigt, von der eigenen Geschichtlichkeit zu abstrahieren. Elemente der Vergangenheit
dringen unweigerlich durch. Die verbissene Suche nach der Originalität um der Originalität willen artet nicht selten zur exaltierten
Exzentrizität oder zur hyperrationalistischen Unmenschlichkeit
aus. Auch hier muß ein Mittelweg eingeschlagen werden.

Beide Dialektiken – jene zwischen übergeordneter Planung und
Aufmerksamkeit gegenüber dem genius loci sowie jene zwischen
kritischer Innovationsbemühung und reflektiertem Traditionsbe-

44 Palermo. Zeitgenössische Luftaufnahme. Einmontiert das Projekt für die neuen
    Universitätsgebäude von Vittorio Gregotti.

wußtsein – können nur aus einer skeptischen Haltung heraus verwirklicht werden. Es ist in einer solchen Anschauung kein Platz für
starrköpfige Methodengläubigkeit oder einfältige Spontanroman-
tik, für idealistischen Neuerungswahn oder wehmütigen Vergan-
genheitskult. Im Licht der altklugen Ironie werden die Alles-oder-
nichts-Alternativen und die seichten modischen Trends spöttisch
beäugt, überprüft, angezweifelt: nur Komplexes, Widersprüchliches, Substantielles hält stand.

So münden die Lehren der sizilianischen Gründungsstädte nicht
in Rezepte, eher in Anti-Rezepte. Nicht nur, daß keine einfachen,
eindeutigen Handlungsanweisungen geliefert werden; es wird vor
ihnen gewarnt. Daneben rollt sich ein dünner Leitfaden auf, der
überlegte, im wahrsten Sinn des Wortes umfassende Planung fordert. Übergreifende Planung und spezifische Planung und dann, im
heiklen, aufregenden Augenblick der Realisation, Mut auch zur

Nicht-Planung: zum Zweifeln, Innehalten, Beobachten, Verstehen, Verändern, Einpassen. Denn die Probleme der Architektur und des Städtebaus werden nie durch szientistische Ansätze allein gelöst werden. Nur wenn sich skeptischer Idealismus mit den natürlichen Formen geistig und sinnlich verbindet, mit den Kurven der Erde und der Wölbung des Himmels und der Rauheit des Steins und der Glätte des Wassers; wenn sich der Mensch als natürliches Wesen inmitten natürlicher Existenzen von Flora und Fauna sieht und das eigene Tun mit Abstand betrachtet; wenn er im Bewußtsein, historischen Prozessen verhaftet zu sein, die Unzulänglichkeit seines Tuns erkennt und seine Lösungen dennoch mutig und verantwortungsbewußt und bescheiden vorschlägt: erst dann werden wir mit menschlichen ideellen Geometrien besseren Städten entgegensehen.

Die Analogie der Widersprüche
Anmerkungen zum Gebäude des Kunstgewerbemuseums in Berlin

»Il faut s'accoustumer aux analogies, sçavoir deux ou plusieurs choses fortes differentes estant données, trouver leur ressemblances.«
Gottfried Wilhelm Leibniz, *De la sagesse*, 1684–1687[82].

Mit dem Ende des Deutsch-Französischen Kriegs und der Gründung des Deutschen Reichs begann 1871 eine Zeit des Friedens in Europa. Die dabei frei werdenden Energien wurden allerdings nicht in die Lösung der strukturellen und sozialen Probleme investiert, welche die industrielle Revolution bereits im 18. Jahrhundert aufgeworfen und im 19. verschärft hatte, sondern in eine ebenso stürmische wie widersprüchliche Entwicklung von Handel, Gewerbe und Industrie. Die Wirtschaftsdepression von 1873 ließ das Kartenhaus der »Gründerjahre« mit ihren unzähligen Unternehmensgründungen und Spekulationen zusammenbrechen, bereitete jedoch einen neuen großen industriellen Vorstoß vor. In den neunziger Jahren wurde die Aufteilung des internationalen Markts unter den Industriestaaten weitgehend abgeschlossen; zusammen mit der kapitalistischen Weltwirtschaft bahnte sich das imperialistische Zeitalter an.

Berlin wurde durch diese Ereignisse besonders tangiert. Durch den ökonomischen Aufschwung gestärkt und zur Hauptstadt des Deutschen Reichs erhoben, versuchte es, auch in seiner Architektur mit den damals bedeutendsten europäischen Metropolen Schritt zu halten: Wien und Paris. Dort hatte allerdings bereits seit der Mitte des Jahrhunderts ein schwerer, monumentaler Historismus die klassizistische Tradition abgelöst und in den Bauten an der Ringstraße von Ludwig Förster beziehungsweise in jenen an den Boulevards von Georges-Eugène Haussmann oder, gewaltiger noch, in dem Nouvel Opéra von Charles Garnier emblematische Höhepunkte erreicht. Darauf zielte nun Berlin ab. Tatsächlich änderte es unter dem doppelten Druck der wirtschaftlichen Kraft und des nicht zuletzt durch den neuen Wohlstand erwachten Prestigebedürfnisses in wenigen Jahren sein Gesicht: Zahlreiche ältere Bauten wurden abgerissen und durch Prachtpaläste im Stil der Neurenaissance und des Neubarock ersetzt[83].

Diese Entwicklung verlief durchaus nicht unwidersprochen. Schließlich hatte Berlin eine eigene Bautradition, die in erster Linie von Friedrich Gilly ausgegangen und von Karl Friedrich Schinkel weiterentwickelt und etabliert worden war; diese Tradition lebte noch in der zweiten Häfte des 19. Jahrhunderts im Werk zahlreicher Schinkel-Schüler fort. Sie orientierte sich vornehmlich an den strengen Kompositionsprinzipien des Klassizismus und der Neuromanik, vertrat die Maxime der klaren, möglichst unverstellten Konstruktion sowie der werkgerechten Materialehrlichkeit und hatte die (philosophische) Kategorie der Einfachheit zu ihrer Leitlinie erhoben. Ihre Vertreter wandten sich gegen die Effekthascherei und die Maßstabslosigkeit der neuen, dazu noch importierten Mode, die sie als zutiefst unangemessen, unmoralisch und frivol empfanden. Hinzu kam, daß sie um ihre Aufträge bangen mußten[84].

Doch schien die Entwicklung historisch festgelegt. Die beiden Wettbewerbe für den Neubau des Reichstagsgebäudes, das wichtigste und aufsehenerregendste Projekt des jungen Reichs, spielten dabei eine zentrale Rolle: Schon der erste preisgekrönte Entwurf von Ludwig Bohnstedt (1872) war eine Kristallisation des herrschenden Geschmacks, und das Projekt von Paul Wallot, das im zweiten Wettbewerb gekürt und anschließend gebaut wurde (1884–1894), bestätigte die Tendenz zur überschwenglichen, gigantischen Monumentalität[85]. Die Schinkel-Schüler verloren an Boden; sie traten entweder in das andere Lager über oder wurden alsbald von der Tätigkeit als freie Architekten in die Entwurfsabteilungen der Stadt und des preußischen Staats abgedrängt.

Mithin war es ein Akt der Opposition, als Entwurf und Ausführung des Neubaus des Kunstgewerbemuseums zu Berlin ohne Wettbewerb, als Direktvergabe, der Arbeitsgemeinschaft der Architekten Martin Gropius[86] und Heino Schmieden übertragen wurden. Beide, vor allem Gropius als leitende Figur, waren für ihre Verpflichtung gegenüber der Tradition der Schinkel-Schule bekannt: und zwar nicht als Epigonen, sondern als durchaus autonome Persönlichkeiten. Beim Wettbewerb für den Berliner Dom (1867) hatten sie sogar die unerhörte Kühnheit besessen, unverputzte Backsteinfassaden für die wichtigste Kirche der Stadt vorzuschlagen, was einer schroffen Absage an Pomp und Maskerade und gleichzeitig einem leidenschaftlichen Bekenntnis zur rationalen, strengen Berliner Architekturhaltung gleichkam. Die Beauftragung von Gropius und Schmieden war also nicht lediglich die Entscheidung für einen Bau, sondern vor allem für eine kulturelle Orientierung.

Kapitalistische Ambitionen und der Flirt zwischen Industrie und Kunst:
Das Kunstgewerbe im Preußen des späten 19. Jahrhunderts

Diese Beauftragung vermochte in erster Linie auf Grund der Rolle zu erfolgen, die Martin Gropius schon seit geraumer Zeit im Berliner Kunstgewerbe spielte. Er entwarf nicht nur Bauten, sondern – wiederum in der »klassischen« Tradition von Schinkel – auch Einrichtungs- und Gebrauchsgegenstände; er unterrichtete Ornamentlehre an der Bauakademie und leitete seit 1869 die Berliner Kunstschule; außerdem unterhielt er eine Sammlung von kunsthandwerklichen Objekten, vornehmlich von Stoffen aus der Seidenweberei seiner Familie. Mit alledem beabsichtigte er, das Kunstgewerbe zu fördern.

Das war auch nötig und, was entscheidender ist, entsprach den politischen und ökonomischen Interessen der Zeit. Die erste Londoner Weltausstellung von 1851 hatte bereits mit großer Deutlichkeit die enge Verknüpfung von Kunstgewerbe, Wirtschaft und Politik aufgezeigt: Gewerbliche Produktion war im Zeitalter der Indu-

45   Ludwig Bohnstedt. Das Reichstagsgebäude, Berlin. Projekt 1872.

46 Maschinenhalle auf der Weltausstellung London 1851. Zeitgenössische Litho-
    graphie.

strialisierung und der Massenfertigung eine Voraussetzung für kapitalistische Expansion und ein Instrument wirtschaftlichen und kulturellen Imperialismus. Damals standen die Erzeugnisse Preußens
immerhin noch weitgehend gleichrangig neben jenen Großbritan-
niens. Elf Jahre später sah dies bereits ganz anders aus, und die
Londoner Weltausstellung von 1862 hielt Preußen die Kümmerlich-
keit der eigenen Gewerbeproduktion deutlich vor Augen. Die Reaktion kam, wenngleich verspätet: 1865 wurde Hermann Schwabe,
Vorsteher des Städtischen Statistischen Bureaus, mit der Untersuchung der Möglichkeiten der Gründung einer Kunstindustrie-
Schule in Berlin beauftragt. Er studierte die Situation des Vorbilds
England, legte eine Denkschrift nieder und veröffentlichte 1866 ein
Buch: *Die Förderung der Kunst-Industrie in England und der Stand
dieser Frage in Deutschland.* Über dreißig Jahre später sollte sich
dies in analoger und weit folgenreicherer Form wiederholen:
1896–1903 wurde der Architekt Hermann Muthesius als Attaché der
Deutschen Botschaft in London beigegeben, um den englischen
Wohnungsbau des Domestic Revival und der Arts-and-Crafts-
Bewegung zu untersuchen. 1904/05 publizierte er das Ergebnis seiner Beobachtungen im einflußreichen dreibändigen Werk *Das englische Haus.* 1907 wurde in München der Deutsche Werkbund
gegründet, dessen erklärtes Ziel die »Veredelung der gewerblichen
Arbeit im Zusammenwirken von Kunst, Industrie und Handwerk«

war und der zu seinen Gründungsmitgliedern neben Muthesius auch Fritz Schumacher und Peter Behrens zählte.

Schwabe war kein Muthesius, und die historischen Bedingungen waren 1865 anders als 1896. Immerhin wurde 1866 ein »Comité« gegründet, welches unter dem Namen »Deutsches Gewerbe-Museum zu Berlin« das Ziel hatte, »den Gewerbetreibenden die Hülfsmittel der Kunst und Wissenschaft zugänglich zu machen«[87]. Wiederum ein Jahr später wurde mit dem Unterricht begonnen und anschließend die Ausstellung der Sammlung eröffnet – allerdings im äußerst bescheidenen Gropiusschen Diorama in der Stallstraße. Bereits 1872 erwiesen sich die Räume als zu klein. Während als Interimsunterbringung die Fabrikgeschosse der gerade verlegten Königlichen Porzellan-Manufaktur an der Leipziger Straße belegt wurden, wurde der Entschluß gefaßt, einen Neubau für das Museum zu errichten. Es lag mehr als nahe, Martin Gropius und seinen Partner Heino Schmieden mit dem Entwurf zu betrauen; schließlich hatte Gopius die Entwicklung des Museums von Anfang an begleitet und in jeder Weise unterstützt. Den Auftrag für das Projekt erteilte das Handelsministerium; als Standort war die nördliche Ecke der Einmündung der (neuen) Zimmerstraße in die Königgrätzer Straße (früher Potsdamer Communication, heute Stresemannstraße) vorgesehen. Gropius und Schmieden erarbeiteten einen detaillierten Entwurf. Er war zur Vorlage im preußischen Abgeordnetenhaus bestimmt, gelangte dort aber nicht zur Besprechung und galt schon Anfang 1873 als erledigt.

Schuld an dem raschen Tod des ersten Vorschlags von Gropius und Schmieden war weder die Situation der architektonischen Kultur in der frisch deklarierten Hauptstadt des jungen Deutschen Reichs noch die institutionelle Entwicklung des »Deutschen Gewerbe-Museums«, noch der Entwurf selbst. Schuld war der gewählte Standort, der im Rahmen der Auseinandersetzungen um das zentrale Gebiet zwischen Leipziger Platz und Wilhelmstraße ziemlich plötzlich einer anderen Bestimmung zugeführt wurde. Diese Auseinandersetzungen weisen durchaus das auf, was Sherlock Holmes »einige interessante Züge« genannt hätte.

Über die Schwierigkeiten, eine Stadt zu planen:
Die urbanistische Entwicklung der Umgebung des
(zukünftigen) Kunstgewerbemuseums 1723–1881

Der westliche Teil der seit 1723 von Philipp Gerlach geplanten und
realisierten Südlichen Friedrichstadt, der schönsten und eigenwilligsten barocken Stadterweiterung Berlins, zeichnete sich bereits früh
durch eine Sonderstellung im Stadtgefüge aus[88]. Friedrich Wilhelm I. hatte das Gebiet für die Residenzen adliger und begüterter
Familien vorgesehen, hatte das Gelände selbst unterteilt und dann

47   Stadtplan von Berlin, 1826. Mit Ergänzungen aus der Zeit um 1850. Ausschnitt.

48 Friedrich Gilly. Denkmal für Friedrich den Großen. Wohnbauten am Leipziger Platz, Berlin. Projekt 1797.

kurzerhand Minister, Hofwürdenträger, Staatsdiener, Offiziere und sonstige wohlhabende Bürger zum Bauen gezwungen. So waren in rascher Folge die Palais an der nördlichen Wilhelmstraße entstanden. An der südlichen Wilhelmstraße hingegen gab es Stockungen, zumal die Gärten dort nicht ausreichend tief waren. Mithin wohnten zwischen Leipziger Straße und Rondell größtenteils arme Leute. Nur ein einziger Palast wurde in diesem Bereich gebaut: das Palais Vernezobre, dessen Garten das langgestreckte Straßendreieck zwischen Potsdamer Communication, Leipziger Straße und Wilhelmstraße quer durchschnitt. Dieser Garten blockte die einzige Ost-West-Verbindung zwischen Wilhelmstraße und Potsdamer Communication ab; er sollte die Entwicklung des Gebiets ebenso nachhaltig wie ambivalent beeinflussen.

Lange Zeit verlief der Ausbau der Südlichen Friedrichstadt schleppend; die künstliche Konjunktur begünstigte außerdem die Spekulation, und das Überangebot an Wohnungen und Häusern führte zu einem Preisverfall, der auch vor dem alten Stadtgebiet nicht haltmachte. Immer wieder gab es jedoch architektonische Höhepunkte. In den zwanziger Jahren des 19. Jahrhunderts legten Karl Friedrich Schinkel und Peter Joseph Lenné Pläne für die Ausgestaltung jenes Oktogons (oder Achtecks) vor, das Friedrich Gilly 1797 als Standort seines revolutionären Projekts eines Denkmals für Friedrich II. auserkoren hatte; der Platz, seit den Napoleonischen Befreiungskriegen Leipziger Platz genannt, wurde nach den Vorschlägen Lennés begrünt und von 1826 an wie ein englischer Square von den Anwohnern genutzt. Schinkel entwarf und realisierte 1823/24 die zwei dorischen Torhäuser am Potsdamer Tor als einander

gegenüberstehende viersäulige hell verputzte Prostylos-Gebäude.
1830–1833 baute er das ehemalige Palais Vernezobre zum Palais
Prinz Albrecht um; im Park errichtete er einen zinnenbekrönten
Marstall und eine neugotische Reithalle, beide aus Backstein, sowie
ein Gewächshaus. 1845 erfolgte der Umbau des Happeschen Palais
an der Leipziger Straße zum preußischen Kriegsministerium durch
August Stüler und Wilhelm Drewitz, zwei Schülern Schinkels.
Unmittelbar vor der Revolution von 1848, die nicht zufällig im
Kriegsministerium ihre Hauptschauplätze hatte, errichtete Drewitz
das Landwehr-Zeughaus an der Potsdamer Communication. 1853
schuf Johann Heinrich Strack, ebenfalls ein Schinkel-Schüler, das
Biersche Wohnhaus am Leipziger Platz im Stil einer eleganten »hel-
lenischen« Neurenaissance, die er in lichtem Sandstein materialisierte.

Inzwischen hatte sich das ganze Stadtviertel im Charakter stark
verändert. Mit der Realisierung der zwei bedeutendsten Bahnhöfe
Berlins, dem Anhalter und dem Potsdamer Bahnhof, entwickelte es
sich in den vierziger Jahren zu einem pulsierenden Verkehrsknoten-
punkt. Im Zusammenhang mit dem Anhalter Bahnhof, dessen
Gebäude 1841 von der Architektengemeinschaft Rosenbaum und
Holtzmann realisiert wurde (1873–1880 sollte es durch den größeren
Kopfbau von Franz Schwechten und Heinrich Seidel ersetzt werden), wurden der Askanische Platz sowie die Anhaltische Straße neu
angelegt. Die relativ zentrale Lage, die noch vorhandenen freien
Grundstücke und die guten Verkehrsverbindungen zogen staatliche
und öffentliche Einrichtungen an, die nach und nach in das Gebiet
eindrangen. Um 1850 erwarb der preußische Staat das Haus der
Familie Mendelssohn an der Leipziger Straße (wo Felix Mendels-
sohn-Bartholdy seine frühen Kompositionen geschaffen hatte), um
es als Herrenhaus des preußischen Landtags zu nutzen. Am Leipziger Platz wurden seit Beginn der fünfziger Jahre die Häuser aus dem
18. Jahrhundert durch Neubauten ersetzt, die dem bislang klein-
maßstäblichen und idyllischen Platz eine großstädtische Note ver-
liehen.

Verlief die städtebauliche Entwicklung des Gebiets bis zum Aus-
klang der sechziger Jahre in zwar nicht gerade geregelten, aber in
immerhin vergleichsweise konventionellen Bahnen, setzte das Jahr
1871 der Gemächlichkeit ein jähes Ende. Die hochfliegenden Ambitionen der neuen Hauptstadt des neuen Reichs trafen auf ein schier
grenzenloses administratives Kompetenzdurcheinander und schlos-
sen mit ihm eine morganatische Ehe. Das Ergebnis war ein ebenso

49   Sitz des Reichstags von 1871–1894, Leipziger Straße 4, Berlin. Aufnahme 1896.

atemberaubendes wie kurzatmiges Planungskarussel, bei welchem
der Großteil der Projekte nur auf dem Papier bestand, das in Beam-
tenschubladen verschwand, um dort langsam einzustauben.

Die Verbindung der süddeutschen Länder mit dem Norddeut-
schen Bund und die Gründung des Deutschen Reichs machten als
allererstes den Neubau eines Parlamentsgebäudes notwendig:
sowohl aus symbolischen als auch aus funktionalen Gründen.
Zunächst behalf man sich mit einem Provisorium, welches die größer gewordene Anzahl von Abgeordneten fassen mußte. Unter der
Oberleitung von Friedrich Hitzig arbeiteten auch Martin Gropius
und Heino Schmieden am Umbau des Verwaltungsgebäudes eben
jener gerade nach Charlottenburg verlegten Königlichen Porzellan-
Manufaktur mit, in deren Fabrikationsräume ein Jahr später das
Deutsche Gewerbe-Museum – ebenfalls provisorisch – einziehen
sollte. In knapp viereinhalb Monaten wurde der Sitzungssaal errichtet und mit einem großen Glasdach gedeckt.

Ein Jahr danach, 1872, wurde der erste Wettbewerb für den Neubau des Reichstagsgebäudes ausgelobt; der vorgesehene Standort
war bereits der (ein Vierteljahrhundert später) tatsächlich gewählte,
nämlich der Königsplatz. Es wurde keine Entscheidung gefällt,

dafür aber eine Kommission eingesetzt; als Sachverständige waren ihr Friedrich Hitzig und Richard Lucae beigeordnet. Auch die Kommission erreichte keinerlei Klärung der Problematik; immerhin beauftragte sie Lucae, der Direktor der Bauakademie und Mitglied der Bau-Deputation war, mit der Erarbeitung des städtebaulichen Projekts. Inzwischen waren jedoch sowohl der Neubau des Kunstgewerbemuseums als auch jener der Gewerbeakademie beschlossen worden; für den ersten gab es sogar einen fertigen Entwurf von Gropius und Schmieden. Lucae berücksichtigte zumindest die Beschlüsse und setzte die drei Bauten in Beziehung zueinander. Für das Reichstagsgebäude griff er auf das Gelände der Porzellan-Manufaktur zurück, wo er einen neuen Platz um den projektierten Neubau vorschlug; die Gewerbeakademie ordnete er auf der gegenüberliegenden Seite der (geplanten) durchgeführten Zimmerstraße an; daneben sah er das Kunstgewerbemuseum vor. Damit ignorierte er einerseits den Entwurf von Gropius und Schmieden, zumal er wußte, daß das von ihnen ins Auge gefaßte Terrain dem Kriegsministerium gehörte, daß darauf noch das Landwehr-Zeughaus stand und daß es demnach nicht verfügbar war, und beachtete andererseits das Ergebnis eines Schinkel-Wettbewerbs, der von dem Berliner Architekten- und Ingenieurverein zum Thema Kunstgewerbemuseum 1872/73 veranstaltet worden war. Dieses Projekt war jedoch kaum realistischer; denn das hierfür vorgesehene Gelände gehörte ebenfalls dem Kriegsministerium und stand schon seit geraumer Zeit nicht mehr zur Disposition.

Nach etlichem Hin und Her wurde auch der von Lucae für das Reichstagsgebäude vorgeschlagene Standort endgültig verworfen. Blieb also nur die Gewerbeakademie, für welche Lucae 1875 einen detaillierten Entwurf vorlegte. Aber im selben Jahr wurde ihr Bauplatz definitiv festgelegt, und sie mußte nach Westen auf die Seite rücken. Immer noch 1875 arbeiteten Gropius und Schmieden einen völlig neuen Entwurf aus: jenen, der später nahezu unverändert gebaut wurde. 1876 erstellte Lucae einen gleichermaßen neuen Entwurf für die Gewerbeakademie, aber auch damit sollte er kein Glück haben: Wenige Monate später wurde die Zusammenlegung der Gewerbeakademie mit der Bauakademie zu einem Polytechnikum (der späteren Technischen Hochschule) beschlossen, welches zunächst noch südlich der Zimmerstraße, dann aber endgültig in Charlottenburg entstehen sollte, und somit war der Neubau in toto hinfällig geworden. Immerhin wurde nach all diesen Peripetien 1877 der Grundstein des Gebäudes des Kunstgewerbemuseums gelegt; es wurde 1881 eröffnet, zwei Jahre nach der offiziellen Umbenennung in »Kunst-Gewerbe-Museum zu Berlin« und ein Jahr nach Martin Gropius' Tod.

Zurück, Kameraden, wir müssen vorwärts:
Die Architektur des Kunstgewerbemuseums zwischen Historismus und Moderne

Diese kuriose Planungskomödie mit ihren eilig aufeinanderfolgenden, sich überlagernden und einander kreuzenden Ereignissen zeitigte nicht minder kuriose gegenseitige Beeinflussungen. Der erste Entwurf für das Kunstgewerbemuseum von Gropius und Schmieden war für ein schiefwinkliges Eckgrundstück bestimmt. Der Situation trugen zwei jeweils an den beiden Straßenfluchten gelegene Flügelbauten Rechnung, die durch einen Mittelbau mit Lichthof und Haupterschließung gelenkartig miteinander verbunden waren. Das typologische Grundmuster wurde nicht zufällig von Lucae bei seinem 1876 erarbeiteten Vorschlag für die Gewerbeakademie übernommen; der vorgesehene Standort befand sich zwar auf

50   Martin Gropius, Heino Schmieden. Kunstgewerbemuseum, Berlin. Projekt 1872. Grundriß.

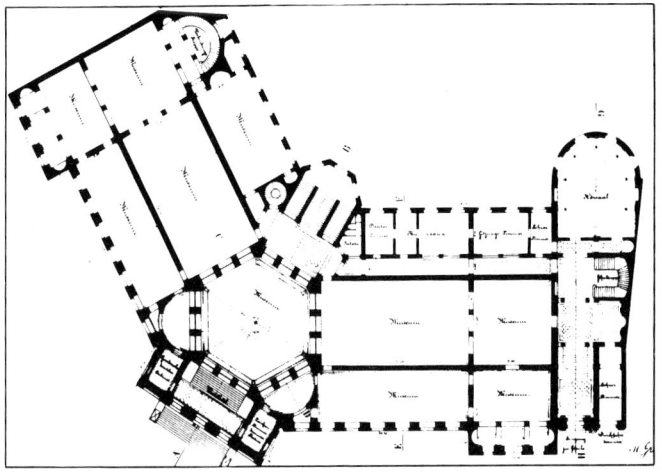

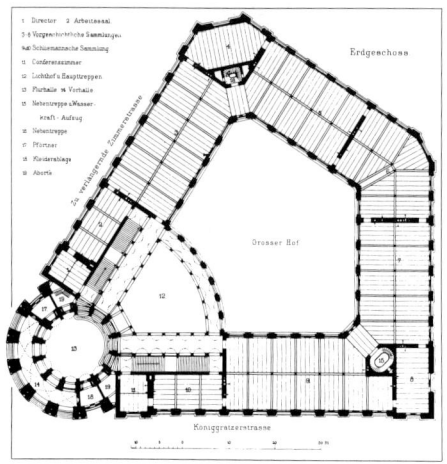

51 Hermann Ende, Wilhelm Böckmann. Museum für Völkerkunde, Berlin. 1880–1886. Grundriß.

der gegenüberliegenden Seite der (geplanten) verlängerten Zimmerstraße, und der Winkel des Grundstücks war spitz und nicht stumpf, aber das Organisationsprinzip blieb gültig. Ein Jahrzehnt später sollte es tatsächlich verwirklicht werden: Hermann Ende und Wilhelm Böckmann bauten 1880–1886 das Völkerkundemuseum auf dem von Lucae für die Gewerbeakademie vorgesehenen Terrain und übernahmen den ursprünglichen Typus, allerdings in eine prunkvolle, schwere Neorenaissance-Fassade gekleidet, welche die aggressive Kolonialpolitik des Deutschen Reichs ästhetisch feierte.

Die kulturelle und historische Realität des (auch nicht ausgeführten) Entwurfs offenbart sich gleichermaßen bei Lucaes ursprünglichem Vorschlag für die Gewerbeakademie von 1875. Seine Konzeption eines freistehenden Quaders auf nahezu quadratischem Grundriß wurde von Gropius und Schmieden im endgültigen Projekt des Kunstgewerbemuseums übernommen; auch hier spielte die Dekkungsgleichheit des Standorts eine ausschlaggebende Rolle.

Freilich ging die typologische Grundform des Kunstgewerbemuseums über Lucae hinaus auf ganz andere Vorbilder zurück. Sie bezog sich ziemlich direkt auf die Allgemeine Bauschule, die Karl Friedrich Schinkel 1832–1836 am Werderschen Markt erbaut hatte; und diese ließ sich ihrerseits auf die nahezu archetypische Palazzo-Typologie zurückführen, die in der italienischen (und vor allem: Florentiner) Renaissance ihre erlesensten Höhepunkte verzeichnet hatte. Innerhalb dieser Bindung entwickelte sich das Bauwerk jedoch als eigenständige Schöpfung: Die Zugehörigkeit zu einer Gattung hinderte es nicht daran, ein Individuum zu werden[89].

Von außen stellte es sich als blockhaftes, ruhiges Prisma dar. Auf einem kräftig rustizierten Sandsteinsockel mit einer Plinthe aus belgischem Granit erhoben sich Wände aus sichtbar belassenem Ziegelmauerwerk, so daß der Kubus aus »armem« Backstein bezeichnenderweise auf einem Postament aus ausgesprochen edlem Baumaterial stand. Dies kam einem Manifest für die Ziegelbauweise gleich, aber auch einer revolutionären Tat. Die Fassaden waren horizontal hauptsächlich durch breite Figurenfriese aus Terrakotta gegliedert, die der Geschoßaufteilung entsprachen, und vertikal durch die breit gelagerten, aufstrebend unterteilten Fenster, deren Laibungen und Pilaster aus Sandstein bestanden. Die Südfassade wies einen Mittelrisalit auf, in welchem sich die Haupttreppe befand. Rankenstreifen aus gebranntem Ton überzogen in gleichmäßigem Schichtenabstand die glatten Wandflächen. Nach oben hin wurde der Abschluß durch einen aufgesetzten Halbstock gebildet, der wie ein breites Gesims wirkte; die Fenster waren dabei nicht länger diskrete Elemente, son-

52 Karl Friedrich Schinkel. Allgemeine Bauschule, Berlin. 1832–1835. Aufnahme 1905.

53 Martin Gropius, Heino Schmieden. Kunstgewerbemuseum, Berlin. 1877–1881.

54 Martin Gropius, Heino Schmieden. Kunstgewerbemuseum, Berlin. 1877–1881.
    Grundriß Erdgeschoß.

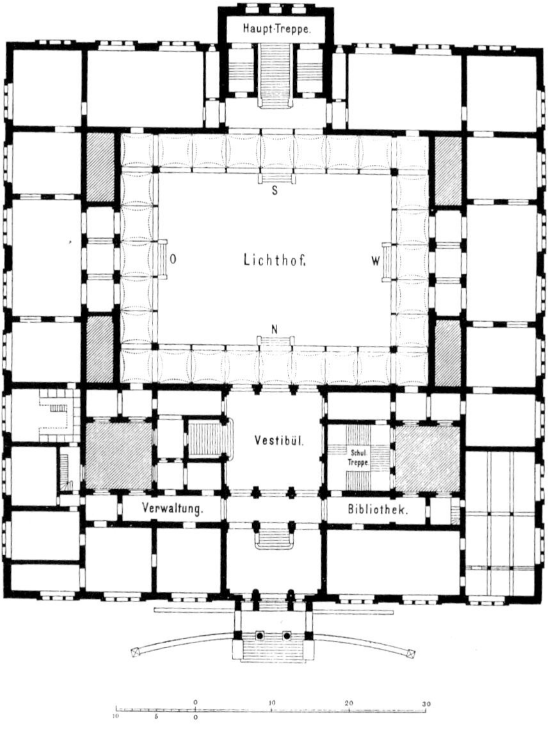

dern bildeten zusammen mit zwischen ihnen angeordneten Terrakottaplatten eine Art kontinuierliches Metopenband. Über allem lag ein weit ausladendes Kranzgesims, ebenfalls aus Terrakotta. Die gesamte Fassade, deren Aufbau und Proportionen aus jenen der griechischen Tempel abgeleitet waren, stellte ein Hohelied des gebrannten Tons dar, durch die eleganten dekorativen Einlagen veredelt und durch die klassische Komposition in die Sphäre des Zeitlosen gehoben.

Innen bot sich, der Klarheit und Übersichtlichkeit der Grundrißdisposition zum Trotz, eine bemerkenswert vielfältige Raumfolge. Den Auftakt bildete der Portikus, der auch als Unterfahrt für Kutschen diente. Von einem Vestibül gelangte man über eine rampenartige Treppe und einen quergelagerten Gang in eine mit Glas überkuppelte Halle, die einen ersten räumlichen Höhepunkt bildete. Von ihr aus führte eine Treppe in das Obergeschoß; gleichzeitig schloß die Kuppelhalle an den großen rechteckigen Innenhof an, den zweiten und in jeder Beziehung zentralen Höhepunkt des Raumsystems. Er war ebenfalls durch ein Glasdach gedeckt, über dessen Mittelfeld ein leichtes Segel als Sonnenschutz gespannt wer-

55 Martin Gropius, Heino Schmieden. Kunstgewerbemuseum, Berlin. 1877–1881. Lichthof von der Galerie aus. Radierung von Lorenz Ritter, 1881.

den konnte. An allen vier Seiten liefen zweigeschossige Arkaden-
gänge mit schlanken Pfeilern und flach gespannten Bögen. Der Fuß-
boden des Hofs war um einige Stufen versenkt; vier Treppenläufe,
die den Hauptachsen des Gebäudes folgten, führten auf das tiefere
Niveau hinab und zeigten damit auf den ideellen Mittelpunkt des
Bauwerks. Von den Galerien aus, die den Innenhof umsäumten,
wurden mehr oder weniger direkt sämtliche Räume des Museums
erschlossen. Eine zweite große Treppe, die gegenüber dem Kuppel-
saal auf der anderen Seite des Hofs angeordnet war, bildete das
vertikale Haupterschließungselement. Im Erdgeschoß befanden
sich Ausstellungsräume sowie, nach Norden hin, die Verwaltung
und die Bibliothek; im ersten Geschoß ausschließlich Ausstellungsräume; im zweiten Geschoß war der Großteil der Schule untergebracht. Im Keller gab es noch etliche Klassenzimmer und Ateliers,
Werkstätten, Magazine und Betriebsräume, außerdem noch eine
Gaststätte sowie vier Beamtenwohnungen.

Insgesamt entstand unter der Leitung von Gropius und Schmieden eine großartige Gemeinschaftsarbeit, denn für die Dekoration
zogen die Architekten einige der namhaftesten Maler und Bildhauer
ihrer Zeit heran. Den plastischen Schmuck der Fassaden übernahmen Otto Lessing, Rudolph Siemering, Ludwig Brunow und Louis
Sussmann-Hellborn. Für das Vestibül schuf Gustav Eberlein einen
Fries. Das Schmuckband im großen Innenhof gestalteten Otto
Geyer und Emil Hundrieser, die farbenfrohen Glasmosaiktafeln an
den vier Ecken des Gebäudes wurden von Friedrich Geselschap und
Ernst Ewald entworfen. Darüber hinaus waren berühmte Hand-
werksbetriebe beteiligt: die Tonwarenfabrik Ernst March, Villeroy
& Boch, Salviati & Co, die Compagnia Venezia-Murano.

Das Ergebnis dieser gemeinsamen Bemühungen, dieses emsigen
Zusammentragens aus allen möglichen Kunst- und Gewerbegattun-
gen hätte den Museumsneubau leicht zu einer überfrachteten Karikatur dessen ausarten lassen können, was zu pflegen und zu fördern
es bestimmt war: das Kunstgewerbe der Zeit des Historismus. Nicht
ohne Grund hatte William Morris, genau zwanzig Jahre bevor das
Museum seine Tore öffnete, unter dem Einfluß von John Ruskin
und zusammen mit einigen Freunden in London die Firma Morris,
Marshall, Faulkner & Co. als Protest und Reaktion auf die Verlo-
genheit und Geschmacklosigkeit der zeitgenössischen industriellen
und handwerklichen Produktion gegründet. Das 19. Jahrhundert,
an der Wende zwischen der verlorenen »heilen Welt« des Klassizismus und der gleichzeitig lockenden und drohenden, ungewiß im

Schatten verborgenen Moderne, ließ aus lauter Verlegenheit erst einmal die gesamte Vergangenheit Revue passieren und eignete sich jeweils das an, was ihm hic et nunc notwendig und richtig erschien. Das führte, wie immer, wenn man die Geschichte verwendet, sowohl zu regressiven als auch zu progressiven Implikationen.

Das Gebäude für das Berliner Kunstgewerbemuseum geriet zu einem Sinnbild dieser Janusköpfigkeit. Auf der einen Seite war es noch ganz der von Schinkel geprägten preußischen Spielart des Historismus verschrieben, auf die es inmitten der neumodischen neubarocken Wallungen sehnsüchtig zurückblickte. Es steckte voller wörtlicher Zitate aus allen möglichen Stilen der Vergangenheit. Es erging sich in klassischen Ambitionen, trug sie aber ausnahmslos eine Nummer zu klein vor. Es strotzte im Innenraum von einer überreichen Fülle an Ornamenten und schrak nicht einmal vor einfältigen Symbolismen und kindlichen Allegorien zurück (zum Beispiel die auf Glas gemalten Porträts von Albrecht Dürer, Luca della Robbia und Benvenuto Cellini). Auf der anderen Seite jedoch entfesselte das Meisterwerk von Gropius und Schmieden eine gewaltige modernistische Wucht. Das Gebäude war zwar keineswegs richtungslos, aber alle Fassaden waren gleichwertig behandelt, und es gab keine privilegierte Hauptfront, eine Forderung, die in den zwanziger Jahren des 20. Jahrhunderts das »neue bauen« stellen sollte. Das Gebäude stand unter jenem Diktat der Materialgerechtigkeit, das zu einem der Hauptdogmen der Moderne werden und zu ihrem moralischen Rückgrat beitragen sollte – wenngleich von Ruskin und Morris bereits vorformuliert und, früher noch, von Schinkel weitgehend praktiziert. Das Gebäude feierte, vornehmlich in der Außenansicht, die glatte, kaum gebrochene oder unterbrochene Wand, wie sie etwas später Hendrik Petrus Berlage noch radikaler in der Amsterdamer Börse (1889–1903) zur Schau stellen sollte; die hier vorweggenommene Poesie der ebenen Fläche sollte im architektonischen Rationalismus des 20. Jahrhunderts und vor allem in der Arbeit der Gruppe De Stijl eine zentrale Rolle spielen. Das Gebäude verwirklichte in sich einen starken Kontrast zwischen der ruhigen, zurückhaltenden, kargen Außenform und dem bewegten, üppig gestalteten Innenraum; wenn dies einerseits noch ein Zugeständnis an romantische Kompositionsprinzipien war, war es andererseits nicht weit von der künstlerischen Methode von Adolf Loos entfernt, der in Anlehnung an die dadaistische Maxime der nicht befriedeten Gegensätze in den asketisch-nackten Hüllen seiner Häuser erlebnisreich zusammengefügte und luxuriös ausgestattete Raumfolgen verbarg. Schließlich strebte das Gebäude eine Annäherung an die reine, unabhängige, in sich geschlossene geometrische Form an, ein Prisma auf einem (fast) quadratischen Grundriß; war auch hier der Blick zurück, nämlich auf die klassische Antike, auf die Renaissance und auf den Klassizismus maßgebend, so war es jener nach vorne nicht weniger, und der Weg zum Purismus eines Ludwig Mies van der Rohe, eines Le Corbusier oder eines Giuseppe Terragni war vorgezeichnet.

Es wird deutlich: Die Dialektik von Vergangenheit und Zukunft, von Tradition und Modernität, von Bewahren und Erneuern war, wie in jedem großen architektonischen Werk, auch in diesem enthalten; und ihre Bilanz fiel entschieden zugunsten der letzteren Kategorie aus. Und zwar gerade deshalb, weil sich das Bauwerk dermaßen intensiv (und autonom und redlich) mit der Vergangenheit auseinandersetzte. Jenseits des nur oberflächlichen Paradoxons gilt dies für jede bedeutende Architektur.

Die Schwierigkeiten gehen weiter: Die urbanistische Entwicklung der Umgebung des (ziemlich rasch ehemaligen) Kunstgewerbemuseums 1882–1945

In den achtziger Jahren des 19. Jahrhunderts setzte sich die Planungs- und Bautätigkeit in der näheren städtischen Umgebung des Kunstgewerbemuseums fort. 1880–1886 entstand unmittelbar zwischen ihm und der Königgrätzer Straße (wie inzwischen die Potsdamer Communication hieß) das Völkerkundemuseum von Hermann Ende und Wilhelm Böckmann. Beide Neubauten nebeneinander auf einer ideellen Flucht forderten geradezu die Verlängerung der Zimmerstraße heraus; hinzu kamen immer dringlichere Verkehrsprobleme. Das Kriegsministerium aber weigerte sich hartnäckig, den dafür notwendigen Teil seines Grundstücks herzugeben, und auch der Druck der Öffentlichkeit ließ es lange kalt. 1886 kam es sogar zu einem Kompromißvorschlag, den August Orth in einer präzisen Dokumentation vorlegte: die Durchführung der Zimmerstraße durch den Garten des Kriegsministeriums ohne Randbebauung. Auf diese Weise wäre die Parkanlage soweit wie möglich geschont worden; außerdem verbanden eine Brücke und ein Tunnel die auseinandergeschnittenen Teile des Gartens. Der ebenso ingeniöse wie aufwendige Plan blieb auf dem Papier: Kurz darauf gestand endlich der Militärfiskus den Durchbruch der verlängerten Zimmerstraße zu;

56 Wilhelm Liebenow. Situationsplan von der Haupt- und Residenzstadt Berlin und Umgebung. 1888. Ausschnitt.

57 Hermann Ende, Wilhelm Böckmann. Museum für Völkerkunde, Berlin. 1880–1886. Aufnahme 1936.

und da 1872 Prinz Albrecht von Preußen gestorben war, wurde das neue Straßenstück nach ihm benannt.

Durch die neu angelegte Prinz-Albrecht-Straße erfuhr die bauliche Entwicklung des Gebiets einen zusätzlichen Anstoß. 1889 wurde die auf das Jahr 1870 zurückgehende Idee wieder aufgenommen, zwischen Leipziger Straße und Prinz-Albrecht-Straße, also auf den Grundstücken, auf welchen sich das alte Herrenhaus und das provisorische Reichstagsgebäude befanden, den preußischen Landtag unterzubringen. Nach den üblichen endlosen Verhandlungen und unergiebigen Vorplanungen wurde der Baubeamte Friedrich Schulze mit dem Entwurf beauftragt. Gegenüber dem Kunstgewerbemuseum entstand 1899 der neue Sitz des preußischen Landtags als mächtiger Quader im Stil der römischen Hochrenaissance. Auf der anderen Seite des Terrains, zur Leipziger Straße hin, simulierte der 1904 fertiggestellte Neubau des Herrenhauses eine spätbarocke Palastanlage mit zurückgesetztem Hauptgebäude, Flügelbauten und einem Ehrentor. Die zwei Komplexe wurden durch einen schmalen Bautrakt miteinander verbunden.

Im Zusammenhang mit den langwierigen Überlegungen zur Etablierung des preußischen Regierungszentrums hatten sich bereits in den siebziger und achtziger Jahren mehrere Ministerien in der unmittelbaren Umgebung angesiedelt: Neben dem Kriegsministerium, das seit langem dort ansässig war und sich ständig ausdehnte, befanden sich seit 1876 das Ministerium für landwirtschaftliche Angelegenheiten (das nach und nach die gesamte Südseite des Leipziger Platzes ankaufte) und seit 1887 das Ministerium für Handel und Gewerbe (das zunächst in der Leipziger Straße residierte und zu Beginn des 20. Jahrhunderts auch das Biersche Wohnhaus an der Ecke Leipziger Platz/Leipziger Straße übernahm, welches von 1889 an Sitz des Staatsministeriums gewesen war) im Viertel zwischen Leipziger Platz und Wilhelmstraße. Die Entwicklung zu einem der administrativen Herzstücke der Stadt schritt voran.

Und auch zu einem der kulturellen Herzstücke. Bereits kurze Zeit nach der Eröffnung des Kunstgewerbemuseums war deutlich geworden, daß der dort verfügbare Raum auf Grund des unvorhergesehen starken Anwachsens der Sammlung nicht ausreichen würde. Man beschloß, die Schule und die Bibliothek auszulagern. 1901–1905 wurde unmittelbar neben dem Kunstgewerbemuseum nach den neubarock inspirierten Plänen des Ministeriums für öffentliche Arbeiten ein architektonisch keineswegs hervorragender Neubau errichtet, in welchem die Kunstgewerbeschule und die Kunstbibliothek untergebracht wurden.

Ebenfalls im ersten Jahrzehnt des 20. Jahrhunderts wurde an der Ecke, die jener des Völkerkundemuseums gegenüberlag, ein Konzertsaal gebaut, städtebaulich völlig verquer und unangemessen, aber konstruktiv bemerkenswert: Er war der erste Bau in Berlin, der ganz aus Stahlbeton realisiert wurde. An der Leipziger Straße (erster Bauabschnitt: 1896/97; zweiter Bauabschnitt: 1899/1900) und an der Nordseite des Leipziger Platzes (dritter Bauabschnitt: 1904–1906) errichtete Alfred Messel das Kaufhaus Wertheim mit einer eleganten, kühn aufstrebenden Stein- und Glas-Fassade und schuf damit eines der Meisterwerke der frühen Moderne. An der Südseite des Leipziger Platzes realisierte die Architektengemeinschaft Bielenberg und Moser das kraftvoll gegliederte, turmbekrönte Hotel Fürstenhof, ein Bauwerk, das sich geschickt mit der Problematik der Überbauung einer Untergrundbahnstation auseinandersetzte.

1907–10 fand der Wettbewerb »Groß-Berlin«[90] statt, der offiziellen Bezeichnung nach ein »öffentlicher Wettbewerb zur Erlangung eines Grundplanes für die Bebauung von Groß-Berlin«. Es ging, immer noch offiziell, darum, »eine einheitliche großzügige Lösung zu finden sowohl für die Forderungen des Verkehres, als auch für diejenigen der Schönheit, der Volksgesundheit und der Wirtschaftlichkeit«. Konkret hieß das zweierlei. Erstens: Die jahrzehntelang planlose, zufällige und chaotische Entwicklung der Stadt sollte wenigstens in letzter Minute in geordnete Bahnen gebracht werden. Zweitens: Dabei sollte Berlin als verspätete Hauptstadt einer verspäteten Weltmacht den ihr zukommenden ästhetischen und funktionalen Rahmen erhalten. Der Flirt mit dem imperialen Paris von Napoleon III. war immer noch nicht aufgegeben.

Auch für das Gebiet um das Kunstgewerbemuseum entstanden bemerkenswerte Vorschläge. Die Arbeitsgruppe Havestadt & Contag, Bruno Schmitz und Otto Blum sah nichts Geringeres vor als die Zusammenfassung des Anhalter und des Potsdamer Bahnhofs zu einem hinter den Landwehrkanal zurückgelegten Südbahnhof, die Anlage einer Prachtachse zwischen dem neuen Bahnhof und dem vereinigten Potsdamer und Leipziger Platz sowie die Neugestaltung des Askanischen Platzes mit einer Randbebauung des Prinz-Albrecht-Gartens. Joseph Brix, Felix Genzmer und die Hochbahngesellschaft schlugen, weitaus bescheidener, die Verbindung der beiden Kopfbahnhöfe durch eine lange Kolonnade auf der Westseite der Königgrätzer Straße vor. Rudolf Eberstadt, Bruno Möhring und Richard Petersen planten Geschäfts- und Ladenhäuser auf dem Gelände des Kriegsministeriums, das sie auszulagern und abzureißen gedachten, sowie ein monumentales Konzerthaus an der Prinz-Albrecht-Straße, neben dem Sitz des preußischen Landtags. Damit aber hatte das Karussell der vergeblichen Planungen für Berlin eine ganze Umdrehung vollbracht, denn die städtebauliche Anlage war fast genau die gleiche, die Richard Lucae 1873, knapp vierzig Jahre vorher, in seinem Plan für das Reichstagsgebäude vorgeschlagen hatte – nur um eine Grundstücksbreite nach Westen versetzt.

Der Wettbewerb »Groß-Berlin« blieb für den konkreten Gegenstand seiner Aufgabenstellung praktisch ohne Folgen; auch die implizite Verpflichtung zu einem planvollen »Neuanfang« blieb hehre Absichtserklärung. Dennoch mutete es wie Hohn an, daß 1913, drei Jahre nach dem Wettbewerb, mit dem Teilneubau des Landwirtschaftsministeriums an der Königgrätzer Straße nach einem kleinkarierten und kurzsichtigen Stadtentwicklungskonzept und gegen allenthalben laut werdende Entrüstung begonnen werden konnte. Nur der Erste Weltkrieg verhinderte, daß weitere punktuelle und unsinnige Maßnahmen (Weiterbau des Landwirtschaftsministeriums an der Südseite des Leipziger Platzes, Neubau des

58 Bruno Möhring. Hochhaus am Askanischen Platz, Berlin. Projekt 1920.

Finanzministeriums auf dem Eckterrain gegenüber dem Völkerkundemuseum) realisiert wurden.

Die tiefgreifenden politischen Veränderungen von 1918, die ein Jahr später in die Ausrufung der Weimarer Republik mündeten, zogen auch Veränderungen in der Nutzung der Bauten zwischen Leipziger Platz und Wilhelmstraße nach sich. Der preußische Landtag wurde nun nach demokratischen Gesetzen gewählt und tagte weiterhin am alten Ort. In das Gebäude des aufgelösten Herrenhauses zogen der preußische Staatsrat und das neugebildete Ministerium für Volkswohlfahrt ein. Auch das Kriegsministerium wurde aufgelöst; in dessen Räume zogen die Abteilungen verschiedener anderer Ministerien sowie das Reichs-Ausgleichsamt. Das Haus der General-Militärkasse wurde vom Landesamt für Gewässerkunde belegt.

Gebaut wurde Anfang der zwanziger Jahre nichts; von heftigen inneren Unruhen politisch zerrüttet und durch unbegrenzte Reparationszahlungen sowie einer schier unaufhaltsamen Inflation ökonomisch erschlagen, hatte die junge Weimarer Republik zunächst andere Sorgen. Es wurde aber weiterhin über Bauen nachgedacht. So schlug Bruno Möhring in einer Artikelfolge, die 1919/20 unter dem hoffnungsfrohen Titel »Das bessere Berlin« erschien, die Umgestaltung des Gebiets um den Askanischen Platz vor[91]. Unmittelbar am Platz plante er ein Hotel, welches er im Geist der Zeit als expressives Hochhaus ausbildete und das den parallelen Konzeptionen von Ludwig Mies van der Rohe, Hugo Häring oder Hans Scharoun verwandt ist. Außerdem forderte Möhring die öffentliche Nutzung des Prinz-Albrecht-Gartens, skizzierte eine Erweiterung des Kunstgewerbemuseums und plädierte in diesem Zusammenhang dafür, den Schinkelschen Marstall als Werkstattkomplex und die Reithalle als Ausstellungsraum zu verwenden.

Es kam ganz anders. Bereits Ende 1920 wurde die Sammlung des Kunstgewerbemuseums ausgelagert und in das Berliner Stadtschloß übergeführt. Der Bau von Gropius und Schmieden wurde nutzungsmäßig dem Völkerkundemuseum angegliedert; nur der Lichthof war weiterhin für Kunstgewerbeausstellungen verfügbar. Vier Jahre später wurde auch die Kunstgewerbeschule verlagert, um mit der Akademie für bildende Künste zu den Vereinigten Staatsschulen für freie und angewandte Kunst zusammengelegt zu werden.

Vier Jahre später, das war 1924, das Jahr des ersten Aufatmens nach der furchtbaren Depression. Der Potsdamer Platz war mittlerweile einer der verkehrsreichsten Punkte der Welt; es war eine pragmatische Notwendigkeit und dennoch auch ein symbolischer Akt, daß an derselben Stelle, wo Schinkel 1814/15 einen gewaltigen neugotischen Dom als Denkmal für die Befreiungskriege geplant hatte und wo 1878 zu den Einzugsfeierlichkeiten Kaiser Wilhelms I. ein –

59 Potsdamer Platz, Berlin. Im Vordergrund: Leipziger Platz.
    Aufnahme um 1926/27.

60 Stresemannstraße (diagonal verlaufend), Berlin. Im Vordergrund Askanischer
Platz mit Europa-Haus am Prinz-Albrecht-Garten. Links davon, an der Ecke
Stresemannstraße/Zimmerstraße, Museum für Völkerkunde. Seitlich davon
Kunstgewerbemuseum und Kunstgewerbeschule. Aufnahme um 1935.

allerdings provisorischer – Obelisk nach der Konzeption von Adolf
Heyden und Walter Kyllmann aufgestellt worden war, der erste,
berühmt gewordene Verkehrsturm Europas installiert wurde.

Nicht minder emblematisch war allerdings das schamlose Speku-
lationsunternehmen, welches die Firma Großbauten A. G. im selben Jahr veranstaltete. Sie lobte einen Ideenwettbewerb aus, um den
zur Königgrätzer Straße hin orientierten Streifen des Prinz-Albrecht-Gartens zu bebauen; eine angeblich beabsichtigte »Verbesserung der städtebaulichen Situation« verschleierte notdürftig die rein
ökonomische Zielsetzung. Obschon sich niemand dadurch täuschen
lassen konnte, vermochte offensichtlich auch niemand die Operation aufzuhalten: Unter der Bezeichnung Europahaus entstanden
1926/27 das mächtige Eckhaus von Richard Bielenberg und Josef
Moser, 1928–1931 das Hochhaus von Otto Firle (der 1935/36 den –
nicht exakt realisierten – Gesamtplan für den Fehrbelliner Platz vorlegte und die Nordstern-Lebensversicherungsbank errichtete). Bis
zum Völkerkundemuseum wurde der Rest des Gartens durch einen
flachen, eingeschossigen Baukörper von der Straße abgetrennt; der
Riegel wurde 1935 aufgestockt. Die Bauwerke, die Schinkel im Park
errichtet hatte – Marstall, Reithalle und Gewächshaus – wurden

kurzerhand abgerissen. Der Öffentlichkeit gegenüber wurde die vage Absicht kundgetan, sie später an anderer Stelle wieder aufzubauen. Weder das Wann noch das Wo wurden dabei spezifiziert, was kaum verwunderlich war: Es geschah nichts, und die architektonischen Kleinode blieben für immer verloren. Die von Möhring angeregte Neugestaltung des Askanischen Platzes war somit durchgeführt – nur anders.

Die Machtergreifung durch die Nationalsozialisten 1933 hatte entscheidende Folgen für das Gebiet um das ehemalige Kunstgewerbemuseum. Bereits im April desselben Jahres belegte die Politische Polizei, später Geheime Staatspolizei, das Gebäude der ehemaligen Kunstgewerbeschule; die Kunstbibliothek, die sich noch dort befand, wurde geschlossen und erst ein Jahr später im Nachbarhaus von Gropius und Schmieden wiedereröffnet; die Keller wurden zu Folterkammern umgebaut. Nach und nach kamen die Reichsführung der SS, die das Hotel »Vier Jahreszeiten« vereinnahmte, und jene des SD dazu. Das Palais Prinz Albrecht wurde das SS-Dienstgebäude. Das Bauwerk des inzwischen aufgelösten preußischen Landtags wurde zum Haus des Fliegers, das ehemalige Herrenhaus zum Preußenhaus. 1934–1936 errichtete Ernst Sagebiel das riesenhafte, düstere Reichsluftfahrtministerium an der Wilhelmstraße, wozu weitgehende Abrißarbeiten erforderlich waren; die Seitenflügel drangen in den bisher eifersüchtig gehüteten Park des einstigen Kriegsministeriums ein. 1937–1939 baute Albert Speer nördlich von der Leipziger Straße die Neue Reichskanzlei für Adolf Hitler.

Die Tatsache, daß das nationalsozialistische Regime das Gebiet zu einem der Hauptzentren seiner Machtmaschinerie auserkor, hatte unter anderem zur Folge, daß es in der letzten Phase des Zweiten Weltkriegs von den Alliierten gründlich bombardiert und beschossen wurde. Die Dienstgebäude wurden bis kurz vor der Kapitulation von der SS verteidigt, was Gebäudekämpfe und zusätzliche Zerstörungen der Bausubstanz bedeutete. Im Mai 1945 lag das gesamte Areal als Trümmerfeld da.

Die Gespenster der Geschichte kommen nicht zur Ruhe: Die Zerstörung und Wiederherstellung der Ruine des ehemaligen Kunstgewerbemuseums nach 1945

Freilich heißt das noch lange nicht, alles sei »dem Erdboden gleichgemacht« gewesen: Das wurde später besorgt. Zunächst stand noch

61   Palais Prinz Albrecht, Berlin.
Ruine. Aufnahme 1947.

62   Anhalter Bahnhof, Berlin.
Sprengung. Aufnahme 1961.

die Ruine des Palais Prinz Albrecht, wenngleich stark lädiert. Es stand die ehemalige Kunstgewerbeschule, ebenfalls in schlechtem Zustand. Besser war es um das Völkerkundemuseum und das ehemalige Kunstgewerbemuseum bestellt, obschon an der Nordseite des letzteren eine Bombe einen Teil aus der Fassade herausgebrochen hatte und die Decken partiell durchgeschlagen waren. In den folgenden Jahren wurden das Palais Prinz Albrecht und die ehemalige Kunstgewerbeschule gesprengt und völlig vernichtet; dafür wurde das Völkerkundemuseum notdürftig gesichert und als Museum für Vor- und Frühgeschichte benutzt. Das Gebäude des ehemaligen Kunstgewerbemuseums wurde nicht angetastet, die vom Krieg verschonten Bestände wurden im Knobelsdorff-Flügel des Charlottenburger Schlosses untergebracht.

1957, mitten im Kalten Krieg, wurde in der geteilten Stadt der internationale Wettbewerb »Hauptstadt Berlin« veranstaltet. In den Entwurfsunterlagen wurden beide Museen als nicht erhaltenswert deklariert und entsprechend gekennzeichnet. Im Rahmen des vorgesehenen, rücksichtslosen Ausbaus Berlins zu einer »autogerechten Stadt« hätte die Kochstraße autobahnartig verbreitert und quer durch den Prinz-Albrecht-Garten geführt werden sollen.

Ebenfalls 1957 wurde die Stiftung Preußischer Kulturbesitz gegründet, um die vormals staatlichen preußischen Kunst- und Kulturgüter zu verwalten. Sie nahm 1961 ihre Arbeit auf; im selben Jahr wurde das Völkerkundemuseum ohne Not zerstört. Gleichzeitig wurde die letzte Sprengung am Kopfbau des Anhalter Bahnhofs gezündet, von welchem dank einer seit 1959 währenden, ebenso sorgfältigen wie mutwilligen offiziellen Vernichtungsaktion nur die pathetisch-melancholische Fassadenruine stehenblieb. In der anderen Hälfte der Stadt fiel indessen, gleichermaßen grundlos, Schinkels Allgemeine Bauschule. Das ehemalige Kunstgewerbemuseum bröckelte unbeachtet vor sich hin, den Unbilden der Witterung preisgegeben, und wurde von mehr oder weniger heimlichen Bewohnern und mehr oder weniger kunstverständigen Dieben geplündert und beschädigt. Währenddessen verfolgte die Stiftung ehrgeizige Neubaupläne einer zweiten, modernen, zentralistischen »Museumsinsel« im Kulturforum am Kemperplatz.

1966 wurde die Ruine des Meisterwerks von Gropius und Schmieden in das Verzeichnis der Denkmäler Berlins aufgenommen; daraufhin geschah wieder lange nichts. Erst fünf Jahre später wurde ein Notdach errichtet, um das Gebäude vor weiterem Verfall zu schützen. Der Lichthof wurde neu verglast.

Von 1977 an wurde das Bauwerk nach den umstrittenen Plänen von Winnetou Kampmann teilweise wiederhergestellt und nutzbar gemacht[92]. Eine vollständige Restaurierung ist längst nicht mehr möglich, dafür ist zuviel Bauschmuck durch die Nachlässigkeit in den fünfziger und sechziger Jahren unwiederbringlich verlorengegangen. Auch die visuelle Annäherung von außen und die Raumkomposition innen lassen sich sequentiell nicht wieder so erleben, wie sie ursprünglich geplant waren: Die Berliner Mauer verläuft so nahe am Haupteingang, daß dieser kaum benutzbar ist. Das Haus wird von der Rückseite erschlossen.

Bereits 1981 fand im halbfertigen Erdgeschoß eine Ausstellung zu Ehren des zweihundertsten Geburtstages von Karl Friedrich Schinkel statt. Gegen Ende des Jahres wurde die Schau »Preußen – Versuch einer Bilanz« im gesamten Gebäude vorgestellt; das vielleicht wichtigste Exponat war das Haus, in welchem die Veranstaltung inszeniert wurde. Weitere Ausstellungen folgten, während das Bauwerk allmählich weiter restauriert wurde; darunter, im Herbst 1982, »Zeitgeist«, eine eigenwillige Auseinandersetzung mit zeitgenössischer bildender Kunst.

Eine Metapher für alle Widersprüche: Das Gebäude des ehemaligen Kunstgewerbemuseums als Emblem der Krisen der Kultur

Schullehrer, die ihre Zöglinge über Vergangenes zum Nachdenken bringen wollen, dabei aber das Heute nicht hintangestellt wissen möchten, formulieren seit jeher das legendäre Aufsatzthema: »Was hat uns Vergangenheit heute noch zu sagen?« Legenden sind oftmals ein wenig vulgär, aber so gut wie nie gegenstandslos. So auch die Frage, die sich durchaus auf das Gebäude des ehemaligen Kunstgewerbemuseums übertragen läßt.

Zunächst: Das Gebäude des ehemaligen Kunstgewerbemuseums sagt, was es ist. Wie jedes künstlerische Werk ist es autoreflexiv, erzählt von der eigenen Beschaffenheit, stellt sich selbst dar. Das ist jenseits jeglicher weiterführenden Bedeutung nach wie vor seine wichtigste Funktion und vordringlichste Legitimation: Es präsentiert sich in seiner materiellen Beschaffenheit, in seinem konstruktiven Gefüge, in seiner formalen Ausgestaltung.

Weiterhin ist das Meisterwerk von Gropius und Schmieden die Konkretisierung der eigenen Geschichte, der Ketten und Kombina-

63   Martin-Gropius-Bau (ehemaliges Kunstgewerbemuseum), Berlin.
     Aufnahme 1982.

tionen von Ereignissen, die zu seiner Verwirklichung geführt haben. Diese sind nahezu wie Sedimente, wie geologische Formationen an dem großen, scharf geschnittenen Quader ablesbar: an jedem Stein, jedem Ornament, jedem Ausstattungsgegenstand, jedem Bildwerk. Genauso, wie aus Tausenden und Abertausenden von Backsteinen, ist es auch aus Tausenden und Abertausenden von Gesten, Blicken, Handlungen zusammengefügt – und aus Träumen.

Und keineswegs nur aus jenen, die es unmittelbar betroffen haben. Neben der eigenen, individuellen Geschichte erzählt das Gebäude auch die allgemeine Geschichte der Stadt und der Welt, aus welcher es hervorgegangen ist, erzählt die Momente, die es gefördert, die es behindert, auch jene, die es einfach nur berührt haben. Philosophische, politische, ökonomische, technische sowie kulturelle Ereignisse schimmern durch, werden anhand ihrer Spuren (oder ihrer Spurlosigkeit) angedeutet und aufgezeigt. Im spezifischen Gegenstand wird die generelle Evolution sichtbar.

Es ist auf Grund dieser allegorischen Kraft, daß das Gebäude des ehemaligen Kunstgewerbemuseums zu einem Emblem der deutschen kulturellen Entwicklung des 19. und 20. Jahrhunderts zu werden vermag. An ihm lassen sich die unablässig wiederkehrenden Auseinandersetzungen zwischen Klassik und Romantik, zwischen Tradition und Innovation, zwischen Selbstverpflichtung zu Bescheidenheit und Zugeständnis an Repräsentationswillen nahezu paradigmatisch ablesen. Doch ablesen läßt sich noch mehr und Aktuelleres: etwa die tiefe Widersprüchlichkeit der verzweifelten Versuche, welche die deutsche Kultur zur Bewältigung ihrer eigenen Vergangenheit nach 1945 unternommen hat. Die unvorstellbare Wüstenei, die eben diese Kultur im Gebiet der Südlichen Friedrichstadt zu verantworten hat und mit deren schrittweiser Reparatur sich eine Internationale Bauausstellung seit 1979 beschäftigt, ist der Stadtöde gewordene Beweis für die Unkenntnis des Prinzips, daß man nur zerstört, was man anschließend ersetzt. Das wußte Claude Henri de Saint-Simon, das wußte Auguste Comte, das wußte Madame de Staël, die es in ihren *Considérations sur les principaux événements de la révolution française*[93] anführt; die damals maßgeblichen Vertreter der Berliner Kultur wußten es offensichtlich nicht. Ebensowenig scheinen das aber die gegenwärtigen Vertreter der Berliner Kultur zu wissen, die am liebsten alles so lassen würden, wie es gerade ist, weil ja doch schon so viel verändert (zerstört) wurde. Nur: Wenn man die finsteren Schatten der Vergangenheit vertreiben will, ist es genausowenig damit getan, daß man ihre Hüllen ruinös läßt (und möglicherweise auch noch zu penetranten Mahnmälern deklariert), als daß man sie kurzerhand vernichtet. Man muß sie mit Behutsamkeit und Intelligenz verändern, verwandeln, ersetzen. Über diese und ähnliche Dilemmas erhebt sich still das Meisterwerk von Gropius und Schmieden.

Und auch über andere, weitgreifendere. Tatsächlich läßt es sich nicht nur als Sinnbild *deutscher* Kultur, sondern als Sinnbild von Kultur ganz allgemein lesen. Teilweise, weil sich in den Erschütterungen der deutschen jene der internationalen Kultur wiederfinden lassen, nur dramatischer zum Paroxysmus eskaliert. Teilweise aber auch, weil die Problematik, aus welcher heraus das Bauwerk geboren wurde und mit welcher es heute noch konfrontiert, nicht viel anders ist als jene, die gegenwärtige Kultur zu bewältigen hat. Es ist die Problematik des déjà dit, des Umgangs mit Versatzstücken aus Vergangenem oder Bestehendem, des Wiederholens, des Variierens, des Wiederverwendens, des Collagierens, des Verfremdens. Und des Erfindens. Und der Suche nach einer eigenen, (vielleicht) neuen Identität zwischen Akademismus und Avantgarde, zwischen

Nostalgie und Fortschrittsgläubigkeit, zwischen Manierismus und Klassik und Moderne.

Auf den Spuren der Fragen, der Widersprüche, der Zweifel und der vorsichtig tastenden, versuchsweisen Antworten gelangt man unschwer, früher oder später, zum Gebäude des ehemaligen Kunstgewerbemuseums zu Berlin, das, fremd und immer noch unfertig, ein schier unabsehbares work in progress, mit der Front zur »falschen« Seite orientiert, sich in einem vormaligen Stadtzentrum erhebt, das heute wie düsterste Peripherie erscheint, in einer einst blühenden Metropole, die durch eine Mauer in zwei Hälften geteilt ist und ein hintergründiges Leben in Melancholie und Heiterkeit führt. Es kann helfen, weitere Antworten und vor allem weitere Zweifel, Widersprüche und Fragen zu finden. Das einzige, was verlangt wird: »Ill faut s'accoustumer aux analogies, sçavoir deux ou plusieurs choses fortes differentes estant données, trouver leur ressemblances.«[94]

Der Horizont der Vergangenheit
Die Südliche Friedrichstadt als Lehrstück für die architektonische Kultur

»In Maurilia wird der Reisende eingeladen, die Stadt zu besichtigen und zugleich gewisse alte Ansichtskarten zu betrachten, die zeigen, wie sie früher war: genau derselbe Platz mit einem Huhn anstelle des Autobusbahnhofs, dem Musikpavillon anstelle der Überführung, zwei Fräulein mit weißem Sonnenschirm anstelle der Munitionsfabrik. Um die Einwohner nicht zu enttäuschen, muß der Reisende die Stadt auf den Ansichtskarten loben und sie der heutigen vorziehen, jedoch darauf bedacht sein, das Bedauern im Rahmen genauer Regeln zu halten.«
Italo Calvino, *Die unsichtbaren Städte*, 1977[95].

Angelegt wurde sie in den dreißiger Jahren des 18. Jahrhunderts vom »Soldatenkönig« Friedrich Wilhelm I. nach den Plänen des Oberbaudirektors Philipp Gerlach: eine barocke Planung, die von dem »tridente« der römischen Piazza del Popolo inspiriert war und deren kleinteilige Rasterstruktur im Spannungsfeld der geometrischen Elementarformen von drei Exerzierplätzen stand: einem Oktogon, einem Viereck (Karree), einem Kreis (Rondell). Kaum war die Straßenführung festgelegt, wurden die dazwischenliegenden Blocks mit schmalen, einheitlich und schlicht gestalteten zweigeschossigen Häusern bebaut, deren Front den Stadtraum begrenzte und denen im Blockinneren ein Garten zugeordnet war. Dann wurde aus jedem Haus der Innenstadt, in welchem vier Familien wohnten, eine Familie zum Umzug in die damals peripher gelegenen Neubauten gezwungen. In besonders schönen und ruhigen Lagen entstanden vornehme Adelspalais.

64 Dorotheenstadt. Nördliche und Südliche Friedrichstadt. Ausschnitt aus: Schmettau, Plan de la Ville de Berlin, 1748 (nicht genordet). ▷

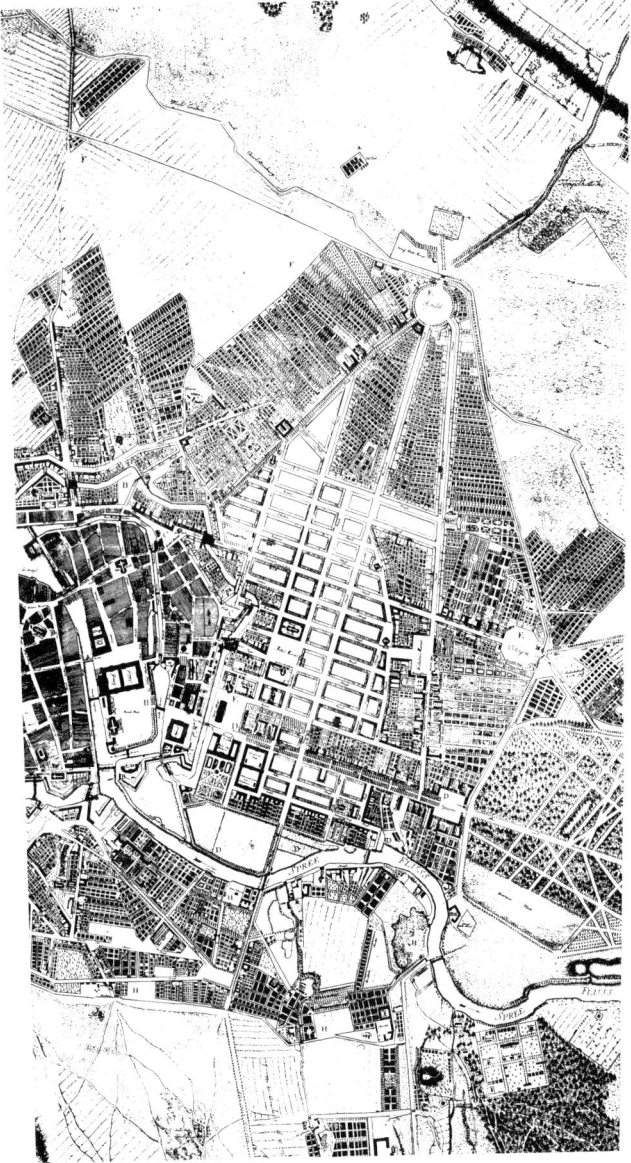

Ein Beispiel und seine Implikationen

In der ersten Hälfte des 19. Jahrhunderts hielten Gewerbebetriebe und Manufakturen Einzug in das allmählich heranwachsende Stadtviertel. Auch wurde es durch herausragende Neubauten verschönert: Karl Friedrich Schinkel errichtete 1825 die Caserne der Lehrescadron; 1829 entstand das Wohnhaus des Ofen- und Keramikfabrikanten Tobias Christoph Feilner (Feilnerhaus); 1830–1835 die kleine Sternwarte am Enckeplatz.

Mit der Reichsgründung (1871) setzte ein gewaltiges ökonomisches und bauliches Wachstum ein. Die zweigeschossige Bebauung wich nach und nach einer drei- bis fünfgeschossigen, die Hofgärten wurden mit Gartenhäusern und Seitenflügeln belegt, die absolutistisch diktierte Gleichmäßigkeit der Fassadenfluchten wurde durch liberal-individualistischen Kontrastreichtum ersetzt. Die leicht verschlafene Wohngegend verwandelte sich in ein lebendiges Ensemble von Kultur-, Gewerbe-, Industrie- und Verwaltungsbauten.

Die Lebendigkeit steigerte sich in der Zeit kurz vor und während der Weimarer Republik zum fieberhaften Paroxysmus. Der Einzug wichtiger Verlagshäuser wie Ullstein, Mosse und Scherl hatte eine

65   Karl Friedrich Schinkel. Neue Sternwarte am Encke-Platz, Berlin. 1832–1835.
     Stich um 1835.

Explosion des Kulturlebens im Stadtviertel zur Folge. 1921–1923 realisierten Erich Mendelsohn und Richard Neutra die kühn geschwungene Eckerweiterung des Mosse-Hauses von Cremer & Wolfenstein.

Was vor 1933 bei aller Widersprüchlichkeit und Zweideutigkeit noch einen hoffnungsvollen Ton besaß, erhielt nach der Machtergreifung der Nationalsozialisten einen düsteren Klang: lediglich die zentrale Funktion des Stadtteils blieb. Im Gebäude der Kunstgewerbeschule etablierte sich die Gestapo (Geheime Staatspolizei); im ehemaligen Hotel »Vier Jahreszeiten« ließ sich die Reichsführung SS nieder; das barocke Palais Prinz Albrecht, das Schinkel mit einer eleganten Kolonnade und filigranen Gußeisenelementen umgebaut hatte, wurde zum Dienstgebäude der SS; gegenüber hatte die SA-Obergruppenleitung Berlin-Brandenburg ihr Quartier. In unmittelbarer Nähe entstand 1934–1936 der finstere Baukomplex des Reichsluftfahrtministeriums (heute Haus der Ministerien der Deutschen Demokratischen Republik) von Ernst Sagebiel, ehemaliger Mitarbeiter von Erich Mendelsohn und Architekt des Zentralflughafens Tempelhof. Etwas abseits errichtete Albert Speer, ein Schüler von Heinrich Tessenow, 1937–1939 die Neue Reichskanzlei, Hitlers Arbeitsort.

Anfang 1945, in der Endphase des Zweiten Weltkriegs, wurde das gesamte Viertel nahezu völlig zerstört; nur wenige Einzelbauten und ausgebrannte Ruinen blieben bestehen. Die Stadt wurde geteilt, die westliche Hälfte entwickelte an anderer Stelle ein neues Citygebiet. Was einst zum pulsierenden Herz der Stadt gehört hatte, geriet schlagartig zur Peripherie. »Wiederaufgebaut« wurde nur zögernd und konzeptlos. Der runde Platz, der stets Brennpunkt der gesamten urbanen Struktur gewesen war, wurde nach einem Entwurf von Hans Scharoun (1962) von den drei Straßen »abgehängt«, in einen autofreien grünen »Stadthof« verwandelt und mit mediokren Hochbauten verunstaltet. Weitere solitäre Gebäude, welche die vorgegebenen Straßenfluchten dreist ignorierten, trugen dazu bei, das Chaos zu steigern und zu zementieren[96].

Die Rede ist von der Südlichen Friedrichstadt in Berlin. Die spektakulären Zackenlinien ihres architektonischen und städtebaulichen Schicksals deuten keineswegs auf einen Sonderfall, auf eine Ausnahme, die mit den gängigen Problemen der heutigen architektonischen Kultur kaum etwas gemein hat. Im Gegenteil: Sie ist nichts anderes als ein Apolog für die gegenwärtigen Widersprüche der Stadt in den hochindustrialisierten Ländern. Ihre extreme

66 Das Rondell (seit 1814
    Belle-Alliance-Platz,
    heute Mehringplatz),
    Berlin. Idealvedute mit
    den Immediat-
    Fassaden. Ausschnitt.
    Entstehungsjahr
    unbekannt.

67 Belle-Alliance-Platz (heute Mehringplatz), Berlin. Aufnahme um 1935.

8 Hans Scharoun. Umbauung des Mehringplatzes, Berlin. Projekt 1962.

9 Werner Düttmann. Neugestaltung des Mehringplatzes, Berlin. 1973–1975. Aufnahme 1976.

Geschichte und ihre extremen Eigenschaften lassen sie lediglich als Karikatur einer Wirklichkeit erscheinen, deren Probleme durch die Groteske um so schonungsloser entlarvt werden.

So ist der seit 1979 von der Internationalen Bauausstellung Berlin unternommene Versuch, die Südliche Friedrichstadt städtebaulich und architektonisch neu zu organisieren, gleichzeitig der Versuch, ein Modell für die Erneuerung der Stadt in den hochindustrialisierten Ländern zu entwickeln. Er wirft daher prinzipielle Probleme auf, die über den speziellen Fall hinausgehen und allgemeine Bedeutung haben.

Allgemeine theoretische Grundlagen

Ein Vorschlag für die architektonische Neuordnung des Zentrums einer Stadt muß sich an dem orientieren, was als denkbar Bestes erscheint. Schließlich geht es um die Planung von Räumen, in welchen sich menschliches Leben über Jahrzehnte und Jahrhunderte abspielen wird. Pragmatismus, der sich den meist ohnehin vermeintlichen »Sachzwängen« der Zeit beugt, ist unverantwortlich.

Die Ablehnung der flachen Empire bedeutet freilich keineswegs realitätsfremde Schwärmerei. Architektur hat das Feld des Möglichen zum Gegenstand: Ihr Traum muß verwirklichbar bleiben. Das Ergebnis eines solchen Balanceakts ist eine konkrete Utopie, die jenseits geistiger Kurzatmigkeit und jenseits leichtfertiger Schwelgerei in naiven Zukunftsvisionen architektonische und städtebauliche Modelle für ein glücklicheres und gerechteres Zusammenleben der Menschen entwirft.

Im Rahmen dieser Absicht stellt sich die Rolle der Baugeschichte janusköpfig dar. Bietet sie einerseits einen ungeheuer reichen Vorrat bewährter und unveränderlicher Lösungen für die Beziehung von Lebensformen und Architektur, verleitet sie andererseits eben auf Grund dieses reichen Vorrats leicht dazu, sich mit dem bereits Dagewesenen zufriedenzugeben und nichts darüber hinaus zu suchen. Für ein glückliches und gerechtes Zusammenleben der Menschen gibt es aber keine Vorbilder; und auch wenn es sie gäbe, wäre allein ihre ständige Veränderung Gewähr ihrer Tauglichkeit im Fluß der Historie. Als einziger Ausweg aus dem Zwiespalt zwischen resignierter historischer Imitation und überschwenglicher Suche nach dem Neuen um des Neuen willen erscheint der kritische: die möglichst unvoreingenommene und komplexe Reflexion, inwieweit die Rekonstruktion der Vergangenheit in die denkbar beste Zukunft weist und inwieweit die Konstruktion von nie Dagewesenem zur konkreten Utopie führt.

Und zwar in zweierlei Hinsicht: im engeren und im weiteren Sinn städtebaulich.

Zunächst müssen sämtliche neuen architektonischen Maßnahmen aus den vorhandenen stadtstrukturalen Gesetzmäßigkeiten abgeleitet werden. Der bestehende Raster der Straßen und Plätze der historischen Stadt bildet die Grundlage aller neuen Eingriffe, die ihn verdeutlichen und vervollständigen sollen. Diese Rekonstruktion soll da, wo es geometrisch, räumlich und funktional einsichtig ist, das Stadtgefüge der Vergangenheit wiederherstellen; wo es das nicht ist, wird eine neue Ordnung geschaffen, die aus dem Gegebenen extrapoliert und eine logische, rationalere und einfachere Stadt als die historische zum Ziel hat. Dabei zählt zum Gegebenen alles, was je in der Stadt gebaut wurde und noch besteht. Es gibt keine »guten« und »schlechten« Geschichtsperioden, es gibt nur gute und schlechte Maßnahmen, bezogen auf eine komplexe städtebauliche Ordnung. Die Auswahl, was erhalten und berücksichtigt werden soll und was nicht, erfolgt mithin nicht nach philologischen, sondern ausschließlich nach urbanistischen Maximen. Die Einzelbauten müssen sich der übergreifenden Gesetzmäßigkeit der Stadt unterordnen; nur im dabei verbleibenden Spielraum kann Individuelles Ausdruck finden.

Außerdem müssen die neuen architektonischen Maßnahmen die Geschichte der Stadt, die »geologische« Schichtung von Sedimenten gesellschaftlichen Lebens möglichst ablesbar lassen. Eine Stadt ist unter anderem eine didaktische Formation, die aus ihrer eigenen Erinnerung erzählt. Ohne zu einer oberlehrerhaften Schau der Vergangenheit auszuarten, muß die neue Stadt die Ereignisse, mit welchen die alte Stadt konfrontiert wurde, die sie zerstört oder aufgebaut, erschüttert oder gefestigt haben, die sie also, auf welche Weise auch immer, geformt haben, architektonisch verarbeiten. Nichts, was als Erfahrung in die Zukunft eingehen kann, darf verschüttet werden: Ein Ort besteht aus Gewesenem.

Aus dem Gewesenen durch schöpferische Kraft eine neue rationale Einheit zu schaffen, ist die Aufgabe jedes architektonischen und städtebaulichen Eingriffs.

Spezifische Leitlinien und realistisches Lehrstück

Neben allgemeinen Fragestellungen wirft das Fallbeispiel Südliche Friedrichstadt auch spezifische Probleme auf, welche das Gebiet in seiner Einzigartigkeit betreffen.

Das akuteste ist jenes der Mauer. Sie zerschneidet die Stadt so, daß das historische Zentrum in Ost-Berlin liegt: West-Berlin mußte sich im Bereich um den Kurfürstendamm künstlich eine neue City schaffen. Und sie zerschneidet die Südliche Friedrichstadt brutal in ihrem Kern, wodurch die geometrische Logik der barocken Stadterweiterung auseinandergerissen wird.

Die Frage, ob eine Neuorganisation des Stadtteils das Faktum der Mauer akzeptieren soll oder nicht, ist als Aut-aut-Alternative demagogisch. Jenseits von historischen Spekulationen und unvermeidlich fragwürdigen Zukunftsprognosen stellt die 1961 errichtete befestigte Grenze mit ihrer düsteren Architektur und ihrer apokalyptischen Last von Tragödien einen tiefen Einschnitt im urbanen Gewebe dar. Auch wenn man davon auszugehen vermag, daß das Leben der Stadt stärker ist und mit größeren Zeitabschnitten operiert als die politischen Ereignisse, ist die Mauer mittlerweile ein in jeglicher Beziehung unverrückbarer Teil der Geschichte Berlins, das sich in neuer Architektur unweigerlich niederschlagen muß. Die gebaute Antwort auf den Affront der Grenze wird daher zweideutig sein: Überwunden werden kann sie nur, wenn sie konkret reflektiert wird.

Aus dieser ersten Grundsatzentscheidung leitet sich unmittelbar eine zweite ab. Die Dekadenz der Südlichen Friedrichstadt, ihr Abstieg vom lebendigen Stadtzentrum zur nahezu vergessenen Randzone darf, genausowenig wie die schweren Kriegszerstörungen, nicht negiert, aber auch nicht akzeptiert werden. Die Neubauten müssen an die beste Tradition des Gebiets anknüpfen und städtischen Charakter haben, die Wunden von 1945 müssen geschlossen werden. Die Narben freilich werden bleiben: Sie wegschminken zu wollen, würde lediglich mangelndes Selbstbewußtsein verraten. Ebenso muß die Zeit des Niedergangs ihre Spuren hinterlassen können: allerdings als gelassen tolerierte Relikte inmitten optimistischer neuer Häuser und bunt gemischter Urbanität, keinesfalls als verbitterte Monumente einer gequälten Vergangenheit. Melancholie darf man nicht bauen.

Deswegen sollten – und das ist die dritte Grundsatzentscheidung – die Orte, in welchen der nationalsozialistische Terror gewütet hat,

70   Südliche Friedrichstadt, Berlin. Aufnahme um 1980.

71   Der Bau der Südlichen Friedrichstadt seit 1732. Architektur Philipp Gerlach. Gemälde.

nicht in lauter Mahnmale des Gedächtnisses verwandelt werden. Es gibt zu viele solcher Orte in Berlin und in der Südlichen Friedrichstadt. Genausowenig, wie sie nicht leichtfertig verschüttet werden dürfen, geht es an, sie ohne Not zu monumentalisieren. Die redliche Auseinandersetzung mit der eigenen Geschichte bedarf kaum der Inszenierung oft nur simulierter Zerknirschung; eine Stadt ist kein Instrument für ominöse »Vergangenheitsbewältigung«. Architektur muß selbst dann, wenn sie das Gedächtnis der Menschheit – nach George Bernard Shaws Cäsar ohnehin »ein Gedächtnis, das beschämt«[97] – durch die steinernen Zeugen der Vergangenheit sichtbar macht, Mut, Zuversicht und Heiterkeit ausstrahlen.

Somit vermengen sich die spezifischen Leitlinien für den Wiederaufbau der Südlichen Friedrichstadt als urbanistischen Einzelfall mit den allgemeinen für den Wiederaufbau der Stadt in den hochindustrialisierten Ländern. Durch diese Vermengung, die eine vielschichtige Dialektik von Allgemeingültigkeit und Einzigartigkeit offenbart, wird die Südliche Friedrichstadt zu einem realistischen Lehrstück der architektonischen und stadtplanerischen Kultur.

Das bescheidene Modell
Der Prager Platz und die Wiederentdeckung des Stadtraums

»Oft sind andere Städte bloße Gespenster besserer Vergangenheit; das hohle Berlin ist möglicherweise – es bleibt keine Wahl – das Gespenst einer besseren Zukunft.«
Ernst Bloch, ›Berlin aus der Landschaft gesehen‹, 1932[98].

Ein ausgesprochenes Vorzeigebeispiel städtischer Architektur war er nie. Im selbstgenügsamen Langrund treffen fünf Straßen in unregelmäßigem Abstand aufeinander, eine mehr noch als bei seinem Gegenstück, dem Nikolausburger Platz jenseits der Bundesallee; daraus ergibt sich kein intensiv erlebbarer Stadtraum. Die Bebauung bietet seit jeher außer Wohnen, Kleingewerbe und Einzelhandel keine zusätzliche öffentliche Nutzung an. Die Rasenfläche, ursprünglich von Trambahngleisen durchschnitten, ist heute wie gestern unbetretbar und abweisend.

Vom Schmuckplatz zur Straßenkreuzung

Tatsächlich zählt der Prager Platz in Berlin zu den städtebaulichen Situationen, die Werner Hegemann, Verfasser des 1930 erschienenen Buchs *Das steinerne Berlin* und polemischer Gegner der Mietskasernen, als »bloße Löcher im Plan« bezeichnete[99]. Der »Plan« ist jener, den der Polizeipräsident und Kanalisationsexperte James Hobrecht 1862 entwickelte und mit welchem die hemmungslose Bodenspekulation sowie der brutale Mietwucher der Gründerzeit entfesselt wurden. Die »Löcher« unterbrachen dabei ziemlich zufällig die fiskusfreundlich-sparsame Straßenerschließung zwischen den übergroßen Blocks, und zwar jeweils dort, wo der Verkehr zusammenfloß.

Dennoch war der Prager Platz, den Anton Wilhelm von Carstenn nach dem formalen Muster des Hobrecht-Plans um die Jahrhundertwende städtebaulich konzipierte, bis zum Zweiten Weltkrieg keine bloße Kreuzung. Die eklektizistischen Häuser, welche die fünf

72 Prager Platz, Berlin. Aufnahme 1980.

zusammentreffenden Straßen säumten, waren zum Platz hin abge-
schrägt und hatten hohe Schauseiten, die nicht ohne Noblesse eine
Fassung des Stadtraums andeuteten. In den Erdgeschossen waren
zahlreiche Läden und Gaststätten untergebracht. Die Bürgersteige
waren breit und luden zum Flanieren ein. Insgesamt stellte sich ein
typischer Berliner Schmuckplatz dar, ein in seiner bescheidenen und
unprätentiösen Anlage durchaus repräsentativer Ort, ein Sternplatz
mit jenem dynamischen Charakter, welcher die damalige Weltstadt
auszeichnete.

Im Zweiten Weltkrieg wurden die Häuser um den Prager Platz
weitgehend zerstört. Bis heute gibt es keine neue Bebauung. Zwar
entstanden auf der Südseite einige moderne Gebäude; aber die unge-
selligen architektonischen Solitäre der Nachkriegszeit nehmen von
den räumlichen Anforderungen des Platzes keine Notiz. An der
Nordseite bricht die Bebauung vollends ab. Um das spärlich mit
Gras bewachsene Langrund in der Mitte fließt zügig der Automobil-
verkehr. Kein Platz: allenfalls eine große, undefinierte, unwirtliche
Straßenkreuzung.

73   Prager Platz, Berlin. Aufnahme 1926.

74   Prager Platz, Berlin. Aufnahme um 1946.

Die Pendelschwingungen der urbanistischen Kultur: Niedergang und Aufstieg der städtischen Räume

Der gegenwärtige Zustand des aus den Fugen geratenen Prager Platzes, eines der Orte, an welchen die Internationale Bauausstellung Berlin ihr Ziel der »Stadtreparatur« demonstrieren will, kommt nicht von ungefähr, und selbst der Krieg hat lediglich die Rolle des Erfüllungsgehilfen einer schon lange eingeleiteten Entwicklung der urbanistischen Kultur gespielt. Camillo Sittes Klage, die »wichtigste, geradezu unerläßliche Vorbedingung jeder künstlerischen Wirkung«, nämlich die Geschlossenheit des Platzraums, kenne »der moderne Städtebau nicht«, nahm sich 1889, als sein aufsehenerregendes Buch *Der Städte-Bau nach seinen künstlerischen Grundsätzen* erschien, noch vergleichsweise übertrieben sorgenvoll aus[100]. Immerhin war in Europa die Zeit der großen städtebaulichen Restrukturierungen gerade beendet: 1853–1869 hatte Georges-Eugène Haussman Paris neu geordnet, 1858–1872 war unter der Leitung von Ludwig Förster die Wiener Ringstraße geschaffen worden, 1862–1881 hatte James Hobrecht Berlin urbanistisch neu organisiert, 1871–1887 war Barcelona nach dem Plan von Ildefonso Cerdà umgestaltet worden. In all diesen Eingriffen hatte der Stadtraum zwar eine veränderte Interpretation im Vergleich zu jener des Mittelalters, der Renaissance oder des Barocks erfahren, aber als Begriff und als stadtarchitektonisches Ziel war er durchaus noch präsent.

Das sollte in den zwanziger und dreißiger Jahren des 20. Jahrhunderts anders werden. Die Maximen des »hygienischen Städtebaus«, welche die ideale Besonnung und Belüftung der Wohnungen über jedes stadtkompositorische Ziel erhoben, führten innerhalb des »neuen bauens« zur Verneinung des Stadtraums. Selbst ein sensibler, intelligenter und selbständig denkender Kopf wie Le Corbusier polemisierte in seinen Ausführungen zum «état présent de l'architecture et de l'urbanisme«[101] gegen die Straßen und Plätze der historischen Stadt. In einem Vortrag, den er 1929 in Buenos Aires hielt, hob er ebenso temperamentvoll wie pathetisch an: »Il faut tuer la rue-corridor.«[102] In kräftigen Zügen auf die Tafel geschrieben und mit eingängigen Skizzen erläutert, mündete die Kriegserklärung an die »Korridor-Straße« und an die »Korridor-Stadt« in den Vorschlag des Plan Voisin, der, ursprünglich für Paris entwickelt, theoretisch auch auf andere Städte anwendbar war. Das Vorgehen konnte mit leichten Abwandlungen immer gleich bleiben: Abriß der

75   Place de l'Etoile, Paris. Aufnahme um 1940.

alten, angeblich obsoleten Bausubstanz; Bau von frei im Grünen
stehenden gläsernen Wolkenkratzern oder mehrgeschossigen Zeilenbauten, im Sinn der optimalen Besonnung der Wohn- und
Arbeitsräume sowie der »valorisation totale« des Stadtbodens zu
offenen Komplexen miteinander komponiert; Anlage von Stadtautobahnen und, davon getrennt, eines Wegnetzes für Fußgänger.
Denn das war für Le Corbusier die neue städtische Straße: ein Pfad
zwischen offenen Parkanlagen, hinter dem Gitterwerk der Stämme
und der Äste die glitzernden Glasfassaden der schlanken Riesenbau-
ten, darüber der freie Himmel, rundherum idyllische Ruhe, nur
vom Vogelgezwitscher und vom fernen Rauschen der auf futuristi-
schen Schnellstraßen vorbeirasenden Automobile durchbrochen.
    Mit solcherlei Vorstellungen war Le Corbusier weder allein, noch
befand er sich in schlechter Gesellschaft. Immerhin teilten Persönlichkeiten wie Walter Gropius, Ludwig Hilberseimer (»Platz ist der
Luftraum zwischen den Baukörpern«[103]), Ludwig Mies van der
Rohe und der Berliner Stadtbaurat Martin Wagner (für den die opti-
male Abwicklung des Verkehrs »das Primäre und Wesentliche«, die
Gestaltung hingegen »von sekundärer Bedeutung«[104] war) seine

135

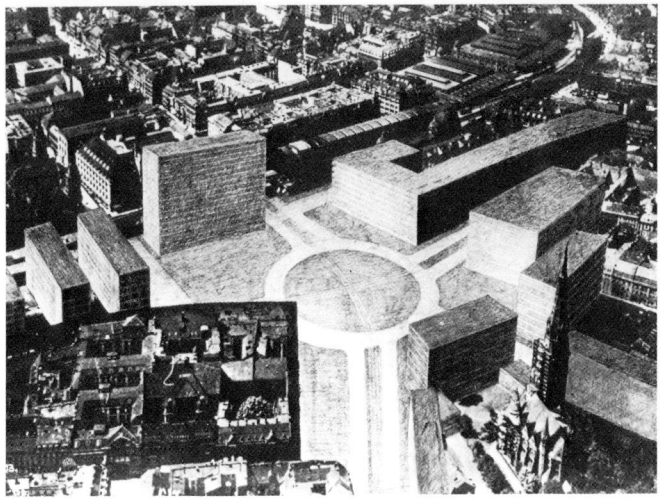

76 Ludwig Mies van der Rohe. Umgestaltung des Alexanderplatzes, Berlin. Projekt
    1928.

Meinung. Doch diese geschichtlich konsequente Haltung, mit dem
Historismus, dem Eklektizismus und dem Mietskasernenelend im
Rücken durchaus verständlich, zeitigte vor dem Zweiten Weltkrieg
bedenkliche und danach verheerende Wirkungen. Mit dem Verzicht
auf Straße und Platz als baulich definierte Räume ging die Zerstörung des städtischen Gefüges einher, die Verwischung des Gegen-
satzes von Stadt und Land und der Verlust von Urbanität; das
Gespenst der »autogerechten Stadt«[105] vertrieb selbst in ehrgeizigen
Neugründungen wie Brasilia die menschengerechte, erlebbare,
logisch und sinnlich erfahrbare Stadtumwelt.

Inzwischen ist jedoch das Pendel der fortschrittlichen urbanistischen Kultur zurückgeschwungen. Seit den siebziger Jahren beobachtet man die unterschiedlichsten Versuche, den Stadtraum erneut
zum Thema architektonischer Entwürfe und Realisationen zu
machen[106]. In der ersten internationalen Architekturausstellung, die
1980 im Rahmen der Biennale von Venedig stattfand, feierte die
Wiederentdeckung der Straße als räumliches Kontinuum in der von
großen, bunten Fassaden gesäumten »strada novissima« einen
ebenso eingängigen wie programmatischen Höhepunkt[107].

Neue Formen von städtischen Invarianten?

Der solcherlei Experimenten explizit oder latent zugrunde liegende sehnsüchtige Blick zurück auf die historische Stadt bedarf der Überprüfung: vor allem, wenn er den Anspruch erhebt, Modelle für neue urbanistische Eingriffe zu liefern. Damit ist jedoch die Frage nach der Innovation in der architektonischen und städtebaulichen Kultur der Gegenwart aufgeworfen. Spätestens seit Max Horkheimers und Theodor Adornos *Dialektik der Aufklärung* ist deutlich geworden, daß »der Fluch des unaufhaltsamen Fortschritts... die unaufhaltsame Regression« ist[108]; andererseits notierte Edward Gibbon bereits im 18. Jahrhundert in *The Decline and Fall of the Roman Empire,* daß »alles Menschliche... zurückfallen (muß), wenn es nicht voranschreitet«[109]. Was ist nun richtig: sich beim Bau der neuen Stadt an die alte anzulehnen oder das nie Dagewesene, allenfalls kühn Geträumte zu verwirklichen?

Ein Beispiel vermag zur Klärung des Dilemmas beizutragen. Nachdem Walt Disney, der zweideutig legendäre Vater von Micky

77 Disney-Zukunftspark EPCOT-Center, Orlando (Fla.). Als Wahrzeichen dient die 18 Stockwerke hohe silberne Weltkugel mit dem Namen »Raumschiff Erde«. Aufnahme 1982.

137

Mouse, 1955 die Tore zum »glücklichsten Platz der Welt«, nämlich Disneyland, geöffnet hatte, realisierte er 1964 die Inkarnation der technisch und organisatorisch kontrollierten Phantasiewelt mit Disneyworld in größerem Maßstab und schuf damit das folgerichtigste und beunruhigendste Produkt der empirischen modernen Stadtplanung. Sein Ziel war weniger die Wiederholung des kommerziellen Erfolgs des ersten Unternehmens als die Entwicklung eines experimentellen Prototyps für eine Gemeinschaft der Zukunft, welche aus den Profiten des zweiten »Magic Kingdom« getragen werden sollte. EPCOT (Experimental Prototype for a Community of Tomorrow) war Disneys Traum der »perfekten«, klimakontrollierten und staubsaugerreinen Stadt ohne Schmutz, Slums und Geld. Die hochtechnisierte »Electronic City« hätte sich um ein 35geschossiges gewerbliches Zentrum gruppiert, das von völlig geschlossenen Geschäftspromenaden umgeben gewesen wäre. Nach einem Ring mit Büros, weiteren infrastrukturellen Einrichtungen und verdichtetem Wohnungsbau hätte sich eine weitläufige Gartenstadt ausgebreitet. Insgesamt hätte das totalitäre Utopia, welches die Fortschrittsgläubigkeit und das Zwangsverhältnis zu Ordnung, Sauberkeit und Kontrolle seines Erfinders widerspiegelt, die ausgeklügelste und konsequenteste Umsetzung der neuesten Technologien (insbesondere der Elektronik und der Systemtechnik) auf die Stadtplanung dargestellt.

Daß solche Konsequenz letztlich erbarmungslos unmenschlich ist, zeigt unter anderem die nicht zufällige Tatsache, daß selbst EPCOT auf ein altes Modell wie jenes der Garden City zurückgriff: Die verstaubte Romantik sollte die Technokratie verbrämen und für die zum Publikum degradierten Bürger erträglich machen. Der Weg zu den imitierten Fachwerkhäusern und den überladenen Zuckerbäckerschlössern der zwei »Magic Kingdoms« ist nicht weit. Die paternalistisch-despotische Totalkontrolle der bereits in Disneyworld hinlänglich eingesetzten Beobachtungssysteme wird mit Kitsch camoufliert. Dieser ist dabei Maske und Ersatz zugleich: Wo es keinerlei Besinnung auf vergangene Ereignisse gibt und emotionale und ästhetische Werte der rein funktional ausgerichteten Optimierung zum Opfer fallen, wird deren Surrogat gleichsam »aus der Tube« geliefert. Die Utopie wird mit der Regression deckungsgleich, die Entfremdung erreicht ihren paradigmatischen Höhepunkt.

Auf ein derartiges Extrem konnte Karl Kraus freilich nicht gefaßt sein, als er der historistischen Gefälligkeit auch in der Architektur

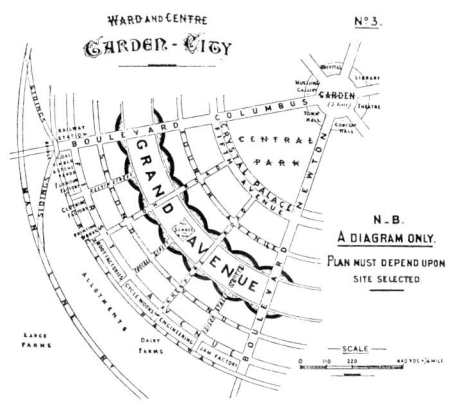

78 Ebenezer Howard.
Garden City. 1898.
Diagramm.

trotzte: »Ich verlange von einer Stadt, in der ich leben soll: Asphalt,
Straßenspülung, Haustorschlüssel, Luftheizung, Warmwasserleitung. Gemütlich bin ich selber.«[110] Denn der technische Fortschritt,
den der Generöse so mutig akzeptierte, führt, läßt man ihn unge-
bremst und unreflektiert, nicht nur zur totalen Manipulation, sondern auch zum totalen Verlust von Erinnerung und von Stadt.

Andererseits kann die Vergangenheit genausowenig Norm für die
Zukunft sein. Ohne Gedächtnis vermag kein Ort für Menschen zu
existieren; aber Gedächtnis allein gibt keine tragfähige Grundlage
für eine Architektur der Stadt ab, die über das Arrangement einneh-
mender Kulissen hinaus eine zeitgemäße Heimat für selbständig
denkende Bürger darzustellen trachtet. Zum Blick zurück muß der
Blick nach vorn kommen, zur Utopie des Gestern jene des Morgen.

Somit löst sich der Zwiespalt, ob das Modell für die Stadt der
Gegenwart jene der Zukunft oder jene der Vergangenheit ist, von
selbst auf: auf eine derlei einfältig-akademische Alternative redu-
ziert, wird es gegenstandslos. Um das Liebenswerte der Stadt zu
erhalten, muß man sie verändern. Die Invarianten von Straße und
Platz vermögen allein in neuen Formen städtischer Architektur auf-
zuleben, die sich mit den Schichtungen der Tradition auseinandersetzt, um sie zu überwinden.

Wenn dies zur Leitlinie für die Rekonstruktion des Prager Platzes
erhoben wird, vermag das unscheinbare »Loch im Plan« zum weg-
weisenden Modell eines neuen, komplexen städtebaulichen Den-
kens zu werden, vielleicht sogar zu einem kleinen Stück architektonischer Poesie.

Eine Leere voller Pläne
Die Projekte für das nie verwirklichte Zentrum von Groß-Berlin 1839–1985

»Berlin ist gar keine Stadt, sondern Berlin gibt bloß den Ort dazu her, wo sich eine Menge Menschen, und zwar darunter viele Menschen von Geist, versammeln, denen der Ort ganz gleichgültig ist: diese bilden das geistige Berlin. Der durchreisende Fremde sieht nur die langgestreckten uniformen Häuser, die langen breiten Straßen, die nach der Schnur und meistens nach dem Eigenwillen eines Einzelnen gebaut sind und keine Kunde geben von der Denkweise der Menge ... Es sind wahrlich mehrere Flaschen Poesie dazu nötig, wenn man in Berlin etwas anderes sehen will als tote Häuser und Berliner. Hier ist es schwer, Geister zu sehen. Die Stadt enthält wo wenig Altertümlichkeit, und ist so neu; und doch ist dieses Neue schon so alt, so welk und abgestorben.«
Heinrich Heine, *Reisebilder*, 1828[111].

Es gibt kaum eine Großstadt, deren architektonische Substanz so sehr aus Schichten unrealisierter Planungen besteht wie Berlin: Die *Architektur, die nicht gebaut wurde*[112] fügt sich zu einer »unsichtbaren Stadt«[113] zusammen, die weit größer und kulturell reicher ist, als die sichtbare es je war. Somit erscheint es unvermeidlich und sogar zwingend, daß das immer wieder anvisierte Zentrum der Metropole Berlin sich als eine Leere voller Pläne darstellt.

Die Rede ist von dem Stadtbereich, der im Norden von jenem Bogen der Spree begrenzt wird, der sich mit bemerkenswerter geometrischer Exaktheit um die Kongreßhalle und das Reichstagsgebäude spannt, und im Süden vom Landwehrkanal, dort, wo er von der Potsdamer Brücke überquert wird. Für seine Leere gibt es mehrere historische Gründe; darunter die schweren Zerstörungen im Zweiten Weltkrieg sowie die Teilung der Stadt, die das einst zentrale Areal in eine periphere Position gedrängt hat. Der tiefere Grund aber liegt darin, daß hier die Auseinandersetzungen um ein neues Stadtzentrum ausgetragen wurden, und zwar von einer Stadt, die, wie Heine mit scharfem Blick bemerkte, keine war und bereits früh, wenngleich auf zwiespältige Weise, auf eben dieses Stadtzentrum verzichtet hatte. Dadurch erhielten diese Auseinandersetzungen einen schizophrenen Charakter und einen tragischen Zug. Sie führten notwendigerweise zurück zu dem, wovon sie verzweifelt weg-strebten, nämlich zur weiten freien Fläche im nur geographischen Herzen der Stadt, welche Ausgangspunkt und Gegenstand ebenso heroischer wie vergeblicher Anstrengung gewesen war[114].

Die monumentals Inszenierung der verspäteten Großstadt 1839–1917

Bis weit in das beginnende 19. Jahrhundert hinein lag das Areal südlich des Spreebogens vollständig außerhalb der Stadt, ein margi-naler Teil jenes »Thiergartens«, der, ursprünglich ein privates königliches Jagdrevier, von 1742 an unter der Leitung von Georg Wenzeslaus von Knobelsdorff in eine öffentlich zugängliche Park-anlage umgewandelt worden war. Am südlichen Tiergartenrand entstanden bereits um 1790 die ersten Sommer- und Landhäuser, die mit Friedrich Gillys Villa Mölter (1799) zu einem Höhepunkt fan-den. 1828 genehmigte der König den Bebauungsplan für die »Fried-

79 Geometrischer Plan des Koeniglichen Thiergartens vor Berlin. 1765.

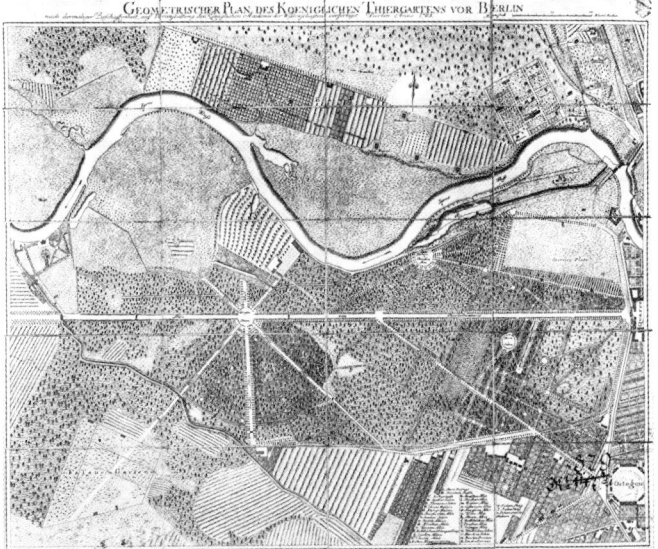

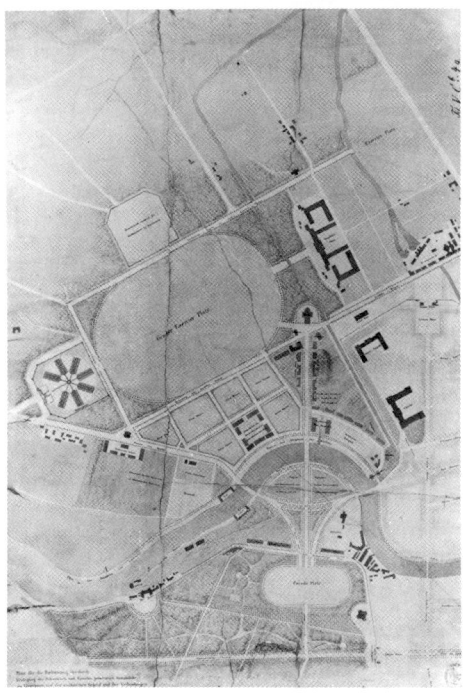

80 Karl Friedrich Schinkel. Plan für die Bebauung der durch Verlegung der Pulverfabrik nach Spandau gewonnenen Grundstücke... und ihre Verbindung mit dem Thiergarten und der Stadt, Berlin. 1840.

richsvorstadt« und gab damit ihrer Entwicklung zu einem städtischen Vorort grünes Licht. 1840 legte Karl Friedrich Schinkel einen »Plan für die Bebauung der durch Verlegung der Pulverfabrik nach Spandau gewonnenen Grundstücke ... und ihre Verbindungen mit dem Thiergarten und der Stadt« vor, welcher auf eigenen früheren Überlegungen basierte. Die »Grundstücke«, um die es dabei ging, waren der Ostteil Moabits; und bei ihren »Verbindungen mit dem Thiergarten und der Stadt« spielte natürlich das vom Spreebogen begrenzte Feld eine zentrale Rolle. Schinkel präfigurierte dabei einen Parade-Platz, der später zum Königsplatz werden sollte, und verband ihn durch eine dekorative Wegführung nach Süden mit der Ost-West-Achse des Tiergartens und nach Norden über drei symmetrisch angelegte Brücken mit Moabit, wo er einen weiläufigen Exerzier-Platz vorsah. Dazwischen gab es verschiedene bestehende und geplante öffentliche Gebäude: Kirche mit Pfarrhaus, Schule,

Invalidenhaus mit -kirchhof, Gefängnis, Irrenhaus, Charité. Damit waren die Entwicklungslinien für das Gebiet festgelegt.

Schinkels Vorschlag wurde wenig später von Peter Joseph Lenné im einflußreichen »Plan der projectierten Schmuck- und Grenzzüge von Berlin und nächster Umgegend« variiert, der ebenfalls im Jahr 1840 erschien (eine erste ausgearbeitete Entwurfszeichnung war bereits 1839 entstanden); vier Jahre danach, 1844, erstellte Lenné den »Bebauungs-Plan auf dem Terrain der vormalg. Königl. Pulver-fabrik bei Berlin«. Auf seiner Grundlage entstanden schon 1843/44 das Kroll-Etablissement von Carl Ferdinand Langhans und Ludwig Persius sowie 1843 das Palais Raczynski von Heinrich Strack als westliche und östliche Einfassung des Parade-Platzes. 1846 wurde der »eigentliche« Platz von keinem Geringeren als dem Bruder Kai-ser Wilhelms I. angelegt; mit dem Generalstabsgebäude (1867–1871) von Ferdinand Fleischinger, dem Reichstagsgebäude (1884–1894) von Paul Wallot, der Siegessäule (1864–1883) von Strack, den Stand-bildern, die Otto von Bismarck (1901), Helmuth von Moltke und Albrecht von Roon (beide 1904) darstellten, und der spektakulären Siegesallee (1895–1901) mit ihren 32 Denkmälern wurde er als Königsplatz zum prunkvollen Forum des imperialen Reichs.

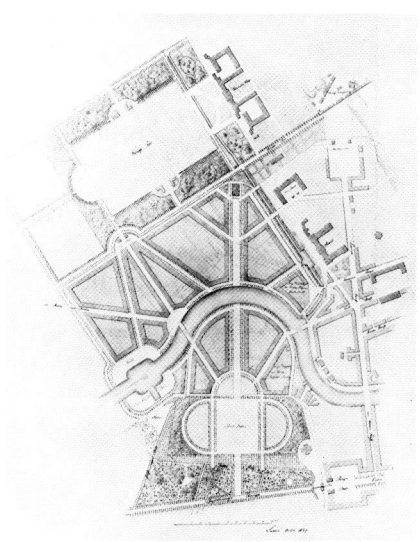

81 Peter Joseph Lenné.
    Königsplatz, Berlin.
    Projekt 1839.

82   Königsplatz, Berlin. Aufnahme um 1929.

Allerdings nicht ohne Zögern und Stockungen. Der erste Wettbewerb um das Reichstagsgebäude war bereits 1872 veranstaltet worden, und der vorgesehene Standort war schon damals der Königsplatz; aber keine Entscheidung fiel, und bereits ein Jahr später erwog
man einen Alternativstandort. Als jedoch 1884 der zweite Wettbewerb ausgelobt wurde, stand der Königsplatz als Ort definitiv fest,
und dort errichtete Paul Wallot den Bau, in welchen der deutsche
Reichstag über zwanzig Jahre nach der Reichsgründung endlich einziehen sollte.

Inzwischen hatte sich das südliche Tiergartenviertel nach der
Wirtschaftskrise von 1845/46 und den Wirren der Revolution von
1848 zu einem der beliebtesten Berliner Wohnquartiere entwickelt.
August Stüler hatte 1844–1846 die St.-Matthäus-Kirche gebaut.
1845–1850 war der Landwehrkanal mit seinen eleganten Ufer-
promenaden angelegt worden. 1856–1859 hatte Friedrich Hitzig
die vornehmen Wohnbauten an der Victoriastraße geschaffen. Im
Lauf der Zeit verdrängten ganzjährig bewohnte, repräsentative Villen und Mietshäuser die Sommerresidenzen, und gegen Ende des
Jahrhunderts war der »Alte Westen« die beste Adresse in ganz
Berlin[115].

Berlin aber expandierte immer weiter und immer rascher: Die
Stadt, die noch 1819 nur knapp über 200 000 Einwohner hatte, über-
schritt bereits 1877 die Millionengrenze. So war schon der Plan, den

James Hobrecht 1862 vorlegte (und der auf Lennés Überlegungen aufbaute), auf eine Stadt von vier Millionen Einwohnern zugeschnitten. Die Prognose schoß kaum über das Ziel hinaus, denn Anfang des 20. Jahrhunderts hatte Berlin die Landgemeinden am Stadtrand eingeholt und zählte im Jahr 1910 3,7 Millionen Einwohner.

Es war mithin beeindruckend, aber alles andere als weit hergeholt, daß der Wettbewerb »Groß-Berlin« für eine Stadt von mindestens fünf Millionen Einwohner konzipiert wurde. 1907 von der Vereinigung der Berliner Architekten als »Wettbewerb zur Erlangung eines Grundplanes für die Bebauung von Groß-Berlin« ausgeschrieben, sollte er dazu beitragen, die gesamte Entwicklung der auswuchernden Stadt planmäßig zu erfassen; dabei galt es, »eine einheitliche großzügige Lösung zu finden sowohl für die Forderungen des Verkehres, als auch für diejenigen der Schönheit, der Volksgesundheit und der Wirtschaftlichkeit«[116]. Hinzu kam freilich die mehr oder minder unausgesprochene Absicht, Berlin als Hauptstadt einer verspäteten Weltmacht einen angemessenen imperialen Rahmen zu verleihen. Gefordert waren im wesentlichen drei Arbeitsschritte: ein Grundlinienplan für die Bebauung des ungefähr 2000 km^2 großen Wettbewerbsgebiets; ein Teilplan eines typischen innerstädtischen Areals; Vorschläge für Einzelbauvorhaben. Es sollten Lösungen zur Verbesserung der unzumutbaren Wohnverhältnisse der unteren Bevölkerungsschichten, zur Anlage von Grünflächen und zur Bewältigung der Verkehrsprobleme in der Innenstadt angeboten werden; vornehmlich in der Neuordnung des Eisenbahnnetzes mit den acht großen Kopfbahnhöfen sah man eine notwendige Voraussetzung, um die städtebauliche Entwicklung Berlins unter Kontrolle zu bekommen[117].

Eingereicht wurden 27 Entwürfe, die sich nicht zufällig intensiv mit dem Bereich zwischen Spreebogen und Landwehrkanal beschäftigten. Joseph Brix und Felix Genzmer, die zusammen mit der Hochbahn-Gesellschaft teilnahmen und einen ersten Preis erhielten, führten quer unter dem Königsplatz, den sie monumental umgestalteten, eine unterirdische Eisenbahntrasse, welche den Lehrter Bahnhof mit dem Potsdamer und dem Anhalter Bahnhof verbinden sollte. Hermann Jansen, dessen Entwurf ebenfalls mit einem ersten Preis ausgezeichnet wurde, beschränkte sich auf etliche Straßendurchbrüche im Bereich zwischen Potsdamer Brücke und Kemperplatz und wandte sich immerhin gegen den damals durchaus ernsthaft diskutierten Vorschlag, den Landwehrkanal kurzerhand

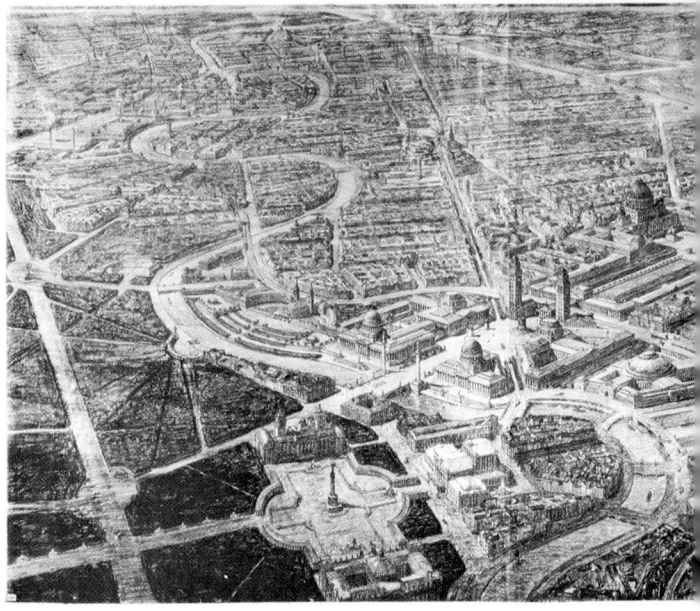

83   Havestadt & Contag, Bruno Schmitz und Otto Blum. Wettbewerb »Groß-Berlin«.
      Neu-Berlin am Nordcentralbahnhof. Projekt 1910.

zuzuschütten und in eine Verkehrsader für Automobile umzuwandeln[118]. In besonderem Maße setzten sich Rudolf Eberstadt, Bruno Möhring und Richard Petersen (dritter Preis) mit dem Königsplatz auseinander, den sie mit großartiger Gestik neu ordneten; außerdem schufen sie einen »Neuen Opernplatz« an der Königgrätzer Straße (heute: Stresemannstraße). Schließlich entwickelten Havestadt & Contag, Bruno Schmitz und Otto Blum (vierter Preis) eine gewaltige städtische Sequenz, die von einem gigantischen Parade- und Sportplatz im Süden über einen neuen Zentralbahnhof Südwest und einem Museumsviertel in der Friedrichsvorstadt über den Königsplatz hinweg zu einem Forum der Kunst an der Spree, einem »Neuen Monumentalviertel« und einem Zentralbahnhof Nordwest hätte führen sollen.

Realisiert wurde von den 1910 jurierten Ergebnissen des Wettbewerbs Groß-Berlin nichts; sie wurden jedoch im selben Jahr von

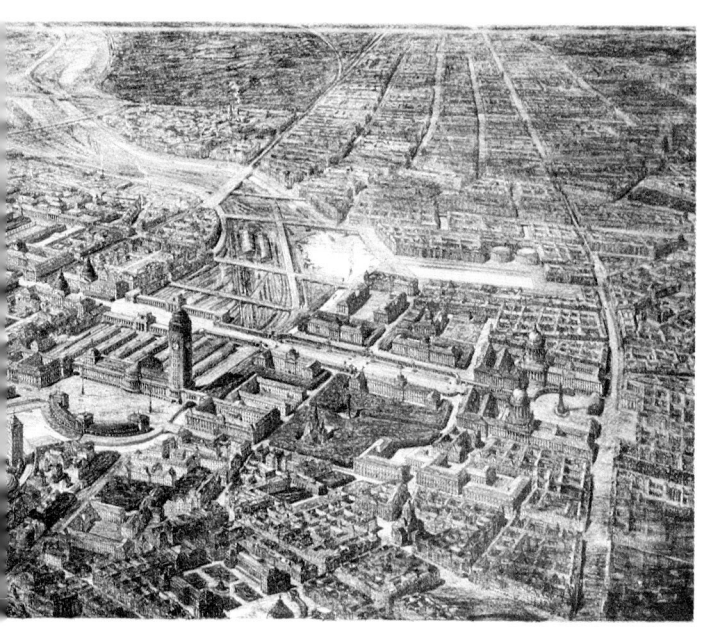

Werner Hegemann auf der »Allgemeinen Städtebau-Ausstellung« in der Königlichen Akademischen Hochschule für Bildende Künste in Berlin ausgestellt und beeinflußten die internationale städtebauliche Diskussion ihrer Zeit.

Republik, Fortschritt und Kommerz: die neue Metropole 1918–1932

Einen noch größeren und unmittelbareren Einfluß hatte der »Ausschnitt aus dem Bebauungsplan Groß-Berlin«, den Martin Mächler 1917 vorlegte und 1919 überarbeitete. Die Zielsetzung war hochfliegend: Berlin sollte nichts Geringeres als »die Beziehung des Deutschen Reiches zur Welt als Weltstadt«[119] demonstrieren. Mächler schlug vor, sämtliche Ministerien und Auslandsvertretungen, die bis dahin in der Stadt verstreut waren, um den Platz der Republik (wie

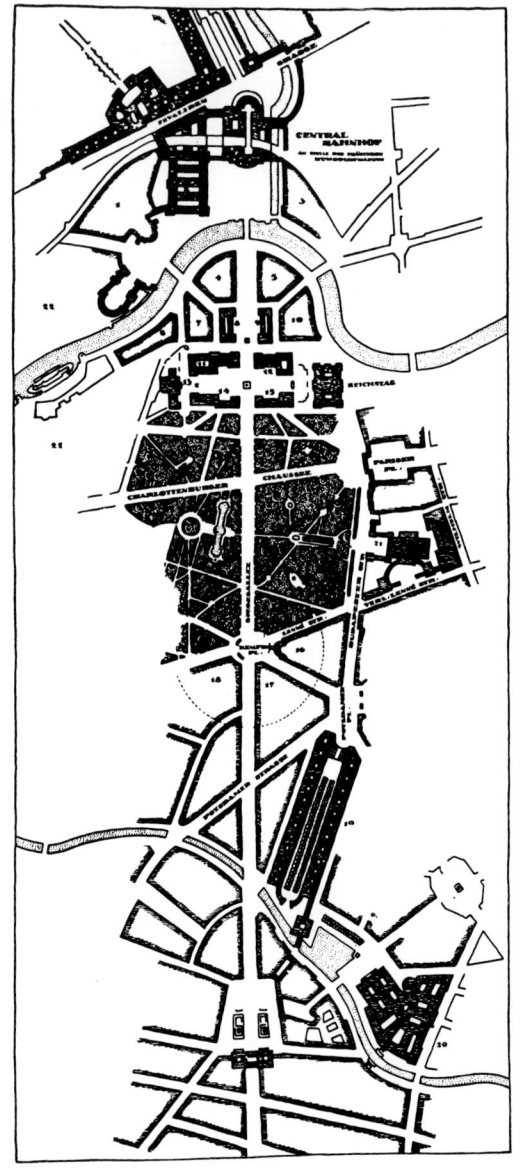

der Königsplatz umbenannt wurde) oder zumindest in seiner Nähe zu versammeln. Er konzipierte einen großen Weltausstellungspark, der »die Repräsentation des deutschen Volkes in seiner Arbeit zur Welt in Beziehung setzen«[120] würde. Er beabsichtigte, den Anhalter und den Potsdamer Bahnhof durch eine neue Eisenbahnstation auf der Höhe von Tempelhof zu ersetzen und diese durch eine Untergrundbahn mit einem kreuzförmig ausgebildeten »Centralbahnhof« (den Friedrich-List-Bahnhof, der an der Stelle des Lehrter Bahnhofs entstehen sollte) zu verbinden[121]. Er forderte aus verkehrstechnischen Gründen den Durchbruch der Jägerstraße durch die Ministergärten und ordnete dort ein neues Opernhaus an. Vor allem aber sah er eine groß angelegte Nord-Süd-Achse vor, die neben ihrer funktionalen Aufgabe (Verbindung der südlichen mit den nördlichen Stadtbereichen) eine eminent symbolische zu erfüllen hatte: Die »absolutistische« Ost-West-Achse sollte demonstrativ durchkreuzt werden. Es ist kein Zufall, daß Mächler neben der Siegesallee auch die Siegessäule eliminierte.

Der Plan, von welchem Mächler 1920 einen Detailausschnitt zeichnete, wurde nie realisiert. Dies lag nicht an seinem Inhalt, sondern an der prekären ökonomischen (und politischen und sozialen und ideologischen) Lage des Deutschen Reichs, das nach dem unglücklichen Ausgang des Ersten Weltkriegs das Abenteuer der Weimarer Republik auf sich nahm. Die Idee einer Nord-Süd-Verbindung, die Moabit und den Wedding mit Schöneberg verbinden und somit eine ebenso langjährige wie gravierende Lücke im Beziehungsnetz der Stadt füllen sollte, lebte fort: Unter anderem vertrat Erwin Gutkind anläßlich einer Besprechung des Wettbewerbs für die Erweiterung des Reichstagsgebäudes (1929) energisch den Ausbau einer großen Nord-Süd-Achse[122]. Ihre sinistre Apotheose sollte diese Vorstellung einige Jahre später in den Planungen Albert Speers erfahren.

Doch dies sind Vorgriffe. Die Kette der Versuche der monumentalen Umgestaltung des Königsplatzes riß nicht ab; die Vorschläge kleideten sich lediglich in immer neue Formen und legten immer neue Ideologien an. Emblematisch ist Otto Kohtz' Entwurf für ein Reichshaus am Königsplatz (1920), der die expressionistischen Lieblingsmotive der Stadtkrone und des Volkshauses wiederaufle-

85 Otto Kohtz. Reichshaus am Königsplatz, Berlin. Projekt 1920.

86 Hugo Häring. Umgestaltung des Platzes der Republik und Durchbruch durch die Ministerien-
    gärten, Berlin. Projekt 1927.

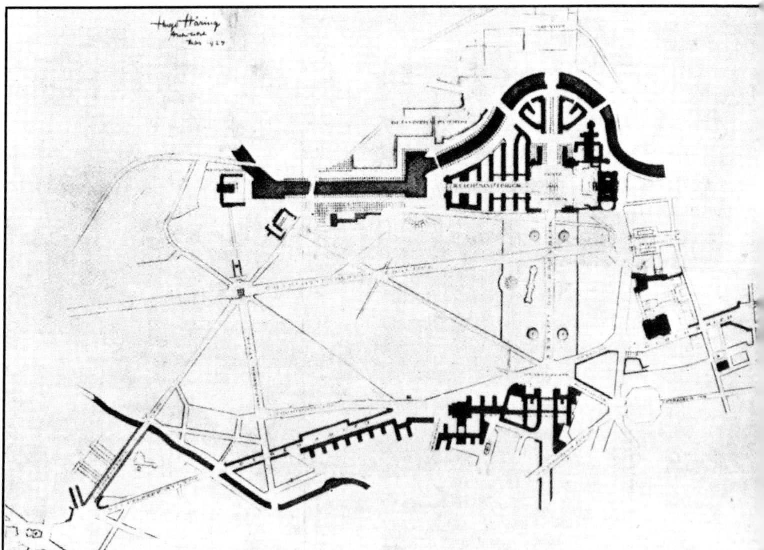

ben ließ[123] und sich für dessen Begründung auf Max Bergs gleichzeitige, romantische und etwas krause Ausführungen zum Bau von Hochhäusern bezog[124].

Der Wettbewerb für ein Geschäftshaus am Kemperplatz, der 1922 veranstaltet wurde, vereinigte die Bemühungen avantgardistischer Berliner Architekten wie Peter Behrens, Hugo Häring, Bruno Taut und Max Taut, die sich ein Jahr darauf zum »Zehnerring«, dem Vorläufer-Verband des »Ring«, zusammenschließen sollten. Drei Jahre später wurde der Wettbewerb für die Neugestaltung von Unter den Linden ausgelobt, der mit der Problemstellung für den Pariser Platz das zentrale Gebiet berührte; neben Cor van Eesteren, der den ersten Preis gewann, wurden auch Alexander Klein und Georg Salzmann mit je einem dritten Preis ausgezeichnet; außerdem lieferte Adolf Meyer einen bemerkenswerten Entwurf.

1927 präsentierten die Architekten des »Ring« Entwürfe für den Platz der Republik und den Durchbruch durch die Ministeriengärten im Rahmen der Großen Berliner Kunstausstellung. Die Grundlage ihrer Überlegungen bildete der Plan von Mächler, der zusammen mit anderen historischen Vorbildern (darunter der Schinkelsche Vorschlag) ebenfalls ausgestellt wurde. Hugo Häring übernahm von Mächler die Nord-Süd-Achse und taufte sie um in Straße der Republik, verkleinerte den Platz durch zeilenförmige, monumental aneinandergereihte Ministerienbauten, stellte dem Reichstagsgebäude axial das Gebäude des Reichstagspräsidenten gegenüber, jenseits eines künstlich begradigten Stücks der Spree, und verlegte die Siegessäule an den Großen Stern – eine Maßnahme, die Speer 1939 tatsächlich durchführen sollte. Hans Poelzig schlug einen größeren, von Ministerienbauten ruhig umschlossenen Platz vor. Peter Behrens komponierte den Stadtraum freier und sah ein Hochhaus als Gegenstück zum Reichstagsgebäude vor. Ludwig Hilberseimer legte einen ebenso sachlichen wie eleganten Entwurf für den Kreuzungsbahnhof vor, den er als schlichte Konstruktion aus Stahl und Glas konzipierte. Daneben stellten Peter Behrens, Adolf Rading, Heinrich Tessenow und Hans Scharoun ihre Projekte für den Durchbruch der Französischen Straße und der Jägerstraße aus. Insgesamt handelte es sich um eine Weiterentwicklung und Präzisierung der Mächlerschen Ideen, mit dem selbstbewußten Anspruch, durch Architektur und Städtebau neue »geistige Werte« zu schaffen[125].

Zwei Jahre nach dieser Veranstaltung, 1929, entzündeten gleich drei aufsehenerregende Projekte für das Zentrum Berlins die Dis-

87   Hans Poelzig. Umgestaltung des Platzes der Republik, Berlin. Projekt 1927.

88   Martin Wagner.
Generalplan für
die Umgestaltung
des Alexander-
platzes, Berlin.
Projekt 1929.

kussion um den Großstadtplatz: jenes für die Umgestaltung des Alexanderplatzes, jenes für die Neuordnung des Potsdamer und Leipziger Platzes und jenes für den Erweiterungsbau des Reichstagsgebäudes und die Gestaltung des Platzes der Republik.

Für den Alexanderplatz wurde Anfang 1929 ein Wettbewerb ausgelobt, zu dem sechs Architekten eingeladen waren. Die Grundlage der Auslobung bildete ein Plan, den Martin Wagner, seit 1924 Stadtbaurat im Berliner Stadtplanungsamt, selbst ausgearbeitet hatte; mithin nimmt es nicht Wunder, daß derjenige Entwurf prämiiert wurde, der Wagners Plan am nächsten kam. Tatsächlich werden im Vorschlag von Hans und Wassili Luckhardt zusammen mit Alfons Anker die Platzwände entlang des ideellen Verkehrsflusses mit fortlaufenden Baukörpern geschlossen und zwei der in den Platz einmündenden Straßen überbaut. Die weiteren Entwürfe, darunter jener von Peter Behrens, sind ebenfalls bloße Varianten zu Wagners »Generalplan«. Lediglich das Projekt von Ludwig Mies van der Rohe sieht sechs einzeln stehende Gebäude vor, hohe, scharf geschnittene Prismen auf viereckigem Grundriß, die gegenüber der idealen Umfangslinie des Platzes zurücktreten. »Von den vorliegenden Entwürfen«, schrieb Ludwig Hilberseimer mit einem nicht ganz unvoreingenommenen Blick auf die fünf übrigen Arbeiten, »ist der von Mies van der Rohe der einzige, der dieses starre System (der Übereinstimmung von Verkehrsfluß und Bauflucht, Anm. d. Verf.) durchbricht und den Platz unabhängig von den Verkehrsbahnen, die ihrer Funktion gemäß verlaufen, allein nach baukünstlerischen Gesichtspunkten durch Einzelbauwerke zu gestalten versucht.«[126] Prompt wurde der Entwurf von der Jury auf den letzten Platz verwiesen; Behrens sollte – nach stark veränderten und reduzierten Plänen – am Alexanderplatz bauen[127].

Die Problematik der Neuordnung des Postdamer und Leipziger Platzes war mit jener des Alexanderplatzes fast identisch: ein Großstadtplatz, der den Anforderungen des Verkehrs entsprechend umgebaut werden mußte. Wagner veranstaltete hierfür keinen Wettbewerb, sondern erarbeitete zusammen mit Felix Unglaube eigenhändig ein Projekt: ein dreigeschossiges »Karussell« mit einem Untergrundbahnhof im Fundament, ein nahezu reines Verkehrsbauwerk, dessen Leuchtreklamefassaden den kapitalistischen Konsum mit ständig wechselnden Lichtern und Farben feiern sollten. Das gleiche Prinzip lag dem Alternativentwurf von Marcel Breuer zugrunde, in welchem der Verkehr ebenfalls auf verschiedene Ebenen verteilt wurde (allerdings ohne »Karussell«) und die Funktion des Werbungsträgers den »nackten« Fassaden der Bauten zufiel, die den Platz säumten. Der Platz selbst war dabei nichts anderes als eine »fast dauernd gefüllte Verkehrsschleuse«, der »›Clearing‹-Punkt eines Adernetzes von Verkehrsstraßen erster Ordnung«[128].

Daß sogar Modernisten über die Begeisterung für gebaute Metaphern der Geschwindigkeit und des Kommerzes die klassisch-monumentalen architektonischen Kompositionsprinzipien nicht vergaßen, offenbart der Wettbewerb für den Erweiterungsbau des Reichstagsgebäudes und die Gestaltung des Platzes der Republik.

Das Reichstagsgebäude von Paul Wallot erwies sich in der neuen Republik als zu klein; es fehlten Hunderte von Büros, dazu Archiv-, Bibliotheks- und Leseräume. 1927 wurde ein erster Wettbewerb für einen Erweiterungsbau ausgeschrieben. Das einzige Ergebnis war die Einsicht, daß »jede mit dem Reichstag verknüpfte Bauaufgabe nur im Zusammenhang mit der Gestaltung seiner Umgebung, d. h. des Platzes der Republik, zu lösen ist«[129]. So wurde im 1929 ausgelobten engeren Wettbewerb auch der Platz Gegenstand der Ausschreibung.

Den ersten Preis erhielt die Arbeit von Emil Fahrenkamp und Heinrich de Fries. In die engste Wahl gelangten so unterschiedliche Entwürfe wie jene von German Bestelmeyer, von Hans Poelzig (der zehn massige Prismen zu einem Strahlenkranz anordnete, der dem gekrümmten Verlauf der Spree folgte) sowie von Georg Holzbauer und Franz Stamm. Beachtet wurden die Blätter von Peter Behrens, Hugo Häring, Wilhelm Kreis, Paul Schmitthenner (der einen erstaunlichen, über 60 m hohen Turm vorschlug) und Eduard Jobst Siedler. Die zentrale Aufgabe war die Erweiterung des Reichstagsgebäudes auf dem seitlich anschließenden, annähernd dreieckigen Grundstück zur Spree hin; doch gewann letztlich die städtebauliche Fragestellung die Überhand. Aus der Vielfalt der teilweise gewaltigen Umplanungsvorschläge für »diesen raumlosen Platz, diese platzlose Gegend«[130] gewann ein aufmerksamer Beobachter paradoxerweise den Eindruck, der einzige wirkliche Mangel des Platzes aus dem 19. Jahrhundert sei dessen kleinliche Grüngestaltung: »Werden diese Dinge radikal geändert, so genügen verhältnismäßig kleine architektonische Eingriffe, um aus dem Platz der Republik einen der großartigsten Plätze Europas zu machen.«[131] Und Werner Hegemann, der die Ergebnisse des Wettbewerbs in *Wasmuths Monatshefte für Baukunst* veröffentlichte, stand nicht an, seinerseits einen Alternativvorschlag zu machen: einen schlanken, 100 m hohen Wolkenkratzer als Provisorium, welches bis zur definitiven Neuordnung des Platzes die erforderlichen Räume anbieten und nach Fertigstellung des endgültigen Gebäudekomplexes abgerissen werden konnte[132].

Solcherlei Bescheidenheit war damals weder die Regel, noch schien sie der besonderen Aufgabe angemessen. Karl Scheffler hatte in seinem Buch *Die Architektur der Großstadt*[133] die Vision von Metropolen von 60 bis 100 Kilometern Durchmesser und einer monumentalen Arbeitscity heraufbeschworen. Im Zusammenhang mit den Überlegungen zum Platz der Republik forderte nun Erich Mendelsohn, man müsse Berlin endlich Plätze geben, die es mit der Place de la Concorde aufnehmen könnten, und bewegte sich somit innerhalb der Berliner Tradition, Paris zum Vorbild zu nehmen. Hinzu kam ein nationalistisch gefärbter Lokalpatriotismus: »Berlin als Repräsentation des Deutschen Reiches und als Weltstadt muß die Fesseln der Kleinstadt sprengen.«[134] Ihm erwiderte Hugo Häring polemisch: »Ein Baumeister, für den die Ordnung der Dinge im Raum noch einen tieferen Sinn hat als der einer einfachen Platzhaltung, hätte (...) von der Alsenbrücke bis zum Kemperplatz die große Straße der Republik gezogen, um zunächst einen deutlichen und klaren Strich durch diese Achse der Herrscher zu machen.«[135] Womit er freilich kaum etwas anderes tat, als den eigenen Entwurf von 1926 mit der von Mächler entliehenen Nord-Süd-Achse verbal zu bekräftigen.

Die Reichshauptstadt wird neugestaltet 1933–1944

In diesem historischen Zusammenhang bildet der Plan für die Nord-Süd-Achse (»Große Straße«), den Albert Speer als Generalbauinspektor für die Neugestaltung der Reichshauptstadt zwischen 1936 und 1941 entwickelte, eine zwar megalomane Überhöhung, aber keinen Bruch. Vorläufer war vor allem Mächlers Plan; Vorbilder waren Paris und Wien, die allerdings weit übertroffen werden sollten. Die zwei Kilometer der Avenue des Champs Elysées wären in Berlin (das mittlerweile über vier Millionen Einwohner zählte) auf sieben Kilometer bei einer Breite von 120 Meter verlängert worden. Am nördlichen Ende sollte unmittelbar an der zu einem See erweiterten Spree die »Große Halle«, auch »Halle des Volkes« genannt, stehen. Als südlicher Abschluß vor dem Südbahnhof war ein 117 Meter hoher und 170 Meter breiter Triumphbogen vorgesehen: Im Vergleich wäre der Pariser Arc de Triomphe mit seiner Höhe von 70

Meter zwerghaft erschienen. Auf dem 800 Meter langen Platz zwischen dem von Speer vergleichsweise modernistisch entworfenen Bahnhof und dem ungeschlachten Triumphbogen hätte eine Trophäenallee mit eroberten Panzern und Kanonen aufgebaut werden sollen. Die Straße selbst, die keine wirkliche Nord-Süd-Verknüpfung gewesen wäre, sondern eine in sich weitgehend abgeschlossene Aufmarschfläche (von dem Platz vor der »Großen Halle« gab es keinerlei Verbindung zu den Arbeitervierteln im Norden der Stadt), wäre in ihrer gesamten Länge nahezu ausschließlich von monumentalen Bauten des Staats und der Wirtschaft flankiert worden: unter anderem hätten dort das Außenministerium, die Oper, das von Peter Behrens entworfene AEG-Verwaltungsgebäude, der Verwaltungsbau der Hermann-Göring-Werke, das Allianz-Gebäude, das von Wilhelm Kreis projektierte Gebäude für das Oberkommando des Heeres mit der Soldatenhalle, das von Speer entworfene Reichsmarschallamt, der ebenfalls von Speer projektierte Komplex der »Großen Halle« und des Führerpalastes, das Reichstagsgebäude, das Polizeipräsidium, die Kriegsakademie, das Gebäude für das Oberkommando der Marine von Paul Bonatz, das Rathaus von German Bestelmeyer und schließlich der Nordbahnhof stehen sollen. Alle Bauten hätten unter Ausschaltung der Privatspekulation innerhalb einer umfassenden Planung im Stil jener realisiert werden sollen, die Georges-Eugène Haussmann unter Napoleon III. in Paris durchgeführt hatte. 1941 wurde ein Firmenkonsortium gegründet. Im selben Jahr verbot jedoch Speer alle nicht kriegsnotwendigen Bauarbeiten, so daß das immense Projekt, das aus verständlichen Gründen vor der Öffentlichkeit geheimgehalten worden war, im Anfangsstadium steckenblieb[136].

Im südlichen Tiergartenviertel ließ Speer zu den Büro- und Verwaltungsbauten, die bereits um die Jahrhundertwende entstanden waren, einige weitere errichten, darunter das Haus des Fremdenverkehrs von Theodor Dierksmeier und Hugo Röttcher (von 1938 an) am Runden Platz, dem Kreuzungspunkt der Potsdamer Straße mit der Nord-Süd-Achse; es wurde ebenfalls nicht fertiggestellt.

◁ 89 Albert Speer. Neugestaltung Berlins. Projekt 1939. Ausschnitt aus dem Modell der Nord-Süd-Achse (»Große Straße«).
Südteil: Vorschlag zur Gestaltung des Bahnhofvorplatzes.
Mitte: Triumphtor.
Hintergrund: »Große Halle«.

Architektonische Entnazifizierung, abgeräumte Stadtlandschaften und Autobahnen im Grünen 1945–1979

1945 war der Krieg vorbei, nicht aber zahlreiche der Ideen, die
(unter anderem) dazu geführt hatten. Auch in der Architektur gab es
zunächst keinen Bruch; und wieder war es Otto Kohtz, der deren
chamäleonartige ideologische Anpassungsfähigkeit demonstrierte.
In seinen phantasmagorischen »Wiederaufbauvorschlägen für eine
Großstadt«, die er kurz vor der Kapitulation der deutschen Wehrmacht im zerstörten Berlin zeichnete, legte er die Speersche »Große
Straße« in noch gewaltigeren Dimensionen wieder auf; anstelle der
»Halle des Volkes« sah er allerdings, den Verhältnissen entsprechend, eine riesige Zikkurat aus Trümmern vor, eine Gedenkstätte
an den noch wütenden Krieg.

Die Unbekümmertheit sollte nicht lange anhalten. Noch Anfang
1946 hatte Otto Bartning ausgerufen: »Wiederaufbau? Technisch,
geldlich nicht möglich, sage ich Ihnen; was sage ich? – seelisch
unmöglich!«[137] Einige Monate später wurde in der Ausstellung
»Planungen zum Wiederaufbau Berlins« ein Plan von Walter Moest
und Willi Görgen gezeigt, nach dem Ort der Ausstellung »Zehlendorfer Plan« genannt[138]. Der Vorschlag ist vergleichsweise konser-
vativ, und seine letztlich einzige entscheidende Neuerung ist die
demonstrative Zerstörung des Speerschen Achsenkreuzes: Die
Nord-Süd-»Stadtdurchquerung« wird über den Bahnhof Friedrich-
straße geführt, die historische, vorhandene Ost-West-Achse zer-
schlagen, indem ihr Mittelstück, das als Charlottenburger Chaussee
durch den Tiergarten verläuft, kurzerhand aufgehoben wird. Das
stadtplanerisch fragwürdige Ergebnis dieser ebenso fragwürdigen
architektonischen »Entnazifizierung«: Unter den Linden hört am
Brandenburger Tor als cul de sac abrupt auf.

Entschiedener räumt mit der Geschichte – und keineswegs nur
mit der jüngsten – der Strukturplan des Raumes Berlin (»Kollektivplan«) auf, der unter der Leitung von Hans Scharoun, dem ersten
Stadtbaurat nach dem Krieg, erarbeitet und wenige Wochen nach
dem »Zehlendorfer Plan« der Öffentlichkeit vorgestellt wurde[139].
Vom historischen Berlin bleibt praktisch nichts übrig: Anstelle der
gewachsenen städtischen Struktur liefert das Urstromtal der Spree
die morphologische Orientierung, die bestehende radiale Straßenstruktur wird durch ein orthogonales Netz von Schnellstraßen
ersetzt. Dazwischen liegen weitgehend homogene Stadtviertel, in
welchen auf jeweils 500 Hektar Fläche 80000 Menschen wohnen

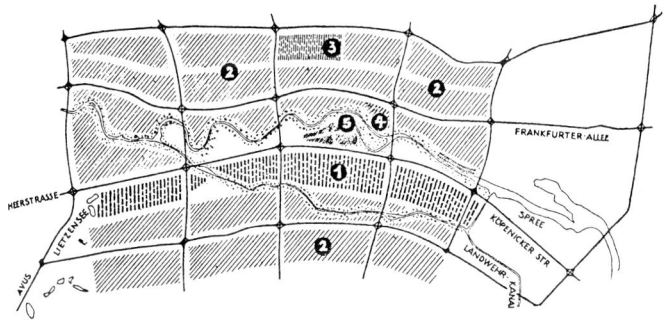

90 Hans Scharoun und andere. Strukturplan des Raumes Berlin (»Kollektivplan«).
1946.
Legende: 1. Arbeitsgebiete; 2. Wohngebiete; 3. Altes Industriegebiet; 4. Stadt-
verwaltung; 5. Museumsstadt.

sollten; und zwar vorwiegend in Einfamilienhäusern. Parallel zu den
Wohnvierteln sind die Arbeitsviertel angeordnet. Lediglich das alte
Zentrum der Stadt um die Museumsinsel wird wie ein Erinnerungs-
stück sinnigerweise von der Radikalkur ausgenommen. Scharoun
selbst schrieb dazu: »Was blieb, nachdem Bombenangriff und End-
kampf eine mechanische Auflockerung vollzogen, gibt uns die Möglichkeit, eine Stadtlandschaft zu gestalten«, in welcher »aus Natur
und Gebäuden, aus Niedrigem und Hohem, Engem und Weitem
eine neue lebendige Ordnung wird.«[140]

Der Berliner »Kollektivplan« entstand freilich nicht im leeren
Raum. Er knüpfte sowohl an die deutsche Tradition der »Volks-
heimstätte« an als auch an die internationale der »neuen Stadt«, wie
sie in den zwanziger Jahren Le Corbusier (»Une Ville Contemporaine«, 1922), in den dreißiger Nikolai Aleksandrowitsch Miljutin
(»Fließendes Funktionsschema für Stalingrad«, 1930) und in den
vierziger die englische Gruppe M.A.R.S. (Master Plan für Groß-
London, 1942) formuliert hatten. Außerdem war er ein rationali-
stisch verbrämter Interpret jener widersprüchlichen, zugleich
zukunftsgläubigen und pessimistisch-resignierten Stimmung, die
sich besonders deutlich in Max Tauts »Betrachtungen und Bildern«
von *Berlin im Aufbau* architektonisch ausdrückt[141]. Er stellte (cha-
rakteristischerweise) keinen ausgearbeiteten Stadtplan, sondern
lediglich ein vages schematischen Modell für die zukünftige urbanistische Entwicklung Berlins dar.

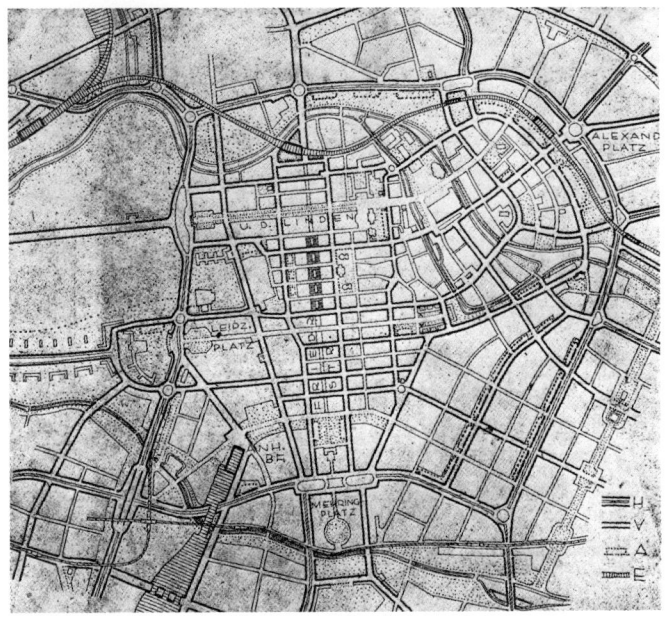

91   Karl Bonatz und Walter Moest. Neuer Plan von Berlin (Ausschnitt). 1947.

Die zeitlich unmittelbar an ihn anschließenden Planungsüberlegungen, so jene von Karl Bonatz und Walter Moest oder jene von Richard Ermisch (beide 1947), distanzierten sich von der modernistischen Leichtfertigkeit der Gruppe um Scharoun und orientierten sich erneut an der historischen Stadt; doch war es letztlich der »Kollektivplan«, der die Vorstellungen der folgenden Berliner Planergeneration prägte. Die ihm zugrunde liegenden Maximen sollten im Miniaturmodell der Interbau 1957 eine ebenso konzentrierte wie symbolhafte Realisierung erfahren und bis in die siebziger Jahre hinein fortgeschrieben werden: Sonne, Luft und Grün für alle, idyllische Stadtlandschaften und futuristische Stadtautobahnen, hygienische Wohnungen für gesunde Familien. All das als Symbol und zugleich als Verwirklichung der wiedergewonnenen Freiheit in der neuen Demokratie[142].

Für das ehemalige zentrale Areal zwischen Platz der Republik und Landwehrkanal bedeutete dies jedoch eine Rückkehr zu jener Leere,

92   In den Zelten, Berlin. Aufnahme um 1935.

93   Hugh Stubbins mit Werner Düttmann und Franz Mocken. Kongreßhalle
     (Benjamin-Franklin-Halle). 1957. Modell.

von welcher seine abenteuerliche Planungsgeschichte ihren Ausgangspunkt genommen hatte. Von dem monumentalen Baukomplex des Platzes wurde lediglich das Reichstagsgebäude restauriert und (unvollständig) wiederaufgebaut. Ihm gegenüber wurde als Beitrag der USA zur Interbau die Kongreßhalle von Hugh Stubbins (unter Mitwirkung von Werner Düttmann und Franz Mocken) errichtet, und zwar unweit der Stelle, an der früher das Kroll-Etablissement und die als Ausflugslokale »In den Zelten« bekannten Restaurants standen. Die Siegessäule, die bereits 1939 von der Platzmitte weg an den Großen Stern verrückt worden war, wurde dort gelassen; so auch die Denkmäler von Bismarck, Moltke und Roon. Mitten in der Achse der 1947 auf Alliiertenbeschluß ausradierten Siegesallee wurde nicht ohne Absicht das Sowjetische Denkmal aufgestellt, während nach dem Bau der Mauer zur Aufnahme des Nord-Süd-Verkehrs eine unentschieden gekurvte Entlastungsstraße angelegt wurde.

Die 1948 vollzogene politische Spaltung der Stadt hatte dem Gebiet seine zentrale Stellung entzogen und es in eine marginale Position verwiesen, die das Vakuum förderte. Doch stand die reale Situation mitnichten im Widerspruch zu den Absichten der Planer. In der Tat hatte der »Zehlendorfer Plan« für das Areal nichts weiteres vorgesehen als zwei Magistralen, die es in Ost-West-Richtung durchquerten, eine fast unmittelbar südlich der Spree und die andere als Verbindung zwischen Kurfürstendamm und Leipziger Straße respektive Zimmerstraße. Im »Kollektivplan« war das Gebiet teilweise als Grünbereich, teilweise als Arbeitsviertel ausgewiesen, im Westen von einer Nord-Süd-Autobahn tangiert und mittendurch von einer Ost-West-Autobahn zerschnitten. Auch die Pläne von Bonatz und Moest respektive von Ermisch schlugen nichts anderes vor: eine Leere, hier und dort von Straßen durchkreuzt. Der Traum des Zentrums war ausgeträumt.

Dies zeigte auch der Wettbewerb »Hauptstadt Berlin«, der als paradoxer Kulminationspunkt der Versuche, Groß-Berlin planerisch in den Griff zu bekommen, 1957 ausgeschrieben wurde, neun Jahre nach der Teilung der Stadt. Obschon die Teilnehmer so tun mußten, als wäre die Teilung nicht gewesen oder zumindest als sei sie kurzfristig wieder rückgängig zu machen, blieb der Bereich zwischen Spreebogen und Landwehrkanal fast ausnahmslos leer. Im Plan, der den ersten Preis gewann und für welchen Friedrich Spengelin, Fritz Eggeling und Gerd Pempelfort verantwortlich zeichneten, dehnt sich zwischen Reichstagsgebäude und Kongreßhalle eine

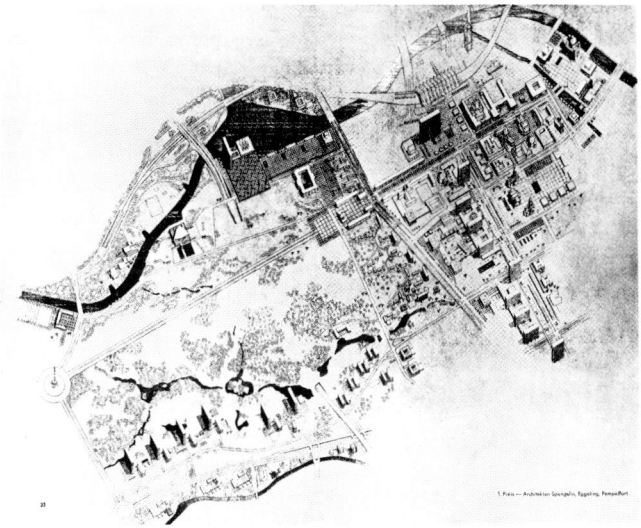

94 Friedrich Spengelin, Fritz Eggeling, Gerd Pempelfort. Wettbewerb »Hauptstadt
Berlin«. Isometrische Darstellung des Innenstadtbereichs. Projekt 1958.

95 Hans Scharoun. Wettbewerb »Hauptstadt Berlin«. Isometrische Darstellung des
Innenstadtbereichs. Projekt 1958.

grüne Fläche aus. Platz der Republik, Siegesallee und Kemperplatz sind spurlos verschwunden. An der Spree, die zu einem See ausgeweitet ist (paradoxerweise die Wiederaufnahme einer der Ideen von Speer), erheben sich anstelle der Monumentalbauten des 19. Jahrhunderts die prismatisch-abstrakten Baukörper der alternden Moderne. Nördlich des Landwehrkanals einige kurze Zeilenbauten und ein paar Baublocks, willkürlich im Grünen verstreut; unter die sonst unberührte, amorph gestaltete Fläche des »ehemaligen« Tiergartens, die nur noch von der Ost-West-Achse unzulänglich gegliedert ist, taucht – den Vorgaben des Wettbewerbs gemäß – eine Schnellstraße, welche die Nord-Süd-Verbindung herstellt.

Nicht viel anderes, wenngleich im Rahmen einer abweichenden architektonischen Formensprache, ist im Plan vorgeschlagen, mit dem Hans Scharoun den zweiten Preis gewann. Auch hier wird die Nord-Süd-Autobahn unterirdisch durch den Tiergarten geführt; darüber, am Ufer einer in ihrem Verlauf veränderten und verbreiterten Spree, öffnet sich ein neuer, schiefwinkliger Platz der Republik, an dem neben dem Reichstagsgebäude und der Kongreßhalle weitere Bauten für die Staats- und Landesregierung sowie für diplomatische Vertretungen angeordnet sind. Die Charlottenburger Chaussee ist zu einem Element der Grünfläche geworden, Unter den Linden zu einer Fußgängerzone. Im Süden befinden sich ein gartenstadtähnliches Rudiment des Diplomatenviertels, eine kleine Keimzelle dessen, was später zum »Kulturforum« auswuchern sollte, sowie riesenhafte Autobahnkreuzungen und gewaltige Parkplatzflächen mitten im Grünen. Die Stadtlandschaft hat zu ihrer planerischen Konkretisierung gefunden.

Die bauliche sollte bald folgen: Zwei Jahre später begann mit der Grundsteinlegung für die Philharmonie von Scharoun die Realisierung jenes Kulturforums, das – ebenfalls nach einer Scharounschen Planung – als Gegenstück zur historischen Museumsinsel in der anderen Hälfte der Stadt nun faute de mieux am ehemaligen Kemperplatz allmählich »wachsen« sollte. 1963 wurde die Philharmonie fertiggestellt. 1965–1968 entstand (an der Stelle des nie vollendeten und nach dem Ende des Zweiten Weltkriegs abgerissenen Haus des Fremdenverkehrs) die Neue Nationalgalerie von Ludwig Mies van der Rohe; 1967–1978 das Gebäude der Staatsbibliothek Preußischer Kulturbesitz (mitten in der Trasse der historischen Magistrale der Potsdamer Straße), wieder von Scharoun. Zu den weiteren Kompositionselementen dieses Stadtlandschaft-Fragments gehören der Bau des Instituts für Musikforschung, das Musikinstrumenten-

6 Kemperplatz mit Wrangel-Brunnen, Siegesallee und Siegessäule, Berlin. Aufnahme 1896.

7 Kemperplatz mit Potsdamer Brücke, Entlastungsstraße, Neue Nationalgalerie, St.-Matthäus-Kirche, Philharmonie, Berlin. Rechts die Baustelle der Staatsbibliothek Preußischer Kultur-besitz. Aufnahme 1969.

Museum, der Kammermusiksaal, das Erweiterungsgebäude der Nationalgalerie, ein Gästehaus und vor allem der Museumskomplex der Stiftung Preußischer Kulturbesitz.

Jenseits der ausgesprochen fragwürdigen politischen Implikationen und der – sehr unterschiedlichen – architektonischen Qualität der einzelnen Objekte stellt sich das Kulturforum vom städtebaulichen Gesichtspunkt aus äußerst widersprüchlich dar: eine heterogene, zerrissene Ansammlung von architektonischen Individuen, die offensichtlich weder miteinander noch mit der sie umgebenden Stadtbrache etwas anzufangen wissen. Sogar das gewaltige Volumen der Staatsbibliothek wirkt in der Leere dieser »negativen Stadt« verloren.

Fragmente in der städtischen Leere 1980–1985

Mithin bleibt das Zentrum, auch bebaut, leer. Mehr noch: So bebaut, wie es jetzt ist und weiterhin wird, zementiert es sich selbst in der Leere. Freie Grundstücke lassen neue, zukünftige städtische Bebauung zu; die gebaute Stadtlandschaft hingegen verweigert störrisch die eigene Umwandlung in ein Stück Stadt. Mit urbaner Geschlossenheit konfrontiert, verschließt sie sich in ihrer Offenheit. Jeder Versuch der Einbindung scheitert an ihren Prämissen: Selbst Leon Krier, ansonsten ein leidenschaftlicher »Integrierer«, weiß sich in seinem skizzenhaften Plan für den Tiergarten (1980) nicht anders zu helfen, als das Kulturforum in eine neue, künstliche Insel zu verwandeln, deren »peinliche architektonische Phantasien« durch Bäume von den Blicken abgeschirmt werden sollen[143]. Auch er läßt übrigens den Spreebogen weitgehend leer und verzichtet sogar auf die historische Achse der ehemaligen Siegesallee, während zur Lösung des Verkehrsproblems eine Nord-Süd-Autobahn »möglichst entlang der Mauer« verlaufen soll[144].

Ungleich weniger resignativ stellt sich der städtebauliche Plan dar, den Josef Paul Kleihues 1981 im Rahmen der Arbeit der Internationalen Bauausstellung Berlin vorstellte und 1984 überarbeitete (Mitarbeiter: Mirko Baum, Ludger Brands, Walther Stepp): Die Nord-Süd-Achse ist nicht versteckt, sondern dezidiert mitten durch das Gebiet geführt und architektonisch sorgfältig entworfen, ein neues Stadtviertel bindet das Kulturforum an Kreuzberg an. Der Spreebogen bleibt – zunächst – leer.

Leer bleibt er auch in den meisten Vorschlägen, die in dem 1982 einsetzenden, langwierigen und ziemlich ineffektiven Planungsver-

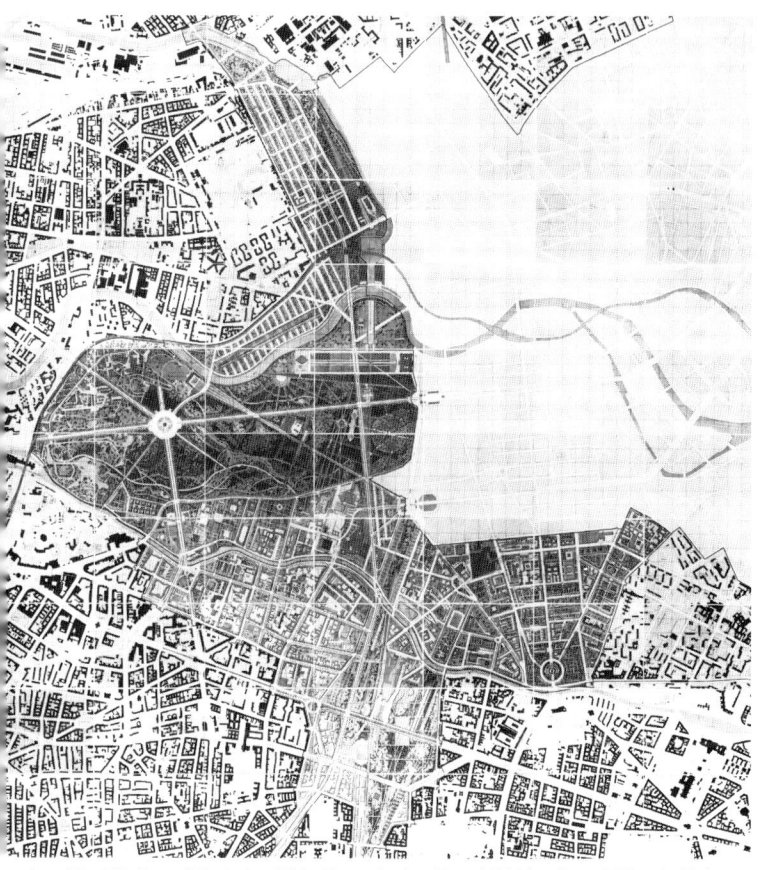

Josef Paul Kleihues (Mitarbeiter: Mirko Baum, Ludger Brand, Walther Stepp). Plan im Rahmen der Internationalen Bauausstellung Berlin. 1984.

fahren um den »Zentralen Bereich« im Auftrag des Senators für Stadtentwicklung und Umweltschutz erstellt wurden[145]. Sie bildeten die Grundlage für die Ausschreibung des städtebaulichen und landschaftsplanerischen Ideenwettbewerbs »Platz der Republik«, der Ende 1985 ausgelobt wurde und 1986 juriert werden soll.

Demgegenüber ist der Entwurf, den Colin Rowe zusammen mit Raoul Carvalho, Douglas Frederick und Esteban Sennyey 1982/83 entwickelte, ein entschiedener Versuch zu einem Neuanfang. Die Planung ist gewiß nicht ängstlich, auch nicht bescheiden. Sie nimmt vom Gebiet zwischen Spreebogen und Landwehrkanal ihren Ausgangspunkt und ordnet dabei fast ganz Berlin. Der Platz der Republik wird erneut als monumental geometrischer Ort inszeniert, die Nord-Süd-Straße zwar nicht auf der Siegesallee-Achse, aber als wesentliches und selbstbewußtes Stück des urban design konzipiert: In Anlehnung an die Wiener Ringstraße ist sie in einzelne Segmente geteilt, die jeweils eine eigene Gestaltung erhalten. Auch das Kulturforum wird im gewissen Sinn integriert: *Collage City* vermag jeden Widerspruch in sich aufzunehmen, weil sie eben den Wider-

99   Colin Rowe, Raoul Carvalho, Douglas Frederick und Esteban Sennyey. Plan für Berlin. 1982.

spruch zu ihrem Grundprinzip erhoben hat[146]. Insofern ist auch der Begriff des »Ordnens« relativ: Wer die Vorstellung einer harmonischen Ordnung, in welcher die Kontradiktionen aufgelöst sind, aufgegeben hat, hat bereits mit der intelligenten Assemblage heterogener Fragmente das selbstgesteckte Ziel erreicht.

1983 wurde ein internationales Gutachterverfahren zum Kulturforum veranstaltet, um (wieder einmal) Vorschläge für die Neugestaltung des unglückseligen Bereichs einzuholen: Es ging darum, die Scharounsche Planung mit neuen Mitteln fortzuführen und zu ver-

169

vollständigen. Die radikalste Lösung dieser heiklen Aufgabe präsentierte Oswald Mathias Ungers (in Zusammenarbeit mit Max Dudler), der mit wenigen rigorosen Eingriffen eine klare geometrische Struktur in das Gebiet einführte und einen scharf umgrenzten »Meditationsplatz« gegenüber der Neuen Nationalgalerie schuf. Den ersten Preis (und den Bauauftrag) erhielt Hans Hollein, der – weitaus behutsamer, aber auch unentschiedener – die bestehenden Bauten mit neuen, vielfältigen architektonischen Versatzstücken in eine empfindliche räumliche Beziehung fügte[147].

Bei alledem wird die Leere zwischen Spreebogen und Landwehrkanal allenfalls mit Fragmenten und objets trouvés übersät, die sie nur augenscheinlich zu füllen vermögen; in Wahrheit tun sie nichts anderes, als sie brillant überhöhen. Heine würde sich über hundertfünfzig Jahre später in seinem Urteil bestätigt fühlen: nichts als tote Häuser und Berliner. Die »mehrere Flaschen Poesie« sind freilich auch da: schön, wenn sie mit realistischem Idealismus zusammenträfen und dazu verwendet würden, den Ort Berlin in eine Stadt zu verwandeln.

101   James Stirling, Michael Wilford and Associates. Neue Staatsgalerie und Kammertheater, Stuttgart. Eingangsseite. Aufnahme 1984.   ▷

III   Aktuelle Diskussionen

Rückkehr der Monumentalisten?
Die Debatte um den Neubau der Stuttgarter Staats-
galerie

»Wie aber? wenn mein Geist in beständigem Streite mit sich lebt,
Früher Gewünschtes verschmäht, das eben Verschmähte zurückwünscht,
Wenn er das Leben verlebt ohne Plan, in ewigem Schwanken,
Aufbaut, wieder zerstört, und das Viereck ändert in Rundes,
Dann bin ich blos ein gewöhnlicher Narr, wie dir scheint? Und da lachst
du ...«
Horaz, *Episteln*, 23–13 v. Chr.[148].

Die Stuttgarter Architekturszene war aufgewühlt. Die neue Staatsgalerie und das Kammertheater sollten nicht, wie zu erwarten gewesen wäre, von einem der prominenten ortsansässigen Baumeister
gebaut werden, sondern von einem Fremden. In einer Stadt mit
großer Bau-Tradition war bereits dies keine geringe Schmach, doch

damit nicht genug: Das neue Museumsgebäude sprengte gründlich die gängigen Leitbilder der neueren Stuttgarter Schule und stellte etwas völlig Neues dar.

Der Verursacher von soviel Aufruhr war James Stirling, der britische Architekt, der Anfang der sechziger Jahre das elegante Leicester University Engineering Building mit seiner feingliedrigen Glaskaskade gebaut hatte. In Stuttgart sollte er allerdings nicht mehr ein leichtes, elegant modernistisches Bauwerk errichten, sondern ein schweres, dominierendes, historistisches Monument.

Hintergründe eines architektonischen »Skandals«

Die Fakten in geraffter Form. Im März 1974 schrieb das Land Baden-Württemberg einen allgemeinen Ideen- und Bauwettbewerb für Architekten aus der gesamten Bundesrepublik Deutschland einschließlich West-Berlin aus. Die Aufgabe: »Das landeseigene Gelände zwischen Konrad-Adenauer-, Urban- und Schillerstraße soll im Rahmen einer städtebaulichen Erneuerung mit Einrichtungen für den Landtag des Landes Baden-Württemberg, die Verwaltungen des Landes Baden-Württemberg, ein Kammertheater des Württembergischen Staatstheaters und der Erweiterung der Staatsgalerie überbaut werden.«[149]

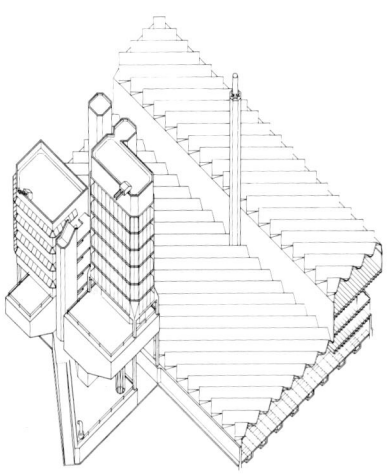

102 James Stirling, James Gowan. Leicester University Engineering Building. Leicester. 1959–1963.

Bis zum Abgabetermin im Juni 1974 wurden 62 Arbeiten anonym eingereicht. Das Preisgericht tagte einen Monat später. Den ersten Preis erhielten ex aequo die Arbeitsgemeinschaft Günter Behnisch und Partner und Hans Kammerer, Walter Belz und Partner, Stuttgart; die Architekten Hermann Heckmann und Hans Peter Kristel, Stuttgart; sowie die Architekten Rudolf Mauthe und Hans-Dieter Klumpp, ebenfalls Stuttgart. In der zweiten Preisgruppe befanden sich zwei Architektenteams, ebenso in der dritten. Darüber hinaus wurden zwei Ankäufe vergeben.

Keines der Projekte wurde realisiert. Drei Jahre später schrieb das Land Baden-Württemberg erneut einen Wettbewerb aus – diesmal einen engeren, nicht anonymen Bauwettbewerb mit elf Einladungen und dem Thema »Erweiterung Staatsgalerie – Neubau Kammertheater Stuttgart«. Das reduzierte Programm sollte auf der Grundlage des Wettbewerbs von 1974 bearbeitet werden. Zu den damaligen Preisträgern wurden vier ausländische Architekten beziehungsweise Architektengruppen eingeladen. Das Preisgericht blieb weitgehend unverändert.

Den ersten Preis erhielten James Stirling und Partner, London; den zweiten das Team Jørgen Bo und Vilhelm Wohlert, Kopenhagen; den dritten schließlich die Arbeitsgemeinschaft Günter Behnisch und Partner und Hans Kammerer, Walter Belz und Partner, Stuttgart. Das Preisgericht empfahl, »den Architekten des 1. Preises, Herrn James Stirling, mit der weiteren Bearbeitung der Aufgabe zu beauftragen«[150]. Der Auftrag wurde erteilt; 1979 wurde mit dem Bau begonnen.

Das Verfahren hatte nichts Spektakuläres, nicht einmal Bemerkenswertes an sich: ein normaler Zwei-Stufen-Wettbewerb, bei dem sich während der Zeitspanne zwischen den beiden Stufen das Aufgabenprogramm des Auslobers etwas verändert hat – die Erweiterung des Landtagsgebäudes wurde zurückgestellt. Überraschungen boten hingegen die preisgekrönten Ergebnisse der zweiten Stufe im Vergleich mit jenen der ersten, und vor allem der Entwurf von Stirling.

Es fällt auf, daß sich alle drei ersten Preise der ersten Stufe 1974 innerhalb der funktionalistisch-rationalistischen Tradition bewegen: sehr diszipliniert der Entwurf von Behnisch, Kammerer und Belz, etwas verspielter jener von Heckmann und Kristel, leicht brutalistisch der gewaltige Baukörper von Mauthe und Klumpp. Überall jedoch zurückhaltende orthogonale Formen, klarer, möglichst nachvollziehbarer funktionaler und konstruktiver Aufbau, karges architektonisches Vokabular. Nur keine großen gestalterischen Experimente, scheint die Devise der Beurteilung gewesen zu sein; und möglicherweise ist es bezeichnend, daß der Entwurf von Gottfried Böhm im dritten Rundgang ausgeschieden wurde.

Drei Jahre später waren Behnisch, Kammerer und Belz die einzigen, die auf ihrer ursprünglichen Konzeption beharrten und sie weiterentwickelten. Die Fortführung der in der ersten Stufe mit der höchsten Anerkennung honorierten architektonischen Prinzipien wurde jedoch auf den dritten Rang verwiesen. Der zweite Preis ging an einen schweren, massiven Entwurf, der von geschlossenen Flächen dominiert wird: »... eine noble Komposition«, deren »klassizistische Grundhaltung... unverkennbar ist«[151]. Und den ersten Preis erhielt eine Lösung, die mit den zurückhaltenden, neutralen Gehäusen oder den leichten technischen Organismen der ersten Wettbewerbsstufe, die sich verschämt im Grünen verhüllen, nichts gemein hat; im Gegenteil. Sicheres formales Selbstverständnis offenbart sich; der bestechende Wille, ein Zeichen zu setzen, das sich selbst genügt; der gelassene Anspruch, mit einer edlen, manierierten, raffiniert dissonanten Plastik ein baukünstlerisches Denkmal zu schaffen, das Bäume allenfalls als Schmuck benutzt. Keine schüchterne Improvisationsarchitektur wird mehr feilgeboten, sondern ein selbstbewußtes Monument. Doch: »Die klare Architektur der Grundformen wird durch Annexbauten (Störfaktoren) einerseits gesteigert, andererseits wird durch diese Elemente der Anlage ein menschlicher Maßstab gegeben. Der Entwurf wird mit seiner hohen architektonischen Qualität der gestellten Aufgabe für die Staatsgalerie Stuttgart sowohl in formaler wie auch in städtebaulicher Hinsicht überzeugend gerecht.«[152]

Verdruß über architektonische Unterkühltheit und formlosen Improvisationskram

Der Sturm im Wasserglas, der sich – nicht nur in Stuttgart – an der Entscheidung für Stirling entfacht hat, hat reichlich spät zu toben begonnen. Seit geraumer Zeit gab es Tendenzen, in der Baukunst jene Ausdruckskraft zurückzugewinnen, die von den zweckfunktionalistischen Epigonen der »Modernen Bewegung« allzu lange vernachlässigt wurde. Da jedoch Entwürfe wie jene von Aldo Rossi in Italien, von Alison und Peter Smithson in England, von Rob und Leon Krier, Josef Paul Kleihues und Oswald Mathias Ungers in Deutschland zunächst größtenteils auf dem Papier blieben, wurden

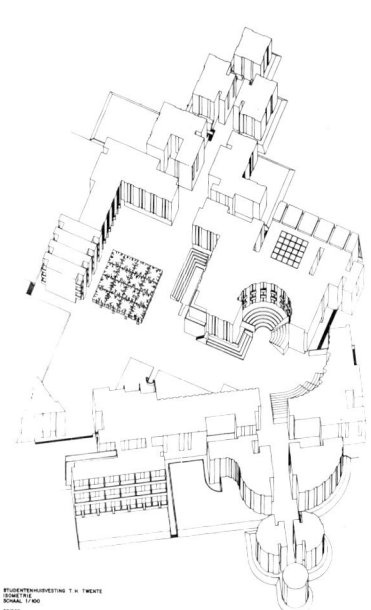

103 Oswald Mathias
Ungers. Studenten-
wohnheim, Techni-
sche Hochschule
Twente, Enschede.
Projekt 1964.

sie kaum beachtet oder lediglich auf Grund ihrer graphischen Vir-
tuosität bestaunt. Ihre Signalfunktion für das Gären einer neuen
architektonischen Strömung wurde ignoriert. Jetzt, da nicht nur
pathetisch gezeichnet, sondern auch pathetisch gebaut werden
sollte, war der Aufschrei groß.

Dabei tauchten Anzeichen für monumentale Formen in der
Architektur der jüngsten Vergangenheit allenthalben auf: in Frankreich im Spätwerk von Le Corbusier, in England und Japan in den
meisten »brutalistischen« Gebäuden, in Italien besonders deutlich in
der sogenannten »Tendenza«, in den USA in den neoklassischen
Formalismen von Philip Johnson oder Minoru Yamasaki. Mitte der
fünfziger Jahre aufgekeimt, gewannen diese Strömungen rasch an
Boden und sprachlicher Entschlossenheit. Sehr klar vermag man
diese Entwicklung in Stirlings Werk zu verfolgen: Waren seine
ersten Architekturen lediglich von einem »expressiven Funktionalismus« geprägt, steigerten sich die letzten drei Entwürfe für die
Museumsbauten in Köln (Wallraf-Richartz-Museum, 1975), Düssel-

dorf (Landesgalerie Nordrhein-Westfalen, ebenfalls 1975) und Stuttgart zu einem Bekenntnis zum materialisierten Pathos.

Die Gründe für diese Tendenz sind vielfältig. Auslöser war der Verdruß über die Sterilität und Unterkühltheit der »Kisten«, mit denen im mißdeuteten Fahrwasser von Walter Gropius und Ludwig Mies van der Rohe in den Jahrzehnten nach 1945 die Umwelt zubetoniert wurde. Inhaltliche Substantiierung ist die Erkenntnis, daß der Mensch nicht nur ein rationales, sondern auch ein emotionales Wesen ist: Es zeigt sich daran, daß die Menschen den form- und formatlosen Improvisationskram auch im Bauen leid sind und auf ihr Recht auf Gestaltung pochen. Dauerhafte Baukunst ist wieder gefragt. Hinzu kommt die Einsicht der Verpflichtung gegenüber der Vergangenheit, ohne deren Bezüge der kulturelle Anspruch von Architektur unweigerlich zur Unverbindlichkeit oder gar zum Chaos ausartet.

Neben einer solchen formalistischen Spielart der »postmodernen Architektur«, wie der Kritiker Charles Jencks die unterschiedlichen Ausbruchsversuche aus der Tradition des Bauhauses, des Funktionalismus und des International Style bezeichnet[153], wird jedoch in der zeitgenössischen architektonischen Kultur, so auch unter den Stuttgarter Baumeistern, eben diese Tradition lebendig weitergeführt. An der Reibung zwischen beiden Richtungen entzünden sich Fragen, die weltweit leidenschaftliche Wellen schlagen. Wie soll die Baukunst unserer Zeit aussehen: monumental und ernst oder luftig und heiter? Wie sollen die Probleme der Massen baulich bewältigt werden: durch Dauerhaftigkeit und Pathos oder Veränderbarkeit und Zurückhaltung? Wie soll die angemessene Architektursprache unserer politischen Haltung und unserer gesellschaftlichen Wirklichkeit sein: dezidiert historisch oder bescheiden abstrakt? Der allerorten aufeinanderprallende theoretische Konflikt hat im Stuttgarter Paradigma sichtbare Gestalt angenommen.

Zwei gegensätzliche Architektur-Philosophien

Auf der einen Seite steht das preisgekrönte Projekt von Stirling: eine gekonnte Komposition von geschlossenen Volumina und gläsernen Schwingungen um einen kreisrunden Skulpturenhof, ungewöhnlich ausdrucksvoll und feinsinnig proportioniert, denkmalhaft im besten Sinn des Wortes, ein geistreiches, mit seiner Collage von Rampen, Treppen, gotischen Spitzbögen, Kreuzsprossenfenstern und schwe-

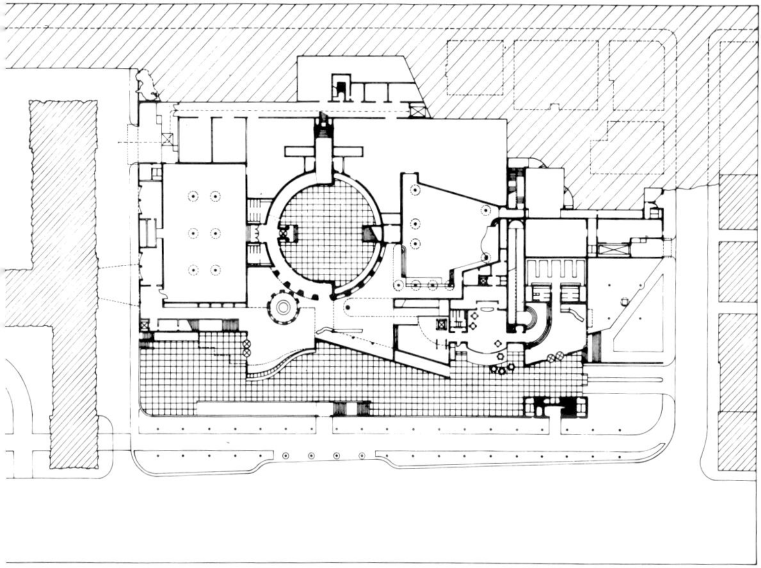

104   James Stirling, Michael Wilford and Associates. Neue Staatsgalerie und Kammertheater,
      Stuttgart. 1977–1984. Grundriß Eingangsgeschoß.

105   James Stirling, Michael Wilford and Associates. Neue Staatsgalerie und Kammertheater,
      Stuttgart. 1977–1984. Grundriß Galeriegeschoß.

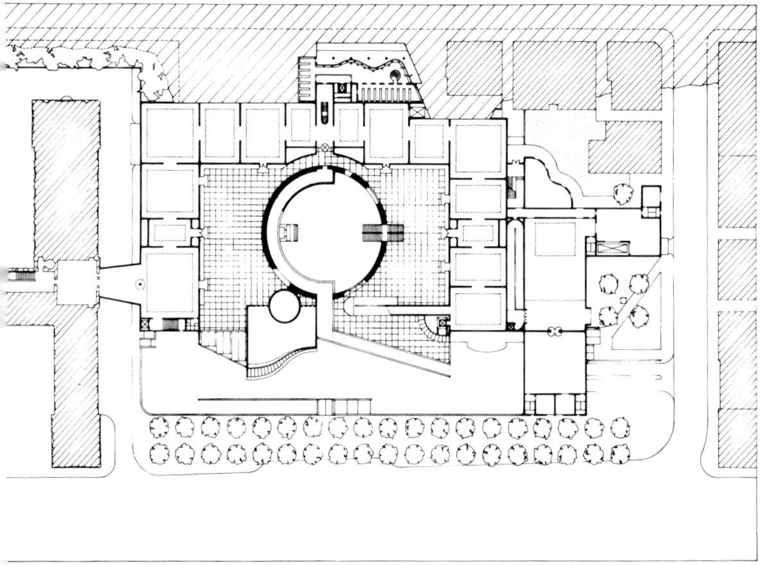

RÜCKKEHR DER MONUMENTALISTEN?

106 Günter Behnisch und Partner, Hans Kammerer, Walter Belz und Partner. Erweiterung der Staatsgalerie und Neubau des Kammertheaters der Württembergischen Staatstheater, Stuttgart. Projekt 1977. Modell.

107 James Stirling, Michael Wilford and Associates. Erweiterung der Staatsgalerie und Neubau des Kammertheaters der Württembergischen Staatstheater, Stuttgart. Entwurf 1977. Modell.

ren, meterweit auskragenden Gesimsen durchaus auch ironisches Stück städtischer Super-Architektur. Auf der anderen – als spektakulärstes Gegenüber und stellvertretend für die architektonischen Prinzipien, die in der ersten Wettbewerbsstufe verfolgt wurden – der bewußt unspektakuläre Entwurf von Behnisch, Kammerer und Belz: ein zart gegliederter Quader aus Stahl und Glas, vornehm gestaltet, technisch, aber nicht technokratisch, filigranhaft trotz der Bezeichnung »Museumsmaschine«, eine ausgewogene Anti-Architektur im Grünen. Inmitten der übrigen Bau-Alternativen treten die zwei Wettbewerbsvorschläge des ersten und des dritten Preises deutlich hervor: weil sie diametral verschiedene Auffassungen repräsentieren von dem, was Architektur sein kann und muß.

Die neuen Funktionalisten klagen: Nun haben wir die Bescherung. Es bedurfte eines Henry van de Velde, eines Peter Behrens, eines Adolf Loos, um die moderne Architektur mühevoll von vulgären Potpourris und unmotiviertem Zierat zu befreien, und prompt wird wieder eine überladene Großform vorgeschlagen, die sich des Prinzips des 19. Jahrhunderts bedient, Elemente aus der Vergangenheit zu entlehnen und zu collagieren. Dabei sollte es sich herumgesprochen haben: Konventionen sind nicht ohne weiteres abrufbar, Formen nicht beliebig verfügbar, die Baugeschichte ist kein Selbstbedienungsladen, der ungestraft geplündert werden kann. Architektur machen heißt suchen, entwickeln, für einen bestimmten Zweck und eine bestimmte Aufgabe erfinden, nicht einfach nach Vorhandenem greifen und zusammenkleben. Werden die Gestaltelemente nicht von dem geprägt, was im Bau geschieht und wozu er dient, verliert sich die Form in sinnwidrige Geste und hohle Kulisse: Architektur als leere Form. Zudem wird der Besucher einem starren Gebäude, das ihm durch eine a priori festgelegte Wegführung die Entscheidung abnimmt, wohin er laufen soll, schlechthin ausgeliefert: Er muß dort rechts abbiegen, wo auch der Gang einen Knick nach rechts macht, und hat keine andere Alternative, sonst prallt er gegen die Wand. Autoritäre Manipulation droht, offen ausgeübter Zwang, physischer und visueller Terror. Repräsentationsarchitektur als spürbare und sichtbare Demonstration von Macht; wie aber ist das mit demokratischem Anspruch in Einklang zu bringen?

Dagegen die neuen Formalisten: Wenn aufgabengerechtes Bauen austauschbare Containerarchitektur bedeutet, gesichtslose Wolkenkratzer und tote Reihenhaussiedlungen und blutleere öffentliche Gebäude, dann vielen Dank. Die funktionalistische Verpflichtung kann und muß breiter aufgefaßt werden: Es geht nicht nur um das, was in dem Bauwerk geschieht, sondern gleichermaßen um die Einflüsse, die es von außen her prägen, um den Raum, der dabei geformt wird, um die Aussage, die mit Architektur getroffen wird. Bauen heißt nicht nur Hüllen schaffen, sondern auch Ausdruck; und da für diese wichtige und unabdingbare kommunikative Aufgabe die Sprachelemente des wiederaufgelegten »neuen bauens« offensichtlich nicht ausreichen, müssen weitere hinzugewonnen werden. Der Stilpluralismus drängt sich von selber auf. Dabei Formen aus dem Repertoire der Geschichte zu benutzen, ist weder abwegig noch neu: Auch Zeitalter wie die Renaissance, die große baukünstlerische Leistungen vollbracht haben, haben auf vorhandene Formen (der Antike) zurückgegriffen und sie zu neuen Gebilden schöpferisch verschmolzen. Was soll in Stuttgart gebaut werden: ein Museum? Dann muß es die Architektur ausdrücken: Ein Museum ist ein Repräsentationsgebäude, und es hat immer mit Vergangenheit zu tun. Und außerdem: Mit dem wiederholt mißbrauchten Schlagwort der Manipulation wird in letzter Zeit viel Unfug gestiftet, und aus lauter Angst vor dem allzu locker sitzenden Vorwurf des Autoritarismus flüchtet man gern in Flexibilität-Ausreden. Aber Sterilität, Stummheit, Langeweile manipulieren auch, machen auch krank. Dann lieber eine bedingte Zwangsführung mit ästhetischer Qualität, wie die engen, gewundenen Gassen einer mittelalterlichen Stadt. Sie ist demokratischer als freiheitlich-stumpfsinnige Unwirtlichkeit, die den Menschen erniedrigt.

Pathos allein genügt nicht

Über Stirling – *diesen* Stirling, der so anders entwirft als in Leicester – kann man streiten. Doch jenseits der Stärken oder Schwächen des Projekts für die neue Stuttgarter Staatsgalerie zeigt sich: Etwas Bemerkenswertes, Bedeutendes geschieht in der Architektur. Was noch vor wenigen Jahren spöttisch belächelt oder entrüstet als »Sünde« vom Tisch gefegt worden wäre, setzt sich plötzlich durch; was sich bislang lediglich in Büchern, Feuilletons und Pamphleten anbahnte, als abstraktes Versprechen, wird gebaute Wirklichkeit. Zweifelsohne eine Wende. Der oberflächliche Begeisterungsjauchzer: »Endlich wird Architektur wieder Bau-Kunst!« ist allerdings verfrüht: Die Wende trägt in sich die Keime der Erneuerung und der Restauration zugleich. Eine differenzierte Sicht tut mehr not denn je: Gewissenhaftes Nachdenken allein vermag vor unmittelbar lauernden Gefahren zu bewahren.

Die erste Gefahr besteht darin, daß über der Spielart die Qualität des Einzelbauwerks vernachlässigt wird; daß mit anderen Worten das Etikett »mit Ausdruck gebaut« vermeintlich der Frage enthebt, ob der spezielle Ausdruck auch etwas taugt. Nur mit Schwung und Gefühl ist es aber keineswegs getan, und was unter Jubelrufen anfing, kann durchaus scheitern. Genauso, wie die vielgescholtenen Mies-van-der-Rohe-Epigonen einer Einfallslosigkeit verfielen, die den Meister erzürnt haben muß, genauso droht den »kleinen Stirlings«, die in ihren Büros schon emsig ihre Bleistifte spitzen, der Eklektizismus ohne Inhalt und Sinn. Dies um so mehr, als der Funktionalismus und der Rationalismus der zwanziger Jahre wenigstens eine systematische theoretische Grundlage besaßen; dem neuen Stilpluralismus fehlt sie hingegen nahezu vollständig, was ihn leicht pseudokünstlerischer Willkür aussetzt.

Die zweite Gefahr ist jene der Polarisierung: daß die beiden Architektur-Strömungen als unvereinbare Gegensätze gesehen werden und nicht als dialektische Positionen, die einander durchaus befruchten können, ohne darob ihre Eigenständigkeit einzubüßen. Eine solche irrtümliche Ausschließlichkeit vermag im Zusammenhang mit der gegenwärtigen Neigung zum Pathos und zur Nostalgie leicht das Kind mit dem Bad auszuschütten. Der Ärger über die (angeblich) rationalistischen »Kisten« kann eine polemische Anti-Rationalisten-Kampagne in Bewegung setzen, die sich dreist über alles hinwegsetzt, was nicht nach Monument aussieht; das ästhetische Pendel kann in einem einzigen übereiligen Schwung von der Ordnung zur Unordnung schlagen; der blinde Glaube an die Richtigkeit der neuen Tendenz kann die alte vollständig unterdrücken. Leichtsinnig fliegende Fahnen mahnen zur Vorsicht. Architektur darf kein Strohfeuer sein; dafür ist sie zu teuer und zu schwer entfernbar, wenn sie erst einmal steht. Auch wäre es bedauerlich, wenn man wieder einmal von vorne anfinge, ohne bereits gemachte Erfahrungen zu nutzen, alte Fehler zu vermeiden und neue Impulse im geschichtlichen Nachdenken zu relativieren, kurz: ohne weiter zu diskutieren. Denn keine Strömung im Bauen vermag für sich in Anspruch zu nehmen, nicht der Diskussion zu bedürfen, weil sie angeblich sowieso die einzig richtige sei. Zurückhaltende Architektur kann nüchtern, aber auch steril werden, sprechende ausdrucksvoll, aber auch vorlaut. Deswegen müssen *beide* Tendenzen erhalten werden: um im reflektierten Vergleich den jeweiligen Standpunkt ständig überprüfen zu können. Erschlafft diese Bemühung, verfällt man dem Dogmatismus und der Stagnation. Hält man im Gegenteil das Gespräch in Gang, bleibt Baukunst ein lebendiger kultureller Prozeß. Und übrigens: Nicht die eine oder andere Richtung ist demokratisch; demokratisch sind nur der Pluralismus und die unablässige, generöse, offene Auseinandersetzung.

Daß diese Auseinandersetzung jedoch als rein intellektuelle Spielerei von Insidern ausgetragen wird, ohne die Öffentlichkeit einzubeziehen, ist die dritte und letzte Gefahr. Ein Bauwettbewerb sollte ein Mittel der demokratischen Kontrolle der Qualität von Architektur sein; die Betonung liegt auf »demokratisch« und auf »Qualität«. Qualität, das ist (in der Architektur und auch anderswo) nicht das Etikett einer Strömung, sondern hat mit Mühe, Kreativität und Grenzüberschreitung zu tun. Demokratie heißt unter anderem auch, solche kulturelle Prozesse der Grenzüberschreitung möglichst nachvollziehbar zu machen. Die nicht nur seit dem Bauhaus eindringlich propagierte intellektuelle Redlichkeit des Architekten, über die sich kein ästhetisches Experiment hinwegzusetzen vermag, verpflichtet dazu.

Weiße und Graue
Eine Architekturdiskussion in den USA

»Vor einiger Zeit hast du gefragt, welche Verwandtschaft zwischen Wörtern und Architektur bestehen könnte. Da ist diese eindeutige und wichtige Verwandtschaft: Architektur hat während der letzten Jahrhunderte an einem immer größer werdenden Wachstum von Wörtern gelitten: Tatsächlich ist sie jetzt so mit Wörtern überwachsen und von Wörtern eingeengt, daß die Realität außer Sicht geraten ist. Wörter und Phrasen haben den Platz von Funktionen und Formen übernommen. Am Ende ist das Machen von Phrasen ein akzeptierter Ersatz für das Machen von Architektur geworden.«
Louis Henry Sullivan, *Kindergarten Chats*, 1918 [154].

In seinen wenig bekannten »Sätzen aus Amerika« merkt Friedrich Dürrenmatt an, die Vereinigten Staaten seien »wie eine von Ausbrüchen und Lavaströmen erschütterte Landschaft« [155]. Die Charakterisierung, 1970 vorgenommen, hat nicht an Gültigkeit verloren. Lediglich die Symptome, die der schon damals »schwierigen Diagnose« zugrunde liegen, haben sich verschoben: Was im Jahr der Ausweitung des Vietnam-Kriegs über ganz Indochina in erster Linie politisch sich artikulierte, ist heute vornehmlich gesellschaftlich und kulturell spürbar.

Tatsächlich bietet die gegenwärtige nordamerikanische Kulturwelt ein ebenso turbulentes wie widersprüchliches Bild. Dem steht die in ihr überraschend fest eingebundene Architekturszene in keiner Weise nach. Die Gärungen und Ausbrüche, die vieles aus der Diskussion der europäischen architektonischen Kultur übernehmen und nicht wenig vorwegnehmen, polarisieren sich zunehmend zu zwei Fronten, deren Aktivität sich eher abseits der gewaltigen Architekturfirmen wie Skidmor Owings & Merrill oder I. M. Pei and Associates bewegt und die – bei aller Geschäftstüchtigkeit – mehr auf intellektuelle Brillanz als auf ständig steigenden Umsatz erpicht sind.

Ihre Gegensätzlichkeit wirkt erst einmal klärend. Offizielle Bezeichnungen gibt es für die beiden Antagonisten nicht. Aber in einem Land, zu dessen geistigen Stärken und Schwächen zugleich der passionierte Hang zur Vereinfachung gehört, konnte eine zumindest offiziöse Etikettierung der Polemik nicht ausbleiben. So wußte schon Jahre vor Cesar Pellis Aufsatz »White, Grey and Silver« von 1974 [156] jeder mehr oder minder Eingeweihte über die zwei bedeutendsten, verfestigtsten und zerstrittensten »feindlichen« Lager der amerikanischen Architektur Bescheid. Auch um ihre Benennung war kaum jemand verlegen: auf der einen Seite die »Weißen«, auf der anderen die »Grauen«.

Die zwei Farben, die von romantischen Reminiszenzen an die gegnerischen Gruppen der »Bianchi« und »Neri« im mittelalterlichen Florenz keineswegs frei sind, stehen inzwischen für die unterschiedlichsten Polarisierungen unterschiedlichster Kategorien: von der künstlerischen Antinomie von Abstraktion und Figurativität über die soziologische von Elitismus und Populismus bis hin zur philosophischen von Idealismus und Empirik. Die ursprüngliche Klarheit der Unterscheidung droht einem Durcheinander zu weichen, dessen beliebige Schematisierung alles zu subsumieren vermag, was Architekten und Kritiker gerade auf dem Herzen haben. Ein Blick zurück auf die Wurzeln der beiden Strömungen tut not, um die Konturen der Diskussion von neuem zu definieren.

Die »Weißen« oder der Versuch einer neuen Klassizität

Zunächst zur Geschichte der »Whites«. 1972, im Jahr der SALT-Abkommen und des Watergate-Skandals, beschlossen fünf junge Architekten aus New York, ihre Arbeiten in einem Buch gemeinsam zu dokumentieren[157]. Sie hatten bereits drei Jahre zuvor eine kollektive Ausstellung im Museum of Modern Art durchgeführt[158], weil sie bei aller Unterschiedlichkeit ihres Architekturverständnisses mancherlei verband: darunter die Ablehnung des damals etablierten englischen »New Brutalism« mit seiner ruppigen Blue-jeans-Architektur, die Bewunderung für Meister der »Modernen Bewegung« wie den frühen »puristischen« Le Corbusier und den italienischen »mediterranen« Rationalisten Giuseppe Terragni sowie die Überzeugung, der von jenen Pionieren aufgezeigte Weg sei es auf Grund seiner reichen Entwicklungsmöglichkeiten wert, weiterverfolgt zu werden.

Schon die Titelseite des Buchs, schlicht *Five Architects* überschrieben, resümierte mit unmißverständlicher Deutlichkeit die dahinterliegende künstlerische Intention: ein exaktes, unbefleckt weißes Quadrat, in dessen Mitte die Namen der »Fünf« in einfacher schwarzer Helvetica-Schrift gedruckt waren. Die stilistische Askese der Graphik nahm dabei jene der gezeigten Architektur vorweg, die überwiegend aus raffiniert gezeichneten und – sofern sie gebaut waren – ebenso raffiniert photographierten Einfamilienhäusern

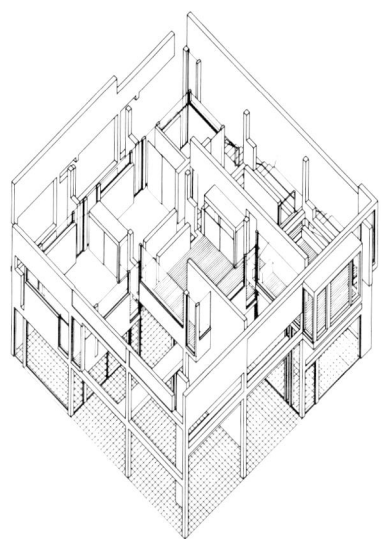

108　Peter Eisenman. House II (Falk House), Hardwick (Vt.). 1969–1970.

bestand. Bei diesen waren Vokabular und syntaktische Methoden von Avantgardebewegungen der zwanziger Jahre wie Kubismus und Neoplastizismus in den Dienst des wohlhabenden, kultivierten und aufgeschlossenen Bürgertums der nordamerikanischen Ostküste gestellt – und zwar nahezu fünf Jahrzehnte später.

In eben dieser Verspätung lagen Faszination und Widersprüchlichkeit der Arbeit der New York Five zugleich. Denn den Zusammenhang, den sie mit dem mutigen Fortschreiben der prismatischen Volumina, glatten weißen Flächen, flachen Dächer, putzbündigen Langfenster, kühn auskragenden Rampen und aus der Schiffsarchitektur entlehnten Relinge des »neuen bauens« demonstrierten, bezahlten sie mit jener Frivolität, welche die Verwendung von Elementen aus der Vergangenheit in gewandelten historischen Umständen unweigerlich an sich hat. Was ein Le Corbusier aus philosophischen, politischen, ökonomischen, technischen und künstlerischen Überlegungen heraus entwickelt hatte, die im engen Zusammenhang mit seiner Epoche standen, übernahmen die Five tel quel, als fertiges Ergebnis, ohne dessen Voraussetzungen nachzuvollziehen.

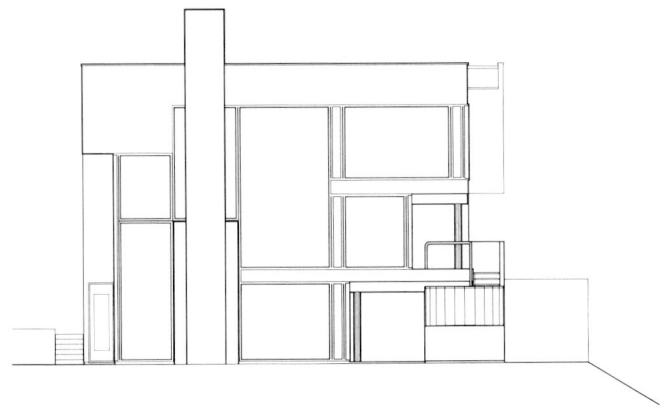

109   Richard Meier. Smith House, Darien (Ct.). 1965–1967. Ansicht von Südosten.

Wie sollten sie auch. Der Kartesianismus des schweiz-französischen Meisters war dem skeptischen Idealismus der amerikanischen Intellektuellen fremd; die Sorge um die »maison minimum«, die vor dem Zweiten Weltkrieg intensiv erforschte Wohnung für das Existenzminimum, war nach den menschenverachtenden Absurditäten des sogenannten sozialen Wohnungsbaus der Nachkriegszeit obsolet geworden; die fortschrittsgläubige Begeisterung für das in den zwanziger Jahren noch vergleichsweise neue Baumaterial Stahlbeton hatte in den siebziger einer psychologisch ebenso verständlichen wie de facto unsachlichen Abneigung gegen dessen graue Trostlosigkeit Platz gemacht. So erlebten die raffinierten »objets à réaction poétique« eine zweideutige Renaissance als vornehme Ferienvillen, die aus Holzbrettern zusammengenagelt und überwiegend weiß angestrichen wurden.

Die Ambiguität war freilich weder den Architekten noch ihren Kritikern verborgen geblieben[159]. Doch vornehmlich die Verfasser der metaphysisch-makellosen Pläne störte sie wenig: Ihnen ging es nicht um Architektur als Produkt von Geschichte, sondern um Architektur an sich. Mit ihren Zeichnungen und ihren Häusern, die einer von ihnen sogar wie Kunstwerke numerierte, erforschten sie die unveränderlichen formalen Gesetzmäßigkeiten der Baukunst als abstraktes, autonomes Spiel von Flächen, Körpern und Geometrie.

Ihre Ethik drückte sich in der Konsequenz ihrer erlesenen Ästhetik aus.

Dennoch schwebte das antihistorische rigoristische Idiom nicht im luftleeren Raum der Geschichtslosigkeit. Es bezog sich auf die amerikanische klassizistische Überlieferung, wie sie vornehmlich Thomas Jefferson, der Präsident und Architekt, am Anfang des 19. Jahrhunderts etabliert hatte[160]; und es bezog sich ebenso auf die nicht minder amerikanische Tradition, modernistische Avantgarden aus Europa einzuführen, ein Phänomen, das in der Architektur mit Richard Neutra und Rudolf Michael Schindler begonnen und in den dreißiger Jahren mit der Auswanderung von Walter Gropius, Marcel Breuer und Ludwig Mies van der Rohe aus dem nationalsozialistischen Deutschland einen folgenreichen Höhepunkt gefeiert hatte. Die charismatisch-eklektische Persönlichkeit von Philip Johnson, der bereits früh mit der – vornehmlich deutschen – »Moderne« in Berührung gekommen war und 1954–1958 beim Seagram Building in New York mit Mies van der Rohe zusammengearbeitet hatte, fungierte als Element der Vermittlung und Kontinuität.

Das Buch *Five Architects,* ursprünglich als vornehme Dokumentation esoterischer Arbeiten und für die happy few der nordamerika-

110 Thomas Jefferson. University of Virginia, Charlottesville (Va.). 1817–1826. Pavillon VII.

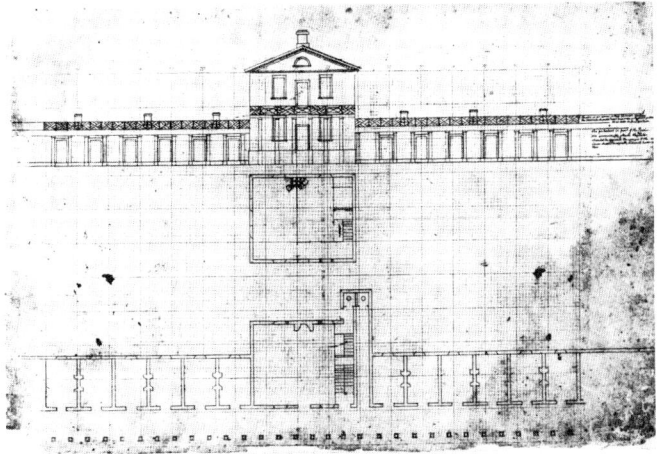

111 Ludwig Mies van der Rohe, Philip Johnson. Seagram Building, New York. 1954–1958.
     Aufnahme 1958.

nischen architektonischen »Intelligentsia« gedacht, geriet zum internationalen Bestseller mit drei Auflagen und mehreren Übersetzungen. Die Namen seiner Protagonisten wurden weltbekannt: Peter Eisenman, Michael Graves, Charles Gwathmey, John Hejduk und Richard Meier. Zusammen mit den Kritikern aus ihrem Umkreis, Colin Rowe, Kenneth Frampton und Anthony Vidler, entfesselten sie eine Diskussion, die keineswegs nur durch ihr wichtigstes publizistisches Organ, die Zeitschrift »Oppositions«, die Themen Abstraktion und Klassizität in der Architektur erneut ins Rampenlicht brachte. In ihrem weiteren Einflußraum erforschten auch andere die magische Welt der kreativen Reduktion: Raimund Abraham unternahm in seinen delikaten Zeichnungen atemlose Reisen durch Raum und Zeit, um zwischen Traum, Utopie und Realität die Essenz der Architektur im dialektischen Prinzip der »Kollision«[161] zu ergründen, während Diana Agrest, Mario Gandelsonas und Emilio Ambasz sich auf unterschiedliche Weise um eine schöpferische Neudefinition der Beziehung zwischen Stadt und Haus bemühten. Außerdem pflegte Eisenman über das New Yorker »Institute for Architecture and Urban Studies« einen intensiven internationalen Kontakt zu Architekturgruppierungen, die vergleichbare kulturelle Ziele verfolgten: So veranstaltete Aldo Rossi, der Hauptvertreter der italienischen Rationalen Architektur, 1976 eine große Ausstellung seiner Arbeiten in den USA.

Daß soviel Regsamkeit und Aufsehen auch auf vielfältigen Widerspruch stoßen mußte, nimmt nicht Wunder. Teilweise entbrannte dieser Widerstand unmittelbar am Erfolg der »Whites«; teilweise aber verfestigte er sich um Positionen, deren Tradition und intellektuelle Substanz sie über den Verdacht leichtfertigen Neids erheben.

Die »Grauen« oder die Wiederkehr der romantischen Attitüde

Die Wurzeln der Bewegung der »Greys« reichen in das Jahr 1954, als ein neunundzwanzigjähriger Architekt aus Philadelphia mit einem Stipendium für die American Academy nach Rom fuhr. In den folgenden zwei Jahren reiste er durch Italien und wurde paradoxerweise ausgerechnet im Land der klassischen Renaissance vom Manierismus und vom Barock zutiefst berührt. 1966 veröffentlichte er ein Buch, in welchem er seine Eindrücke zu einer Architekturtheorie verarbeitete, die bald äußerst einflußreich werden sollte. Der

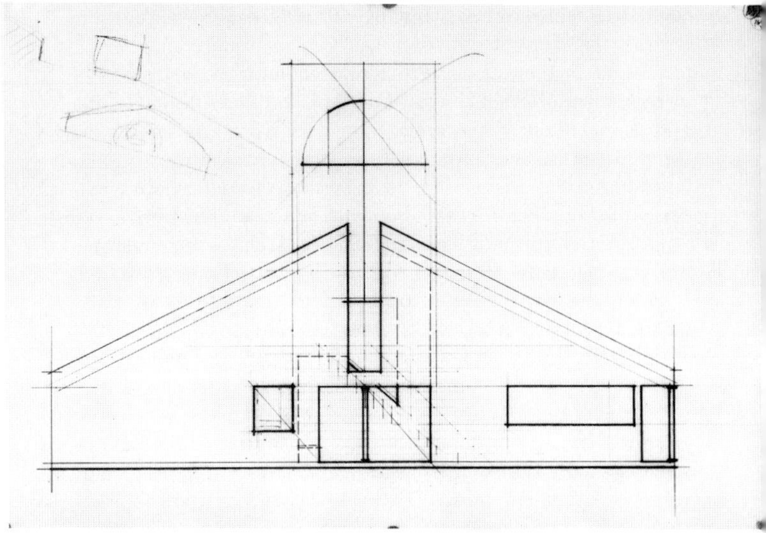

112 Robert Venturi. Vanna Venturi House, Chestnut Hill (Pa.). 1962. Skizze der Eingangsfassade mit Fenstervarianten.

113 Frank Lloyd Wright. Edward H. Doheny Ranch, Sierra Madre Mountains (Ca.). 1921.

Architekt hieß Robert Venturi und das Buch *Complexity and Contradiction in Architecture*[162].

Just zur gleichen Zeit, als der Italiener Aldo Rossi in seinem Manifest *L'architettura della città*[163] eine rationale, neutrale, asketische »Architektur der Stadt« forderte und das eigene künstlerische Idiom aus der obsessiven Wiederholung immer gleicher archetypischer Elemente entwickelte, schrieb jenseits des Ozeans der Amerikaner Venturi: »...Die Architekten können es sich nicht länger leisten, durch die puritanisch-moralische Sprache der orthodoxen modernen Architektur eingeschüchtert zu werden. Ich ziehe hybride Elemente den ›reinen‹ vor; kompromißlerische den ›puristischen‹, verzerrte den ›direkten‹, vieldeutige den ›artikulierten‹... Ich ziehe eine chaotische Lebendigkeit einer langweiligen Einheitlichkeit vor...«[164]

Dieses häretisch-romantisierende Credo, das frontal gegen die ästhetischen Normen des Bauhauses und letztlich der gesamten »Moderne« des 20. Jahrhunderts Sturm lief, fand vornehmlich in den USA begeisterte Zustimmung. Die antirationalistische, antiklassische und antieuropäische Haltung, die es zum Ausdruck brachte, war dort nichts Neues: Sie konnte sich auf die frei komponierten cabins und barns der ersten Pioniere, auf die pittoresk beeinflußte Tradition des Shingle Style und vor allem auf die lebenslange Polemik von Frank Lloyd Wright berufen, dessen »organische Architektur« als Gegenstück zur Beaux-Arts-Lehre und später zum dogmatischen Funktionalismus gemeint war. Darüber hinaus verarbeitete sie den Einfluß des formalistisch orientierten Architekten Louis I. Kahn sowie zahlreiche Impulse des angelsächsischen empirischen Regionalismus, wie er sich in den fünfziger Jahren sowohl in Gordon Cullens Theorien der *Townscape*[165] als auch in der Praxis der britischen New Towns artikuliert hatte.

Nichts Neues; aber das Wiederaufleben der romantischen Tradition Amerikas kam einem weitverbreiteten Bedürfnis seiner architektonischen Kultur entgegen. Wiederum waren es in erster Linie Einfamilienhäuser für das progressive Bürgertum, in welchen sich die radikalsten Ideen zu materialisieren vermochten. Es entwickelte sich eine anheimelnde und stark symbolisch befrachtete architecture parlante, die sich kühn überlieferter Formelemente bediente, sie collagierte, verzerrte und sogar ironisch verwendete. Verschachtelte Baukörper, geschwungene Wände, vielgestaltige Dächer, verschiedenartige Sprossenfenster, bunte Farben, spitze und stumpfe Winkel sowie krumme, gezackte und gebrochene Linien hielten Einzug in das baukünstlerische Repertoire; Mies van der Rohes Aphorismus »less is more« wurde ein ebenso tautologisches wie aufbegehrendes »more is not less« oder gar ein höhnisches »less is a bore« entgegengehalten; gestörte Symmetrien, Maßstabsprünge, Verfremdungen, Zitate und andere Überraschungseffekte bildeten plötzlich die Regeln eines sinnlich-intellektuellen Spiels, das auf die betonte Sachlichkeit der rationalistischen Bauten mit scheinbar Alltäglichem oder Manieriertem antwortete.

Die an sich legitime Reaktion entbehrte mitnichten der fragwürdigen Ausfransungen. Die sprechende Architektur neigte immer wieder zur Geschwätzigkeit, die historische Reflexion verfing sich manches Mal im arbiträren Historismus, die Verfremdungen und Zitate gerieten ab und an in die Nähe des modischen epatez le bourgeois, das Spiel rutschte mancherorts in die Spielerei ab. Eingangs mit hehren Absichten angesagt, drohte der Kampf gegen die sterile, zweckrationale Banalität und für die Phantasie, die Erfindungskraft und die »heilige Unvernunft« rasch sein gesellschaftstheoretisches Fundament zu übergehen und dem melancholischen Romantizismus einer kurzatmigen ad-hoc-Empirie zu verfallen. Selbst das implizite generöse Bekenntnis zum – wieder einmal – »neueingeführten« Primat der individuellen schöpferischen Potenz erwies sich

114   Robert A. M. Stern. Residence Westchester County (N.Y.) 1974–1976. Hauptgebäude.

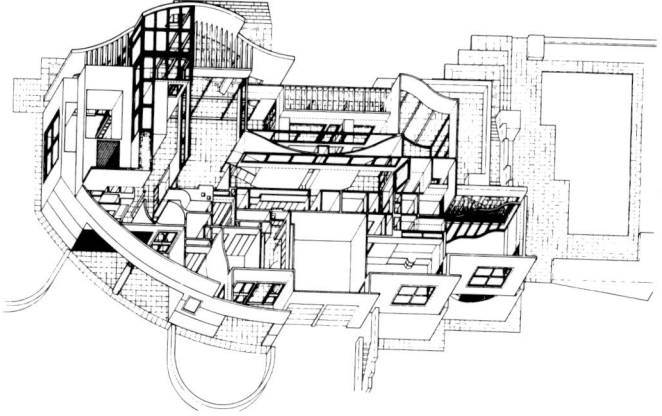

als janusköpfig: Die permanente Häresie artete zuweilen zur schikken Exzentrizität aus.

Nichtsdestotrotz waren sich in der »antisachlichen« Polemik die unterschiedlichsten Persönlichkeiten einig: von Robert Stern, der sich bereits früh um ein theoretisches Fundament der Greys-Bewegung bemühte und mit dem Haus Westchester in Armark bei New York (1974–1976, zusammen mit John Hagmann) ein Monument der Kontamination von Stilelementen schuf, über Stanley Tigerman, dessen simpler Symbolismus immer wieder zur Vordergründigkeit neigte, bis hin zu Charles Willard Moore, der nach dem elegantregionalistischen Feriendorf Sea Ranch, dessen Condominium I er bereits 1963–1965 mit Donlyn Lyndon, William Turnbull und Richard Whitaker in Sonoma County an der kalifornischen Pazifikküste realisierte, in seinem bemerkenswerten Werk zwischen verfeinertem Charme und volkstümelnder Trivialität balancierte. Die bereits von Venturi intensiv reflektierten Anregungen der Pop-Art trugen vornehmlich in den gleichzeitig entlarvenden und zynischen Gags der Gruppe SITE, Inc. (Sculpture in the Environment) Früchte, die etwa in dem Best-Gebäude in Richmond (1972) die Backsteinwand von der Fassade theatralisch ablöste und aufrollte. Unter den Kritikern fand die »neue Romantik« vornehmlich bei Vincent Scully[166] (der auch das Vorwort zu Venturis Buch schrieb) und Paul Goldberger Zustimmung.

Sah es in den sechziger Jahren noch aus, als würde die kulturelle Marschrichtung, die Venturi im Osten und Moore im Westen der Vereinigten Staaten angegeben hatten, nahezu konkurrenzlos als »amerikanischer Weg« akzeptiert, änderte sich in den siebziger Jahren mit dem Aufkommen der New York Five die Situation. Unter dem Antagonismus der »Whites« formierten sich die »Greys« enger. Zwischen beiden Lagern entfesselte sich eine ebenso hitzige wie nützliche Diskussion; sie gipfelte 1973 auf den Seiten der Zeitschrift *Architectural Forum* in der berühmten Polemik »Five on Five«, bei welcher gegen die fünf weißen Ritter fünf graue zu Felde zogen: Alan Greenburg (»The Lurking American Legacy«), Charles Moore (»In Similar States of Undress«), Jaquelin Robertson (»Machines in the Garden«), Robert Stern (»Stompin' at the Savoye«) und Romaldo Giurgola (»The Discrete Charm of the Bourgeoisie«). Die Auseinandersetzung zwischen den beiden Schulen versprach zur Klärung intellektueller Positionen beizutragen und die Reflexion über Architektur entscheidend zu bereichern. Bald darauf erlitt sie einen Rückschlag: 1975 veröffentlichte der amerikanische Architekturkritiker Charles Jencks den Aufsatz »The Rise of Post-Modern Architecture«[167], und zwei Jahre später publizierte er das ebenso erfolgreiche wie oberflächliche Buch *The Language of Post-Modern Architecture*[168].

Die »postmoderne Architektur« oder das große Durcheinander

Es gibt Begriffe, die eigentlich niemand will, aber auf einmal sind sie in Gebrauch, und keiner bekommt sie wieder weg. Der »Postmodernismus« gehört dazu[169]. Er wurde zunächst im Bereich der Literatur eingeführt, um die Tendenz der Wiederkehr der organisch zusammengefügten Erzählung sowie der Verwendung der Wörter in ihrer primären (und nicht metaphorischen) Bedeutung zu beschreiben. Auf die Architektur wurde er vornehmlich von Robert Stern und von Charles Jencks übertragen.

Nach Jencks kann mit »postmodern« so ziemlich alles bezeichnet werden, was in der Architektur nach 1972 passiert ist. 1972 (genauer: am 15. Juli, um 3.32 Uhr) wurde das Wohngebiet Pruitt-Igoe in St. Louis gesprengt, ein Komplex von schlichten vierzehnstöckigen Wohnscheiben, der Mitte der fünfziger Jahre im Rahmen des sozialen Wohnungsbaus verwirklicht worden war, sich in ein schwarzes Ghetto verwandelt hatte und von seinen Bewohnern derart beschädigt worden war, daß nach mehreren vergeblichen Versuchen der Sanierung nur die Sprengung als Lösung übrigblieb. Das ist für Jencks das Sinnbild und die Vollstreckung des Todes der »modernen« Architektur. Was vor 1972 war, war die »Moderne«. Was danach kommt, ist der »Postmodernismus«[170].

Diese Erklärung ist aus fünf Gründen irreführend.

Erstens basiert sie auf einem böswilligen demagogischen Spiel mit Pruitt-Igoe, dessen Scheitern natürlich nicht primär auf die Architektur zurückzuführen ist, sondern in allererster Linie politische, soziale und administrative Ursachen hat. Diese willentlich zu ignorieren und die Schuld der Architektur (und zwar der gesamten »modernen« Architektur) in die Schuhe zu schieben, ist sensationsheischender Journalismus.

Zweitens ist Jencks' Unterstellung, der Hauptunterschied zwischen »Moderne« und »Postmoderne« bestünde darin, daß die letztere sich mit Baugeschichte auseinandersetzt und die erstere nicht, faktisch falsch. Es stimmt, daß etwa das Bauhaus in seiner späten Phase entschieden antihistorisch ausgerichtet war; aber das wichtigste theoretische Werk des architektonischen Rationalismus der zwanziger Jahre, Le Corbusiers *Vers une architecture*, beschäftigt sich ebenso mit dem Parthenon und mit der »Leçon de Rome« wie mit dem Überseedampfer »Aquitania«, den Blériot-Flugzeugen und den Bugatti-Automobilen[171].

Damit ist auch, als drittes, der von Jencks suggerierte Bruch zwischen »Moderne« und »Postmoderne« widerlegt. Die Ablösung der rationalistischen durch die »postmoderne« Architektur, die sich unter einer spektakulären Explosion und an einem genauen Datum vollzogen haben soll, ist konstruiert. Nicht nur, daß sich die meisten angeblich »postmodernen« Strömungen vor dem ominösen Stichjahr 1972 entwickelt haben; viele von ihnen scheuen sich nicht, Prinzipien der »modernen« Architektur zu übernehmen und weiterzuentwickeln.

Hinzu kommt, als viertes, daß es gar keine »moderne« Architektur im von Jencks dargelegten Sinn gibt. Er tut, als ob ein einheitliches europäisches kulturelles Phänomen in den zwanziger und frühen dreißiger Jahren seine Blütezeit gehabt hätte, durch den Zweiten Weltkrieg unterbrochen worden und in den fünfziger und sechziger Jahren dahingesiecht wäre. Das stimmt nicht. Denn abgesehen von der Unschärfe des Attributs »modern«, mit welchem seit jeher begeisterte Zeitgenossen »ihre« Architektur (und nicht nur ihre Architektur) von allen anderen vorher dagewesenen Architekturen abgrenzen zu müssen meinen: Bereits in den zwanziger Jahren bestand so Unterschiedliches wie die verträumten Glasvisionen eines Bruno Taut, die pragmatischen Funktionalismen eines Walter Gropius, die expressiven Rundungen eines Erich Mendelsohn, die geometrischen Ordnungen eines Ludwig Mies van der Rohe, die organhaften Formen eines Hugo Häring, die kartesianisch-sinnlichen Geräte eines Le Corbusier und die geschwungenen Gesten eines Alvar Aalto noch innerhalb der schmalen Schicht der Avantgarde-Architektur nebeneinander. Und diese war eben nur eine schmale Schicht, die einen vergleichsweise geringen Anteil an der Bauproduktion jener Zeit beanspruchte. Neben den avantgardistischen »Meistern« gab es noch eine Vielzahl von mehr oder minder begabten Nachzüglern des Historismus, einige hartnäckige Klassizisten (beziehungsweise Neoklassizisten), speziell in Deutschland Heinrich Tessenow, der mit kargen, an der anonymen Bautradition orientierten Experimenten beschäftigt war, und natürlich die konservativen, national orientierten Architekten mit ihrem Ideal des Heimatstils. Also ein außerordentlich vielfältiges Panorama, dessen

Facettenreichtum eine pauschale Bezeichnung nicht gerecht werden kann[172].

Kaum anders – und das ist der fünfte und letzte Grund für die Unzulänglichkeit von Jencks' Sicht – steht es um das, was unter dem Begriff »Postmodernismus« zusammengefaßt wird. Auch dort sind zahlreiche Architekturströmungen, die teilweise so gut wie nichts miteinander gemein haben, unbekümmert in einen Topf geworfen. So lassen sich in der gegenwärtigen architektonischen Kultur mindestens sieben verschiedene Richtungen herauskristallisieren[173]: der Regionalismus, der sich an örtlichen, konventionellen Bauweisen orientiert, um mehr Verständlichkeit, größeren Gestaltreichtum, stärkeren Traditionsbezug sowie intensivere emotionale Wirkung zu erreichen, und der dabei Bescheidenheit, Unauffälligkeit und Normalität zu seinen Hauptmaximen erhebt; der Neoexpressionismus, der jegliche Norm und Gewohnheit zugunsten des freien künstlerischen Experiments ablehnt und sich zum uneingeschränkten Individualismus bekennt; der Empirismus, in dessen Rahmen Architekten mit den zukünftigen Bewohnern sprechen, sie mitzeichnen und sogar mitbauen lassen, um die Kluft zwischen den Wünschen der Betroffenen und den ihnen vorgesetzten Häusern zu überwinden; der Neue Eklektizismus, der Formelemente aus der Baugeschichte zu teilweise bewußt »gewöhnlichen«, teilweise überraschenden und verwirrenden Gebilden zusammenfügt; der aus den Niederlanden stammende Strukturalismus, der als Alternative zur Trockenheit des orthodoxen »neuen bauens« sowie zum undisziplinierten Überschwang des Expressionismus eine Architektur der Kleinteiligkeit, geometrischen Disziplin und nicht-hierarchisierten Anordnung vorschlägt; die Rationale Architektur, die in den sechziger Jahren in Italien aufkam und über das Studium der geschichtlich unveränderlichen Urelemente und kompositorischen Urregeln von Gebautem zu einer rigoristischen »Sprache der Aufklärung« zu gelangen trachtet, innerhalb welcher Wandflächen, Öffnungen, Säulen, Pfeiler, Rampen und Treppen nach den Regeln der Addition, der Achse und der Symmetrie zu logischen Konstruktionen zusammengefügt werden, welche die Stadt in ihrer räumlichen Geschlossenheit wiederherstellen; schließlich die technizistische Architekturbewegung, die sich – der ernüchternden Erkenntnis der Beschränktheit der Ressourcen der Erde und dem Schock der Energiekrise zum Trotz – weiterhin bemüht, mit den aktuellsten industriellen Möglichkeiten Schritt zu halten und aus ihnen ohne selbstherrlichen Exhibitionismus ästhetisches Kapital zu schlagen. Diese

196

Strömungen sind in sich noch stark untergliedert und auf vielfältige Weise miteinander verflochten: Sie unter dem Begriff des »Postmodernismus« kurzerhand zusammenzufassen, bedeutet das Ende jeglicher differenzierter architekturtheoretischer Betrachtung.

Reduktion versus Anreicherung oder die ausstehende Auseinandersetzung

Auch die »Whites« und die »Greys« wurden einfach zusammengeworfen. Ihre Polarisierung fiel der terminologischen Konfusion zum Opfer, welcher Jencks, dem zu guter Letzt vor der eigenen Vereinfachungswut bange geworden war, 1978 mit der Einführung des Begriffs des »Late-modern« und einer unerhört komplizierten Klassifikationsmethode aus dreißig Kategorien die Krone aufsetzte[174]. Dabei spricht manches für ein behutsames In-Beziehung-Setzen der beiden Antagonistengruppen: zuvörderst ihre primäre Aufmerksamkeit für die Architekturgestalt weit vor funktionalen und konstruktiven Belangen, die sie gemeinsam zu einem von manieristischen Komponenten keineswegs freien Formalismus führt. Es ist kein Zufall, daß es für Michael Graves möglich war, nach seinem erfolgreichen Debüt bei den New York Five sich allmählich von deren puristischen Positionen zu entfernen, um im

115   Michael Graves. House Snyderman, Fort Wayne (Ind.). 1969–1972.

Verlauf einer kontinuierlichen, ungebrochenen Entwicklung schließlich bei den »Greys« zu enden.

Ungleich nützlicher als die Gleichsetzung erweist sich jedoch die Unterscheidung. Sie erlaubt es, auf die – wiederum beiden Kontrahenten geläufige – Frage, wie zeitgenössische Architektur den Erwartungen zeitgenössischer Gesellschaft entsprechen könne, kontrovers zu entgegnen.

Die Antwort der »Greys« scheint die leichteste. Ihre Architektur gibt, was die Menschen von ihr wollen: Wärme, Bedeutungsreichtum, Vielschichtigkeit, Verständlichkeit, Gefühl. Sie steckt voller konkreter Symbole, die figürlich und »greifbar« sind, genau vorbestimmte Assoziationen wecken, Vergangenheit und Überlieferung beschwören. Das Auge wandert durch eine anregende Vielfalt sinnlich ansprechender und raffiniert zusammengefügter Formen, die überdies eine deutliche individuelle Handschrift tragen: jene des Architekten, der sich der Mühe unterzogen hat, eine Welt der Komplexität und Widersprüchlichkeit, der Wirklichkeit nachempfunden, en miniature zu schaffen.

Gerade das tun die »Whites« nicht. Ihre Architektur ist weder warm noch unmittelbar bedeutungsreich, kaum leicht verständlich und gefühlvoll schon gar nicht. Ihre Symbole sind abstrakt, die Assoziationen, die sie hervorrufen, unberechenbar und frei: Sie bedeutet alles und nichts. Die Formen und ihre Kompositionsgesetze sprechen zuallererst die Vernunft an: Nur wenn man deren intellektuelle Regeln kennt, vermag man die komplexen Rotations- und Projektionsspiele der »cardboard architecture« über vordergründiges Wohlbehagen hinaus zu goutieren. Und hinter alledem steht nicht so sehr der Kopf, der sie erfunden und verwirklicht hat, sondern die entmaterialisierte Vorstellung der mathematischen Ordnung, das auf die ideelle Essenz reduzierte geometrische Gespinst, in dessen »Leere« jeder einzelne seine privaten Zweifel und Ängste hineinrufen kann, um dann dem verschlüsselten Echo der eigenen Träume zu lauschen.

Die Antwort auf die Frage nach der »humanen« und »sozialen« Architektur erscheint somit auf den zweiten Blick nicht mehr so eindeutig wie auf den ersten. Denn die unmittelbare Erfüllung der Wünsche der Menschen führt Architektur schnurstracks auf jenen betulichen Zustimmungskurs, der die Grundlage der Konsumgesellschaft bildet: Es wird angeboten, was gewollt wird. Gewollt wird aber stets nur das Bequemste, das, was auf den geringsten kulturellen und politischen Widerstand stößt und keine grundlegenden Veränderungen abverlangt. Eben dies droht der Verständlichkeit, der Lebensnähe und der Eingängigkeit der populistischen Architektur zu widerfahren: daß sie einen status quo bestätigen und jenen Weg der Anpassung weisen, der am gesellschaftlichen und künstlerischen Widerspruch vorbeiführt. Paradoxerweise gleitet in einer permissiven individualistischen Welt selbst die ernst gemeinte Revolte in die erbauliche Kuriosität ab.

Anders hingegen die Sprödigkeit von Abstraktion. Indem sie sich der unmittelbaren sinnlichen Aneignung durch die Menschen entzieht, rüttelt sie an vermeintlichen Bedürfnissen, zwingt zum kritischen Nachdenken und legt die intellektuelle Kontradiktion zur Wirklichkeit nahe. Wem nicht das Gewünschte gegeben wird, kommt um die Reflexion der eigenen Wünsche und ihrer Legitimität nicht umhin. Die Konvention, die nicht eingehalten wird, führt zur Infragestellung des eigenen Standpunkts zugunsten neuer poetischer Möglichkeiten und nie betretener Utopien. Dies allein aber bedeutet kultureller Fortschritt.

Das historische Dilemma zwischen Klassik und Romantik, zwischen Reduktion und Anreicherung, zwischen Abstraktion und Figurativität ist mithin von neuem gestellt. In der konkreten Situation der architekturtheoretischen Debatte in den USA gewinnt es jenseits der von Sullivan verabscheuten leeren »Phrasen« an Kontur und Schärfe, an philosophischen, politischen und sozialen Implikationen. Den Konsequenzen wird sich auch die architektonische Kultur diesseits des Ozeans nicht verschließen. Es wäre bei aller Paradoxie nicht der einzige Fall, bei welchem es der amerikanischen Rezeption bedarf, um Europa vor Augen zu führen, daß ihre eigene »Moderne« in den Grundannahmen noch trägt.

Das Ende der Verschwendung
Der neue architektonische Historismus

Historia vero testis temporum, lux veritatis, vita memoriae, magistra vitae, nuntia vetustatis…
Cicero, *De oratore II*, 55 v. Chr.[175].

»L'histoire est la lumière des temps, la dépositaire des événements, le témoin fidèle de la vérité, la source des bons conseils et de la prudence, la règle de la conduite et des mœurs.«
Charles Rollin, *Traité des Études*, 1726–1728[176].

»Wer von seinen Kritikern durchblicken ließ, Menard habe sein Leben der Abfassung eines zeitgenössischen Don Quijote gewidmet, hat sein klares Andenken verleumdet.

Er wollte nicht einen anderen Quijote verfassen, was leicht ist – sondern *den Quijote.* Unnütz hinzuzufügen, daß er keine mechanische Übertragung des Originals ins Auge faßte; einer bloßen Kopie galt nicht sein Vorsatz. Sein bewundernswerter Ehrgeiz war vielmehr darauf gerichtet, ein paar Seiten hervorzubringen, die – Wort für Wort und Zeile für Zeile – mit denen von Miguel de Cervantes übereinstimmen sollten.

…

Die Methode, die er sich ursprünglich ausdachte, war verhältnismäßig einfach. Gründlich Spanisch lernen, den katholischen Glauben wiedererlangen, gegen die Mauren oder gegen die Türken kämpfen, die Geschichte Europas im Zeitraum zwischen 1602 und 1918 vergessen, Miguel de Cervantes *sein.* Pierre Menard ging diesem Verfahren auf den Grund (ich weiß, daß er es zu einer recht getreuen Handhabung der spanischen Sprache des 17. Jahrhunderts brachte), schob es aber als zu leicht beiseite. Eher darum, weil es unmöglich war, wird der Leser sagen. Einverstanden: Aber das Vorhaben war von vornherein unmöglich, und von allen unmöglichen Mitteln, es zu Ende zu führen, war dieses am wenigsten interessant. Im 20. Jahrhundert ein populärer Schriftsteller des 17. Jahrhunderts zu sein, kam ihm wie eine Herabminderung vor. Auf irgendeine Art Cervantes zu sein und zum Quijote zu gelangen, erschien ihm weniger schwierig – infolgedessen auch weniger interessant –, als fernerhin Pierre Menard zu bleiben und – durch die Erlebnisse Pierre Menards – zum Quijote zu gelangen.

…

Der Text Menards und der Text Cervantes' sind Wort für Wort identisch; doch ist der zweite nahezu unerschöpflich reicher. (Schillernder, werden seine Verlästerer sagen; aber die schillernde Zweideutigkeit ist ein Reichtum.)

Es ist eine Offenbarung, hält man den Quijote Menards vergleichend neben die von Cervantes. Dieser schrieb beispielsweise (Don Quijote, Erster Teil, neuntes Kapitel):

... la verdad, cuya madre es la historia, émula del tiempo, depósito de las acciones, testigo de lo pasado, ejemplo y aviso de lo presente, advertencia de lo por venir.

(Die Wahrheit, deren Mutter die Geschichte ist, Nachstreberin der Zeit, Aufbewahrungsort der Taten, Vorbild und Wink des Gegenwärtigen, Hinweis auf das Künftige.)

Verfaßt im 17. Jahrhundert, verfaßt von dem ›Laienverstand‹ Cervantes', ist diese Aufzählung nichts weiter als ein rhetorisches Lob auf die Geschichte. Menard dagegen schreibt:

... la verdad, cuya madre es la historia, émula del tiempo, depósito de las acciones, testigo de lo pasado, ejemplo y aviso de lo presente, advertencia de lo por venir.

Die Geschichte, *Mutter* der Wahrheit: dieser Gedanke ist überwältigend. Menard, Zeitgenosse von William James, definiert die Geschichte mitnichten als eine Erforschung der Wirklichkeit, sondern als deren Ursprung. Die historische Wahrheit ist für ihn nicht das Geschehene, sie ist unser Urteil über das Geschehene. Die Schlußglieder – Vorbild und Wink des Gegenwärtigen, Hinweis auf das Künftige – sind unverschämt pragmatisch.

Auch zwischen den Stilarten besteht ein lebhafter Kontrast. Der archaisierende Stil Menards – immerhin eines Ausländers – leidet an einer gewissen Affektiertheit. Nicht so der des Vorgängers, der das seiner Zeit geläufige Spanisch unbefangen schreibt.

Es gibt kein Erkenntnisstreben, das nicht im Endeffekt nutzlos ist. Eine philosophische Lehre ist zunächst eine wahrscheinliche Beschreibung des Universums; die Jahre vergehen, da ist sie nur noch ein Kapitel – wenn nicht ein Paragraph oder ein Name – der Geschichte der Philosophie. In der Literatur macht sich diese schließliche Hinfälligkeit noch deutlicher bemerkbar. Der Quijote – sagte zu mir Menard – war vor allem ein ergötzliches Buch; heute ist er ein Anlaß für patriotische Trinksprüche, grammatischen Hochmut, anstößige Luxusausgaben. Der Ruhm ist ein Mißverständnis, wohl gar das schlimmste.

...

Menard hat (vielleicht ohne es zu wollen) vermittels einer neuen Technik die abgestandene und rudimentäre Kunst des Lesens bereichert, nämlich durch die Technik des vorsätzlichen Anachronismus und der irrtümlichen Zuschreibungen. Diese unendlich anwendungsfähige Technik veranlaßt uns, die Odyssee so zu lesen, als wäre sie nach der Aeneis gedichtet worden, und das Buch ›Le Jardin du Centaure‹ von Madame Henri Bachelier so, als wäre es von Madame Henri Bachelier. Diese Technik erfüllt mit abenteuerlicher Vielfalt die geruhsamsten Bücher. Wie, wenn man Louis Ferdinand Céline

oder James Joyce die ›Imitatio Christi‹ zuschriebe: hieße das nicht, diese dünnblütigen geistlichen Anweisungen hinlänglich mit Erneuerungskraft begaben?«
Jorge Luis Borges, *Pierre Menard, Autor des Quijote*, 1928[177].

Der Wert der Vergangenheit ist eine Entdeckung des ausgehenden 18. Jahrhunderts[178]. Freilich hat es in der Geschichte immer wieder Rückblicke und Rückbesinnungen gegeben; so etwa in der römischen Antike, in der Renaissance oder im frühen Klassizismus. Dieses Eingehen auf das Gestern war jedoch immer selektiv: Es wurde auf Grund bestimmter Vorgaben eine bestimmte Tradition ausgewählt, um sie sich anzueignen. In den siebziger Jahren des 18. Jahrhunderts wurde hingegen die Vergangenheit tout court neu aufgewertet.

Die Vorstellung einer historischen kulturellen Erbschaft »an sich« entstammt dem ideellen Repertoire der deutschen Romantik. Einerseits war sie eine Weiterführung und Fortentwicklung der bürgerlichen Aufklärung, die ursprünglich weitgehend abstrakt und

116　Johann Bernhard Fischer von Erlach. Domus aurea neronis. Aus: »Entwurff einer historischen Architektur«, 1721.

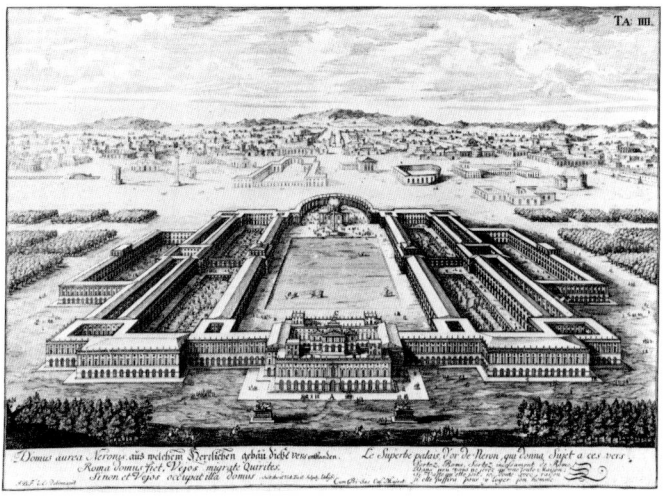

117 Kölner Dom. Stich aus dem 18. Jahrhundert.

unhistorisch argumentiert hatte; andererseits brachte sie irrationale und nationalistische Gedanken ins Spiel, die von den reaktionären ideologischen und politischen Kräften aufgegriffen, umgedeutet und mißbräuchlich angewendet werden sollten. Die Französische Revolution von 1789 übte dabei einen ambivalenten Einfluß aus, ermutigend und schockierend zugleich.

Die Entdeckung der Vergangenheit als lebendiges kulturelles Gut läßt sich auf den Straßburger Betrachtungen über deutsche Volkslieder und deutsche Architektur von Johann Gottfried von Herder und vom jungen Johann Wolfgang von Goethe zurückführen[179]. Die Romantiker, von Wilhelm Heinrich Wackenroder, Friedrich Schlegel, Novalis und Ludwig Tieck bis hin zu Richard Wagner, erhoben sie zur weltanschaulichen Doktrin. Gegen deren politische Implikationen trat schon bald Heinrich Heine auf, gegen deren philosophische, von einer ganz anderen Warte aus, Friedrich Nietzsche, dessen Polemik 1876 in der »unzeitgemäßen« Betrachtung »Vom Nutzen und Nachteil der Historie für das Leben« mündete[180].

Die vielschichtige philosophisch-literarische Diskussion zeigt, daß die gegenwärtige Auseinandersetzung um den Historismus Vorläufer hat. Genauer: Die Auseinandersetzung selbst ist Teil jenes kulturellen Erbes, um das es dabei geht. Jedes Nachdenken, das sich heute ihr zu widmen gedenkt, muß sich dieser Erbschaft bewußt sein.

Der neue architektonische Historismus: ein Beispiel

An einem Verwaltungsbau aus der Jahrhundertwende, dessen schwere wilhelminische Fassade sich der Straße und dem Kanal zuwendet, schließt im Osten ein kirchenartiger Baukörper auf kreuzförmigem Grundriß mit halbrunder Apsis an. Der Westseite ist ein halbkreisförmiger Flügel angefügt, der an ein antikes Theater erinnert. Ein sechseckiger Turm stellt das Gelenk zu einem langen, geraden Riegel her, welcher als griechische Stoa ausgebildet ist und »Theater« und »Basilika« verbindet, während er gleichzeitig das merkwürdig schiefe, pittoreske Arrangement gegen die hintere Straße abgrenzt. Nach vorne hin, an den Halbmond angehängt, bildet ein Garten den Grundriß eines mittelalterlichen normannischen Schlosses nach, ein Quadrat mit vier runden Ecktürmen. Sollte eine Erweiterung des Gebäudes notwendig werden, wird sie innerhalb dieser Schablone realisiert.

Die malerische Collage historischer Architekturformen ist nicht das Ergebnis eines jahrhundertelangen geschichtlichen Prozesses, innerhalb dessen sich ein Gebilde an das andere hinzugesellt hat. Sie ist auch nicht in der Zeit der Romantik entstanden, als man in bewußt »wild« gestalteten Landschaftsgärten neben chinesischen Pavillons und gotischen Schlössern künstliche griechische und römische Ruinen errichtete. Der Entwurf wurde 1980 fertiggestellt und

118 James Stirling, Michael Wilford and Associates. Wissenschaftszentrum Berlin. Projekt 1980 ff. Werkskizze. Ohne Datum.

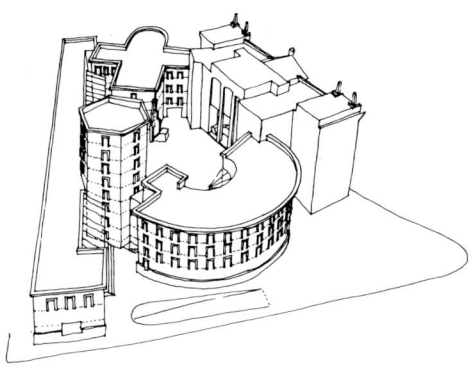

119   Ehemaliges Reichsversicherungsamt und Shell-Haus, Berlin. Aufnahme 1982.

bei einem Wettbewerb mit dem ersten Preis ausgezeichnet; 1985 wurde mit dem Bau begonnen.

Bauherr ist das Wissenschaftszentrum Berlin, ein internationales Forschungsinstitut, dessen Einrichtungen bislang in der Stadt verstreut liegen. Der vorgesehene Bauplatz, in einer schönen und prominenten Lage am Landwehrkanal zwischen dem schlichten, elegant zurückgestuften Shell-Haus (heute Bewag) von Emil Fahrenkamp (1930–1932) und der aristokratisch zurückhaltenden Nationalgalerie von Ludwig Mies van der Rohe (1962–1968), befindet sich im Planungsgebiet der Internationalen Bauausstellung Berlin. Diese hat sich zum Ziel gesetzt, die Möglichkeit der »Innenstadt als Wohnort« vorbildlich zu demonstrieren und wacht über die architektonische Qualität neuer Bauvorhaben[181]. So wurde anstelle der bereits ins Auge gefaßten Direktvergabe des Bauauftrags ein beschränkter Wettbewerb ausgeschrieben. Die Einbeziehung des Vorderteils des Gebäudes des ehemaligen Reichsversicherungsamtes, das später als Sozialgericht genutzt wurde und jetzt unter Denkmalschutz steht, war Bedingung für den Neubau. Darum lud man Architekten ein, die Erfahrung im Umgang mit alter Bausubstanz haben: Hans Hollein, Mario Botta, die Gruppe Bangert, Jansen,

Scholz und Schultes sowie James Stirling, dessen historisierende Formen-Assemblage preisgekrönt wurde[182].

Über das Projekt läßt sich trefflich streiten. Städtebaulich betrachtet unterstützt der stark gegliederte Komplex die Zerstörung des Stadtraums, die Zerfransung der Straßen und Plätze; der Fragmentarismus der gegenwärtigen Architektur (und die Zersplitterung der gegenwärtigen Gesellschaft) werden ironisch dargestellt, aber es wird nichts dagegen getan. Entlarvende Persiflage anstelle eines konstruktiven Gegenvorschlags. Auf der typologischen Ebene werden historische Archetypen, die ursprünglich bestimmten konstruktiven Bedingtheiten entsprangen und immer noch bestimmte funktionale Assoziationen wecken, unbekümmert verändert und anderen Zwecken zugeführt: Die Hülle einer Basilika etwa wird statt mit dem traditionellen Satteldach mit einem Flachdach gedeckt, ihr Raum wird beliebig mit Wänden unterteilt und anschließend als Forschungsinstitut deklariert. Schließlich wird mit der zusammengesetzten Gesamtform ein historischer Wachstumsprozeß vorgegaukelt, wie er etwa in den englischen College-Komplexen, hier aber nicht stattgefunden hat.

Der Frage, ob Stirling mit dem Projekt für das Berliner Wissenschaftszentrum sondieren wollte, wie weit er mit seinen witzigsubversiven Herausforderungen an die Gesellschaft gehen könne, wird hier nicht nachgegangen; die Rolle des enfant terrible spielt er ohnehin nicht ungern. Schon die Tatsache, daß sich über ihn debattieren läßt, macht den Entwurf zu einem Beitrag zur zeitgenössischen Architekturdiskussion. Die Kritik an konventionellen Verwaltungsbauten, deren langweiliger Sturheit übermütige Lockerheit entgegengehalten wird, ist zweifelsohne opportun. Für die architektonische Qualität bürgt der Name eines Architekten, der seine Fähigkeiten bereits wiederholt bewiesen hat[183]. Und die Haltung, die in der zerstückelten Montage historischer Zitate zum Ausdruck kommt, spiegelt den Geist weiter Teile der gegenwärtigen architektonischen Kultur wider.

Mehrdeutige Rückkehr der Baugeschichte

In der Tat feiert in sämtlichen Bereichen der Architektur die Baugeschichte ein triumphales Comeback. Die Gründe der allgemeinen Rückbesinnung sind unterschiedlich. Baugeschichte ist eine Sache der Bildung, sagen die einen: Wenn man Architektur erforscht, lehrt oder macht, muß man wissen, was in der Vergangenheit geschehen ist. Das bürgerliche Eruditionsideal, das ein bestimmtes Grundlagenwissen voraussetzt, ohne genau überlegt zu haben, wozu es eigentlich dienen soll, wird auf die Architektur übertragen.

Andere wissen wohl, wozu das gegenwärtige Revival der Architekturgeschichte gut ist: Da die »neue« Architektur mit ihren kahlen Kisten und gläsernen Gespenstern nichts taugt, darf man wieder »auf alt« bauen. Dafür müssen die historischen Vorbilder bekannt sein. Die aus Furcht vor einer computergesteuerten und seelenlosen Zukunft geborene Nostalgie zeitigt auch im Gebauten groteske Kapriolen, während die Denkmalpflege immer mehr Bausubstanz zum Denkmal deklariert, um sie geziemend pflegen zu können.

Architekturgeschichte vermag jedoch auch als Repertoire für den Architekturentwurf aufgefaßt zu werden. Diese Forderung verlangt die Auseinandersetzung mit der Historie nicht um des reinen Wissens willen, sondern um sie konkret anzuwenden; und sie unterstützt nicht die direkte Übertragung von Bauformen aus der Vergangenheit in die Gegenwart, um sich in Nachahmungen und Maskeraden zu ergehen, sondern bemüht sich, historische Elemente und Gesetzmäßigkeiten dialektisch in die Zukunft zu retten.

Nichts Neues, eine theoretische Kollision und ergänzende Erkenntnisse

Das ist an sich nichts Neues. Auch die der »Moderne« verpflichteten Architekten tun nichts anderes, als Formelemente aus den zwanziger und dreißiger Jahren fortzuschreiben und in den besten Fällen innovativ zu kombinieren. Und die Meister des frühen Rationalismus schufen ihrerseits trotz gegenteiliger Beteuerungen ebensowenig aus dem Nichts: sie übernahmen die glatten Wände von der Romanik, die weißen kubischen Formen mit den scharfen Fenstereinschnitten von der Mittelmeerarchitektur, die fließenden Übergänge zwischen den Räumen und zwischen Innen und Außen vom traditionellen japanischen Wohnungsbau. Dieses im weitesten Sinn »historistische« Vorgehen wird radikalisiert, indem der verfügbare Formenkanon erweitert wird, indem die geschichtlichen Anleihen offen gezeigt werden und indem der Prozeß der Übernahme und Neuzusammenstellung historischer »Bausteine« als das reflektiert wird, was es wirklich ist: Grundlage jeglichen schöpferischen architektonischen Tuns.

Eine solche Auffassung steuert auf Kollisionskurs zur Architekturphilosophie des architektonischen Rationalismus und des International Style mit ihrer theoretischen Negierung der Historie. Es war nicht zufälliges Versäumnis, daß Walter Gropius im Bauhaus keine Kurse für Baugeschichte einrichtete. Die Architektur sollte ihre Impulse aus den gesellschaftlichen Gärungen, aus den neuen Errungenschaften der Technik, aus den Experimenten der künstlerischen Avantgarden erhalten; nur nicht aus der Geschichte. Geschichte, das war der Historismus des 19. Jahrhunderts, die Lüge, die politische Reaktion.

Paradoxerweise waren die antihistorischen Bewegungen die historisch angemessene Antwort auf die Fragen, welche die Zeit nach dem Ersten Weltkrieg für das Bauen als kulturelle Erscheinung aufwarf. Zahlreiche ihrer revolutionären Erkenntnisse sind heute noch aktuell; sie müssen jedoch ergänzt werden. Mit Einsichten wie: Der Mensch ist ein geschichtliches Wesen. Keine schöpferische Disziplin kann der Geschichte entsagen, weil es nichts vollständig Neues gibt auf der Welt, nur innovative Zusammenstellungen überlieferter Elemente. Eine auf den Menschen bezogene Architektur darf nicht auf traditionelle Bezüge verzichten, weil sie Identifikation gewährleisten. Innovation um der Innovation willen kann kein baukünstlerisches Ziel sein, wenn man mehr zu sein versucht als nur »schick«. Architektur besitzt bei aller Abhängigkeit von äußeren Einflüssen auch eine Autonomie, die sie aus sich selbst erklärbar macht und deren Gesetze historisch sind.

Die Gegenwärtigkeit der Vergangenheit

James Stirlings Projekt für das Berliner Wissenschaftszentrum ist nicht das erste, das diese Einsichten in Architektur umsetzt. Bereits in den sechziger Jahren schuf Louis Isidore Kahn strenge, feierliche Bauten voller geschichtlicher Reminiszenzen; unter seinen Entwürfen findet sich das Dominikanerinnen-Kloster in Media, Pennsylvania (1965–1968), dessen Grundriß aus regelmäßigen geometrischen Formen besteht, die, ähnlich wie bei Stirlings Vorschlag, scheinbar

120   Louis I. Kahn. Dominikanerinnen-Kloster, Media (Pa.) Grundriß Erdgeschoß. ▷
      Projekt 1965–1968.

121   James Stirling, Michael Wilford and Associates. Wissenschaftszentrum Berlin. ▷
      Grundriß Erdgeschoß. 1980.

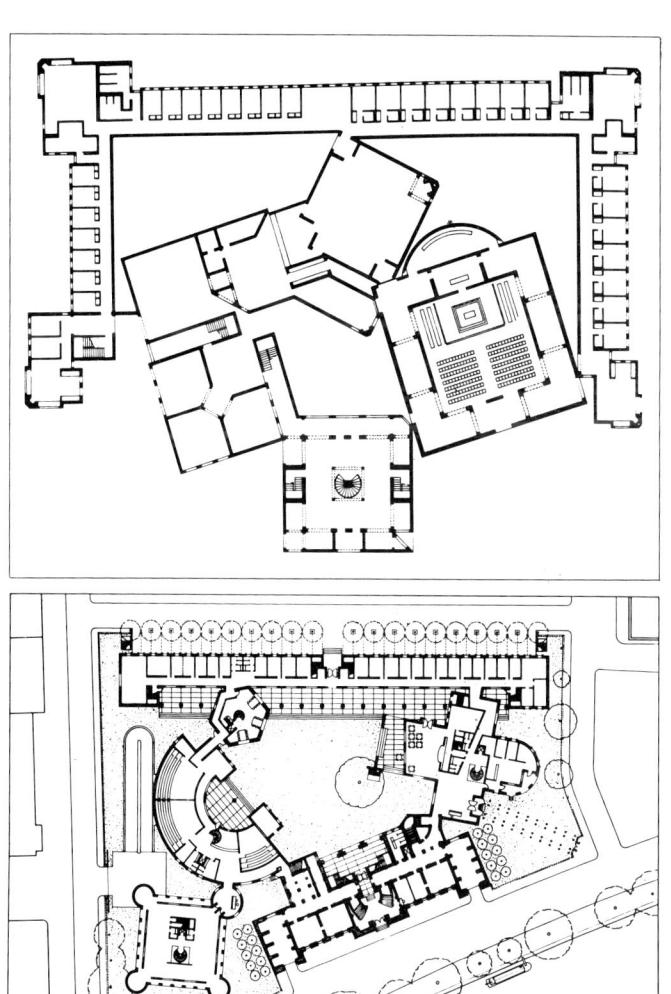

zufällig zusammengefügt sind. Ungefähr zur gleichen Zeit verkündete Robert Venturi sein Credo einer »Nonstraightforward Architecture«, die nach dem Vorbild der Pop-Art historische und zeitgenössische Elemente aus dem Alltagsleben übernimmt[184]. Mit Architekten wie Charles Willard Moore, der Zitate aus der Vergangenheit mit regionalistischen Anleihen verknüpft, und Robert Stern, der klassische Architekturformen spielerisch verfremdet, breitete sich der neue Historismus in den Vereinigten Staaten von Amerika aus.

In Europa orientierte sich der Architekturhistoriker und Architekt Paolo Portoghesi an den Lehren des Barock und vor allem an Francesco Borromini. Die Tessiner Bruno Reichlin und Fabio Reinhart ließen mit der Casa Tonini in Torricella (1972–1974), einer schöpferisch-abstrakten Replika der Villa Rotonda (Villa Almerico), den Palladianismus wieder aufleben. Die Brüber Robert (Rob) und Leon Krier, gebürtige Luxemburger, lehnen sich an die Architekturvorbilder des 18. und 19. Jahrhunderts an. In der Bundesrepublik Deutschland entwickelt Oswald Mathias Ungers die Tradition der fragmentarischen Architektur der spätrömischen Antike weiter, wie sie sich etwa im gebauten Architekturtraktat der Villa Adriana bei Tivoli darstellt, während Josef Paul Kleihues den Klassizismus Berliner Prägung zur Inspirationsquelle erhebt.

Im Rahmen der Biennale von Venedig wurde 1980 die erste internationale Architekturausstellung eröffnet; ihr Thema war *La presenza del passato,* die Gegenwärtigkeit der Vergangenheit. Portoghesi, der Leiter und Initiator, sprach erleichtert vom »Ende des Prohibitionismus«[185]; Kritiker hingegen sahen in der Veranstaltung einen »Zirkus der Baugeschichte«[186], einen »Lunapark« oder gar einen »Jahrmarkt der Eitelkeiten«[187].Tatsächlich ließ sich unter der ausgestellten Architektur Zukunftsweisendes wie Regressives, Kreatives wie Reproduktives, Lebhaftes wie Stagnierendes, kurz: Gutes wie Schlechtes, ausmachen. Immerhin offenbarte die Ausstellung über den neuen architektonischen Historismus dessen potentielle Tragfähigkeit.

Der Ursprung der Wahrheit (Epilog)

Denn es gibt wenigstens drei einsichtige Gründe, sich beim Entwerfen und Bauen von Architektur an die Geschichte anzulehnen.

Der erste ist ausgesprochen pragmatisch. Die funktionalen und konstruktiven Grundprobleme, mit denen sich Architektur kon-

122 James Stirling, Michael Wilford and Associates. Wissenschaftszentrum Berlin.
Projekt 1980 ff. Modell.

frontiert sieht, sind in ihrer Anzahl beschränkt und prinzipiell im
Lauf der Historie gleichgeblieben: wie nähert man sich einem
Gebäude, wie kommt man hinein, wie organisiert man die Stockwerke, wie verbindet man sie, wie konzipiert man die Fassade, wie
bringt man das Haus zum Stehen, wie deckt man das Ganze zu. Für
diese Grundprobleme sind immer wieder Lösungen entwickelt, ausprobiert und selektiert worden. Jene Lösungen, die sich über Jahrzehnte und Jahrhunderte bewährt haben, sind so gut, daß sie kaum
mehr zu verbessern sind. Es wäre töricht, diesen ungeheuren Schatz
an vorhandener und verfügbarer Erfahrung nicht nutzen zu wollen,
wieder dort mit dem Experimentieren anzufangen, wo bereits zur
Genüge und mit Erfolg experimentiert wurde. Kurzum: eine Verschwendung[188]. Energien, die hier effektlos verschlissen würden,

211

sind in der schöpferischen Suche innerhalb des geschichtlich eingeschränkten Lösungsbereichs fruchtbarer angelegt.

Der zweite Grund leitet sich aus dem ersten ab, berührt jedoch
den kommunikativen Aspekt von Architektur. Die Elementarlösungen, die dem Auslesedruck des »historischen Darwinismus«
standgehalten haben, sind nicht nur architekturimmanent die
besten, weil sie gut zu konstruieren und gut zu realisieren sind, gut
halten und gut funktionieren. Sie sind bereits dadurch, daß sie ständig wiederholt wurden, die vertrautesten und somit die verständlichsten. Was die erneute Verwendung solcher vertrauten und
verständlichen Elemente bedeuten kann und in Ansätzen bereits
bedeutet, liegt auf der Hand: Sie vermag die Architektur aus der
gegenwärtigen ungewissen Lage zu retten, in der formal alles erlaubt
zu sein scheint und der Ruf nach Leitbildern in einer theoretischen
Leere verhallt. Denn die gewissenhafte Erforschung und Verwendung der Baugeschichte führt zu einem Vokabular und zu einer
Grammatik der architektonischen Sprache, die von dem normierten
Formenchaos abgrenzbar sind. Architektur entsagt der anarchisti-
schen und individualistischen Willkür und wird zu einer Disziplin,
die mit historischen Methoden wissenschaftlich erforscht und kritisiert zu werden vermag.

Das beleidigte Zusammenschrecken jener, die ihre Kreativität von
einer solchen Forderung bedroht sehen, ist gegenstandslos. Es gründet auf dem Mißverständnis, Kunst und Wissenschaft seien widersprüchliche Begriffe. Dabei ist die seltsame Meinung, ein Künstler
denke nicht und ein Wissenschaftler tue nichts anderes als denken,
zwar verbreitet, darum aber nicht weniger falsch. Beide Tätigkeiten
haben einen innovativen Sprung in bezug auf die bestehende Realität
als Ziel, beide benötigen Intuition, um neue, unvermutete Zusammenhänge zu entdecken und zu beleuchten. Der schöpferische Prozeß ist bei beiden analog strukturiert.

Somit stellt sich die wissenschaftliche Eingrenzung des architek-
tonischen Repertoirs als Disziplinierung dar, die Kreativität und
Innovation keineswegs stutzt, sondern lediglich innerhalb von
Regeln faßt, die sie um so effektiver werden lassen – Regeln, die
Architektur von heute mit gelassener Selbstverständlichkeit aus
Architektur von gestern ableiten und innerhalb der Dialektik der
verschiedensten Einflüsse ihre Eigenständigkeit und Permanenz
wahren.

Dabei besteht keine Veranlassung zu befürchten, heute immer
noch das gleiche wie gestern zu sagen, weil man die gleichen Ele-

mente verwendet. Die Elemente von gestern bedeuten heute etwas anderes. Im Kontext der Gegenwart erhält die Sprache der Vergangenheit eine neue Aussage und eine neue Funktion[189].

Der dritte Grund ist ganz einfach und naiv: Die Menschen sind alle ein wenig romantisch und ein wenig nostalgisch. Wenn die Architektur diese Tatsache als unseriös ignoriert, überläßt sie ein nicht zu unterschätzendes Feld der Nostalgieindustrie und findet sich außerdem unversehens an den Rand des gesellschaftlichen Geschehens gedrängt. Das ist in der neueren Geschichte in so extremer und verheerender Weise eingetreten, daß man durchaus versuchen sollte, etwas dagegen zu tun.

IV   Architektur und Ideologie

Auf dem Weg zu einer faschistischen Architektur? Formale Tabuisierung und Machtdarstellung im Bauen

»Was könnte geheimnisvoller sein als die Klarheit?«
Paul Valéry, *Eupalinos ou l'Architecte*, 1921[190].

1967–1973: Aldo Rossi baut im Quartiere Gallaratese 2, Mailand, ein streng geometrisches, einförmiges, über 180 Meter langes Wohngebäude auf schmalen, dicht aneinandergereihten Betonpfeilern. Ein großer Teil der Presse kommentiert das Ereignis als Einführung einer »rational-faschistischen« Architektur. 1972–1974: Josef Paul Kleihues realisiert den ersten Bauabschnitt der Hauptwerkstatt der Berliner Stadtreinigung (Entwurf: 1969–1973) als dreibündige, vollkommen regelmäßige Anlage mit einer von Pilastern rhythmisierten Fassade. Man empört sich über die »unmenschliche« Monumentalität. 1973: Anläßlich der XV. Mailänder Triennale erscheint das Buch *Architettura razionale,* das der »Tendenza«, einer neuen und radikalen Bewegung im Bauen, die (durchaus polemische) theoretische Grundlage und den Namen gibt[191]. 1976: Giorgio Grassi entwirft zusammen mit Antonio Monestiroli ein Studentenwohnheim in Chieti als klare Komposition messerscharf geschnittener, entmaterialisierter Quader, die in ihrer Mitte eine von hohen Arkaden bestimmte Agorà-Straße bilden. Man spricht von faschistischem architektonischen Revival. 1977: James Stirling gewinnt den ersten Preis im Wettbewerb für die Erweiterung der

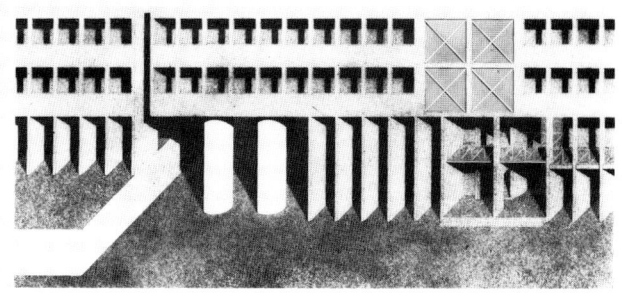

123   Aldo Rossi. Wohnblock in Gallaratese 2, Siedlung Monte Amiata, Mailand.
       1967–1973. Fassadenansicht, Ausschnitt.

124   Giorgio Grassi. Studentenwohnheim, Chieti. 1976. Perspektive der Straße.

Staatsgalerie und den Neubau des Kammertheaters in Stuttgart. Sein
Projekt wird in aller Öffentlichkeit als faschistoide Machtarchitektur tituliert[192].

   Diese geraffte Chronik einiger weniger unter den bedeutsamen
architektonischen Ereignissen der letzten Jahre zeigt zweierlei: daß
sich im Bauen eine Strömung herausdestilliert, die etwas anderes will
und etwas anderes tut als die zeitgenössischen Ausläufer der alten,
mißhandelten »Modernen Bewegung« oder der neuen, gefällig
eklektischen oder expressiven baukünstlerischen Richtungen; und
daß diese Strömung Eigenschaften aufweist, die mit der italienischen
faschistischen Regimearchitektur der dreißiger Jahre in Beziehung
gebracht werden. Was ist an dieser immer wiederkehrenden Koppelung Warnung und was Infamie?

215

125 Josef Paul
Kleihues.
Haupt-
werkstatt
der Berliner
Stadt-
reinigung,
Berlin.
1969–1976;
1970–1983.
Aufnahme
1980.

Zwischen Warnung und Infamie

Ausschließlich eine berechtigte Warnung vor einer drohenden
Gefahr, beteuern die einen. Architektur kann nicht getrennt von
dem gesehen werden, was gesellschaftlich und politisch vor sich
geht. Saxa loquuntur: Gebautes spiegelt Soziales wider, und das
heute in Ansätzen Gebaute ist mit seiner Strenge, seiner Kälte und
seiner Monumentalität symptomatisch für die Neigung zum restaura-
tiven Konservativismus und zu einem härteren politischen Kurs.
Die Bauten der neuen »Rationalfaschisten« schüchtern ihre Bewohner und Benutzer mit intellektualistischen Gebärden ein, verhindern
ihre Aneignung der gebauten Umwelt durch unberührbare, unver-
änderbare Formvollkommenheit, erniedrigen sie durch große
Dimensionen. Gebaute Unterdrückung des Menschen durch den
Menschen; gebauter Faschismus; faschistische Architektur.

216

Nichts als böswillige Infamie, empören sich die anderen. Gewiß besteht ein Zusammenhang zwischen Politik und Architektur; aber hinter einer Säule oder einem Pilaster gleich das totalitäre System zu vermuten, bedeutet doch eine zu einfältige Vereinfachung. Man spricht von Machtrepräsentation: Und was, bitte schön, tun sämtliche pseudofunktionalistischen Versicherungs- und Bankgebäude, die allenthalben die Stadtsilhouetten beherrschen? Man spricht von Machtausübung: Und was geschieht in den Großraumbüros, wo jeder jeden stört und sieht und überwacht; wo der aseptische Arbeitsplatz nicht einmal mit einer Urlaubs-Postkarte personalisiert werden darf; wo die Lufttemperatur sich bestenfalls nach einem ominösen repräsentativen Querschnitt richtet, so daß jeder, der unglücklicherweise nicht dazugehört, frieren oder schwitzen muß? Die Rollen sind vertauscht: das ist die heutige, subtilere Spielart des architektonischen Faschismus, als repressiver Wolf im leichten Schafspelz aus modisch verbrämtem Aluminium und glitzerndem Glas getarnt, während hinter den regelmäßigen Pfeilerreihen und den massiven geschlossenen Wänden Freiheit und Menschlichkeit winken.

Wider den simplifizierenden Etikettenschwindel

Wie man sich auch immer innerhalb dieser Debatte orientiert: Ehe zu einer dermaßen scharfen Waffe gegriffen wird wie das aggressive Beiwort »faschistisch«, das, einmal placiert, den Streit zu entscheiden scheint, sollten die Argumente abgewogen werden. Eine präzisere Sicht tut not, um dem dubiosen Etikettenschwindel Einhalt zu gebieten.

Zuallererst: Was ist eigentlich Faschismus? Über die Frage streitet man, Kongressen, Diskussionen und Abhandlungen zum Trotz, immer noch[193]. Das Wort leitet sich von fascio ab, Rutenbündel, und bezeichnet in engerem Sinn eine nach 1917 in Italien aufgekommene national- und sozialrevolutionäre politische Bewegung mit totalitären Zielen, autoritärem und ständischem Aufbau sowie antiliberaler, antidemokratischer und antiparlamentarischer Tendenz. Sie stand in scharfem Gegensatz zum Marxismus (Sozialdemokratie, Kommunismus) und war auf die Begründung und Behauptung eines Einparteienstaates gerichtet. Aus der altrömischen Zeit entliehene Rutenbündel waren ihre Wahrzeichen.

Davon ausgehend erweiterte sich die Definition: Als faschistisch wurden unterschiedliche nationalistische und totalitäre Bewegungen verschiedener Länder bezeichnet, darunter der deutsche Nationalsozialismus, der spanische Falangismus und der argentinische Peronismus. Das Exekutivkommitee der Kommunistischen Internationale unterstrich in seinem XIII. Plenum den Klassencharakter des Faschismus und beschrieb ihn als »die offene, terroristische Diktatur der reaktionärsten, chauvinistischsten, am meisten imperialistischen Elemente des Finanzkapitals[194]. Nach dieser Auslegung ist es durchaus denkbar, daß eine zeitgenössische Architekturströmung mit zeitgenössischen Tendenzen, die zum Faschismus neigen, in Verbindung steht. Dabei taucht jedoch die zweite präliminäre Frage auf: Was ist »faschistische Architektur«?

Um es vorwegzunehmen: Es gibt sie nicht, genausowenig wie es »kommunistische Kunst« oder »katholische Nachrichten« gibt. Es hat nur Architektur unter dem Faschismus gegeben[195], eine Architektur, die mit dem Faschismus theoretisch und faktisch liiert war. Diese war tatsächlich durch formale Elemente geprägt, die teilweise mit jenen der gegenwärtigen rationalistischen und realistischen[196] Tendenzen Ähnlichkeiten aufweisen. Von solchen Formanalogien jedoch unmittelbar auf historisch unveränderliche dahinterliegende

126   Johan Sigfrid Sirén. Parlamentsgebäude, Helsinki. 1927–1931.
      Aufnahme 1931.

127 Paul Ludwig Troost. Haus der Kunst, München. 1937.

Inhalte schließen hieße, die dialektische Eigenschaft der Geschichte (und der Baugeschichte) zu übergehen. Gewiß besteht eine enge Beziehung zwischen politischer Ideologie und architektonischer Form, und gewiß gestattet erst die Untersuchung dieser Beziehung eine fundierte Erkenntnis von Gebautem; ihre Veränderbarkeit und ihre Komplexität müssen allerdings berücksichtigt werden. Es gibt durchaus Fälle verschiedener politischer Systeme, die sich mit ähnlichen Gestaltmitteln architektonisch darstellen: In der zweiten Hälfte der zwanziger Jahre baute Johan Sigfrid Sirén im konservativen, immerhin aber bürgerlich-demokratischen Finnland das Reichstagsgebäude in Helsinki in einem kargen Neoklassizismus, der von jenem eines Paul Ludwig Troost nicht weit entfernt ist; der letztere vertrat jedoch das nationalsozialistische Deutschland. Und es gibt Fälle vergleichbarer politischer Systeme, die verschiedene Architektursprachen wählen: Die Casa del Fascio in Como, die Giuseppe Terragni 1932–1936 in einem rigoristischen Rationalismus errichtete, repräsentiert ein Regime, das jenem hinter der historisch-klassizistischen Berliner Neuen Reichskanzlei von Albert Speer (1937–1939) verwandt ist.

Die Notwendigkeit einer Differenzierung drängt sich auf. Die plump-direkte Fragestellung nach der Beziehung zwischen der

»faschistischen Architektur« (aber welcher denn: jener von Terragni oder jener von Speer?) und den gegenwärtigen Strömungen im Umkreis der »Tendenza« kann zurückgestellt werden. Statt dessen müssen, in Annäherung an eine Antwort, Architektur allgemein und speziell die neuen Richtungen auf ihre assoziative Belastung hin untersucht werden; auf ihre Funktion, Macht darzustellen; auf ihre Fähigkeit, Macht sogar auszuüben.

Architektur und Macht: Drei Vorurteile und eine Retourkutsche

Die mutmaßliche Äquipollenz »Architektur mit Säulen und Pfeilern ist gleich Regimearchitektur« ist eine Milchmädchengleichung. Es trifft zu, daß bestimmte architektonische Elemente seit den politischen Ereignissen der dreißiger und vierziger Jahre mit sinistren Assoziationen behaftet sind. Aber derlei Assoziationen sind grundsätzlich fragwürdig: Auch während der Zeit des Nationalsozialismus ist man Mercedes gefahren, und trotzdem ist der dreigezackte Stern nicht politisch belegt. Niemand, der heute einen Mercedes besitzt, würde sich allein deswegen einen Nazi schelten lassen. Sobald jedoch ein Architekt Säulen aneinanderreiht, wird ihm diese Etikettierung verpaßt.

Es läßt sich einwenden, das sei nun einmal das besondere Pech der Architektur, und sie solle sich damit abfinden. Wenn die Menschen bei hohen Arkaden Assoziationen an den Faschismus haben, habe man sich danach zu richten und keine hohen Arkaden zu bauen; tue man es dennoch, müsse man mit berechtigter Ablehnung rechnen. Doch Bedeutung ist nicht etwas, das bestimmten formalen Elementen unverrückbar anhaftet, sondern eine soziale Konvention, die sozial veränderlich ist. Es ist demnach durchaus möglich, erneut Säulengänge und Monumentalbauten wie in Grassis Studentenwohnheim zu bauen: Wenn dort anstelle von bedrohlichen SS-Gestalten in braunen Ledermänteln und Schaftstiefeln lässige junge Leute in offenen Baumwollhemden und Jeans umherlaufen, kann die Bedeutung des Totalitären von den Bauformen abfallen wie eine alte ausgetrocknete Schale.

Auch muß der Begriff »Machtarchitektur« klargestellt werden. Es gibt Architektur, die Macht repräsentiert: das Schloß drückt die Macht des Schloßherrn aus, die Kathedrale jene der Kirche, der Versicherungsbau jene des Konzerns und das Regimegebäude jene des Tyrannen. Alle Arten von Machtrepräsentation trotz ihrer offenkundigen Unterschiedlichkeit in einen Topf werfen hieße, ausgesprochen schwarzweiß zu denken; sie tout court abzulehnen, das gebrannte Kind mit dem pseudofortschrittlichen Bad auszuschütten. Schließlich gibt es auch eine Macht, die aus dem Volk kommt, und sie ist es wohl wert, architektonisch dargestellt zu werden.

Die Frage ist also, was mit den neuen rigoristisch-monumentalen Bauten ausgedrückt wird: Repressives oder Demokratisches? Das ostentative Desinteresse, das die großen Auftraggeber aus Wirtschaft und Industrie der aufkeimenden Tendenz entgegenbringen, macht sie über den Verdacht opportunistischer Kapitalistenfreundlichkeit erhaben. Auch scheint zweifelhaft, ob in weitgehend demokratischen Staaten die – gewiß vorhandenen – totalitär ausgerichteten Kräfte heute soweit vordringen können, einen baulichen Ausdruck zu fordern und zu erhalten. Zudem ist das vielfach und überzeugend vorgetragene progressive politische Engagement der Protagonisten der neuen Architektur Pfand ihrer intellektuellen Redlichkeit. Bleibt der diffuse Vorwurf des Ordnungszwangs: Geometrien, Symmetrien, Achsen und mathematisch berechenbare Proportionen würden ein krankhaftes Bedürfnis nach Sicherheit verraten, dem im politischen Bereich der demagogische, reaktionäre Ruf nach Recht und Ordnung (natürlich durch mehr Polizeigewalt) entspräche. Doch schon Ludwig Mies van der Rohe sagte über die eigene Architektur: »Der lange Weg vom Material durch Funktion zu schöpferischer Arbeit hat nur ein einziges Ziel: Ordnung zu schaffen in der verzweifelten Verwirrung unserer Zeit. ... Mehr wollen wir nicht; mehr können wir nicht.«[197] Diese Worte sprach er 1938 in den Vereinigten Staaten von Amerika; aus dem nationalsozialistischen Deutschland war er emigriert.

Es gibt auch Architektur, die Macht ausübt. Das Beispiel par excellence: der von Speer auf Wunsch Hitlers geplante Weg für die ausländischen Gesandten innerhalb des neuen Führerpalastes am Königsplatz in Berlin, ein halber Kilometer von Korridor zu Korridor, von Galerie zu Galerie und von Saal zu Saal, durch riesenhafte, Menschen zu Zwergen erniedrigende Türen (in der Neuen Reichskanzlei an der Voßstraße war die Raumsequenz »nur« 220 Meter lang). Nach dem schier endlosen Marsch wären die Botschafter und Konsuln eingeschüchtert, gedemütigt und buchstäblich erschöpft vor dem Führer erschienen; und genau das war beabsichtigt.

Das ist ein Paradefall, oft und gern mit erhobenem Zeigefinger zitiert: So nicht. So nicht was? Nicht die Zwangsführung und nicht

128 Albert Speer. Neue Reichskanzlei, Berlin. 1937–1939. Erweiterungsbau. Aufnahme 1938.

129 Gian Lorenzo Bernini, Petersplatz, Rom. 1656 ff. Kolonnade.

die geometrische Wiederholung und nicht die große Dimension. In der Kombination entsteht tatsächlich gebaute Unmenschlichkeit. Ist aber die Zwangsführung des Gassenlabyrinths einer mittelalterlichen Stadt wie Siena oder Rothenburg ob der Tauber abzulehnen? Oder die geometrische Wiederholung eines griechischen Tempels? Oder die große Dimension eines barocken Platzes, etwa des Petersplatzes in Rom? Zu allen drei baulichen Gattungen pilgern Jahr für Jahr Tausende von Touristen, und zwar allein um des Vergnügens willen, Architektur (»menschliche« Architektur) zu erleben. Von Unterdrückung, von Machtausübung, von Faschismus zu sprechen, fällt niemandem ein.

Sind einmal diese geläufigen Vorurteile aus dem Weg geräumt, vermag man weiterzuforschen und, gleichermaßen als Retourkutsche, noch geheiligtere Architekturfesten anzugreifen. Was ist unmenschlicher: der gesichtslose Container mit einem Fensterband rundherum und völlig flexibler Nutzung des mit pflegeleichtem Teppichboden ausgelegten Großraums oder die individuell geprägte Architektur, welche Wegführung, Funktion und Atmosphäre definiert und mit architektonischen Mitteln zur Darstellung bringt? Die überspannten Stückwerke im Fahrwasser des Expressionismus, die sich von der theoretischen Grundlage und geschichtlichen Einsichtigkeit ihrer Vorbilder gelöst haben und die Benutzer wie Marionetten zwischen den Mäandern aufgeregter Kulissen lenken, oder die schlicht geometrischen Anlagen einer logisch konstruierten Architektur, die Mannigfaltigkeit nur innerhalb einer Regel, einer (beruhigend) spürbaren Ordnung entfalten? Die pusseligen, gemütlichen Wohnzimmer standardisierter Fertighäuser, mit Holztäfelung und pseudoschmiedeeisernen Gittern aus Kunststoff, oder die großzügigen, neutralen, leicht unterkühlten Räume eines human interpretierten architektonischen Rationalismus?

Solcherlei vermag nicht »an sich«, als rein architektonisches Problem behandelt zu werden; es sind gesellschaftliche Fragen, die historisch beantwortet werden müssen. Dabei fordert die Ambivalenz der Beziehung zwischen gebauter Form und politischer Ideologie erneute Aufmerksamkeit. Nur ein Beispiel soll die Notwendigkeit der unentwegten Überprüfung verdeutlichen: Die Frankfurter Siedlungen, die Ernst May in den zwanziger Jahren realisierte, waren einem tiefen sozialen Engagement und einer politisch fortschrittlichen Haltung verpflichtet. Im Gegensatz dazu verbarg sich hinter der oberflächlich analogen Formensprache zahlreicher Wohnungsbauvorhaben aus der Nachkriegszeit, welche flugs die philo-

130   Ernst May. Siedlung Praunheim, Frankfurt am Main. 1927–1930. Aufnahme um 1934.

131   Moskau. Neubauten um 1928.

sophische Rationalität ihrer Vorbilder in den Wirtschaftsbegriff der Rationalisierung übersetzten, menschenverachtende Profitgier und zynische Spekulation.

Die Parabel der sowjetischen Architektur 1917–1930

Ein kurzer architekturgeschichtlicher Exkurs bietet einen Diskussionsbeitrag an. Nach der sozialistischen Oktoberrevolution von 1917 formierte sich in der jungen Sowjetunion die Architekturbewegung des Konstruktivismus. Sie ging auf Experimente zurück, die bereits einige Jahre zuvor in der bildenden Kunst durchgeführt worden waren, und wandte sich, als avantgardistische Phalanx der internationalen »Modernen Bewegung«, gegen Historismus, Eklektizismus und Monumentalismus. Diese Architekturstile, hieß es, seien in rückschrittlichen, überkommenen sozialen Systemen entstanden und brächten entsprechend rückschrittliche und überkommene Haltungen zum Ausdruck. Eine neue Gesellschaft aber brauche neue Formen. Auf deren Suche orientierten sich die konstruktivistischen Architekten – darunter Wladimir Tatlin, Alexander Wesnin und Moisei Ginsburg – an der Ästhetik der Technik: Ihre kargen, aggressiven Projekte leiteten sie gestalterisch nahezu ausschließlich aus den modernen Materialien und Konstruktionen ab. »Nieder mit der Kunst! Lang lebe die Technik!« Und: »Ingenieure, erschafft neue Formen!«[198]

Doch waren die Konstruktivisten mitnichten die einzigen, die den Anspruch erhoben, ihre Architektur mit den Bedürfnissen der neuen sowjetischen Gesellschaft zur Deckung zu bringen. Bereits unmittelbar nach der Revolution versuchten traditionalistische und akademische Architekten, einen »proletarischen Stil« zu entwickeln; allerdings nicht aus der Maschinenwelt, sondern aus der Baugeschichte. Einer der exponiertesten war Iwan Fomin, der aus den klassischen Säulenordnungen die einfachste und pathetischste auswählte, um sie zur »roten Dorik« zu deklarieren. Der Sozialismus sollte eine monumentale architektonische Inszenierung erfahren[199].

Um 1930 verschärfte sich die Debatte, und die akademische Architektur setzte sich zunehmend durch. Gewiß brauche die neue Gesellschaft einen neuen Baustil, räumte man ein; aber der Konstruktivismus prelle mit seiner esoterischen formalen Selbstkasteiung die Arbeiterklasse um künstlerische, ästhetische und emotionale Werte, die ihr zustünden. Indem er ihr das Monument verweigere,

132   Iwan Fomin. Wohngebäude der Angestellten der GPU (politische Polizei),
      Moskau. Aufnahme 1931.

übergehe er ein handfestes menschliches Bedürfnis und offenbare
eine letztlich borniert und reaktionäre Haltung. Gefordert wurde
in erster Linie ein sozialistischer Realismus, dessen drei Grundei-
genschaften auch in der Architektur als das Typische, das Parteiliche
und das Volkstümliche festgelegt wurden. Er sollte die neuen gesellschaftlichen Verhältnisse wirklichkeitsgemäß (»realistisch«) widerspiegeln. In seinem Rahmen entstanden die heroischen neoklassizistischen Bauten, die, von Art-Déco-Anwandlungen keineswegs
frei, das Bild der großen Städte der UdSSR bestimmten.

   Die Ursache für diese Wende der sowjetischen Architektur wird
gewöhnlich im Stalinismus gesehen (Trotzki war 1929 aus der
UdSSR ausgewiesen worden, die Große Säuberung sollte 1934 ein-

setzen) und demnach als Rückschritt tituliert. Tatsächlich sind ihre architektonischen Kristallisationen weitgehend eintönig und nicht selten qualitätslos: das eine läßt sich auf die von Stalin erzwungene politische »Gleichschaltung« zurückführen, das andere auf die Schwerfälligkeit und Korruptheit seines bürokratischen Apparats. Dennoch gebührt dem theoretischen Gedanken, der sich unter den manchmal rührenden, manchmal grandiosen klassizistischen Fassaden verbirgt, durchaus Aufmerksamkeit. Der architektonische Realismus in der Sowjetunion bemühte sich um eine Baukunst, die das kollektive Leben widerspiegelt; die dafür auf Grund logischer und rationaler Verknüpfungen eine allen gemeinsame Sprache entwickelt und mehr Wert auf Verständlichkeit als auf augenfällige Neuerungen legt; die eine Monumentalität ohne Emphase und ohne Effekthascherei sucht, nicht als Demonstration einer willkürlichen Macht, sondern einer, die aus dem Volk kommt und sich für das Volk darstellt.

In diesem Licht erhält die Parabel der sowjetischen Architektur zwischen 1917 und 1930 eine neue Aktualität, weil sie zum Verständnis – und zur geschichtlichen Relativierung – des gegenwärtigen Geschehens beiträgt.

Erregende Zukunftsaussichten

Der lediglich angedeutete, nahezu ketzerische Abbau architekturideologischer Allgemeinplätze eröffnet erregende Aussichten. Denn wenn man erkannt hat, daß die Belegung von bestimmten Formen mit bestimmten Bedeutungen kein unverrückbares, schicksalshaftes Faktum ist, sondern nur die Phase eines historischen semantischen Prozesses, der weitergeht und beeinflußbar ist; wenn man erkannt hat, daß der Begriff »Machtarchitektur« stets kritisch überdacht werden muß, weil mit Eisenträgern oder Pilotis genauso Zwang ausgeübt werden kann wie mit Säulen; wenn man, mit anderen Worten, erkannt hat, daß die Formen an sich nie gut oder schlecht sind, sondern immer nur die Art und Weise ihrer spezifischen Verwendung, fallen manche Tabus. Die formale Selbsteinschränkung, welche die Architektur in den letzten Jahrzehnten bis zur Langeweile geübt oder übertrieben gestikulierend verworfen hat, wird gegenstandslos. Ihre verbrauchte Sprache kann sich bereichern, kann neue alte Vokabeln aufnehmen, kann sich weiterentwickeln. Ihre Haltung vermag sich zu erneuern.

Mitnichten im Sinn eines disziplinlosen Eklektizismus, dem unvermittelt mehr Formelemente zur Verfügung stehen, die beliebig verwendet werden können, um eine fragwürdige Ausdrucksvielfalt zu erzeugen. Auch nicht im Sinn einer Mode, die ebenso euphorisch wir kurzlebig verkündet, heute trage man in der Architektur wieder Säulen. Sondern als gründliche, gewissenhafte Auseinandersetzung mit Proportionen, mit Rhythmen, mit Typologien. Mit Regeln. Mit Ordnungen. Mit Geometrien.

Die Baugeschichte wird nicht zum Selbstbedienungsladen, sondern zum Repertoire an Erfahrungen, aus denen unbefangen, aber keineswegs unbedacht geschöpft wird, um nicht ständig beim Punkt Null zu beginnen. Die Tradition nicht zum Käfig, in dem man sich zurückzieht, um ja nichts falsch zu machen, sondern zu einer gedanklichen Stütze, um reflektiert zu Neuem vorzudringen. Entwerfen nicht zur Frage eines augenblicklichen Einfalls, eines zufälligen Musenkusses, sondern zu einer rationalen Verarbeitung der vielen Facetten von Architektur. Menschlichkeit nicht zu einem bequemen Alibi für nachlässiges laissez-faire und törichtes Versteckspiel vor der Verantwortung, sondern zum Mut zu einer Haltung, die sich radikal zu Werten bekennt. Architektur schließlich nicht zu einem arbiträren Spiel mit albernen Effekten, sondern, zu ihren archetypischen Urgründen zurückgeführt, zu einem Element der Ruhe.

Wenn es gelingt, die neuen realistischen Tendenzen im Bauen in diesem Sinn zu nutzen, geht es einer historisch bewußten, aber nicht historistischen, formal bewußten, aber nicht formalistischen, menschlich bewußten, aber nicht anbiedernden Architektur entgegen.

Und das, so scheint es, ist alles andere als »faschistisch«.

Die entnazifizierte Baugeschichte
Architektur im nationalsozialistischen
Deutschland und im faschistischen Italien

»Anstatt nämlich zu fragen: wie steht ein Werk zu den Produktionsverhältnissen der Epoche? Ist es mit ihnen einverstanden? Ist es reaktionär, oder
strebt es ihre Umwälzung an, ist es revolutionär? Anstelle dieser Frage, oder
jedenfalls vor dieser Frage, möchte ich eine andere Ihnen vorschlagen. Also
ehe ich frage: wie steht ein Werk zu den Produktionsverhältnissen der Epoche, möchte ich fragen: wie steht es *in ihnen?*«
Walter Benjamin, *Der Autor als Produzent*, 1934[200].

Was sich eingrenzen, spezifizieren und etikettieren läßt, scheint ein
für allemal erledigt. Dies trifft mit besonderer Schroffheit für das tief
beunruhigende Phänomen des deutschen Nationalsozialismus zu,
das gerne als einmaliger, isolierter Betriebsunfall deutscher
Geschichte dargestellt wird, schlagartig entfesselt und nach dreizehn
Jahren ebenso schlagartig beseitigt. Für den italienischen Faschismus gilt grundsätzlich das gleiche. Der Schrecken über dieses Stück
europäischer Geschichte geht dank der solcherlei eingeschränkten
Sicht der Dinge über in Erleichterung: Es war schlimm, aber nun ist
alles Gott sei Dank vorbei.

Solcherlei verharmlosende Sichtweisen von Nationalsozialismus
und Faschismus suchen mit Vorliebe Bestätigung in deren äußeren
Erscheinungsformen: zum Beispiel in der Architektur. Gebautes ist
sichtbar, anfaßbar; das Böse wird anschaulich. Damit es auch über-
schaubar und begrenzbar wird, wird der Mythos einer »faschistischen« oder »nationalsozialistischen Architektur« beschworen, die
sich politisch und dadurch zeitlich, geographisch, personell und
stilistisch definieren läßt. Diese Auffassung ist töricht und irreführend; vor allem aber ist sie historisch falsch[201].

Die italienische »Moderne« als gescheiterte
Regimearchitektur

Zunächst zur letzteren Definition, der stilistischen. Sie identifiziert
die architektonische Darstellung der totalitären Regierungen der
zwanziger und dreißiger Jahre mit dem neoklassizistischen Stil:

Strenge geometrische Ordnungen, klar geschnittene, schwere Volumina, hohe Säulenreihen und rhythmische Sequenzen gleicher Fenster spiegeln angeblich die politischen Ideale von Faschismus und Nationalsozialismus wider. Die Autorität der geschichtlichen Form soll jene des Staates stützen.

Eine so simple Parallelsetzung von architektonischer Form und ideologischem Inhalt läßt sich, so einleuchtend sie auf den ersten Blick auch erscheint, nirgends wiederfinden. Besonders typisch ist der Fall Italien.

Benito Mussolini entdeckte bereits kurze Zeit nach dem Marsch auf Rom (den er übrigens im Schlafwagen zurücklegte) die Eignung des antiken Römischen Imperiums und dessen baukünstlerischer Zeugnisse als anschauliche Legitimation für sein abenteuerlich instauriertes Regime. Zwischen 1924 und 1938 unterstützte er zahlreiche archäologische Eingriffe in Rom und Umgebung, um die Spuren der vergangenen Größe, auf die er sich bezog, offenzulegen. Ansonsten wußte die italienische faschistische Regierung kaum, was sie im kulturellen Bereich eigentlich wollte; dies gestattete bis tief in die dreißiger Jahre die Entwicklung der rationalistischen Moderne neben dem Eklektizismus und dem Neoklassizismus. Als 1928 die Erste Ausstellung der Rationalen Architektur in Rom stattfand, genoß sie die Schirmherrschaft der Faschistischen Gewerkschaft der Architekten; und als drei Jahre später, wiederum in Rom, die Zweite Ausstellung der Rationalen Architektur in der Galerie von Pietro Maria Bardi gezeigt wurde, war es Mussolini selbst, der den Eröffnungsvortrag hielt. Am selben Tag wurde dem Duce das Manifest für die Rationale Architektur feierlich übergeben. Darin hieß es unter anderem: »Die Architektur der Zeit von Mussolini muß den Eigenschaften der Männlichkeit, der Kraft, des Stolzes der Revolution entsprechen. Die alten Architekten sind Wahrzeichen einer Impotenz, die uns nicht paßt... Wir erbitten das Vertrauen von Mussolini, damit er uns Gelegenheit zu bauen gibt. Wir sind 50 junge Leute, die mitten im Unverständnis und in der systematischen Opposition jener, die Geschäfte nicht abgeben wollen, in vier Jahren sechs Häuser realisiert haben... Um eine architektonische Erneuerung zu bewirken, ist es notwendig zu bauen. Man glaube nicht, es gehe uns darum, zu verdienen, sondern wir tun es nur, um eine faschistische Idee auszudrücken.«[202] Zur Gruppe, die hinter diesem rüden Pamphlet stand, gehörten die wichtigsten Exponenten der italienischen sachlichen »Moderne«: Adalberto Libera, Luigi Figini, Gino Pollini, Giuseppe Terragni. Es ist kein Zufall, daß einer der bemerkenswertesten Bauten des italienischen Rationalismus, inzwischen verschämt in Casa del Popolo umgetauft, ursprünglich Casa del Fascio hieß und von Terragni in Como 1932–1936 als eleganter theatralischer Rahmen für faschistische Massenveranstaltungen errichtet wurde.

In der Tat sah es lange Zeit aus, als würde jene »arte di stato«, die ausgerechnet der avantgardistische Kunst- und Architekturkritiker Bardi in unmittelbarem Zusammenhang mit der Zweiten Ausstellung der Rationalen Architektur in seinem polemischen *Rapporto sull'Architettura (per Mussolini)*[203] gefordert hatte, die Architektur der »Modernen Bewegung« werden. Man stand nicht an, ihre »italianità« zu preisen (obwohl der neue Stil ganz offensichtlich aus Deutschland und aus Frankreich importiert war), und wurde ebensowenig müde, ihren »mediterranen Charakter« zu betonen, um sie über diesen fragilen Umweg für die eigene nationale kulturelle Tradition beanspruchen zu können. Bereits an der Planung der Città Universitaria in Rom (1932–1935), die pikanterweise der umstrittene Marcello Piacentini koordinierte, waren neben Konservativen auch Modernisten beteiligt. Und als 1933 die Architekten-

133   Marcello Piacentini und andere. Città Universitaria, Rom. 1932–1935.
       Aufnahme 1939.

gruppe um Giovanni Michelucci einen der wichtigsten und aufsehen-
erregendsten Wettbewerbe für öffentliche Gebäude, jenen für den
Hauptbahnhof Santa Maria Novella in Florenz, mit einem radikal
innovativen, sachlichen und abstrakten Projekt gewann, schien der
Sieg der italienischen architektonischen Avantgarde offiziell. 1935
schrieb der Kunsthistoriker Carlo Belli in seinem Buch *Kn*, einer
einflußreichen Programmschrift der abstrakten Kunst: »In der Politik existiert sie [die faschistische Epoche] mittlerweile: in der Architektur auch, obschon sich ihre Manifestationen außerhalb Italiens
befinden: Le Corbusier, Mies van der Rohe sind Architekten der
faschistischen Epoche.«[204] Erst in seinem letzten, überaus ehrgeizigen baulichen Vorhaben, dem Monumentalkomplex für die (nie
durchgeführte) Esposizione Universale Roma (E.U.R.) von 1942,
entschied sich das italienische faschistische Regime für die repräsentative Maske eines größtenteils ungelenken und protzigen Neoklassizismus.

Das Deutschtum des »neuen bauens«

Im »gleichgeschalteten« nationalsozialistischen Deutschland war
die Situation nicht viel anders: Aus dem politischen Vorbild Italien
wurde die ideologische und kulturelle Unentschlossenheit übernommen. Die Mitgliedschaft in der Reichskammer der Bildenden
Künste etwa erforderte keine eindeutige stilistische Festlegung, so
daß Peter Behrens und Ludwig Mies van der Rohe Mitglieder bleiben konnten; lediglich Juden waren ausgeschlossen. Die Kulturpolitik des Nationalsozialismus schlug einen reaktionär-kompromiß-
lerischen Kurs ein und legte sich nicht fest.

Adolf Hitler hatte zwar bereits 1933 ziemlich unmißverständlich
erklärt, »daß unter keinen Umständen die Repräsentanten des Ver-
falles, der hinter uns liegt, plötzlich die Fahnenträger der Zukunft
sein dürfen«[205], und dabei ganz offensichtlich die Modernisten
gemeint; wenige Monate später aber hatte er einen »kristallklaren
Funktionalismus«[206] gefordert. Parallel dazu hatte sich Joseph
Goebbels als Förderer der künstlerischen Avantgarden präsentiert:
»Jedem wirklichen Künstler wird das Feld freigemacht.«[207] Dies
war, jenseits der bewußten Vagheit, nicht nur Demagogie; sein per-

134 Bruno Ernesto La Padula. Palazzo della Civiltà italiana. E.U.R., Rom. ▷
     1937–1942.

sönlicher Geschmack neigte zum Expressionismus, und einer seiner nächsten Mitarbeiter im Propagandaministerium war Hans Weidemann, ein junger expressionistischer Maler, der Mitte 1933 Arbeiten von Ernst Barlach und Emil Nolde für die Ausstellung Deutscher Religiöser Kunst im Rahmen der »Century of Progress Exposition« in Chicago auswählte[208].

Goebbels, der parallel zur politischen »nationalsozialistischen Revolution« eine kulturelle »geistige Revolution« beschwor[209], fand sich mit seiner progressistischen Auffassung sofort in offener Kontroverse mit Alfred Rosenberg, dem reaktionären Verfasser des sinistren Buchs *Der Mythos des 20. Jahrhunderts*[210]. Dessen Kampfbund für Deutsche Kultur stellte Goebbels die Reichskulturkammer gegenüber und amtierte selbst als Präsident.

Da er dabei die »neue« deutsche Kunst als »sentimentalitätslos sachlich« definierte[211], sahen sich die Anhänger einer sachlichen Architektur ermutigt, bei ihm um Gunst zu buhlen und ihm ihre Projekte anzudienen. Mit kühner Argumentation schilderte der Avantgardist Wassili Luckhardt 1933 die neue rationalistische Architektur als Verkörperung von Arthur Moeller van den Brucks »preußischem Stil«[212]. Ebenfalls 1933 schrieb der junge Modernist Max Cetto: »Gewiß aber ist, daß kraft ihrer dem individuellen Idyll abholden Sachlichkeit, kraft ihrer heroischen Schlichtheit, kraft ihrer konstruktiven Glut und am meisten kraft der Unerbittlichkeit und Reinheit ihres Formwillens gerade die radikale Architektur Ihren... Worten kongenial, Herr Minister, dazu fähig sein könnte, das steinerne Denkmal einer kühnen deutschen Staatskunst für die Jahrhunderte zu bilden.«[213] Und Martin Elsässer, der zusammen mit Ernst May als Stadtbaurat am sozialdemokratischen »Neuen Frankfurt« gearbeitet hatte, erläuterte in einer Denkschrift für Mussolini: »Je natürlicher, sachlicher und gründlicher die moderne architektonische Formgebung sich aus ihren natürlichen Elementen entwickkelt, desto überzeugender, desto echter und charakteristischer wird auch die nationale Prägung des Stils werden. Das wahrhaft fascistische Element scheint mir darin zu liegen, daß im Wesen der modernen Architektur natürliche Eigenschaften wie Wahrheit, Echtheit, Einfachheit, Ordnung, Disziplin und Konsequenz liegen, lauter Eigenschaften, die auch dem Fascismus eigentümlich sind. Wenn also ein Bau in richtig verstandener Weise modern gestaltet wird, so wird er ganz von selbst in einem höheren Sinne fascistischen Charakter erhalten.«[214] Wenige Monate darauf gab er vor römischen Architekturstudenten seiner Hoffnung Ausdruck, »daß die Voraussetzungen, die den modernen Gestaltungsmitteln und Möglichkeiten dienen, auch in Deutschland durch die Volksbewegung ihre Prägung, ihre Vertiefung, ihren ethischen und pathetischen Schwung über das bloß Zweckhaft-Logische hinaus erfahren werden.«[215]

Ein Jahr später hatten die Vertreter der »Moderne« ihre Hoffnungen immer noch nicht aufgegeben. Hugo Häring, der Begründer des funktionalistischen organhaften Bauens, plädierte »Für die Wiedererweckung einer deutschen Baukultur«, betonte die nationalistische Wurzel des Deutschen Werkbunds und setzte das »neue bauen« mit einem »deutschen Stil« gleich[216]. Martin Wagner, der bis 1933 Stadtbaurat in Berlin gewesen war und dort konsequent die sachliche Architektur gefördert hatte, griff das Thema der »nationalsozialistischen Revolution« wieder auf und zog Parallelen zur »architektonischen Revolution« des »neuen bauens«[217]. Selbst Walter Gropius schrieb im März 1934 an den Vorsitzenden des Bunds Deutscher Architekten, Eugen Hönig, seit 1933 Präsident der Reichskammer der Bildenden Künste, um ihn auf das Deutschtum der rationalistischen Architektur aufmerksam zu machen. »Es wäre ein Unglück für die deutsche Kultur, wenn unsere neue deutsche Baubewe-

135   Hugo Häring. Bebauung des Prinz-Albrecht-Garten, Berlin. Projekt 1924.

BEBAUUNG der PRINZ ALBRECHT GARTEN

235

gung ... für Deutschland verloren gehen soll ... Es widersteht meiner Natur eigentlich durchaus, lieber Herr Professor Hönig, mich negativ äußern zu müssen, aber es ist die natürliche Folge dessen, daß meine eigene Heimat das Positive in mir gewaltsam von außen unterdrückt. Sie fordern den deutschen Menschen. Ich fühle mich sehr deutsch ...«[218]

Die »Rückwärtse« preschen vor

Neben den Protagonisten der »Modernen Bewegung« sahen jene einer eher traditionell orientierten Baukunst die Chance, zu Repräsentanten des nationalsozialistischen Regimes auserkoren zu werden. Die Wurzeln ihrer romantisierenden Haltung reichten zurück bis zu dem Bund »Heimatschutz«, den der Maler, Architekt und Publizist Paul Schultze-Naumburg 1904 gegründet hatte; sie vertraten eine *Kunst aus Blut und Boden* (so lautete der Titel eines 1934 erschienenen Buchs von Schultze-Naumburg[219]) und bekämpften (in fataler Verkennung der wirklichen Frontenbildung, wie sich später zeigen sollte) vor allem die Rationalisten.

Besonders heftig gebärdete sich Paul Schmitthenner, der stark nationalistisch orientierte ideologische Kopf der konservativen Stuttgarter Schule, der in den zwanziger Jahren mit einer Reihe schlichter, biedermeierlich inspirierter Bauten hervorgetreten war[220]. 1933 verteidigte er anläßlich einer öffentlichen Debatte des Kampfbunds die »Traditionen um 1800« als einzige »wahre deutsche Kunst« und trug das »Gleichnis des unbekannten Steinmetzen« vor, eine schamlos opportunistische Hommage an Hitler[221]. Ein Jahr später bezeichnete er im Buch *Die Baukunst im neuen Reich* die »neue Sachlichkeit« als den »letzten geilen Trieb am überdüngten Baume der deutschen Baukunst« und schloß mit aggressivem Selbstvertrauen: »Diese Bauten der ›neuen Sachlichkeit‹ in ihrer blutlosen und scheinbaren Maschinenreinlichkeit, bei denen der Wille zur Sachlichkeit prostituiert, werden im neuen Reich nicht mehr entstehen können.«[222]

Dabei täuschte er sich allerdings. In Wirklichkeit sollte im »neuen Reich« die sachliche Architektur für den Industriebau weiterhin geduldet werden, was die Werke von Architekten wie Herbert Rimpl (einem ehemaligen Assistenten von Gropius, der 1936 als Leiter der entsprechenden Bauabteilung die Heinkel-Flugzeugwerke in Oranienburg baute und von 1939 an die Stadt der Her-

136 Paul Schmitthenner. Gartenstadt Staaken, Berlin. 1914. Straße »Zwischen den Giebeln«.

mann-Göring-Werke, das heutige Salzgitter, als Chefarchitekt plante und realisierte), Hermann Brenner und Werner Deutschmann (die 1939 die Staatliche Deutsche Versuchsanstalt für Luftfahrt in Berlin-Adlershof errichteten) oder Fritz Schupp bezeugen. Außerdem sollte sich Hitler, von den plumpen Schmeicheleien unbeeindruckt, 1934 in einer seiner Kulturreden auf den Nürnberger Reichsparteitagen gegen die traditionalistischen »Rückwärtse« verwahren, »die meinen, eine ›teutsche Kunst‹ aus der krausen Welt ihrer eigenen romantischen Vorstellung der nationalsozialistischen Revolution als verpflichtendes Erbe für die Zukunft mitgeben zu können«; überraschend schloß er, an die »Völkischen« gewandt: »Eure vermeintliche gotische Verinnerlichung paßt schlecht in das

237

137   Herbert Rimpl. Heinkel-Werke, Oranienburg. 1936 ff. Montagehallen.

Zeitalter von Stahl und Eisen, Glas und Beton.«[223] Damit waren Schultze-Naumburg, Schmitthenner und Kollegen erst einmal aus dem Spiel, und ihre regressive Heimatstil-Architektur wurde in der Folgezeit nur im Wohnungsbau toleriert.

Klassizistische Inszenierung staatlicher Gewalt: weltweit

All dies darf freilich nicht darüber hinwegtäuschen, daß sowohl im faschistischen Italien wie auch im nationalsozialistischen Deutschland der überwiegende Teil der repräsentativen Architektureingriffe der staatlichen Gewalt tatsächlich im Stil des Neoklassizismus durchgeführt wurde. In Italien arbeitete sich Marcello Piacentini, ein ebenso begabter wie opportunistischer Eklektiker, geschickt zu so etwas wie einem Regime-Architekten hoch und überzog in Kürze nahezu das gesamte Land mit überdimensionalen Bogenreihen, elegant historisierenden Arkaden und Türmen in Form von Liktoren-Bündeln. Um ihn gruppierten sich die italienischen akademischen Architekten: Armando Brasini, Arnaldo Foschini, Bruno Ernesto La Padula, Paolo Mezzanotte, Giovanni Muzio, Piero Portaluppi.

In Deutschland folgte auf Paul Ludwig Troost, erster »Baumeister des Führers«, der junge Albert Speer, der den Ambitionen des Möchtegern-Künstlers Hitler (»Wenn Deutschland nicht den Weltkrieg verloren hätte, wäre ich nicht Politiker, sondern ein berühmter Architekt – eine Art Michelangelo«[224]) zu einer ebenso hölzernen wie megalomanen neoklassizistischen Erfüllung verhalf. Ihm standen unter anderen German Bestelmeyer, Werner March, Wilhelm Kreis und Ernst Sagebiel zur Seite.

Die Wahl des klassizistischen Architekturstils war dabei alles andere als zufällig. Der Rückgriff auf Bauformen historischer, »legitimer« Herrschaftsstrukturen sollte die bestehenden Machtkonstellationen rechtfertigen und die Willkür ihres Totalitarismus mit einer Aura »klassischer« Respektabilität versehen. Die Großartigkeit, die Monumentalität und der Pomp der Architektur hatten die Schäbigkeit der dahinterstehenden Regierungen ebenso notdürftig wie oberflächlich zu kaschieren. Die bewußt eingesetzte Überdimensionalität wurde zum architektonischen Mittel, um die Macht einer fragwürdigen »Gemeinschaft« hochtrabend zu inszenieren. Diesen letzten Anspruch brachte Hitler in seiner Kulturrede auf dem

138   Albert Speer. »Große Halle«, Berlin. Projekt 1938.

Reichsparteitag 1937 deutlich zum Ausdruck: »Die Gegner werden es ahnen, aber vor allem die Anhänger müssen es wissen: zur Stärkung dieser Autorität entstehen diese Bauten!... Denn gerade sie werden mithelfen, unser Volk politisch mehr denn je zu einen und zu stärken, sie werden gesellschaftlich für die Deutschen zum Element des Gefühls einer stolzen Zusammengehörigkeit, sie werden sozial die Lächerlichkeit sonstiger irdischer Differenzen gegenüber diesen gewaltigen gigantischen Zeugen unserer Gemeinschaft beweisen, und sie werden psychologisch die Bürger unseres Volkes mit einem unendlichen Selbstbewußtsein erfüllen, nämlich dem: Deutsche zu sein!«[225]

Doch war das stilistische Phänomen durchaus nicht auf die beiden Länder Italien und Deutschland beschränkt: Auch die geographische Definition greift nicht. Der Neoklassizismus erlebte in den späten zwanziger, in den dreißiger und in den vierziger Jahren nahezu allerorten einen bemerkenswerten Aufschwung. In bürgerlich-demokratisch regierten Ländern wie Schweden, Norwegen und Finnland, aber auch in Frankreich und in den Vereinigten Staaten von Amerika entstanden zahlreiche Repräsentationsbauten, die sich der neoklassizistischen Formensprache für die mise en scène nichttotalitärer und nicht-autoritärer Staatsgewalt bedienten. Der Stil war somit weder örtlich noch national begrenzt und besaß eine eigene kulturelle Autonomie[226].

Avantgardistische Gute und traditionalistische Böse?

Ebensowenig tragfähig wie die stilistische oder die geographische Eingrenzung einer »faschistischen« oder »nationalsozialistischen Architektur« ist jene, die nach Personen vorgeht. Dennoch gibt es kaum ein architekturhistorisches Märchen, welches verbreiteter und beliebter ist als jenes von den politisch fortschrittlichen Modernisten und den politisch rückschrittlichen Traditionalisten. Progressive Architektur ist gleich progressive Ideologie, konservative Architektur ist gleich konservative Ideologie. Es geht so schön einfach zu wie in einem Wildwest-Film: Die avantgardistischen Architekten sind die Guten, die traditionalistischen die Bösen.

Auch diese Etikettierung versagt. Für Italien ist es offensichtlich: Nahezu ausnahmslos alle rationalistischen Architekten waren wenigstens eine Zeitlang Mitglieder der Faschistischen Partei oder standen ihr nahe. In dieser Hinsicht unterschied sich die politische Position von Terragni nicht von jener von Piacentini; oder allenfalls dadurch, daß der erste aus Überzeugung in der Partei war und der zweite aus Berechnung.

Die deutsche Architekturgeschichte ist gründlicher »entnazifiziert« worden und war auch von vornherein politisch und ideologisch verhedderter: Ihre Entwirrung steht noch aus. Immerhin lassen sich sowohl die Verteufelung der Traditionalisten als auch die Mythisierung der Modernisten in einem fragmentarischen Rückblick schlaglichtartig relativieren.

Zunächst die »Bösen«. Paul Schmitthenner trat 1933 auf Betreiben von Schultze-Naumburg in die Nationalsozialistische Partei ein. Als ihm jedoch der Kampfbund für Deutsche Kultur 1933 mit einer Hetzkampagne gegen Bruno Paul und Hans Poelzig das Direktorat der Vereinigten Staatsschulen für freie und angewandte Kunst (der früheren Akademie für bildende Künste) in Berlin freimachte, lehnte er die Stelle ab; dies hatte zur Folge, daß er daraufhin keine offiziellen Bauaufträge des Regimes mehr erhielt. Die Planung für den Deutschen Pavillon auf der Brüsseler Weltausstellung von 1935, die ihm Anfang 1934 von Hönig übertragen worden war, wurde ihm kurz darauf sogar wieder entzogen[227].

Paul Bonatz, zusammen mit Schmitthenner einer der Protagonisten der reformistischen Stuttgarter Schule, war nach der Novemberrevolution Delegierter des Rats der Geistigen Arbeiter sowie Mitglied des Vollzugsausschusses der Arbeiterräte und daraufhin einige Jahre lang Mitglied der SPD gewesen. 1933 hatte er den »Kulturbolschewisten« und »vaterlandslos gesinnten internationalen Defaitisten« (so ein Berliner Gerichtsurteil[228]) Bruno Taut, der sich auf der Flucht von Berlin in die Schweiz befand, bei sich als Gast aufgenommen, war deswegen denunziert und von der Gestapo verhört worden. Seit 1935 arbeitete er jedoch beim Bau der Reichsautobahnen mit Fritz Todt zusammen und 1939–1943 mit Speer an großen öffentlichen Projekten[229].

Heinrich Tessenow, die hervorragendste Figur des architektonischen Traditionalismus, welche die Formensprache des »Heimatstils« zu einer rigoristischen Synthese führte, war Anfang der zwanziger Jahre Mitglied der Novembergruppe, eines losen Zusammenschlusses radikaler Künstler, der sich 1918 in Berlin unter dem Eindruck der Novemberrevolution formiert hatte, zu seinen Architekten-Mitgliedern Walter Gropius, Erich Mendelsohn, Ludwig

139　Heinrich Tessenow. Innenansicht des Raumes der Olympischen Kunstausstellung von 1936.

Mies van der Rohe sowie Bruno und Max Taut zählte und 1933 von der NSDAP aufgelöst wurde. 1926 trat Tessenow als Gründungsmitglied des »Ring« auf, der progressivsten und kämpferischsten Architekturvereinigung Berlins. 1934 wurde er gezwungen, seine Lehrtätigkeit an den Vereinigten Staatsschulen für freie und angewandte Kunst aufzugeben. Während der gesamten nationalsozialistischen Zeit wurden seine Arbeitsmöglichkeiten stark eingeschränkt, und nicht einmal sein ehemaliger Schüler und Assistent Speer, der inzwischen zum Generalbauinspektor für die Neugestaltung der Reichshauptstadt ernannt worden war, vermochte ihm Aufträge zu vermitteln. Zwar übernahm Tessenow 1936 die Innenraumgestaltung der Olympischen Kunstausstellung in Berlin, doch der Wettbewerbsentwurf für ein Kraft-durch-Freude-Seebad auf Rügen, der im selben Jahr entstand, blieb auf dem Papier. Mit den darauffolgenden Projekten erging es ihm nicht besser. 1941 legte man ihm schließlich nahe, um seine Emeritierung von der Technischen Hochschule Charlottenburg zu bitten[230].

Auf der anderen Seite die »Guten«. Hugo Häring, der den Begriff des »neuen bauens« prägte und noch 1926 gegen Paul Schultze-Naumburg und seine gefährlichen »Kulturarbeiten« polemisiert hatte[231], grübelte bereits acht Jahre später, worin »die züchterische arbeit der germanischen rasse an den dargebotenen formwesen« wohl bestehen möge[232]. Da seine Überlegungen bei den Nationalsozialisten auf wenig Sympathie stießen, ging er in die »innere Emigration«, verließ jedoch Deutschland nicht. Richard Neutra, der zusammen mit Rudolf Michael Schindler schon sehr früh die architektonische »Moderne« in die Vereinigten Staaten von Amerika eingeführt hatte, äußerte gegenüber Philip Johnson, er wünschte, Hitler würde ihm einen Auftrag erteilen. Darauf aufmerksam gemacht, er sei ja Jude und Hitler verfolge Juden, entgegnete Neutra: »Ja, aber er baut Gebäude.«[233] Egon Eiermann, der dem »neuen bauen« stilistisch treu blieb, gestaltete maßgeblich die große nationalsozialistische Propagandaausstellung von 1937 »Gebt mir vier Jahre Zeit« in einem spätfuturistischen Duktus[234]; gleichzeitig entstand sein »Total«-Feuerlöschwerk in Apolda (Thüringen), dessen Stahlbetonskelett kühn zur Schau gestellt ist. Hans Scharoun, Vertreter einer eigenwilligen Spielart der organischen Architektur und überzeugter Gegner des Nationalsozialismus, blieb in Deutschland, wo er immerhin fünfzehn Privathäuser baute – mit heimattümelnden Satteldächern, unter welchen häretisch verschachtelte Grundrisse verborgen waren[235]. Fritz Höger, der die Hamburger Backsteintradition in ausdrucksvoll abgeklärter Strenge erneuerte, freute sich 1933, daß nun endlich die »Volksverrottung« und »Gesinnungspest« des »neuen bauens« ein Ende haben würde[236]. Im übrigen stand er nicht an, für die Zeitschrift des Kampfbundes deutscher Architekten und Ingenieure zu schreiben und, kräftig aus der nationalsozialistischen Phraseologie schöpfend, für den »deutschen Bau aus deutschem Blut« zu plädieren[237]. Nebenbei sammelte er Gegenstände »altgermanischen Geistes«.

Doch Höger stand dem architektonischen Expressionismus nahe, und der Expressionismus war in mancherlei Hinsicht von dem Nationalsozialismus nicht allzu fern[238]. Es war kein Lapsus, daß der Bildhauer und Architekt Bernhard Hoetger, der Schöpfer der exzentrischen Böttcherstraße in Bremen, 1935 in der SS-Zeitung *Das Schwarze Korps* gegen die jüdische Kunsthändlerclique polemisierte, die ihn angeblich boykottierte. Ein Jahr später arbeitete er zusammen mit Herbert Helfrich das megalomane Projekt eines Deutschen Forums aus, ein ungelenker Kultbau auf hakenkreuzför-

140   Egon Eiermann. »Total«-Feuerlöschwerk, Apolda, Thüringen. 1937.

141   Fritz Höger. Chilehaus, Hamburg. 1922/23.

migem Grundriß[239]. Daß sich eine derart peinliche Anbiederung nicht auszahlte, daß Hoetger auf den Seiten des gleichen *Schwarzen Korps,* das seine antisemitische Tirade abgedruckt hatte, anschließend heftig attackiert wurde, daß er Berufsverbot erhielt und von der Gestapo verhört wurde – all dies dementiert keineswegs die ideologische Verwandtschaft[240].

Diese Verwandtschaft bestand bei den Vertretern des »neuen bauens« nicht. Dennoch erlaubten sich nicht nur etliche seiner prominenten Protagonisten mehr oder weniger kleine politische Seitensprünge: Sogar die Galionsfigur der Bewegung war in ihrer Haltung nicht frei von Widersprüchen.

Der honorige Walter Gropius beteiligte sich im unheilvollen Jahr 1933 am engeren Wettbewerb für den Erweiterungsbau der Reichsbank in Berlin, hatte aber mit seinem eleganten sachlichen Vorschlag keinen Erfolg[241]. Noch 1934 richtete er (wie übrigens auch Mies van der Rohe) eine Abteilung der von der Deutschen Arbeitsfront (DAF) in Berlin organisierten Ausstellung »Deutsches Volk – Deutsche Arbeit« ein; der Auftrag war ein offizieller Parteiauftrag[242]. Im selben Jahr 1934 machte Gropius bei dem Ideenwettbewerb für ein Haus der Arbeit mit, ein nationalsozialistisches Heim der Volksgenossenschaft. Unter den nahezu 700 Teilnehmern befanden sich

142   Walter Gropius. Neubau der Reichsbank, Berlin. Projekt 1933.

auch Martin Elsässer, Walter Schwagenscheidt (der von 1959 an die Frankfurter Nordweststadt bauen sollte), Werner Gräff (der in den zwanziger Jahren Mitglied der Redaktion des avantgardistischen Blattes *G – Zeitschrift für elementare Gestaltung* und einer der Hauptpropagandisten der Stuttgarter Weißenhofsiedlung gewesen war), Otto Bartning (dessen schlichte Notkirchen beim westdeutschen Wiederaufbau nach 1945 eine wichtige Rolle spielen würden), Hans Schwippert (der 1948/49 mit dem Umbau der Pädagogischen Akademie zum Bundeshaus in Bonn die modernistische architektonische Repräsentation der jungen Bundesrepublik Deutschland verwirklichen sollte) und die Brüder Hans und Wassili Luckhardt (die das expressionistische Kristallhaus, das sie um 1920 in den verschiedensten Versionen gezeichnet hatten, einfach als nationalsozialistischen Kultbau wieder anboten). Auch nahm Adolf Abel an der Konkurrenz teil (der Architekt, der nach dem Zweiten Weltkrieg einen Großteil von Köln wiederaufbauen sollte), und zwar – in Vorwegnahme der Hoetgerschen Anbiederung – mit einem Gebäude in Hakenkreuzform. Gropius legte einen konsequent funktionalistischen Entwurf vor; doch im gleichermaßen naiven wie vergeblichen Versuch, das Wohlwollen der Auftraggeber zu wekken, zeichnete der Gründer und ehemalige Direktor des »linken« Bauhauses in seinem Schaubild aus der Vogelperspektive vier Fahnenstangen mit wehenden Hakenkreuzbannern. Sie sollten zeigen, daß die »moderne« Architektur durchaus auch nationalsozialistisch sein konnte[243].

Schließlich der künstlerisch radikalste unter den deutschen avantgardistischen Architekten des frühen 20. Jahrhunderts und eine der dominierenden Figuren der internationalen »Modernen Bewegung«: Ludwig Mies van der Rohe. Er war Mitglied der Novembergruppe gewesen und hatte 1926 das Denkmal für Karl Liebknecht und Rosa Luxemburg in Berlin gebaut. 1930 hatte er die Leitung des Bauhauses übernommen, das im April 1933 durch die Gestapo geschlossen wurde. Mies van der Rohe verhandelte mit den Nationalsozialisten, akzeptierte deren Bedingungen und erwirkte die Wiedereröffnung der Schule; daß diese letztlich nicht stattfand, lag an der Weigerung des Lehrkörpers und der Studenten, den als inakzeptabel empfundenen Kompromiß einzugehen. Im Mai 1933, dem Monat der öffentlichen Bücherverbrennung, traten eine Reihe prominenter Mitglieder der Preußischen Literaturakademie aus Protest zurück, darunter Thomas Mann und Alfred Döblin. Im selben Monat ersuchte Max von Schilling, Präsident der Preußischen

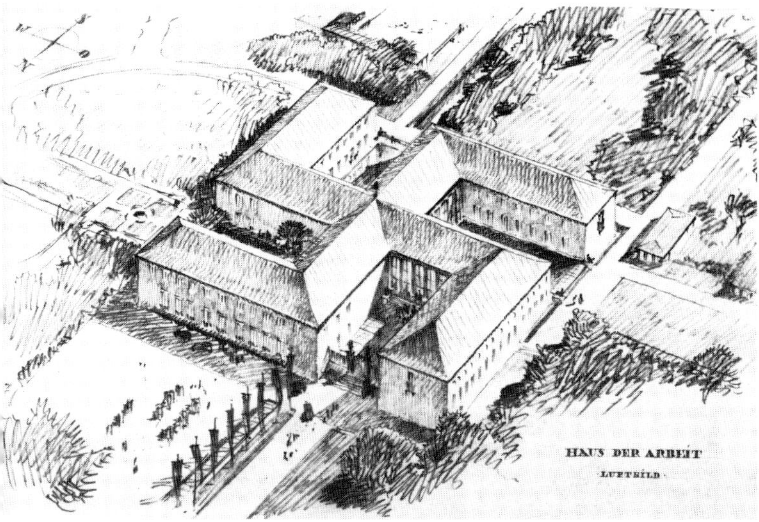

HAUS DER ARBEIT
LUFTBILD

43 Adolf Abel. Haus der Arbeit. Projekt 1934.

44 Walter Gropius. Haus der Arbeit. Projekt 1934.

131897

VOGELSCHAUBILD

INNENANSICHT DES GROSSEN SAALS

Akademie der Künste, jedes fortschrittliche Mitglied um seinen Rücktritt; Mies van der Rohe verweigerte ihn mit der Begründung, ein solcher Akt könne zu Mißverständnissen Anlaß geben. So blieb er bis 1937 einer Akademie verbunden, die mittlerweile die berüchtigte Ausstellung »Entartete Kunst« zu verantworten hatte. Im Juni 1933 unterschrieb er einen Aufruf, in welchem Paul Schultze-Naumburg alle Künstler und Intellektuelle aufforderte, Hitlers Regime und seine »völkische Kulturpolitik« zu unterstützen[244]. Ebenfalls 1933 nahm Mies van der Rohe am Reichsbankwettbewerb teil und gewann einen der sechs ex-aequo-Preise. Er war dabei in guter Gesellschaft: An dem Wettbewerb beteiligten sich, neben Walter Gropius, auch Richard Döcker, Otto Haesler, Hans Poelzig und Heinrich Tessenow (deren Arbeiten allerdings nicht prämiert wurden); und in der Jury befanden sich Peter Behrens, Paul Bonatz und Fritz Schumacher[245]. Ein Jahr später gestaltete Mies van der Rohe eine Sektion der Ausstellung »Deutsches Volk – Deutsche Arbeit«; wieder ein Jahr darauf reichte er – ohne Erfolg – einen Entwurf beim Wettbewerb für den Deutschen Pavillon auf der Brüsseler Weltausstellung ein. Ebenfalls 1935 erhielt er den Auftrag, ein kleines Wohnhaus für Ulrich Lange zu entwerfen (den Sohn von Hermann Lange, für den Mies van der Rohe schon 1928 ein Haus in Krefeld gebaut hatte). Die örtliche Baupolizei berief sich auf das »Verunstaltungsgesetz« und verweigerte die Ausführungsgenehmigung. Als die Familie Lange nachdrücklich intervenierte, wurde die Bewilligung nur mit der Auflage erteilt, daß das modernistische Flachdach-Haus durch einen meterhohen Erdwall von der Straße abgeschirmt und dem Blick der Passanten entzogen würde. Es wurde natürlich nicht gebaut. Ebensowenig gebaut wurde das 1937 entstandene Projekt für das Verwaltungsgebäude der halbstaatlichen Krefelder Vereinigten Seidenwebereien (Verseidag). Im Juli desselben Jahres emigrierte Mies van der Rohe, der verschuldet und arbeitslos war und kein Englisch konnte, in die Vereinigten Staaten von Amerika[246].

Ein Einschub: der Fall Le Corbusier als Sinnbild

Die »Guten«, weit davon entfernt, allesamt als sozialistische Ritter ohne Furcht und Tadel den Kampf um eine rationalistische Architektur ausgefochten zu haben, zeigen bei näherer Betrachtung offensichtlich ihre ideologischen Schattenseiten. Emblematisch sind jene

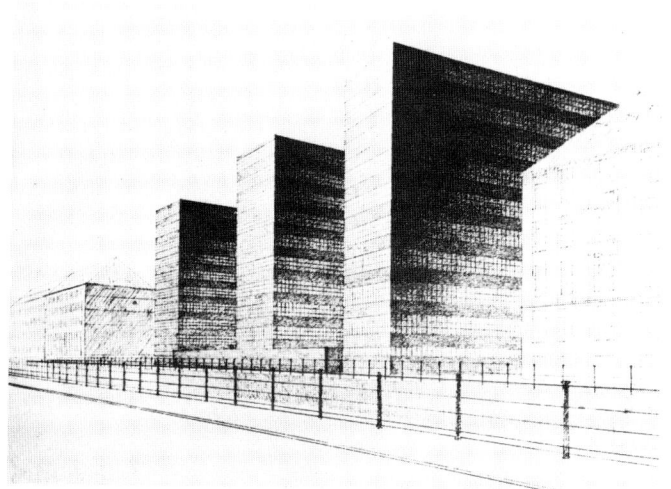

145 Ludwig Mies van der Rohe. Neubau der Reichsbank, Berlin. Projekt 1933.

des Picasso der architektonischen »Moderne«, Charles-Edouard Jeanneret genannt Le Corbusier.

Wie Mies van der Rohe und – mit Einschränkungen – wie Gropius war Le Corbusier kein politisch denkender Mensch. Er war mit seinem ganzen Wesen Architekt; und zwar ein Architekt, der sich berufen fühlte, mit seiner Arbeit neue Lebensformen zu erfinden und zu ermöglichen. Friedrich Nietzsche hatte er, wie viele seiner Zeitgenossen, früh gelesen. Und 1907 hatte ihm sein Lehrer L'Eplattenier Edouard Schurés *Les grands initiés*[247] geschenkt, ein Buch, das im jungen Schweizer nicht nur den Glauben genährt hatte, der menschliche Geist könne alleine einen historischen Fortschritt vorantreiben, sondern auch die Überzeugung, zu den Auserwählten zu gehören, die in besonderem Maße über diesen menschlichen Geist verfügten[248].

Auf der Suche nach konkreten Gelegenheiten, dieser messianischen Aufgabe nachzukommen, war Le Corbusier sein Leben lang von der Vorstellung eines großen, humanistisch-autoritären Bauherrn besessen. Als Mitte der zwanziger Jahre nahezu allenthalben in Europa der rappel à l'ordre erklang, spendete er sofort (und voreilig) Applaus. Auch ihm ging es um Ordnung in Staat und Städtebau, eine Ordnung, die jedermann eine hygienische, technisch einwandfrei ausgerüstete und künstlerisch qualitätvoll gestaltete Wohnzelle im Grünen sichern sollte. Am Ende seines Buches *Urbanisme,* das 1925 erschien, bildete er absichtsvoll einen Stich ab, der Ludwig XIV. bei der Grundsteinlegung des Hôtel des Invalides darstellt[249]. 1930 gestand er: »Ich werde seit Jahren vom Schatten Colberts verfolgt!«[250] Ein halbes Jahrzehnt später widmete er sein Buch *La Ville Radieuse* »à l'autorité«[251].

Schon die Gruppe, die sich um *L'Esprit Nouveau* scharte, war ausgesprochen widersprüchlich. Ihr gehörte Philippe Lamour an, der mit Le Corbusier die Erfahrung des »Faisceau« von Georges Valois teilte; Hubert Lagardelle, der Theoretiker einer korporativen Neuorganisation des Staates; Pierre Winter, einer der Begründer des Parti Fasciste Revolutionnaire (der ein Vorwort zum dritten Band der *Œuvre Complète* schrieb); schließlich François de Pierrefeu, der später, in Vichy, zusammen mit Le Corbusier das Buch *La maison des hommes* verfaßte. Fast ausnahmslos alle Genannten oszillierten zeitweilig zwischen der ultrakonservativen Action Française und der Französischen Sozialistischen Partei. Und es war aus dieser Gruppe, daß in den frühen dreißiger Jahren entschieden rechtsradikal ausgerichtete Zeitschriften wie *Plan* und *Préludes. Thèmes préparatoires à l'action* hervorgingen[252].

1934 unternahm Le Corbusier eine Vortragsreise durch Italien, die von Carlo Belli und Massimo Bontempelli organisiert wurde und auf große Resonanz stieß. Nach Paris zurückgekehrt, übersandte er Mussolini (der übrigens damals nicht nur von ihm, sondern auch, unter anderen, von George Bernard Shaw hochgeschätzt wurde) den zweiten Band der *Œuvre Complète* mit einer (fast überschwenglichen) persönlichen Widmung[253].

1938 schuf Le Corbusier in der überdachten Veranda des Hauses, das Eileen Gray 1927–1929 für Jean Badovici, den Herausgeber von *L'Architecture Vivante,* in Roquebrune-Cap Martin baute, ein großes Wandgemälde. Es stellte zwei erwachsene Figuren und ein Kind dar; in das weitgehend abstrakte Linienlabyrinth ist ein Hakenkreuz eingewoben, beunruhigendes Sinnbild eines unwahrscheinlichen mediterranen Faschismus und persönliche Antizipation dessen, was nach einem anders ausgegangenen Weltkrieg durchaus zum allgemeinen europäischen Bildgut hätte werden können[254].

Doch der historische und geographische Ort, wo Le Corbusier jene aufgeklärte Autorität gefunden zu haben wähnte, nach der er jahrzehntelang gesucht hatte, war Vichy. Von 1939 an hatte er die erlösenden Kräfte des Kriegs und die mit »unbeschränkter Macht«

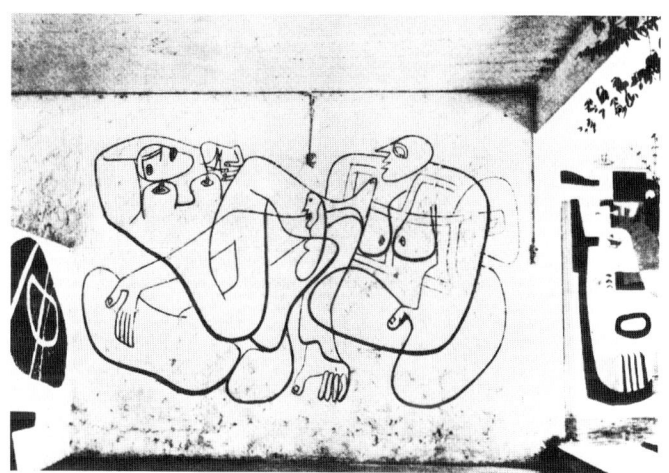

146   Le Corbusier. »Drei Frauen«. Wandgemälde. 1938.

ausgestattete »Führungselite« gepriesen; nun verbrachte er lange
Monate in den Vorzimmern des Regimes der Kollaboration. Es war
umsonst: Anstelle der erhofften Bauaufträge war das einzige Ergebnis *La maison des hommes*[255]. Viel später, zwei Monate vor seinem
Tod, um seine Meinung zu öffentlichen Pariser Bauvorhaben
befragt, meinte er melancholisch und resigniert: »Nicht auf dem
Laufenden gehalten ... Mit keinem einzigen Wort von den Autori-
täten gefragt ... Es ist mir völlig egal.«[256]
   Die widerspruchsvolle Haltung Le Corbusiers (der übrigens auch
Kontakte mit dem Front populaire unterhielt) fügt sich freilich
genausowenig zu einem politischen Bekenntnis zum Faschismus,
wie Mies van der Rohes oder Gropius' zweideutiges Verhalten ein
politisches Bekenntnis zum Nationalsozialismus darstellt. Anderes
kommt zum Ausdruck: politische Uneinsichtigkeit, ideologische
Kurzatmigkeit, vielleicht Opportunismus, vor allem aber: nahezu
grenzenlose Besessenheit von der eigenen Arbeit. Jenseits biogra-
phischer »Enthüllungen« und moralistischer Urteile drängt sich
immerhin die Einsicht in die Undurchschaubarkeit individueller
Verhaltensweisen und in die Komplexität eines Phänomens und
einer Epoche auf.

Bruchlose Entwicklung architektonischer Leitbilder
1920–1960

Einer Epoche, die weder die leichtfertige Etikettierung, noch die Spezifizierung, noch die Eingrenzung gestattet: Auch die letzte Definition, die zeitliche, scheitert. Die Machtergreifung der Nationalsozialisten war nicht die »Revolution«, zu welcher sie nachträglich

147 Paul Bonatz, Friedrich Eugen Scholer. Hauptbahnhof, Stuttgart. 1911–1927. Perspektive, 1918.

durch gestenreiche Propaganda hochstilisiert wurde, sondern Folge einer politischen und gesellschaftlichen Entwicklung, die sich in Deutschland seit der Reichsgründung über den Ersten Weltkrieg bis hin in die fragile Weimarer Republik vorbereitet hatte. Auch in dieser blieben hinter der Demokratisierung der Herrschaft die alten ökonomischen und sozialen Strukturen so gut wie unverändert. Das Ausbleiben einer fundamentalen Neuordnung der staatlichen, gesellschaftlichen und wirtschaftlichen Institutionen bereitete zusammen mit der Weltwirtschaftskrise von 1929 dem Totalitarismus den Weg[257].

Analog dazu verlief die architekturgeschichtliche Entwicklung fast bruchlos. Seit der Jahrhundertwende und auch in den zwanziger Jahren war die »Moderne Bewegung« nur eine Strömung von vielen; daneben gab es immer starke traditionalistische und neoklassizistische Tendenzen. Dies setzte sich nach 1933 fort, wenngleich mit neuen Schwerpunkten. Auch die Namen blieben weitgehend die gleichen: Paul Ludwig Troost war ein konservativer-akademischer Architekt, bevor er zum »Baumeister des Führers« avancierte; Wilhelm Kreis ein junger, moderatexpressionistisch orientierter Erfolgsentwerfer, ehe er zum Generalbaurat für die Gestaltung der deutschen Kriegerfriedhöfe ernannt wurde. Auch Peter Behrens, German Bestelmeyer, Paul Bonatz, Paul Schmitthenner und Paul Schultze-Naumburg waren schon vor der nationalsozialistischen Ära tätig. Neu hinzu kam nur Albert Speer.

Stilistisch läßt sich die Entwicklungslinie des Klassizismus von Karl Friedrich Schinkel über Behrens und Mies van der Rohe (der bei Behrens arbeitete und dem 1910/11 die Bauleitung der Deutschen Botschaft in St. Petersburg, heute Leningrad, oblag) bis hin zu Speer verfolgen. Daß die Bauten des letzteren so sehr gegen jene seiner Vorläufer abfallen, liegt primär daran, daß er einfach ein ungleich schlechterer Architekt war. Selbst seine hypertrophe Planung für die riesige Nord-Süd-Achse der Reichshauptstadt Berlin ist grundsätzlich nichts Neues: Sie geht auf einen Plan zurück, den Martin Mächler 1917 vorgeschlagen hatte – seinerseits auf Überlegungen Peter Joseph Lennés und Schinkels aufbauend[258].

Der Größenwahn der Nord-Süd-Achse (sieben Kilometer Länge bei einer Breite von 120 Metern) sollte mit dem Zusammenbruch der nationalsozialistischen Gewaltherrschaft keineswegs ein Ende finden. Otto Kohtz, der sich in der Architektur des Expressionismus mit zauberhaft verschrobenen Zeichnungen hervorgetan hatte, träumte in seinen »Wiederaufbauvorschlägen für eine Großstadt«, die er kurz vor der Kapitulation der deutschen Wehrmacht im zerstörten Berlin schuf, von einer vollends ins Gigantische vergrößerten Nord-Süd-Straße. Allerdings führte sie , den Umständen entsprechend, nicht länger zur triumphalen »Halle des Volkes«, sondern zu einem riesenhaften Trümmerberg in Form einer Zikkurat.

Damit schuf Kohtz das pittoresk überhöhte Emblem einer Kontinuität, die über 1945 hinaus bestehen und weit weniger farbenfrohe und harmlose Blüten als seine phantasmagorischen Zeichnungen treiben sollte. Die »Stunde Null« nach der Kapitulation im Mai 1945 ist kaum weniger Legende als die »Revolution« von 1933. Nicht nur zahlreiche bürokratische und ökonomische Konstellationen bestanden nach dem Zusammenbruch des Dritten Reichs fort; es verblieben auch zahlreiche Personen in leitenden Positionen.

Auch in der Architektur. Von den Prominenten, die seit 1945 vor allem von jenen als Nazi-Architekten tituliert werden sollten, die selbst ebenfalls diese Bezeichnung verdient hätten, waren lediglich zwei von der Bildfläche verschwunden: Troost, weil er schon seit elf Jahren tot war, und Speer, weil er im Nürnberger Hauptkriegsverbrecherprozeß zu einer Haftstrafe verurteilt worden war. Alle anderen waren nach wie vor im Geschäft, und zwar derart gut, daß etwa

148   Paul Schmitthenner. Rhein-Main-Bank, Stuttgart. 1955.

bei Schmitthenner ein pseudopolitischer »Fall« konstruiert wurde, als er 1948 dank des günstigen Urteils der Spruchkammer, die über seine Naziaktivitäten zu entscheiden hatte, auf seinen Stuttgarter Lehrstuhl (von dem er nach dem Ende des Kriegs suspendiert worden war) zurückgerufen werden sollte. Selbst die Intervention von Theodor Heuß und der Studentenschaft vermochte nichts gegen den Moralismus und den Neid seiner modernistischen Kollegen auszurichten. Immerhin wurde er ein Jahr später zusammen mit seinem Freund Bonatz in die Bayerische Akademie der Schönen Künste berufen. Bald darauf erhielt Schmitthenner von Heuß, der mittlerweile zum ersten Bundespräsidenten der Bundesrepublik Deutschland gewählt worden war, den Orden »Pour le mérite« der Friedensklasse. In den frühen fünfziger Jahren baute er in Stuttgart auf einem exponierten Grundstück unmittelbar am Schloßplatz den Sitz der Rhein-Main-Bank, den sogenannten Königin-Olga-Bau. 1954 wurde ihm zu seinem 70. Geburtstag ein ganzes Heft der Architekturzeitschrift *Baumeister* gewidmet[259].

Dabei ist der »Fall Schmitthenner« keineswegs typisch; normalerweise vollzog sich der Übergang sanfter. Der konservative Stadtplaner Hans Bernhard Reichow, der 1941 »Grundsätzliches zum Städtebau im Altreich und im neuen deutschen Osten« zu sagen wußte[260], veröffentlichte 1948, als Teil der »Trilogie Organischer Gestaltung«, das einflußreiche Buch *Organische Stadtbaukunst*, in welchem er seine frühen Planungen für die »Stadtlandschaften« Posen, Stettin, Frankfurt an der Oder und Brandenburg ohne jegliche Änderung wiederauflegte[261]. 1951, anläßlich des Zweiten Darmstädter Gesprächs (mit dem Thema »Mensch und Raum«, zu welchem ausgerechnet Martin Heidegger seinen berühmten Vortrag »Bauen, Wohnen, Denken« hielt[262]), fanden sich neben Modernisten wie Egon Eiermann, Sep Ruf, Hans Scharoun und Hans Schwippert auch sämtliche Traditionalisten wieder: darunter Bonatz und Kreis. Und mit der gleichen Selbstverständlichkeit, mit welcher Piacentini in den sechziger Jahren die Außengestaltung des römischen Palazzo dello Sport übernehmen sollte, dessen Standort sinnigerweise im E.U.R.-Viertel festgelegt wurde, realisierte Rimpl in den fünfziger Jahren das Gebäude des Bundeskriminalamts in Bonn in einem trockenen Monumentalstil.

Der fahrige Wiederaufbau Deutschlands, der im Ministerium von Speer bereits von 1943 an vorbereitet worden war, wurde tatsächlich von vielen der Architekten durchgeführt, die sich im »Arbeitsstab zum Wiederaufbau bombenzerstörter Städte«[263] schon bemerkenswert früh Gedanken darüber gemacht hatten – allerdings unter einem anderen Auftraggeber. Daß sie sich dabei auf Leitbilder beriefen, die in den dreißiger und vierziger, aber auch schon in den zwanziger Jahren und früher entwickelt worden waren, überrascht nicht. Denn die Planung und Realisierung monumentaler Stadtzentren hatte gerade in Deutschland nie das Credo an die aufgelockerte, erdgebundene Wohnsiedlung im Grünen in Frage gestellt; Bruno Taut hatte *Die Auflösung der Städte* bereits 1920 geschrieben[264]. Die Kontinuität bestand demnach sowohl personell als auch inhaltlich. Es erscheint in diesem Zusammenhang nahezu logisch, daß in zahlreichen Städten, zum Beispiel in Stuttgart, in den Schneisen, die ursprünglich für die nationalsozialistischen Aufmarschstraßen in das urbane Gewebe eingeschnitten worden waren (der Plan war von Bonatz), später reibungslos die »demokratischen« Stadtautobahnen untergebracht wurden – nach um 1920 entwickelten Konzepten[265].

Die befriedende Eingrenzung und ihre Gefahren

Auch die Architekturgeschichte der letzten fünfzig Jahre zeigt: Diffamierung fällt leicht, besonders mit dem Epitheton »faschistisch« oder »nationalsozialistisch«. Ebenso leicht läßt sie sich instrumentalisieren. Solcherlei ist gegenstandslos und falsch: Viktor Šklovskij betonte bereits 1928 sehr mutig und ein wenig übertrieben, daß »die Kunst in ihrer Beziehung zum Leben immer autonom war und daß ihre Farbe niemals jene der auf der Zitadelle gehißten Fahnen reflektierte«[266].

Gegenstandslos, falsch und damit gefährlich. Gewiß läßt sich eine Art zu bauen ausmachen, der einschüchternde, bedrohliche und unterdrückende Züge eigen sind und die mithin Analogien zu totalitären politischen Systemen aufweist. Sobald man jedoch in einem allzu bequemen Kurzschlußdenken wähnt, die »faschistische« oder »nationalsozialistische« Architektur auf eine bestimmte Zeit (nämlich jene des italienischen Faschismus und des deutschen Nationalsozialismus) eingegrenzt zu haben; sobald man sie gewissen Ländern zugeordnet hat; sobald man schließlich ihre Formensprache, ihr »Kleid« entdeckt zu haben glaubt, dünkt man sich allzu rasch ihrer Bedrohung entkommen. Die Sicherheit, die aus dieser Hexenjagd erwächst, ist zumindest trügerisch. Nicht zuletzt dieser übereilten Schuldzuschreibung ist die unkritische theoretische Haltung und die praktische Fragwürdigkeit des deutschen Wiederaufbaus der fünfziger und sechziger Jahre anzulasten[267].

Im Gegensatz dazu tut es not, mit neuer Gelassenheit die Baugeschichte des 20. Jahrhunderts zu analysieren, um jenseits der etablierten Allgemeinplätze auch das progressive Potential der Tradition und das regressive Potential der Neuerung aufzuspüren.
Euphorische Fortschrittsgläubigkeit ist hier allerdings ebenso fehl
am Platz wie rabulistische Nostalgie: Die »Moderne« tout court
verwerfen wie eine Geliebte, deren erste Unvollkommenheiten man
zu entdecken beginnt, hieße, von einer Kritiklosigkeit in die andere
zu geraten. Vielmehr muß über das, was fortschrittlich ist, und das,
was es nicht ist, immer wieder neu nachgedacht und genau unterschieden werden. Auch diese Begriffe und diese Inhalte sind ihrer
eigenen Geschichtlichkeit verhaftet.

In den *Freibeuterschriften* schrieb Pier Paolo Pasolini 1975: »Kein
faschistischer Zentralismus hat das geschafft, was der Zentralismus
der Konsumgesellschaft geschafft hat. Der Faschismus propagierte
ein reaktionäres und monumentales Modell, das sich jedoch nie real
durchzusetzen vermochte. Die verschiedenen Sonderkulturen (die
der Bauern, der Subproletarier, der Arbeiter) richteten sich vielmehr
weiter unbeirrbar nach ihren überlieferten Modellen. Die Repression ging nur so weit, wie es zur Sicherung des verbalen Konsenses
erforderlich war. Heute dagegen ist der vom Zentrum geforderte
Konsens zu den herrschenden Modellen bedingungslos und total.
Die alten kulturellen Modelle werden verleugnet. Die Menschen
haben nichts mehr damit zu tun. Man kann von daher behaupten,
daß die ›Toleranz‹ der für das neue System von Herrschaft so unentbehrlichen hedonistischen Ideologie die schlimmste aller Repressionen der Menschheitsgeschichte ist.«[268]

Die dergestalt angeprangerte »Zerstörung der Kultur des Einzelnen durch die Konsumgesellschaft« betrifft – wie könnte es anders
sein – auch die gebaute Umwelt. Um diese Zerstörung zu bekämp-
fen, muß man sie zunächst erkennen, und um sie zu erkennen, muß
man sich von den Vorurteilen einer Geschichtsauffassung lösen,
deren Eigenschaft, ad usum delphini expurgiert zu sein, die Kräfte
der Unmenschlichkeit ausgerechnet unter der sentimentalen Tarn-
kappe des »Menschlichen« fortzuschreiben droht.

Die Diskussion um die Chimäre
Bauen in der Demokratie und »demokratisches Bauen«

»Der größte Mann der Tat ist jener, der sein Leben lang der größte Träumer ist ... Eine Demokratie sollte ihre Träumer nicht zugrunde gehen lassen. Sie sind ihr Leben, ihre Absicherung gegen den Untergang.«
Louis Henry Sullivan, ›Education‹, 1902[269].

In der Auseinandersetzung um die schier endlose und unabsehbare Planung des neuen Bonner Parlaments- und Regierungsviertels – 1949 erklärte der Bundestag der Bundesrepublik Deutschland die Stadt Bonn zum »vorläufigen Sitz der leitenden Bundesorgane«, die Notwendigkeit einer nicht-provisorischen Unterkunft für die staatlichen Behörden wurde 1961 anerkannt, der erste Ideenwettbewerb für Neubauten des Staates 1972 ausgelobt – taucht immer wieder die Frage nach der »demokratischen Architektur« auf. Architekten, mit der Aufgabe konfrontiert, für die Demokratie zu bauen, spüren ihrem baulichen Gesicht nach.

Das prinzipiell löbliche Ansinnen nimmt in den ohnehin spärlichen konkreten Äußerungen ziemlich hilflose Formen an. Sie erinnern an eine satyrische Zeichnung, die einmal in einem italienischen Tagesblatt vergnügliches Aufsehen erregte: Ein wohlgenährter Bürger schiebt einen dampfenden Teller mit der ärgerlichen Bemerkung von sich weg, die Suppe sei ihm heute nicht demokratisch genug. Denn der Begriff der »demokratischen Architektur« ist grundsätzlich genauso gegenstandslos wie jener der demokratischen Speise.

Die Autonomie der Architektur

In der Tat stellen sich die Bauten, die auf der Welt Parlamente beherbergen, äußerst vielgestaltig dar: vom römischen Palazzo di Montecitorio, der 1650 von Gian Lorenzo Bernini begonnen und Anfang des 20. Jahrhunderts vom Jugendstilarchitekten Ernesto Basile erweitert wurde, über das Pariser Palais Bourbon aus der Napoleonischen Zeit und Londons Houses of Parliament, die Charles Barry in Zusammenarbeit mit Augustus Welby Northmore Pugin 1835/36 entwarf und 1839–1852 im neugotischen Stil errichtete, bis hin zum

149 Charles Barry (in Zusammenarbeit mit Augustus Welby Northmore Pugin). Houses of Parliament, London. 1835/36; 1839–1852.

150 William Thornton, Benjamin Henry Latrobe, Charles Bulfinch. United States Capitol, Washington D.C. 1793–1830. Stich um 1860.

neoklassizistischen United States Capitol in Washington und seinen verschiedenen Varianten in den Bundesstaaten der USA. Das hat nicht bloß damit zu tun, daß Gebäude, die für andere Regierungssysteme geschaffen wurden, oft von Demokratien übernommen und ihren Vertretern heimisch wurden (was bereits zu denken gibt). Es hat vor allem damit zu tun, daß sich die gleichen Regierungsformen architektonisch durchaus verschieden darstellen können[270].

Denn Architektur ist nicht etwas, was sich schematisch aus Politischem ableitet. Die Baugeschichte zeigt: Formen und Typen besitzen eine Autonomie, die sich jenseits gesellschaftlicher Verhältnisse, technischer Entwicklungen und paralleler künstlerischer Strömungen, ja selbst jenseits der Benutzung behauptet. So blieben die architektonischen Ordnungen über Jahrtausende weitgehend unverändert und wurden immer wieder verwendet, umgedeutet und neu zusammengestellt. Eine generalisierende Kennzeichnung etwa der dorischen Säule als Symbol politischer Fortschrittlichkeit oder Repression wäre unhistorisch. Architektur ist eine relativ eigenständige Disziplin, die ein von internen Regeln bestimmtes Eigenleben besitzt.

Doch bedeutet die Tatsache, daß es keinen unmittelbaren, linearen und geschichtlich unveränderlichen Zusammenhang zwischen politischem System und architektonischer Form gibt, keineswegs, es gebe keinen Zusammenhang schlechthin. Kann man einerseits nicht von »demokratischer Architektur« sprechen, erscheint es andererseits durchaus sinnvoll zu untersuchen, wie sich Architektur in der Demokratie darstellen soll. Dafür muß jedoch zunächst der Versuch unternommen werden, den Begriff Demokratie zu definieren.

Demokratie und Totalitarismus

Aus dem Griechischen wörtlich übersetzt bedeutet Demokratie Volksherrschaft: eine Staatsform, die von der Gleichheit und Freiheit aller Bürger ausgeht und daraus die Forderung ableitet, daß nach dem Willen des Volkes regiert werde. Das Volk ist als Träger der Staatsgewalt berufen, seinen Willen in Mehrheitsentscheidungen kundzutun, entweder unmittelbar oder durch gewählte Vertreter. Voraussetzung einer Demokratie ist, daß die Minderheit als Opposition unbehindert zu Wort kommt, daß sie durch Gesetze geschützt ist und daß ein Regierungswechsel mit friedlichen Mitteln gesichert ist[271].

Die Erscheinungsformen der Demokratie sind vielgestaltig. Eine Demokratie ist nicht notwendigerweise eine Republik; so können parlamentarische Monarchien praktisch Demokratien sein (zum Beispiel: Großbritannien). Der orthodoxe Marxismus versteht unter Demokratie die klassenlose Gesellschaft, in welcher der Staat durch die sozialistische Ordnung abgelöst ist; sie soll entstehen, nachdem das kapitalistische Wirtschaftssystem durch die Übergangsform der Diktatur des Proletariats beseitigt worden ist.

Auf Grund dieser Vielgestaltigkeit entzieht sich der Begriff Demokratie einer verbindlichen und gleichzeitig differenzierten Definition. Eher läßt er sich negativ bestimmen: durch die Gegenüberstellung mit dessen schärfstem Gegensatz, dem totalitären Staat.

Es handelt sich dabei um jenen Staat, der alle gesellschaftlichen und persönlichen Lebenssphären für sich beansprucht und eine Autonomie der Einzelbereiche (Wirtschaft, Erziehung, Wissenschaft, Kunst) sowie einen staatsfreien Bereich des Individuums nicht anerkennt; im engeren Sinn ein Staat, in dem die Staatsgewalt in der Hand einer einzigen Machtgruppe liegt, die das gesamte politische, soziale, wirtschaftliche und kulturelle Leben reglementiert. Sein Eingriff nimmt die Form der »Gleichschaltung« oder »Ausrichtung« an. Der Ausschließlichkeitsanspruch umfaßt auch die Verpflichtung auf die Parteiideologie, die Beseitigung und Unterdrückung jeder Opposition als »staatsfeindlicher« Bestrebung und schließlich jeder Kritik als »Sabotage« oder »Zersetzung«[272].

Bauen in der Demokratie: eine Annäherung

Unmittelbar läßt sich aus alledem nichts ableiten, was Bauen in der Demokratie eindeutig charakterisieren könnte. Dennoch vermögen die Maximen der gesellschaftlichen Verpflichtung zur Ordnung, des Respekts vor dem Menschen, der Toleranz und gegenseitigen Rücksicht eine Annäherung an das zuzulassen, was »Demokratie als Bauherr«[273] in ihren öffentlichen (und nicht nur in ihren öffentlichen) Gebäuden allgemein und speziell im Bonner Parlaments- und Regierungsviertel leisten muß.

Zunächst zum Planungsvorgang. Er sollte nachvollziehbar sein, um dem Bürger zu zeigen, wie Entscheidungen gefällt werden. Allerdings auch, *daß* sie gefällt werden. Demokratie darf nicht zum Synonym für Langwierigkeit, Unentschlossenheit und Verschlep-

151   Hans Schwippert. Bundeshaus (Umbau), Bonn. 1948/49.

pung werden. Und mit dem törichten Vorurteil, ein autoritärer Staat
biete für Kunstwerke einen besseren Nährboden als ein demokratischer, sollte aufgeräumt werden: als ob eine Demokratie es nicht
wagen dürfte, einen Künstler, der das Vertrauen des Volkes oder
seiner Vertreter hat, mit ihrer Repräsentation zu beauftragen.

Zur Planung gehört die Wahl des Standorts. In Bonn ist sie längst
getroffen worden; dennoch muß gestattet sein, sie zu diskutieren.
Ist das bauliche und politische Herz der Demokratie mitten in der
Rheinaue wirklich richtig placiert? Die Vision eines arkadisch heite-
ren Gartens, in welchem lauter glückliche Bürger promenieren,
andächtig im Grundgesetz lesen, freudig den eigenen Vertretern
begegnen und mit ihnen unter alten Bäumen liebenswürdig plau-
dern, entbehrt nicht des Reizes.

Wohl aber des Realismus. Nicht zuletzt deswegen, weil der Ort,
in welchem Menschen das Zusammenleben und das miteinander
Umgehen am intensivsten erproben, von jeher die Stadt ist. Sollte
sich das gebaute Aushängeobjekt im Schaufenster des westdeutschen politischen Geschehens nicht schon mit seinem Standort dazu
bekennen, sollte es nicht an Bonn angebunden oder gar in Bonn
integriert werden? Die absolutistischen Monarchen ließen ihre
Schlösser meist außerhalb der Städte bauen, die sie beherrschten, um

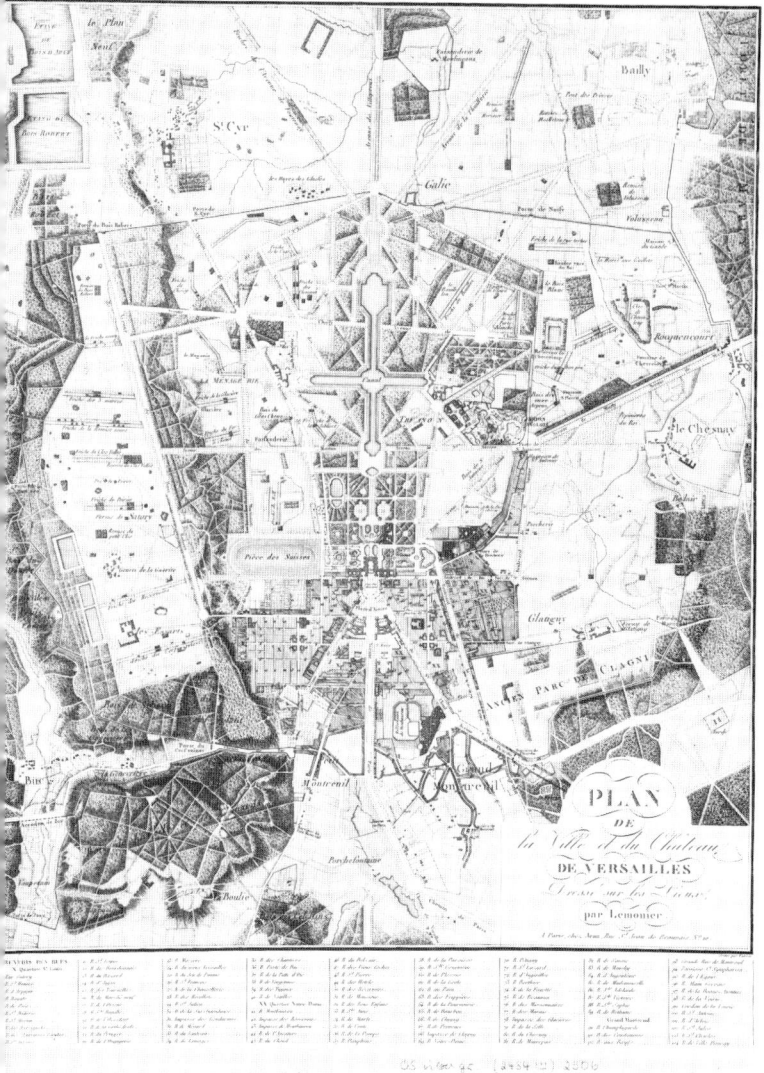

52 Plan von Versailles mit Achse nach Paris.

sich im Fall eines Aufstands unzufriedener Untertanen besser verteidigen zu können. Wäre es nicht opportun, sich von dieser Tradition zu distanzieren und auch baulich zu zeigen, daß Demokratie mit dem Volk für das Volk regiert und es somit nichts zu fürchten hat? Selbst ein Stadthasser wie Ludwig XIV. (der die urbane Residenz seiner Vorfahren, den Louvre, trotz heftigster öffentlicher Vorwürfe zugunsten eines Schlosses im Grünen verschmähte) ließ Versailles durch eine Achse mit Paris verbinden, um den politischen Bezug architektonisch zu demonstrieren. Sollen die solitären Demokratieschlösser des Bonner Parlaments- und Regierungsviertels ohne irgendwelchen Dialog mit der Stadt, an deren Rand sie entstehen, konzipiert werden, nicht viel anders als die Möbelmärkte und Einkaufszentren, die wie Propyläen des Konsums die Einfahrten der bundesdeutschen (und nicht nur der bundesdeutschen) Städte der Nachkriegs- und Wirtschaftswunderzeit flankieren? Und dann: Autoritäre Regime neigten und neigen immer dazu, die Orte ihrer Macht auch baulich zusammenzufassen. Könnten die neuen Bauten für die Demokratie ihre ohnehin gewaltige Baumasse nicht auf verschiedene, kleinere städtische Gebäude verteilen?

Auch der Prozeß, der nach Planung und Entwurf zur Materialisierung der architektonischen Form führt, vermag auf »Demokratietauglichkeit« überprüft zu werden. Die Konstruktion des Bauwerks sollte weder euphorischer Industriegläubigkeit noch nostalgischer Handwerksromantik frönen, sondern stetig abwägen: Maschinenfertigung dort einsetzen, wo sie monotone und gefährliche Handgriffe ersparen kann, Handwerk da, wo überschaubare, ungefährliche, Identifikation erlaubende Arbeitsgänge anfallen.

Weiterhin muß natürlich auch die Funktion menschenfreundlich sein. Die Benutzung des Bauwerks sollte für *alle* angenehm sein: für die Abgeordneten, für deren Sekretärinnen und Bedienstete, für die Besucher, aber ebenso für die Pförtner und für die Putzfrauen. Ordnung in Grundriß, Aufriß, Konstruktion und Gestalt muß Orientierung und Identifikation ermöglichen. Und wenn es auch mittlerweile ein Gemeinplatz ist: Begegnungen sollten erleichtert werden, menschlicher Umgang gefördert – durch entsprechende Raumorganisationen und Raumqualitäten.

Die Frage der Form

Schließlich die Form. An ihr entzündet sich die Diskussion besonders leidenschaftlich[274]. Was ist demokratisch: Rundes oder Eckiges? Hohes oder Niedriges? Großes oder Kleines? Solcherlei Debatten geraten rasch in die Nähe jener über das Geschlecht der Engel: Der Mangel an konkreter Argumentationsgrundlage läßt das Streitgespräch ins Grenzen- und Gegenstandslose ausufern. Transparenz wird gefordert, als Symbol für Durchsichtigkeit des Regierens: Aber was wird der Besucher sehen? Leute, die am Schreibtisch arbeiten, telefonieren, diktieren, diskutieren, nicht anders als in einem Versicherungsgebäude oder in einer Bank[275]. Wird das dem Bürger die Gewißheit geben, seine Vertreter handelten in seinem Sinne, oder wird es ihm eine Transparenz vorgaukeln, die schon dadurch hinfällig ist, daß er nicht erfährt, was da inhaltlich gearbeitet, telefoniert, diktiert und diskutiert wird? Eine weitere Forderung: Offenheit, Zugänglichkeit. Die Regierungshäuser sollen offen sein, damit die Besucher in ungezwungenen Begegnungen die Regierenden kennenlernen können. Eine schon an sich unrealistische Vorstellung (Regierende sind bekanntlich vielbeschäftigte Menschen), der außerdem noch die Sicherheitsbestimmungen einen Strich durch die Rechnung ziehen: Offenheit hinter Stacheldraht, Zugänglichkeit mit Polizei und Wachhunden? Architektur kann eine Demokratie nicht besser machen, als sie ist.

153 Egon Eiermann.
      Abgeordneten-Hochhaus,
      Bonn. 1965–1969.

Aber Architektur kann eine Demokratie würdig repräsentieren, und dafür braucht es künstlerische Qualität. Gerade die nimmt aber in der langjährigen Diskussion ständig ab: Sie wird buchstäblich zerredet. Dabei ist es eine Binsenweisheit, daß eine bestimmte Architektur nicht jedem gefallen kann: Die Summe von Einzelvorstellungen ergibt nie eine kollektive Übereinstimmung. Sie kompromißlos fordern hieße, Demokratie mit Konsumismus zu verwechseln. Das Ergebnis ist unweigerlich Unverbindlichkeit und Abflachung. Notwendig ist hingegen ein Bauwerk, das eine Handschrift trägt; ein Bauwerk, das Radikalität mit Feinsinn, Monumentalität mit Zierlichkeit, Einprägsamkeit mit Einfachheit, Ordnung mit Freiheit kombiniert; ein Bauwerk, mit dem sich das Volk dank des intellektuellen Anspruchs und des kulturellen Niveaus zu identifizieren vermag – auch wenn es damit nicht ganz einverstanden ist. Nicht anders steht es schließlich mit dem demokratischen Staat, dessen Apparat das Haus zu beherbergen hat.

V Ausblicke, kritisch

Partizipation am Protest
Architektur zwischen Kulturgut
und Konsumprodukt

»Es ist nie von oben, daß die verlebendigenden Prinzipien entspringen, ohne
welche die Kunst in Nachahmung schleift: es ist von unten, durch das Gefühl
oder den Instinkt des Volkes. Alle Erneuerung findet in der Folge einer
Verarbeitung des Geistes des Volkes, der Massen statt: sie ist nie das Produkt
einer Elite.«
Eugène Emmanuel Viollet-le-Duc, *L'Art russe*, 1877[276].

»... trotz ich einen auftrag bekam für eine ›cité d'étudiants‹ eine siedlung von
etwa 400 Wohnungen habe ich mir wieder ausschließlich die malerei zuge-
wand. die aubette in strasbourg hat mir gelernt, dasz die zeit für eine ›gesamt-
gestaltung‹ nicht reif ist. wenn die aubette fertig war, bevor die eröffnung,
war es wirklich gut und bedeutend als erste realisierung unsere seit jahren
gepflegte aufgabe: das gesamtkunstwerk. aber sofort wenn die inhabern sich
auf das urteil des publikums (das es natürlich kalt und ungemütlich fand)
verliessen, wurde alles hineingetragen, was nicht hineingehört, das publikum
kann ihre ›braune‹ welt nicht verlassen und lehnt die neue ›weisse‹ welt
hartnäckig ab. das publikum will in dreck leben und soll in dreck verrecken.
mag der architekt für das publikum schaffen (wie sie in ›eine stunde architektur‹ schreiben) der künstler schafft über das publikum hinaus und fordert
neue verhältnisse, welche diametral die alte gewohnheiten gegenüber stehen
und deshalb enthält jedes kunstwerk ein zerstörenden kraft. ... die architektur ist ein irrweg, sowie die angewandte kunst ...«
Theo van Doesburg, Brief an Adolf Behne, 1920[277].

Antagonisten, die sich sonst über nichts einig werden, vermögen in
einem Punkt stets Übereinstimmung zu erreichen: Menschlichkeit
ist Ziel. Der Begriff ist vage genug, allenthalben als größter gemein-
samer Nenner zu dienen und ebenso tröstliche wie unnütze Einig-
keit zu zeitigen. Jeder definiert ihn anders, aber niemand will auf das
durch ihn Definierte verzichten. Im Bekenntnis zur Menschlichkeit
findet man zueinander – und erstickt darüber jede fruchtbare Auseinandersetzung.

So auch in der architektonischen Kultur. Gehen in einer Diskussion die Argumente zur Neige, gleiten die Bewertungskriterien in Fragwürdigkeit ab, kommen die Attribute abhanden, um Gebautes zu charakterisieren, ist der beredte Architekt nie um den Ausweg verlegen: Worum es jenseits intellektualistischer Sophismen geht, ist letztendlich »menschliches« Bauen. Kaum ist das magische Schlüsselwort ausgesprochen, legt sich Friedfertigkeit wie Balsam über die erhitzten Gemüter, und nicht ohne ein tiefes Gefühl der Rührung nehmen sämtliche Beteiligten zur Kenntnis, daß sie nicht weiterzudenken ersucht sind; denn das wollen sie alle. Die Sitzung ist geschlossen, eine Resolution für die Menschlichkeit in der Architektur kann redigiert werden.

Beteiligungseuphorie, Ernüchterung und immer wieder Bequemlichkeit

Nachdenken, das von Menschlichkeit ausgeht und zu Architektur vorzustoßen versucht, ist erfolgversprechender als jede sentimentale Ausflucht, die den umgekehrten Weg beschreitet.

Die Erforschung der Verwirklichungsmöglichkeiten der immer wieder beschwörten und ersehnten »menschlichen« Architektur führt unweigerlich zur Frage der Nutzerbeteiligung: Denn wie sollte man eher menschengerecht bauen können als durch die Mitwirkung der Betroffenen am architektonischen Entwurf? Diejenigen, die Gebautes benützen (und meistens auch mit ihren Steuergeldern bezahlen), sollen bestimmen, wie es aussieht. Die gerechte, wenn auch vereinfachte Vorstellung einer harmonischen Beziehung von Mensch und Architektur stand bei dem partizipatorischen Ansatz Pate[278].

Demgegenüber wurde dieser Ansatz mit zunehmender Skepsis, die ihm zugrunde liegende Vorstellung immer mißtrauischer und unwilliger beäugt. Die anfängliche Beteiligungseuphorie, von den Ausführungen seriöserTheoretiker ausgelöst, entglitt nach und nach der Kontrolle ihrer Urheber. Scharlatane bemächtigten sich ihrer und mißbrauchten den zum Schlagwort abgewerteten Begriff der Partizipation als Vorwand, um sich der Verantwortung der spezifisch architektonischen Aufgabe, menschenadäquate Räume zu erfinden und zu realisieren, gewandt zu entziehen. Hauptsächlich um eigene Unzulänglichkeiten zu verschleiern, verwiesen sie auf den Benutzer als angeblichen Entscheidungsträger: Er solle sagen, wie

Architektur zu machen sei, die Architekten seien lediglich Ausführer.

Ernüchterung setzte ein. Sie reicht mittlerweile bis zur strikten Ablehnung jeglicher Mitwirkung von Nichtfachleuten; teilweise berechtigtem kritischen Nachdenken (und ärgerlicher Reaktion auf die entlarvten Drückeberger) entstammend, gründet sie zum anderen Teil im Unwillen, sich der Mühe der Auseinandersetzung mit den Benutzern zu unterziehen. Der Architekt empfindet es als unter seiner Würde, Anhaltspunkte für den Entwurf beim Benutzer einzuholen, und meint nicht ohne Arroganz, sich den Aufwand genausogut sparen zu können. Weitgehend scheint der künstlerisch legitimierte Ruf: »Schluß mit der pseudowissenschaftlichen Verunsicherung; zurück zum reinen Schöpfertum!« die gleiche Bequemlichkeit zu überdecken, die zur Erklärung der Nutzerbeteiligung zum messianischen Allheilmittel verführte.

Künstlerarchitekt versus Umsetzerarchitekt oder die falsche Alternative

Analog zu jenen der Gegner haben sich die Positionen der Befürworter der Partizipation in der Architektur radikalisiert und verhärtet. Da zwischen den beiden Gruppen jenseits schroffer Polemik kaum ein inhaltlicher Dialog stattfindet, scheinen sich ihre Auffassungen – wie die Messer einer sich öffnenden Schere – immer weiter voneinander zu entfernen. Gegenwärtig kursieren somit zwei vermeintlich völlig gegensätzliche Leitbilder über die Beziehung zwischen Architekt und Benutzer.

Das erste Leitbild geht von einem »autoritären« Verhältnis zwischen Erzeuger und Verbraucher aus. Es mündet in die Vorstellung eines »Künstlerarchitekten«, der um die baulichen Bedürfnisse der Menschen weiß, sie schöpferisch verarbeitet und auf dieser Grundlage Architektur macht und anbietet. Er fragt dabei niemanden und erhält seine Inspiration vorwiegend aus dem »inneren Schaffensdrang«. Sein Vorgehen ist intuitiv-konzeptionell; seine subjektive, persönliche Haltung prägt das Produkt.

Das zweite Leitbild hingegen geht von einem »antiautoritären« Verhältnis zwischen Produzenten und Konsumenten aus. Es vertritt die Vorstellung eines »Umsetzerarchitekten«, der (hauptsächlich mit Hilfe sozialwissenschaftlicher Methoden) die baulichen Bedürfnisse der Menschen erst ermitteln muß, ehe sie in Architektur übertragen werden. Dieser Prozeß des Übertragens wird dabei transparent und unter Beteiligung sämtlicher Betroffenen durchgeführt; der Architekt versteht sich dabei als Koordinator und Moderator, während die (meist zukünftigen) Benutzer die eigentlich Entscheidenden sind. Das Vorgehen ist wissenschaftlich-analytisch; die Subjektivität des Verfassers wird weitgehend ausgeschaltet, um ein Produkt zu erhalten, das »objektiv« den Bedürfnissen der Menschen entspricht.

Diese Dichotomie gibt es nicht seit jeher; ihre Geschichte ist sogar relativ jung. Es lohnt sich, ihr nachzugehen; vor allem, weil die Analyse des historischen Prozesses der Entstehung des partizipatorischen Ansatzes einiges über dessen Inhalt, dessen Stärken und dessen Schwächen erklären kann. Dafür müssen die Hintergründe und die parallelen Entwicklungen mit untersucht werden; und dafür muß zuallererst versucht werden, den Begriff der Partizipation zu definieren[279].

Ansatz einer Definition von Partizipation

Der Terminus Partizipation hat sich als Oberbegriff für die verschiedenen Arten der Beteiligung, Teilhabe, Teilnahme, Mitwirkung und Mitbestimmung an Entscheidungsprozessen bis hin zu ihrer Kontrolle durchgesetzt und ist damit zu einem Synonym für den organisatorisch-institutionellen Aspekt von Demokratisierung geworden[280]. Partizipation bezeichnet also die politische Regelung der Beziehungen zwischen Entscheidern (darunter fallen Architekten) und Betroffenen beziehungsweise Beteiligten. Der Begriff ist somit ebenso weit wie diffus und legt noch nicht Umfang, Form und Funktion von Partizipation fest.

Der Umfang von Partizipation aus der Sicht der Betroffenen kann von der Befragung über die Anhörung bis hin zur Mitbestimmung und Kontrolle gehen; aus jener der Entscheider von der Information über die Beratung bis zur Mitentscheidung.

Die Form von Partizipation vermag sich zwischen einer spontanen Diskussion, einer Umfrage, einer Bürgerinitiative, einem formalisierten Anhörungsverfahren bis hin zu einer institutionellen Mitentscheidung zu bewegen.

Die Funktion von Partizipation weist eine eigentümliche Ambivalenz auf, und dies in zweifacher Hinsicht.

Aus der Sicht der Betroffenen hat Partizipation einerseits (positiv) die Aufgabe, die Möglichkeiten zur Artikulation und Durchsetzung individueller und kollektiver Interessen zu bieten und dabei die Chancen zum Erlernen, zum Erproben und zum Entfalten von Handlungsstrategien zu erhöhen; andererseits (negativ) hat sie die Aufgabe, die Gefahr zu verringern, daß Entscheidungen den eigenen Interessen widersprechen und kritiklos akzeptiert werden. Es handelt sich also um die Funktionen der Politisierung und der Interessenvertretung.

Aus der Sicht der Entscheider hat Partizipation einerseits (positiv) die Aufgabe, die Möglichkeiten zu aufgeklärteren und effektiveren Entscheidungen (Entscheidungen unter Berücksichtigung von mehr Information) zu erhöhen, andererseits (negativ) hat sie die Aufgabe, die Gefahr zu verringern, daß praxisferne und bei der Verwirklichung auf Desinteresse oder Widerstand der Betroffenen stoßende Entscheidungen gefällt werden. Es handelt sich also um die Funktionen der Rationalisierung und der Loyalisierung.

Indem Partizipation sowohl der Politisierung und Interessenvertretung als auch der Rationalisierung und Loyalisierung dient, weist sie in jeder ihrer Erscheinungsformen eine immanente Ambivalenz auf. In der Realität gibt es weder Partizipationsformen, die ausschließlich als Interessenvertretung (und nicht zugleich auch als Rationalisierung oder Loyalisierung) wirken, noch Partizipationsformen, die ausschließlich als Rationalisierung (und nicht auch als Interessenvertretung und Politisierung) fungieren.

Speziell in der Architektur dient Partizipation nicht nur dem politischen Lernprozeß der Betroffenen, sondern sie fördert auch deren Umweltbewußtsein, Verantwortlichkeit, Kompetenz und Wissen in architektonischen und städtebaulichen Fragen: Indem sich die Benutzer mit der Problematik konkret befassen, gewinnen sie ein breiteres Verständnis und grundlegendere Informationen. Auf der anderen Seite kommt der Dialog mit den Betroffenen prinzipiell auch den Architekten zugute, die ebenfalls neue Aspekte über das eigene Sachgebiet erfahren. Außerdem taucht der Vorgang des Entwerfens von Architektur aus dem geheimnisvollen Nebel ominöser »künstlerischer Intuition« empor und wird als weitgehend rationaler und handwerklicher Prozeß in Teilen nachvollziehbar, ohne dabei seine schöpferische Dimension einzubüßen.

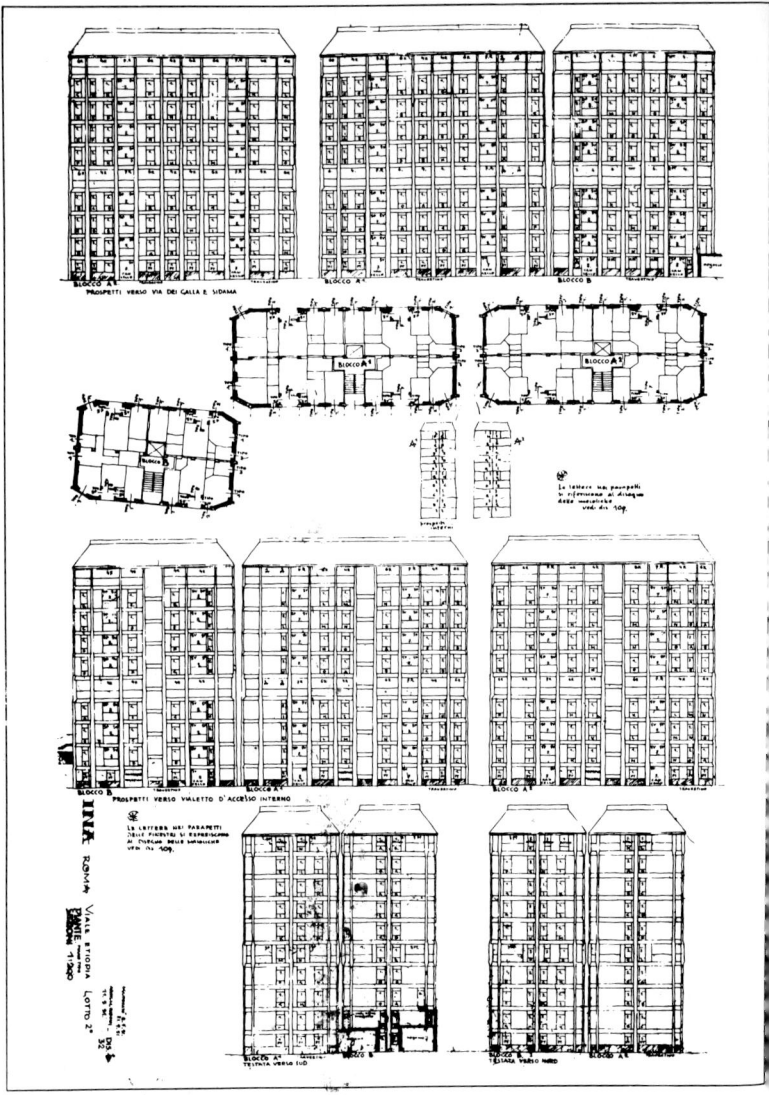

154 Mario Ridolfi, Volfango Frankl, Domenico Malagricci. Wohnblocks an der Viale Etiopia, Rom. 1951–1954.

Eine fragmentarische Geschichte der Partizipation in der Architektur als kritischer Überblick

Die Beziehung zwischen Fachleuten und Laien, zwischen Architekten und Betroffenen war in der Baugeschichte lange Zeit kein Gegenstand von Auseinandersetzungen[281]. In der Antike, im Mittelalter, in der Renaissance, im Barock und im Klassizismus gab es auf Grund festgefügter und allgemein anerkannter sozialer Normen, künstlerischer Traditionen und ästhetischer Konventionen eine überwiegend einheitliche »hohe«, repräsentative Baukunst, die von qualifizierten Artisten geschaffen wurde. Daneben blühte die »anonyme« Architektur, die mit schlichtem Selbstverständnis von Handwerkern realisiert wurde.

Und mit absoluter Selbstverständlichkeit. Das aktive Bewußtsein der Existenz einer Volkskunst[282] kam erst im 19. Jahrhundert auf, als die sich eben formierenden Nationalstaaten auf der Suche nach eigener Identität in den alten, überkommenen Handwerksprodukten,

155   Achim von Arnim,
Clemens Brentano.
»Des Knaben
Wunderhorn«.
Titelseite der Ausgabe
von 1808.

und zwar zunächst im Volkslied und in der Sage, das prägende Wirken eines »Volksgeistes«, eines überindividuellen nationalen Ingeniums entdeckt zu haben glaubten. Gegen diese zutiefst romantische Perspektive, die etwa vom jungen Johann Wolfgang von Goethe in seinem Essay »Von deutscher Baukunst«[283], einer Prosahymne zum Gedenken Erwins von Steinbach, aufgezeigt wurde, wendeten sich später Gelehrte wie Alois Riegl und vor allem Hans Naumann. Der letztere bemühte sich in seiner ebenso düsteren wie vielbeachteten Lehre vom »Absinken der Kulturgüter« um den Nachweis, daß die Volkskunst, weit davon entfernt, einem kollektiven populistischen Geist zu entspringen, im Gegenteil nichts anderes sei als eine epigonale und verspätete Verarbeitung von Elementen der Hochkultur[284].

Allerdings war man bei allem Interesse für das geistige und künstlerische Potential eines sentimental verklärten Volkes, das zuweilen aus lauter »edlen Wilden« zu bestehen schien, von der Idee, Betroffene an der Architekturproduktion zu beteiligen, nach der bürgerlichen Französischen Revolution von 1789 genauso entfernt wie in der Sklavenhaltergesellschaft, dem Feudalismus und dem Absolutismus: Die Vorstellung des Baumeisters als Künstler legitimierte eine weitgehend autonome Architektur. Dieses Selbstverständnis prägte das gesamte 19. Jahrhundert und überdauerte, trotz des immer stärker erwachenden sozialen Bewußtseins, auch die ersten Jahrzehnte des 20. Jahrhunderts. Bis in die dreißiger Jahre hinein ging man davon aus, daß der Architekt, wie es in der Charta von Athen (1933) formuliert ist, »die vollkommenste Kenntnis vom Menschen besitzt«, also nicht nur Wissen zur Lösung technischer Probleme hat, sondern auch Wissen über das Leben, wie es ist und wie es sein sollte[285].

Nach den Schrecken des Zweiten Weltkriegs waren die hehren Gewißheiten, welche die tapferen Reformbewegungen der zwanziger Jahre getragen hatten, zutiefst erschüttert. Das gleichermaßen professionelle wie romantische Selbstbewußtsein der Architekten verblaßte. Die fortschrittlichen Ideologien, welche die »Pioniere« beflügelt hatten, wichen größtenteils Skepsis, Resignation und Zweckrationalismus. Der Wiederaufbau in vielen europäischen Ländern und der ökonomische Druck der verschiedenen »Wirtschaftswunder« zeitigten ebenso gigantische wie qualitätslose Bauprojekte. Die inhaltliche Ziellosigkeit der Architekten (und der Benutzer) tat ein übriges. In den Ghettos der auswuchernden Vorortsiedlungen, die zu monofunktionalen suburbanen Schlafstätten gerieten, wuchs die Unzufriedenheit der Bewohner mit ihrer gebauten Umwelt.

Geschürt wurde diese Unzufriedenheit auch auf politischer Ebene. Das allgemeine Mißtrauen gegenüber dem, was aus den demokratischen Staatsformen in Europa und den Vereinigten Staaten von Amerika geworden war, nahm Anfang der sechziger Jahre in der Folge von Kriegen (zum Beispiel: Vietnam) und Unruhen (zum Beispiel: Bürgerrechtsbewegung) rapide zu. Unter anderem durch die chinesische Kulturrevolution angeregt, begannen 1967 die Studentenunruhen, die von den USA rasch nach Europa übergriffen. Die Revolte verbreitete ein neues Lebensgefühl: Man erkannte, daß man in den staatlichen Entscheidungsapparat eingreifen konnte, daß man Widerspruch üben konnte, daß man mit Verfahren, die außerhalb der gängigen Wahlmechanismen lagen, auf exekutive Maßnahmen Einfluß nehmen konnte. Während der Staat eine schwere Legitimationskrise durchmachte, sprossen allenthalben anarchistisch gefärbte »alternative« Bewegungen. Eine davon waren die Bürgerinitiativen, und sie wandten sich bald gegen Mißstände in der Sphäre des Gebauten[286].

Neben der Vermittlung eines neuen Lebensgefühls war auch die weiterhin zunehmende Verschlechterung der wissenschaftlichen Ausbildung an den Universitäten und Technischen Hochschulen eine Konsequenz der Studentenunruhen. Betroffen waren vor allem die Architekturschulen, deren Studierende oft an der Spitze der studentischen Bewegungen standen. Ideologisch und sachlich gerechtfertigte Zweifel an der prinzipiellen Befähigung des Architekten, den Mitmenschen eine angemessen gestaltete Umwelt zu oktroyieren, vermengten sich mit privaten Unsicherheiten über die eigene fachliche Qualifikation. Weltanschauliche Infragestellung der Tradition und tatsächliches Abhandenkommen der Tradition – etwa dadurch, daß sich viele Hochschullehrer aus dem Universitätsbetrieb zurückzogen – überlagerten sich. In der generellen Desorientierung bot sich die Entprofessionalisierung des Architekten an: Man ging, nicht ganz von ungefähr, von der »Symmetrie der Ignoranz« bei Experten und Laien aus und schickte sich an, die Betroffenen zu fragen, wie die ihnen zugedachte Architektur eigentlich gemacht werden solle.

So vermischten sich ideologischer Anspruch und von den Umständen diktierte Ausflucht in bemerkenswert konfuser Weise. Das Durcheinander wurde noch dadurch gesteigert, daß die Partizipationsdebatte im architektonischen Bereich als akademische Auseinandersetzung entstand und weitgehend akademische Auseinandersetzung blieb. Neben den ebenso hitzigen wie abstrakten Diskussionen ging das Bauen mehr oder weniger ungerührt weiter; während an den Hochschulen gelehrte Debatten geführt wurden, wie die Belange der Benutzer am radikalsten in die Architektur einfließen könnten, wurde in den seltensten Fällen ernsthaft der Versuch unternommen, die theoretischen Ergebnisse in Realität umzusetzen. Die verschiedenen Experimente in ganz Europa, von Skandinavien bis Portugal, waren zaghafte und vereinzelte erste Ansätze, die außerdem nicht selten von persönlichkeitsstarken Architekten benutzt wurden, um die eigene, meist expressive »Handschrift« unter dem Legitimationsmantel des Volksplebiszits durchzusetzen; und das Self-help-Movement in den Vereinigten Staaten von Amerika, das 1966 mit den aus Abfall zusammengebastelten geodätischen Kuppeln der Flower-People-Siedlung Drop City in Trinidad (Colorado) einen abenteuerlichen Höhepunkt feierte, war ein exzentrisches und ephemeres Nebenerzeugnis der Hippie-Bewegung, dem auf Grund seiner Unübertragbarkeit kaum gesellschaftliche Bedeutung zukommt. So bleibt die Partizipation in der Architektur bis heute größtenteils eine Absichtserklärung, die der Überprüfung in der Wirklichkeit harrt.

Avantgarde oder die einflußreiche Minderheit

Aus dem gerafften historischen Überblick kristallisiert sich neben vielerlei kontroversen Vermutungen eine zentrale Frage heraus: Ist in einer demokratischen und pluralistischen Gesellschaft, in welcher (wie es scheint) keine allgemeinen sozialen und ästhetischen Normen mehr existieren, die Nutzerbeteiligung das einzige Mittel, von Fall zu Fall den größten gemeinsamen Nenner des Konsens zu ermitteln und ihn der Architektur zugrunde zu legen? Oder behält die Architektur auch (vielleicht sogar: vor allem) in einer solchen Gesellschaft ihre Autonomie bei, indem sie dadurch, daß sie von einer Minderheit produziert wird, neue soziale und ästhetische Normen setzt und auf diese Weise zu einem stabilisierenden und zusammenfügenden Faktor gerät, so daß die partizipatorische Bemühung in eine Nebenrolle verwiesen wird oder gar ganz überflüssig erscheint? Anders und simpel gefragt: Soll heute Architektur vom Volk oder von einer Elite gemacht werden?

Im gesellschaftlichen Bereich ist es für nüchterne Augen ziemlich offenkundig, daß neue Impulse kaum aus den legendären »Volksmassen« heraus wirksam werden, sondern durch Individuen und kleine Gruppen provoziert sind. Die Wandervögel, die erste Gruppenbildung der deutschen reformistischen Jugendbewegung, welche 1901 entstand und 1929 rund 30000 Mitglieder zählte, rekrutierte sich aus einem sehr geringen Prozentsatz der jungen Leute. Dennoch bestimmte sie in ihrer politischen Ambivalenz das Lebensgefühl einer gesamten Epoche. Analog dazu wurde die Studentenrevolte von 1968 von einer ausgesprochenen Minderheit ideologisch und materiell getragen. Auch sie prägte jedoch eine ganze Generation; die Auswirkungen reichen bis in die heutige Zeit hinein.

Nicht anders steht es um die Architektur. Das, was gängigerweise unter »Moderne Bewegung« verstanden wird, also die kargen, weißen, streng geometrischen Gebilde im Umkreis des italienischen Futurismus, des sowjetischen Konstruktivismus, der niederländischen De-Stijl-Gruppe und vor allem des Bauhauses, stellen nur einen Bruchteil der Architekturproduktion nach dem Ersten Weltkrieg dar. Im verfärbten Bewußtsein unserer historischen Perspektive offenbart sich die Bedeutung ihrer Minderheit: Aus gegenwärtigem Blickwinkel heraus scheint die »weiße« Architektur die zwanziger und dreißiger Jahre bestimmt zu haben. In der Tat besaß sie lediglich ein enormes kulturelles Potential, so daß sie – im Gegensatz zu den parallelen klassizistischen, späthistoristischen und heimattümelnden Tendenzen – in der Folgezeit und vor allem nach dem Zweiten Weltkrieg das Bauen entscheidend prägte.

Es zeigt sich: Der Einfluß von quantitativ vernachlässigbaren, qualitativ jedoch bedeutenden Strömungen ist sowohl im gesellschaftlichen als auch im architektonischen Bereich groß. Dies legitimiert die architekturgeschichtliche Forschung, die sich schwerpunktmäßig mit der »Vorzeigearchitektur« beschäftigt und dabei die ungleich stärker verbreitete »Gebrauchsarchitektur« vernachlässigt. Denn die »Vorzeigearchitektur« beeinflußt – wenn auch oft mit einer Zeitverschiebung – die »Gebrauchsarchitektur« und wird früher oder später auf diese Weise auch quantitativ wirksam. Dennoch wäre es ein Mißverständnis, daraus zu schließen, daß Eliten von sich aus die Entwicklung von Gesellschaft und Architektur bestimmen. Eliten bestimmen tatsächlich die Entwicklung; aber nur, wenn es ihnen gelingt, die zukunftsgerichteten philosophischen, politischen, ökonomischen, technischen und kulturellen Fermente der Zeit zu lokalisieren, zu interpretieren und umzusetzen.

Das ungesunde Volksempfinden

Es bleibt die mögliche Vermutung, auch partizipatorisch geschaffene, beschlossene und realisierte Architektur könne avantgardistisch ausfallen, ja noch mehr: gerade sie, denn sie sei wahrer Ausdruck gegenwärtiger und zukünftiger Lebensformen und vermittle unmittelbar, ohne den heiklen Umweg über ominöse »fortschrittliche Eliten«, zwischen Volk und Veränderung der Welt.

Wie aber soll aus der mechanischen Addition der partikularistischen Wünsche, Vorstellungen und Interessen vieler unterschiedlicher Individuen eine Architektur entstehen, die keine ungelenke, heterogene und kompromißlerische Collage ist? Vor allem: Wie soll künstlerische Qualität inmitten des unvermeidbaren Widerstreits der Meinungen gewährleistet werden? Taugt die Öffentlichkeit als Schiedsrichter?

Ein Seitenblick auf andere Bereiche kultureller Arbeit stimmt nachdenklich. Beschränken wir uns auf die Literatur. Es ist eine Binsenweisheit, daß fast alle großen Schriftsteller beim Publikum zunächst auf Ablehnung gestoßen sind: Von Franz Kafkas *Betrachtung* wurden im Erscheinungsjahr 1912 keine zweihundert Exemplare verkauft, von Samuel Becketts *Warten auf Godot* im Erscheinungsjahr 1952 ganze 125. Dies ist übrigens keine typische Erscheinung des zwanzigsten Jahrhunderts, in welchem die Kluft zwischen Kunst und Volk besonders breit war. Nicht ohne Grund rief Gustave Flaubert empört aus: »Ich denke mit Bitterkeit daran, daß bei Heinrich Heines Begräbnis *neun* Personen anwesend waren! O Publikum! O Bürger! O Lumpenpack!«[287]

Architektur ist sinnlicher, anschaulicher und letztlich eingängiger als Literatur. Dennoch gibt es in ihrem Bereich ebenfalls zahlreiche Fälle bedeutender und qualitätvoller Bauten, die dem »gesunden Volksempfinden« zuwiderliefen und, wie etwa Le Corbusiers Wallfahrtskirche Notre-Dame-du-Haut in Ronchamp (1950–1954), von den Auftraggebern und Benutzern zunächst nicht akzeptiert wurden.

Das keineswegs gesündere Kritikerempfinden

Und von den Kritikern und Kollegen auch nicht. Beispiele aus der Literatur erübrigen sich: Sie sind bekannt. In der Architektur fehlen derlei Mißgriffe ebensowenig.

So wurde im Februar 1887, einen Monat, nachdem Gustave Eiffel mit der französischen Regierung und der Stadt Paris den Vertrag für den Bau des Turms unterzeichnet hatte, der seinen Namen tragen und ihn selbst berühmt machen sollte, dem Präsidenten des Ausstellungskommitees eine inzwischen berüchtigte Protestnote überreicht: »Wir, die Maler, Bildhauer und Architekten, gelangen im Namen des guten französischen Geschmacks und angesichts dieser Bedrohung der französischen Geschichte an Sie, um unsere tiefste Entrüstung auszudrücken, daß im Herzen unserer Hauptstadt dieser unnötige und monströse Eiffelturm errichtet werden soll.«[288] Zwei Jahre später, nach Fertigstellung des kühnen Bauwerks, gab der Bildhauer Raymond Duchamp-Villon, der Bruder von Marcel Duchamp, der mittlerweile vorherrschenden Stimmung Ausdruck: »Dieses Meisterwerk mathematischer Energie hatte jenseits seiner genialen Konzeption seinen Ursprung im unbewußten Reich der Schönheit. Es ist mehr als eine bloße Zahl, denn es enthält ein Lebenselement, dem sich unser Geist unterwerfen soll, wenn es seine Emotion in den Künsten der Plastik und Architektur findet.«[289]

156 Renzo Piano, Richard Rogers. Centre National d'Art et de Culture Georges Pompidou, Paris. 1971–1977.

Nicht viel anders sahen französische Kulturkritiker 1977, als das »Centre National d'Art et de Culture Georges Pompidou« eröffnet wurde, in dem »schrecklichen Mausoleum« allein »den erlesenen Geschmack einer kleinen Minderheit befriedigt«. Heute kann das futuristische Kulturlaboratorium eine bessere Besucherbilanz aufweisen als Louvre und Eiffelturm zusammen. Sechs Millionen Menschen haben sich bereits im Eröffnungsjahr über Rolltreppen in durchsichtigen Röhren in die »scheußliche Erdöl-Raffinerie« tragen lassen, sieben Millionen waren es im Jahr darauf. (Zum Vergleich: 1977 besuchten 1,5 Millionen Menschen den Louvre, 3,3 Millionen den Eiffelturm.) Allerdings sagt das freilich noch wenig über die Schönheit und nichts über eine Aneignung aus, die jenseits der Faszination des Sensationellen liegt. Tatsächlich scheint die überwältigende Aussicht über die Dächer von Paris ein stärkerer Anreiz zu sein als das Bauwerk selbst oder dessen kulturelles Angebot, denn von den 30 000 Besuchern, die das »Centre Beaubourg« täglich stürmen, lassen sich 70 Prozent nur an der Fassade hochfahren und denken gar nicht daran, die Ausstellungsräume zu betreten.

Ein letztes, weniger ambivalentes Beispiel. Als der britische Architekt James Stirling 1977 den Wettbewerb für die Erweiterung der Staatsgalerie und den Neubau des Kammertheaters in Stuttgart gewann und den Bauauftrag erhielt, wurde sein innovativer, ungewöhnlicher Vorschlag mit einer Lawine von Schmähungen bedacht: Das begann mit »Architektur als taube Nuß« und ging bis zum »Machwerk kindlicher Burgromantik«. Kritiker und Kollegen tobten, und selbst Hinweise auf »faschistoide« Momente des Entwurfs blieben nicht aus[290]. 1984 wurde der Bau eingeweiht, und nahezu alle ehemaligen Anpranger waren sich einig, daß es sich um eines der bedeutendsten Werke der Architektur dieses Jahrzehnts handle[291].

All dies mag nichts anderes sein als jene Kontroverse, die jegliche öffentliche Aneignung von Kunst unvermeidlich begleitet; doch schon die Kontroverse an sich offenbart die schier unüberwindliche Schwierigkeit, das, was *ein* Mensch (nämlich der Künstler und Erfinder) verantwortet, durch Mehrheitsentscheidung angemessen zu beurteilen und anzunehmen.

Architektur als ästhetischer Protest

Moralistische Entrüstung wird laut, wenn die Verantwortung für Architektur mit vermeintlicher Arroganz vom Architekten beansprucht wird und nicht von einer ominösen »Gesellschaft«. Der Architekt baut für Menschen; alles, was er baut, wendet sich an die Öffentlichkeit; was liegt also näher, als so zu bauen, wie es die Menschen und die Öffentlichkeit wünschen?

Die Verpflichtung ist nur scheinbar human. Nimmt man sie mit einfältiger Linearität wahr, führt sie unweigerlich zum Konsumismus: Architektur wird auf die Ebene des Kaufhausangebots degradiert, das sich jegliche Innovation, außer der kommerziell notwendigen, schnöde versagt. Nur bestimmt Anbietbares, bestimmt Verbrauchbares, bestimmt Verkaufbares wird produziert. Kunst aber ist, wie bereits Bertolt Brecht anmerkte, »ein autonomer Bezirk, wenn auch unter keinen Umständen ein autarker«[292]; als solcher entzieht sie sich konsumistischen Gesetzmäßigkeiten.

Dabei ist das Bedürfnis nach einer Kunst, die nicht nur partielle Übereinkunft mit dem bestehenden sozialen status quo, sondern auch Widerspruch beinhaltet, ein gesellschaftliches Bedürfnis par excellence. Spätestens seit Theodor W. Adorno ist bekannt: »Der soziale Gehalt von Kunstwerken selbst liegt zuweilen, etwa konventionellen und verhärteten Bewußtseinsformen gegenüber, gerade im *Protest* gegen soziale Rezeption; von einer historischen Schwelle an, die in der Mitte des neunzehnten Jahrhunderts zu suchen wäre, ist das bei autonomen Gebilden geradezu die Regel. Kunstsoziologie, die das vernachlässigte, machte sich zu einer bloßen Technik zugunsten der Agenturen, die berechnen wollen, womit sie eine Chance haben, Kunden zu werben, und womit nicht.«[293]

Die Architekturgeschichte ist nichts anderes als eine Verkettung von Beispielen eines solchen Protests, der sich mehr oder minder radikal artikuliert. Um nur eines dieser Beispiele zu nennen: Das Bauhaus wandte sich mit seinen sachlichen und realistischen Formen gegen den Geschmack einer ganzen Epoche, die in ihrer Architekturproduktion weiterhin auf den Historismus schielte und in heimattümelndem Pathos schwelgte. Aber nicht dieser Epochengeschmack war es, der die Entwicklung des Bauens in der Folgezeit maßgeblich prägen sollte; sondern die revolutionäre Kraft der vereinzelten Projekte und Bauten eines Walter Gropius, eines Ludwig Mies van der Rohe, eines Hannes Meyer oder eines Ludwig Hilberseimer.

Alledem zum Trotz wird das Recht auf Widerspruch des Architekten nach wie vor angefochten. Während man es dem Philosophen, dem Literaten, dem Maler, dem Bildhauer und dem Musiker nahezu diskussionslos zugesteht, droht man dem Architekten mit

157 Ludwig Hilberseimer. Hochhausstadt. Nord-Süd-Straße. Projekt 1924. Aquarell und
     Gouache.

158 Wohnsiedlung in Britz-Süd, Berlin. Aufnahme 1961.

dem Finger, wenn seine Arbeit nicht der herrschenden Meinung entspricht und sich dem Verstand des »kleinen Mannes« verschließt. Leicht sind selbsternannte Hüter einer »demokratischen« Architektur (was auch immer das sein mag) mit Vorwürfen bei der Hand, die Architektur befleißige sich einer exhibitionistischen, eitlen und unverständlichen Selbstdarstellung: »Er baut sich das eigene Monument«; »Das verstehen nur die Eingeweihten«; »Die Leute wollen das nicht«. Gewiß muß architektonische Form um Verständlichkeit und Eingängigkeit bemüht sein. Sie muß jedoch darüber hinaus innovativ sein, muß verwirren, erschüttern, verärgern, nachdenklich machen, zum Weiterdenken anregen. Darin liegt freilich ein Zwiespalt, der einer generalisierenden Lösung als Rezept widersteht und immer neue Auseinandersetzung verlangt. Ernst Bloch stellte fest, daß »sämtliche große Bauwerke ... in die Utopie, die Antizipation eines menschen-adäquaten Raumes hineingebaut«[294] wurden. Das Prinzip Hoffnung darf nirgends plebiszitärer Mediokrität geopfert werden.

Architektur als funktionaler Protest

Soweit zur künstlerischen Komponente von Architektur. Bloß: Ein Haus ist nicht nur ein Kunstwerk. Es ist in erster Linie ein Gebrauchsgegenstand, und als solcher muß es die Bedürfnisse der Bewohner erfüllen. Architektur ist (auch) eine Dienstleistung, Grundrisse müssen benutzbar sein und funktionieren: und zwar genau so, wie es die Menschen wünschen, die in diesen Grundrissen leben.

Doch auch eine solche Unterscheidung ist in ihrer Versimpelung nicht frei von Fragwürdigkeit. Als ob nicht alle Kunst Dienstleistung wäre und zu ihrem »Dienst« ihr subversives, aufrüttelndes, kritisches Moment gehörte. Gewiß müssen Grundrisse benutzbar sein: Sie müssen jedoch darüber hinaus auch »andere« Formen des Wohnens suggerieren, ermöglichen und fördern. Gewiß müssen Grundrisse funktionieren: Aber was heißt das genau? Sollen sie mit konventionellen und einengenden (aber bewährten) Raumanordnungen etablierte Gewohnheiten fortschreiben, oder sollen sie durch neue, offene und stimulierende Konzepte zu neuen Lebensformen erziehen und Experimente anregen?

Eine mögliche Antwort: Es sollten Räume angeboten werden, an denen die Gewohnheiten sich stoßen, anecken, sich reiben. Doch zusammen mit solchen Räumen sollten auch erste Hinweise für ihre Benutzung erfolgen, damit sie zwar Hindernis sind, aber nicht unüberwindbar. Irritierend, aber nicht entmutigend. Problematisch, aber nicht aussichtslos.

Die kritische Verpflichtung von Architektur muß auch ihre funktionale Komponente prägen, wenn sie ihre Utopie ganzheitlich auffaßt: Die spießig-säuberliche Trennung der Domänen von Protest und Zustimmung verleugnet den unitären Charakter von Architektur und entwertet den Widerspruch zum exzentrischen Gehabe, das hinter lautem Revolutionsgeschrei als brav und hohl sich entpuppt.

Die (trotzdem) nützliche Bürgerbeteiligung

Aus alledem läßt sich jedoch noch keineswegs die Nutzlosigkeit und Vergeblichkeit partizipatorischer Bemühungen in der Architektur folgern. Im Gegenteil: Vor dem Hintergrund der angestellten relativierenden Überlegungen mag der Versuch ihrer behutsamen Rehabilitation unternommen werden.

Zur Rekapitulation aus der entgegengesetzten Sicht: Nutzerbeteiligung am Produktionsprozeß von Architektur ist, so könnte man schließen, schlichtweg unnötig. Von jeher zeigt die Geschichte, daß man ohne Partizipation vorzüglich auskommt, und ein Leon Battista Alberti, ein Donato Bramante, ein Francesco Borromini, ein Frank Lloyd Wright oder ein Le Corbusier haben gewiß nicht die Betroffenen um Rat gefragt, ehe sie ihre Bauten entworfen haben. Daß sie deswegen schlechter gelungen seien, wird niemand behaupten. Wozu also die Diskussion um Beteiligung?

Andererseits läßt sich nicht leugnen, daß die Gestaltlosigkeit zeitgenössischer Häuser und zeitgenössischer Städte soviel Selbstsicherheit Lügen straft: Nicht zu Unrecht wird der überwiegende Teil der Gegenwartsarchitektur von den Menschen unumwunden abgelehnt. Warum also nicht diese Ablehnung befragen, um sich Anregungen und Hinweise zu holen, die ihre Ursachen beseitigen helfen?

Schön und gut, pflegt an dieser Stelle eingewendet zu werden, wenn das ginge; bloß geht das nicht. Man fragt die Leute, wie sie ihre Häuser haben wollen, und was kommt heraus? Entweder direkt von der Werbung übernommene Stereotypen von niedlichen Einfamilienhäuschen mit Gartenzwergen im Vorgarten oder nostalgische Visionen von falschen Alpenhütten mit Natursteinkamin und imitierten Stilmöbeln. Keine echten Wünsche und Bedürfnisse, sondern nur von außen Suggeriertes, Assimiliertes und unüberlegt Wiedergegebenes. Eine darauf aufbauende Architektur würde unweigerlich in die gleiche Stagnation und Geschmacklosigkeit verfallen, wie sie der kunterbunt-chaotische Jahrmarkt der Ferienbungalows darstellt.

Zweifelsohne führt eine Befragung in derart naiver Direktheit tatsächlich in eine methodische Sackgasse; wäre es so simpel, hätte jeder Laie eine korrekte und konkrete Antwort parat, könnten sich die Architekten getrost einen neuen Beruf suchen. Auch ein technischer Zeichner wäre in der Lage, dermaßen präzis geäußerte Wünsche entgegenzunehmen und auf Transparentpapier zu übertragen.

Doch die Sozialwissenschaftler, die gerade durch die Forderung nach Mitbestimmung im Bauen auf den Plan gerufen wurden, verweisen auf eine subtilere Art der Befragung. Man muß den Leuten vorsichtig, auf indirektem Weg, ihre Bedürfnisse entlocken, sonst erfährt man bloß Klischees. Unterzieht man sich dieser Mühe, erlebt man Überraschungen: Der Benutzer ist keineswegs architektonisch so unsensibel, wie er zuweilen opportunistisch hingestellt wird. Der märtyrerhafte Stoßseufzer manches Architekten, der sich durch Banausen in seinem schöpferischen Schwung gehemmt wähnt, wird gegenstandslos. Nicht nur, daß er keinen Grund hat, den unverstandenen Künstler zu spielen: Das Volk verlangt ebenso dringlich wie unverblümt mehr Qualität.

Das verlangt jedoch jeder gute Architekt auch. Es scheint, als ob für die Auslotung der Bau-Wünsche der Menschen das zutrifft, was man Befragungsaktionen allgemein (oft nicht zu Unrecht) vorwirft: daß nach langen, hochwissenschaftlichen, unerhört komplizierten und aufwendigen Untersuchungen zu guter Letzt nur das herauskommt, was man sowieso schon von vornherein wußte. Neue Impulse und Anregungen vermögen durch solcherlei Verfahren nicht gewonnen zu werden; Nutzerbeteiligung am architektonischen Entwurfsprozeß ist trivial, zumal sie ausschließlich Triviales hervorbringt.

Auch dies kann partiell widerlegt werden. Denn etliche partizipatorisch aufgebaute Untersuchungen zeigen nicht nur, daß die Kritik am zeitgenössischen Bauen von der Öffentlichkeit mitgetragen wird und somit nicht als modische Haltung streitbarer Intellektueller ignoriert werden kann: Sie liefern auch Hinweise für eine bessere Architektur. Altbekanntes, von erfahrenen Entwerfern allemal Beherrschtes ist sicher dabei; aber auch überraschende, unerwartete Ergebnisse fehlen nicht.

Was noch lange kein Grund zur Euphorie ist. Gründlicher als durch blinde Methodengläubigkeit kann man den partizipatorischen Ansatz im Bauen nicht mißverstehen und mißbrauchen: Mit Fragebogen, Statistiken und Computer macht man noch keine Architektur. Als ob der Weg von den Bewohnerwünschen bis zur gebauten Form nicht voller Hindernisse wäre; als ob zwischen Programm und Lösung nicht eine Lücke klaffen würde, die allein schöpferisch zu überbrücken ist. Nutzerbeteiligung vermag Anhaltspunkte zu vermitteln, um die grenzenloseste gestalterische (oder besser: nicht-gestalterische) Willkür einzuschränken und die größten Baufehler zu vermeiden: ein Spielraum wird immer bleiben. In diesem Spielraum, in welchem die Verantwortung des Architekten liegt, kann und muß sich seine Kreativität entfalten.

Denn darauf – und das wissen auch die verdrossensten Benutzer – kommt es in der Architektur nach wie vor an: auf kreative Ideen, die genügend intellektuelle und sinnliche Substanz besitzen, um trotz der Einbindung in Sachzwänge (statische, konstruktive und bauphysikalische Anforderungen, baurechtliche Bestimmungen, Geldprobleme) zu bestehen. Diese Ideen werden – heute wie gestern – nicht von einer Gruppe Fachunkundiger produziert, sondern von einzelnen begabten Experten, die sich mit Gewissenhaftigkeit, Elan und Mut für menschliche und ästhetische Belange einsetzen. Architektur als kulturelle Erscheinung wird von Individuen getragen.

Die vernachlässigte »Gebrauchsarchitektur«

Architektur als kulturelle Erscheinung: Das ist die »Vorzeigearchitektur«. Ist einerseits ihre Bedeutung als befruchtendes künstlerisches Moment für die Entwicklung des Bauens unleugbar, bleibt auf der anderen Seite ihr Anteil am Häusermeer der allenthalben wuchernden Zersiedelung verschwindend: Den Löwenanteil nimmt die »Gebrauchsarchitektur« ein. Dort sind keine eigenwilligen Genies am Werk, sondern durchschnittliche Gebäudeentwerfer; aber dort wird das Bild der gebauten Umwelt entscheidend und meist unwiderruflich geprägt. Auch bei diesem Alltagsbauen bleibt, nicht anders als bei der »Vorzeigearchitektur«, die Notwendigkeit der kreativen Anstrengung bestehen. Aber hierbei kann Nutzerbeteiligung besonders wirksam ansetzen.

Dafür ist noch viel zu tun. Die Architekten müssen bereit sein, mit den Benutzern zu sprechen und ihnen zuzuhören. Die Wissenschaftler aus den anliegenden Bereichen müssen den Baufachleuten ihre Kenntnisse zur Verfügung stellen und beim Vortasten in fremde und komplexe Gebiete helfen. Und die Benutzer müssen sich gleichermaßen bemühen, Verständnis für Architektur aufzubringen, indem sie sich mit ihrer kulturellen Seite beschäftigen.

Sensibilisierung der Betroffenen oder die andere Seite der Partizipation

Der letzte Punkt fordert eine Vertiefung. Ständig wird der neueren Architektur vorgeworfen, sie sei unmenschlich, kalt, häßlich, unwirtlich und unverständlich. Das trifft zum Teil zu; doch zum Unverständnis gehören immer zwei. An der Kluft zwischen Bauten und Benutzer sind nicht nur die Architekten und ihre Produkte schuld.

In der Tat läßt sich das Ganze ebensogut umdrehen. Wie wäre es, wenn auch die Betroffenen – und das sind eigentlich alle – sich erst einmal um Einsicht bemühten, ehe sie in Gezeter ausbrechen oder sich in Ablehnung verschließen? Wie wäre es, wenn sie sich mit Architektur nicht nur als sogenannter Wohnkultur (ausschließlich auf den privaten Innenraum bezogen, möglichst mit Schmiedeeisengittern aus Kunststoff), sondern als vollwertiger kultureller Erscheinung, wie Philosophie, Literatur, Theater, Malerei, Skulptur oder Musik es sind, auseinandersetzten? Wie wäre es, wenn sie sich zumindest die Grundlagen der geschichtlichen Entwicklung des Bauens und der benachbarten Kunstrichtungen als Schlüssel zum Verständnis der heutigen Ausdrucksformen aneigneten?

Um genauer zu werden: Jeder auch nur halbwegs »Gebildete« kennt, um aus der zeitgenössischen kulturellen Szene nur die literarische beispielhaft herauszugreifen, internationale Schriftsteller wie Saul Bellow, Cesare Pavese, Samuel Beckett, Max Frisch; jeder kennt in Deutschland Siegfried Lenz, Heinrich Böll, Günter Grass. Wer aber unter den nicht speziell Architektur-Interessierten vermag James Stirling, Robert Venturi, Richard Meier oder Aldo Rossi zu lokalisieren? Wer Gottfried Böhm, Oswald Mathias Ungers, Frei Otto? Die (fast nach Zufall) aufgezählten Namen gehören, genau wie jene aus der Literatur, zu den wichtigsten der heutigen architektonischen Kultur; wenn bei dem »interessierten Laien« keine Funken springen, sobald sie genannt werden, liegt es nicht an den Namen, sondern an ihm. Die Wahrheit ist, daß die neuere Architektur, so entrüstet und wortreich auch über sie hergezogen wird, in ihrer kulturellen Rolle entweder stiefmütterlich oder überhaupt nicht behandelt wird. An dieser Stelle muß auch angesetzt werden: Das Publikum muß sich mehr mit Baukunst beschäftigen.

Die Aufforderung, vor dem medusischen Hintergrund einer architekturverschmutzten Umwelt ausgesprochen, erscheint dreist. Doch ist sie nicht als schlagfertige Retourkutsche zu deuten. Bereits im 18. Jahrhundert sah Gotthold Ephraim Lessing, der die demokratische Idee ernst nahm, die größte Chance einer tragfähigen kulturellen Weiterentwicklung der Gesellschaft in der Professionalisierung der Konsumenten[295]. Auch geht der Einladung nicht gewissenlos das Bewußtsein ab, daß Bauen heute oft mißrät. Keine Fata Morgana trübt den Blick empörter Hausbewohner und erbitterter Stadtbürger: Es wird wirklich schlecht gebaut.

Aber nicht allerweilen und nicht allerorten. Es gibt Fälle, da entsteht gute Architektur, und niemand beachtet sie, ja noch mehr: Sie wird geschmäht. Dagegen richtet sich die Aufforderung. Gar zu leicht werden in der Lawine berechtigter Kritik unberechtigterweise wertvolle Bauten mitgerissen und verschüttet, wichtige Impulse für die Entwicklung der Architektur übersehen, schöpferische Beiträge abgewiesen. Es ist modern, also schlecht. Es ist zeitgenössische Architektur, also unwohnlich, häßlich, steril.

Die Ausmerzung solcher Vorurteile ist nicht einfach, und mit der bloßen Bereitschaft des Publikums zur Anteilnahme und zur Offenheit gegenüber baulichen Neuerungen ist es keineswegs getan: Die Neuerungen müssen vermittelt werden. Viel muß von den Architekten beigetragen werden; viel vor allem von den Kritikern, dem Verbindungsglied zwischen Produzenten und Konsumenten von Architektur.

Doch solange jeder noch so vage Verdacht von »Modernität« im Bauen das – zweifelsohne über Gebühr strapazierte – Innenleben des spießigen (weil unaufgeklärten) Verbrauchers in Wallung versetzt, ist architektonische Kommunikation von vornherein zum Scheitern verurteilt. Nur wenn man eine gründliche Sensibilisierung des Architektur-Publikums in Angriff nimmt, kann es geschehen, daß in der gemeinsamen Anstrengung von Architekten und Benutzern die zeitgenössische Baukunst – die kulturell anspruchsvolle, das Zusatzwort »Kunst« verdienende – wieder gefällt.

159 Le Corbusier. Unité d'Habitation, Marseille. 1946–1952. Ansicht eines Innenraumes.

Die zwei Seiten derselben Medaille

Nach einer befriedenden Schlußfolgerung gedrängt, leistet die Problematik Widerstand. Mancherorts bleiben die Widersprüche schroff nebeneinander bestehen, finden nicht zur versöhnlichen Synthese. Immerhin wird eines deutlich: Die Dichotomie von »Künstlerarchitekt« versus »Umsetzerarchitekt« ist artifiziell und allenfalls als intellektuelle Konstruktion vertretbar. Die vermeintliche Schere entpuppt sich in Wirklichkeit als die zwei Seiten einer einzigen Medaille, und beide haben, bei aller Verschiedenheit, das gleiche Ziel: jene ominöse Menschlichkeit, die am Anfang der vorliegenden Erörterungen sich so sperrig gebärdete und nun, am Ende derselben, vorsichtig wieder eingeführt zu werden vermag.

Zur Partizipation: Sie ist ein weiterhin entwicklungsfähiges Gebiet, und für eine vernünftige Zusammenarbeit zwischen Benutzer und Architekt müssen jenseits von Bevormundung oder Resignation viele neue Wege gesucht und gefunden und immer wieder überprüft werden. Mit Klugheit, mit Gründlichkeit und mit realistischen Erwartungen. Kunstwerke werden daraus nicht von selbst hervorgehen; dafür ist individuelle Kreativität, sind überdurchschnittlich Begabte zuständig. Dem Konzept der Nutzerbeteiligung tut das keinen Abbruch. Ihr Anspruch ist nicht, etwas für die Kunst zu tun, sondern, bescheidener, für die Menschen. Bleibt zu hoffen, daß Menschen und Kunst in der – noch – utopischen Vision einer allgemeinverständlichen, aneigenbaren und erlebbaren Architektur allmählich einander näherkommen.

Zum künstlerischen Anspruch: Wie jede Kunst ist Architektur nur dann wirklich nützlich, wenn sie nicht die jeweils aktuellen Bedürfnisse der Menschen erfüllt, sondern wenn sie zukünftige Bedürfnisse antizipiert, wenn sie die Menschen aus ihren Gewohnheiten rüttelt, wenn sie kritisiert, wenn sie erschreckt, wenn sie zum Nachdenken anregt und sogar nötigt. Zwangsläufig sind somit manche Ideen, die zum Gebauten finden, aufrüttelnd, kritisch, erschreckend und nötigend. Architektur kann jedoch den Menschen keine Heimat sein, wenn sie nur auf das reagiert, was ist, und nicht vorwegnimmt, was sein könnte.

Pablo Picasso hat einmal gesagt, der Künstler müsse den Betrachter an die Hand nehmen und ihn vorsichtig und bestimmt in eine andere Welt führen, eine Welt, von welcher der Betrachter vorher nichts geahnt hat und in der er sich wie in einem Märchen erstaunt und verwirrt wiederfindet. Und überrumpelt. Und beglückt.

Meinung und Darstellung
Kunst in Architektur und Stadt: fast ein Plädoyer

»Es ist nicht wahr, was man gewöhnlich behaupten hört, daß das Publikum die Kunst herabzieht; der Künstler zieht das Publikum herab, und zu allen Zeiten, wo die Kunst verfiel, ist sie durch die Künstler gefallen.«
Friedrich von Schiller, ›Über den Gebrauch des Chors in der Tragödie‹, 1803[296].

»Ein wahrer Künstler nimmt das Publikum in keinerlei Weise zur Kenntnis.«
Oscar Wilde, *The Soul of Man under Socialism*, 1892[297].

Ein ganz vernünftiger Vorschlag

»1. Baukunst ist Sinnbild des Staatslebens. Die Richtigkeit dieses Satzes beweist in bedauerlichem Maße die Baukunst der Nachkriegszeit, deren materialistische Einstellung nur zu häufig zu jener überspitzten, öden, sogenannten ›neuen Sachlichkeit‹ führte. Die Sachlichkeit verzichtete auf die Mitwirkung der bildenden Kunst und des künstlerisch schaffenden Handwerkes und nahm damit den deutschen Kulturschaffenden die Möglichkeit, an den großen Aufgaben der Baukunst den künstlerischen Ausdruck des Volksganzen mitzuformen. Die ... Regierung, in Sonderheit mein auf diesem Gebiet federführendes Ministerium, hat die Aufgabe, hier Wandel zu schaffen und im Rahmen des großen allgemeinen Arbeitsbeschaffungsprogramms – in Sonderheit auf dem Gebiete des Bauwesens – den kunst- und kulturschaffenden Menschen wieder Arbeits- und Gestaltungsmöglichkeiten zu gewähren. Zur Erreichung dieses Zwecks müssen die Bauverwaltungen ... voranschreiten und durch ihr Beispiel anregend auf den privaten Bauherren wirken.

2. Ich halte es hierbei für unerläßlich, daß bei allen öffentlichen Hochbauten (Neu-, Um- und Erweiterungsbauten) ... grundsätzlich ein angemessener Prozentsatz der Bausumme für die Erteilung von Aufträgen an bildende Künstler und Kunsthandwerker aufgewendet wird. Als Bausumme sind die gesamten Herstellungskosten des Baues anzusehen mit Ausschluß der Kosten des Erwerbs und der Aufschließung des Baugrundstückes.

3. Von diesem Grundsatz dürften, abgesehen von Bauten für untergeordnete Zwecke, die in keiner Beziehung zu Straßen oder Plätzen stehen, noch Bauten ausgenommen werden, deren Bausumme den Betrag von ... nicht übersteigt.

4. Zu den Arbeiten der bildenden Kunst und des Kunsthandwerks rechnen sich u. a. Kunstschöpfungen auf dem Gebiete der Malerei, Bildhauerei, der Schmiedekunst, der Gießerei, der Kunstglaserei, der Kunstschnitzerei, der Kunsttischlerei und ähnlicher Kunsthandwerke. Ich rechne hierbei nicht alle serien- und fabrikmäßig hergestellten Erzeugnisse sowie rein handwerkliche Arbeiten ohne künstlerische Bedeutung, wie Anstreicherarbeit, Stukkaturarbeiten üblicher Art und dergleichen.

5. Ich bitte ferner Vorsorge zu treffen, daß das mit dem Bau verbundene oder innerhalb des Baues angebrachte Kunstwerk nicht um seiner selbst willen als zwecklose Zutat, sondern sinnvoll in Beziehung zu dem Zweck des Gebäudes, zu den örtlichen Begebenheiten und zur Umgebung gebracht wird. Endlich bitte ich mit Rücksicht auf die furchtbare Notlage der freischaffenden Künstler und Kunsthandwerker bei den von mir gewünschten zusätzlichen Arbeiten für die bildende Kunst und das Kunsthandwerk Künstler, die einen Lehrauftrag haben oder die in irgendeinem Beamten- oder Angestelltenverhältnis stehen, nur ausnahmsweise heranzuziehen.«[298]

Formal brilliert der vorliegende Text nicht gerade durch sprachliche Eleganz; inhaltlich vermischt er auf recht unglückliche Weise ein Argument aus der Kunstpolitik mit einem aus der Sozialfürsorge. Beide Mängel kommen heutzutage derart häufig vor, daß es – schon allein aus Gewohnheit – kaum schwerfällt, über sie hinwegzusehen. Wenn man das tut, bleibt ein Vorschlag, dem man weder Fundiertheit, noch Vernunft, noch Notwendigkeit abzusprechen vermag.

Der Vorschlag wurde (wortwörtlich, sieht man von unbedeutenden hier vorgenommenen Kürzungen ab) am 22. Juni 1934 vorgebracht, und zwar vom Deutschen Reichsminister für Volksaufklärung und Propaganda Dr. Joseph Goebbels. Es mangelte ihm mithin nicht an Nachdruck. So leitete der Erlaß dank seiner fiskalischen Förderungsmaßnahme eine ganze Reihe von künstlerischen Eingriffen an Architektur und im Stadtraum ein; die »Kunst am Bau« war als Begriff und als Faktum etabliert.

Unbehagen, neues Kunstwollen und schon wieder Protest

Das zeitgenössische Unbehagen an beidem wundert nicht. Die mediokren Ergebnisse der Initiative offenbarten unmißverständlich, daß sie von derselben Partei ausging, die vierzehn Jahre früher getönt hatte: »Wir fordern den gesetzlichen Kampf gegen eine Kunst- und Literaturrichtung, die einen zersetzenden Einfluß auf unser Volksleben ausübt...«[299] Und auch die Intentionen waren alles andere als nur hehr: Beschäftigung notleidender Künstler, was zwar menschlich verdienstvoll ist, aber kaum künstlerische Qualität garantiert; Einlösung von politischen Quittungen aus der »Kampfzeit«; Verbreitung von Adlern, Standarten, Wappen und »Szenen aus dem Volksleben« im Sinne einer als künstlerisch kaschierten politischen Propaganda. Hierzu kam – in der Absicht wie im Produkt – der bereits vom Begriff zum Ausdruck gebrachte additive Charakter.

160 H. Mitschke.
Plastik, Berlin.
Um 1935.

Es war also kein Zufall, daß nach 1945 in Deutschland eher von »Kunst im öffentlichen Raum« gesprochen wurde; vor allem von den Künstlern, die mit diesem Begriff ihre Tätigkeit aufgewertet sahen. Allerdings zeitigt eine sprachliche Verbesserung nicht notwendigerweise eine faktische. Die Richtigkeit dieses Satzes offenbart ein Blick auf die entsprechenden Leistungen »unserer« Nachkriegszeit mit unerfreulicher Deutlichkeit[300].

Tatsächlich ging, insbesondere in der jungen Bundesrepublik des Wirtschaftswunders, eine Woge von Kunstwollen über das Land, deren Hartnäckigkeit auch die Ablösung der Großen Koalition durch die Sozialliberale Koalition im Jahr 1969 überdauerte. Die Begeisterung war allerdings kaum mit Sachverstand und Geschmack gepaart. Während die deutschen Städte einen ebenso fahrigen wie lieblosen Wiederaufbau erlitten, wurden auf ihren größtenteils öden Straßen, Plätzen und Innenräumen »belebende« Kunstobjekte aufgestellt. Meistens als mehr oder minder passende Zutat verstanden, bemühten sie sich, die Gemüter der Bürger zu befriedigen und die Gewaltstreiche der Planungen zu bemänteln. Was die Architektur an Phantasie vermissen ließ, sollte die Kunst ausgleichen. Bald stol-

161   Fritz Bornemann. Deutsche Oper, Berlin. 1956–1960.
        Hans Uhlmann. Chrom-Nickel-Stahl-Skulptur. 1959.

perte der deutsche Bundesbürger, kaum seiner viel zu engen, immerhin mit Farbklecksen auf der Sichtbetonwand des Wohnhochhauses »identifizierbar« gemachten Wohnung entronnen, auf dem Weg zu seinem Automobil über eine wirre und scharfkantige abstrakte Plastik, fuhr auf einer mit Reliefmustern auf den Stützwänden aufgelockerten Schnellstraße von seiner Stadtrandsiedlung in die City, parkte in einem künstlerisch ausgestalteten Parkhaus, lief an wenigstens drei voluminösen Bronzedamen vorbei durch eine mit ingeniös verspielten, unentwegt plätschernden Brunnen versehenen Fußgängerpassage und durfte schließlich selbst im Atrium seines Bürogebäudes ein farbenprächtig zur Schau gestelltes geometrisches Wandbild genießen.

Das taten, je nach Ort, Wohnlage und Angewohnheiten, mit geringfügigen Variationen alle; aber nicht alle gerne und nicht alle widerspruchslos. Nahezu in sämtlichen deutschen Großstädten gab es heftige Bürgerattacken gegen Kunstgegenstände, die im öffentlichen Raum aufgestellt worden waren: in Stuttgart wandten sie sich gegen die »Liegende« von Henry Moore, in Bonn gegen eine Plastik von Erich Hauser, in Hannover gegen die »Nanas« von Niki de St. Phalle, in Bochum gegen das »Terminal« von Richard Serra. Außerdem wurden solche Objekte immer mehr das Ziel von gemalten, gesprühten oder eingeritzten Volksinvektiven. Lag ihnen in vielerlei Fällen die Borniertheit einer unaufgeklärten Öffentlichkeit zugrunde, so artikulierten sie auch den Unwillen eben dieser Öffentlichkeit, eine Kunst zu akzeptieren, die ihr nicht entsprach.

Diesen Unwillen einfach des Banausentums bezichtigen hieße, jene »Aporien der Avantgarde« leichtfertig zu übergehen, die Hans Magnus Enzensberger 1962 aufdeckte[301]. Und es hieße, die mahnende Feststellung zu ignorieren, zu der sich Pier Paolo Pasolini etwas über ein Jahrzehnt später in seinen *Freibeuterschriften* betroffen durchrang: »Heute ... ist der vom Zentrum geforderte Konsens zu den herrschenden Modellen bedingungslos und total. Die alten kulturellen Modelle werden verleugnet. Die Menschen haben nichts mehr damit zu tun. Man kann von daher behaupten, daß die ›Toleranz‹ der für das neue System von Herrschaft so unentbehrlichen hedonistischen Ideologie die schlimmste aller Repressionen der Menschheitsgeschichte ist.«[302]

Dies soll freilich keineswegs der (meist) kleinbürgerlichen Kunstfeindlichkeit das Wort reden, die ihre nicht selten neidische und ängstliche Abneigung mit schierer Dummheit begründet. Es soll aber darauf aufmerksam machen, daß die Kunst, die in unserer demokratischen Gesellschaft entsteht, nicht notwendigerweise jene ist, die unsere demokratische Gesellschaft in welcher Weise auch immer verdient. Demnach ist der Protest des Bürgers gegen die avantgardistische Blödsinnigkeit potentiell ebenso legitim wie jener des Künstlers gegen die bourgeoise Schläfrigkeit.

Architektur als Kunst, Architektur und Kunst

»Das Fach eines Architekten umfaßt eine auf weitreichender Gelehrsamkeit und vielseitiger Bildung beruhende Wissenschaft, da alle Gebilde der übrigen Künste der räumlichen Anordnung der baulichen Schöpfungen sich anbequemen müssen...

Ein Bauprojekt wird aber bekanntlich seiner zwecklichen Bestimmung entsprechend zuerst im Plane angelegt, während seine nach den Regeln der Kunstlehre durchgeführte äußere Gestaltung dessen stilistischen Wert kundgibt. Deshalb soll ein jeder, welcher sich vor der Welt als Baukünstler bekennt, in beiderseitiger Richtung wohl geschult sein. Ein solcher muß nämlich ebenso erfinderisch wie zum Verständnisse der Wissenschaft befähigt sein, da weder Geistesanlage ohne praktische Schulung noch technisches Wissen ohne künstlerische Begabung einen vollendeten Meister der Kunst zu erbilden vermag. Wer sonach der Architektur sich widmet, soll mit vielfältiger Gelehrsamkeit ausgerüstet, des Zeichnens kundig, geschult in der Feldmeßkunst, mit der Lehre der Optik vertraut, unterrichtet in der Rechenkunst und in vielen Geschichtswerken bewandert sein, ferner die Philosophen mit Eifer gehört haben, Kenntnis in der Tonkunst besitzen, nicht unerfahren in der Heilkunst sein, die wichtigsten Entscheidungen der Rechtsgelehrten wissen und sich Kenntnisse in der Sternkunde wie von den Bewegungen der Himmelskörper angeeignet haben.«[303]

Folgt man dem ersten überlieferten Architekturtheoretiker, Marcus Vitruvius Pollio, muß der Baumeister über recht vielseitige Kenntnisse verfügen: Er muß Techniker, Künstler, Zeichner, Landvermesser, Optiker, Mathematiker, Historiker, Philosoph, Musiker, Arzt, Jurist und Astronom sein. Das erstaunt nicht: Schließlich ist, laut ihrer archaischen Definition, die Architektur das »Dach der Künste«. Wenn auch offensichtlich manches an der geforderten »vielfältigen Gelehrsamkeit« als Kuriosum gedeutet werden wird, ist das Grundpostulat einer Architektur, die eine Technik und eine Kunst zugleich ist, der Eckstein der klassischen Architekturauffassung.

Der idealen Figur des polymorphen klassischen Architekten entspricht, in der Geschichte des Abendlandes, die reale. Phidias, der berühmteste Künstler der griechischen Hochklassik, war Bildhauer (wobei er die Marmorbearbeitung und den Bronzeguß gleichermaßen beherrschte wie die Chryselephantin-Technik und die Toreutik), Maler und Architekt. Apollodoros von Damaskus, bedeutendster Baumeister der römischen Kaiserzeit und Staatsarchitekt unter Trajan, war auch Bildhauer, Maler und Ingenieur; außerdem hinterließ er theoretische Schriften über Brückenkonstruktionen und Belagerungsmaschinen.

Nicht anders war es im Mittelalter. Um nur ein Beispiel zu nennen: Arnolfo di Cambio, Schöpfer des Grabmals des Kardinals de Braye in der Kirche San Domenico in Orvieto und von 1296 an Baumeister der Domkirche Santa Maria del Fiore und von Santa Croce in Florenz, betätigte sich als Bildhauer und als Architekt. In beiden Disziplinen war er derart erfolgreich, daß die kunstgeschichtliche Forschung ursprünglich zwei unterschiedliche Künstler für sein imposantes Œuvre annahm: einen Arnolfo di Cambio für das architektonische und einen Arnolfo di Firenze (so wurde er zeitweilig auch genannt) für das skulpturale Werk.

Mit dem ersten Dämmern der italienischen Renaissance wurde der Architekt der universale humanistische Künster par excellence. Giotto di Bondone, von 1334 an Dombaumeister von Florenz, war Maler und Bildhauer; nebenbei schrieb er Kanzonen. Filippo Brunelleschi, ursprünglich Goldschmied, betätigte sich als Bildhauer und Architekt. Leon Battista Alberti war Architekt, Theoretiker, Bildhauer, Maler und Dichter; außerdem setzte er die Zeitgenossen durch seine Redekunst wie auch durch seine Leistungen im Hochsprung in Erstaunen. Michelangelo Buonarroti brillierte gleichermaßen als Baumeister, Festungsingenieur, Maler, Bildhauer, Schriftsteller und Lyriker. Leonardo da Vinci war Architekt, Ingenieur, Maler, Bildhauer, Dichter, Kunsthistoriker, Naturforscher und technischer Erfinder. Andrea Palladio, Architekt und Architekturtheoretiker, war ein gelernter Steinmetz und Bildhauer; dazu, wie einer seiner Biographen[304] anmerkt, ein besonders angenehmer Konversationspartner.

Die Vielseitigkeit der Figur des Architekten erschöpfte sich keineswegs mit dem Ende des Zeitalters des Humanismus. Gian Lorenzo Bernini war Architekt und Bildhauer; ebenso Francesco Borromini. Balthasar Neumann, gelernter Stück- und Glockengießer, war Ingenieur und Architekt. Karl Friedrich Schinkel, Leo von

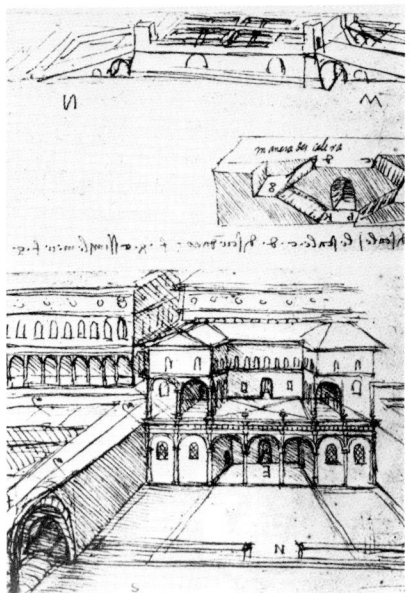

162   Leonardo da Vinci
      (1452–1519).
      Stadtentwurf.

163   Giovanni Battista Tiepolo. Deckengemälde im Treppenhaus der Residenz,
      Würzburg. 1750–1753.

Klenze und Friedrich Weinbrenner waren Baumeister und Maler. Schließlich tat sich Le Corbusier, der bemerkenswerteste Protagonist der architektonischen Kultur des 20. Jahrhunderts, als Architekt, Maler, Bildhauer und Essayist hervor.

Selbst im sehr raschen historischen Rückblick läßt sich feststellen, daß zu allen Zeiten die großen Architekten immer auch Künstler waren; und alle große Architektur immer auch Kunst. Wenn aber Architektur per se schon eine künstlerische Manifestation ist oder sein sollte, wozu ihr noch Kunst zusätzlich beigesellen? Ist Kunst am Bau oder, um die weniger suspekte moderne Diktion zu übernehmen, Kunst im öffentlichen Raum nicht lediglich Linderungsmittel, ja Trostpflaster und Notbehelf für jene Architektur, die ihrem ureigenen künstlerischen Anspruch nicht genügt; die, mit anderen Worten, gescheitert ist?

Wiederum zeigt ein Blick zurück: Einer derart mechanistischen Auffassung widerspricht die geschichtliche Wirklichkeit. Jede gotische Kathedrale ist ein kollektives Werk, bei welchem Maler, Bildhauer, Steinmetzen, Mosaikleger und Glasmaler ihre Arbeit mit jener des Architekten zu einem komplexen Ganzen verschmelzen ließen. Eines der bedeutendsten Werke der Hochrenaissance, Michelangelos Jüngstes Gericht, besteht in der Ausmalung eines vorgegebenen architektonischen Raumes. Im Barock vertrauten kultivierte Bauherren wie die Schönborns die Architektur Johann Bernhard Fischer von Erlach, die Fassadendurchbildung Johann Lucas von Hildebrandt und die Bemalung der Innenräume Giovanni Battista Tiepolo an.

In der Zeit der »Moderne« wurde der Traum vom »Gesamtkunstwerk«, im 19. Jahrhundert durch Richard Wagner lanciert und erstmalig realisiert, eine kategorische Forderung, die bereits der Jugendstil ernst nahm und seit 1910 in keinem der Manifeste der künstlerischen Avantgarden fehlte. Auch nicht im Programm des Bauhauses, in welchem Walter Gropius emphatisch anhebt: »Das Endziel aller bildnerischen Tätigkeit ist der Bau. Ihn zu schmücken, war einst die vornehmste Aufgabe der bildenden Künste, sie waren unablösliche Bestandteile der großen Baukunst. Heute stehen sie in selbstgenügsamer Eigenheit, aus der sie erst wieder erlöst werden können durch bewußtes Mit- und Ineinanderwirken aller Werkleute untereinander. Architekten, Maler und Bildhauer müssen die vielgliedrige Gestalt des Baues in seiner Gesamtheit und in seinen Teilen wieder kennen- und begreifenlernen, dann werden sich von selbst ihre Werke wieder mit architektonischem Geist füllen, den sie in der

164 Lyonel Feininger. Titelholzschnitt zum »Manifest des Staatlichen Bauhauses Weimar«. 1919.

165 Theo van Doesburg, Hans Arp, Sophie Taeuber-Arp. Tanzcafé Aubette, Straßburg. 1926–1928.

Salonkunst verloren.«[305] Tatsächlich wurden solcherlei Maximen in der Schule konkret befolgt. Aber auch anderswo wurden in den zwanziger Jahren moderne »Gesamtkunstwerke« erdacht, projektiert und teilweise auch verwirklicht. So arbeiteten beim Umbau des Tanzlokals Aubette in Straßburg der Maler und Architekt Theo van Doesburg, der Bildhauer Hans Arp und die Malerin und Textildesignerin Sophie Taeuber-Arp, alle drei in den avantgardistischen Künstlerbewegungen von De Stijl und Dada involviert, an einem gemeinsamen abstrakten Raum-Kunstwerk.

Von Notbehelf kann bei alledem nicht die Rede sein. Im Gegenteil: Der immanente künstlerische Charakter von Architektur, weit davon entfernt, andere, nicht-architektonische künstlerische Manifestationen überflüssig zu machen, zieht sie geradezu an. Diese sind nicht dazu da, das, was die Architektur nicht leistet, notdürftig zu kompensieren, sondern das, was sie in sich birgt und ausdrückt, noch obendrein zu bereichern.

Die postmoderne Sensibilität: drei Einsichten

Es ging bislang, im Zusammenhang mit Kunst und Architektur, um Vergangenheit, entfernte wie allerjüngste; nicht um Gegenwart. Die Einschränkung ist einerseits verständlich: Nichts widerstrebt der Historisierung so sehr wie das Aktuelle, an keiner Stelle tritt die Subjektivität (und die Anfälligkeit für Irrtümer) der Kritik so deutlich zutage wie in dem Augenblick, da sie sich am Präsens mißt. Andererseits stellt gerade die Auseinandersetzung mit dem Zeitgenössischen die größte Herausforderung dar. Vor allem, wenn dieses Zeitgenössische, was Kunst und Architektur angeht, eine neue substantielle Einheit beansprucht und diesen Anspruch ebenso erwartungserweckend wie unscharf mit dem Attribut »postmodern« versieht[306].

Die Unschärfe fordert zuallererst die Annäherung an eine Begriffsbestimmung[307]. Etymologisch ist sie einfach und vergleichsweise nutzlos: Es handelt sich offensichtlich um ein Kompositum vom lateinischen »post« (nach) und »modern« (neu, neuzeitlich), das all das bezeichnet, was zur Neuzeit gehört, genauer: zur Periode nach der »Moderne«. Historisch ist die Begriffsbestimmung komplizierter und hilfreicher.

Der Terminus »postmodernismo« tauchte bereits Mitte der dreißiger Jahre im hispano-amerikanischen Sprachbereich auf und bezeichnete die Literatur der Zeit zwischen 1905 und 1914[308]. Wenig später wurde der Begriff im englischen Sprachbereich eingeführt, um der letzten, gegenwärtig noch andauernden historischen Phase der abendländischen Kultur einen Namen zu geben; allerdings wurde der Beginn dieser Phase mit 1875 festgelegt[309]. In den fünfziger Jahren begann man, die Literatur, die nach dem Zweiten Weltkrieg entstand und nicht länger an den Maßstäben der dichterischen Produktion der »Moderne« gemessen werden konnte, »postmodern« zu nennen[310].

Mitte der sechziger Jahre etablierte sich der Begriff in der Literaturwissenschaft, um die »New Novel« mit ihrer Rückwendung zur organisch komponierten Erzählung, der Verwendung der Wörter in ihrer primären (und nicht metaphorischen) Bedeutung sowie der Überwindung des Widerspruchs von Elite und Massenkultur durch die Einverleibung von Elementen aus der Trivialliteratur zu kennzeichnen. Susan Sontag beschwor in diesem Zusammenhang die Aufhebung des Grabens zwischen literarisch-ästhetischer und wissenschaftlicher Kultur in einer potentiell einheitlichen »Neuen Sensibilität« als »Erweiterung des Lebens«[311]; und Leslie Fiedler unterstrich den Verzicht auf die große Utopie zugunsten des Bemühens, kleine Nischen für kleine Vorstellungen eines besseren Lebens im Gestrüpp der Maschinenzivilisation zu erobern[312].

Seitdem erfreute sich der Begriff »postmodern« zunehmender Popularität und Verbreitung. Um 1975 wurde er fast gleichzeitig auf das Theater, auf das Ballett, auf die bildende Kunst und auf die Architektur übertragen[313]. Kurze Zeit darauf zog der Philosoph Jean-François Lyotard eine Art zusammenfassender Bilanz über den »postmodernen Zustand«, den er als allgemeinen und allgemein empfundenen Unglauben gegenüber den großen, übergreifenden, universalistischen Meta-Erzählungen umschrieb[314].

Jenseits der Fragwürdigkeit, die einen Terminus wie »postmodern« (nicht anders übrigens als seine Verwandten »modern« oder »spätmodern«) kennzeichnet, sobald er sich als Epochenbezeichnung aufspielt und definitorische Kraft beansprucht, haben die kulturellen Ereignisse der letzten Jahre den anfangs leeren Begriff mit Bedeutung gefüllt und mit Kontur versehen. Auch haben sie allmählich offenbart, daß ihm durchaus Beobachtungen und Einsichten zugrunde liegen, die man ernst zu nehmen nicht umhinkann; schon gar nicht in bezug auf Kunst und Architektur.

Die erste Einsicht ist jene der Überwindung des Experimentalismus der »Moderne« und ihrer erbitterten Selbsteinschränkung. Die

166   Walter Gropius. Bauhaus, Dessau. 1925–26. Aufnahme um 1926.

»neuen Ufer«, zu welchen die Avantgarden der ersten Hälfte dieses
Jahrhunderts aufbrachen, sind erreicht; es gilt nun, das Erreichte zu
halten, zu fundamentieren und zu konsolidieren. Und auszubauen.
Dafür auf die Geschichte zurückzugreifen, ist nicht nur legitim,
sondern notwendig. Schließlich ist sie das einzige (und überreiche
und unerschöpfliche) Reservoir, das Kunst und Architektur besit-
zen. Mit dem darin aufbewahrten Material und den darin gelagerten
Techniken vermögen neue »Experimente« durchgeführt zu werden.
Sie brauchen vor den Tabus des Modernismus nicht haltzumachen:
Klassizismus, Eklektizismus, Inszenierung, Dekoration und Illu-
sion sind Dimensionen, die in der neuen, postmodernen Sensibilität
ebenso gerechtfertigt sind wie Rationalismus und Purismus.
  Die zweite Einsicht ist jene der Überwindung der Kluft zwischen
»Intellektuellenkunst« und »Volkskunst«. Nicht als opportunistische, anbiedernde Banalisierung; sondern als gleichsam von selbst
resultierendes Ergebnis des – mittlerweile überfälligen – Verzichts
auf das wütende épatez le bourgeois der Avantgardisten. Gibt man
das (modernistische) Postulat des Bruchs mit der Vergangenheit auf,
ist man ganz automatisch nicht mehr unter sich, denn in der Kunst
ist die Geschichte das Verständigungsmittel tout court. Das heißt
nicht, daß man dann sofort einer Meinung sein wird; dafür hat

Kunst zuviel mit Widerspruch zu tun. Es heißt aber, daß man wieder anfangen kann, miteinander zu reden (und zu streiten). Für Kunst, die sich öffentlich exponiert, ist dies nicht wenig.

Die dritte Einsicht schließlich ist jene der Überwindung der Utopie. Genauer: der Utopie, deren großspurige Überschwenglichkeit dazu dient, den Problemen, welche die Wirklichkeit des Alltags aufwirft, aus dem Weg zu gehen oder sie durch generalisierende Diskurse zu verschleiern. Nicht aber der Utopie, die in konkreter Auseinandersetzung mit der Realität neue, andere, bessere Lebensformen entwirft, die eben dieser Realität widersprechen. Diese »kleine« Utopie wird bleiben; auch im »postmodernen« Zeitalter. Sie kann ihren hoffnungsfrohen Widerstand mit Zurückhaltung, mit Zögern, mit Skepsis, mit Zweifel, mit Ironie, mit Entzauberung, mit Einschränkung üben; üben muß sie ihn. Denn ohne Zukunftsträume, und seien sie noch so bescheiden, andeutend und zersplittert, gibt es keinerlei Kunst keinerlei Gattung.

»Wie verhält sich der Künstler jetzt?«

»... Man möchte gehört werden; man möchte nicht so sehr gefallen als wissen, wer man ist. Bin ich ausgefallen, so wie ich meine Zeit erfahre, oder bin ich unter Geschwistern? Man gibt Zeichen von sich. Man ruft über jene Sprache hinaus, die Konvention ist und die Einsamkeit nicht aufhebt, sondern nur verbirgt, man schreit aus Angst, allein zu sein im Dschungel der Unsagbarkeiten. Man hat Durst nicht nach Ehre, aber nach Menschen, die nicht im persönlichen Leben mit uns verstrickt sind. Man hebt das Schweigen, das öffentliche, auf (oft, wie gesagt, über alle Scham hinaus) im Bedürfnis nach Kommunikation. Man gibt sich preis, um einen Anfang zu machen. Man bekennt: Hier steh ich und weiß nicht weiter. Und all dies ungefragt! Kein Schriftsteller, so glaube ich, schreibt für die Sterne, so wenig wie für das Publikum, sondern er schreibt für sich selbst in bezug auf Menschen, die möglicherweise noch nicht geboren sind. Das heißt: Die Unverständlichkeit (wie sie heute vor allem der Lyrik vorgeworfen wird) wäre also in jedem Fall, wo sie mehr als snobistische Tarnung eines Unvermögens ist, nur eine Noch-nicht-Verständlichkeit. Denn jedes Kunstwerk hat es in sich, daß es wahrgenommen werden will.«[315]

Was Max Frisch 1958 über Schriftstellerei äußerte, läßt sich auf künstlerisches Tun allgemein erweitern. Seine bange Frage: »Wie verhält sich der Verfasser jetzt?«[316] kann man in die gleichermaßen forschende »Wie verhält sich der Künstler jetzt?« umwandeln.

Sie ist um so dringlicher, je öffentlicher der Künstler auftritt. Insofern stellt sich Kunst am Bau, stellt sich Kunst im öffentlichen städtischen Raum als Extremfall dar: Sie wird – mit bemerkenswert wenigen Ausnahmen – von allen Benutzern der Stadt wahrgenommen. Jeder Bürger ist, ob er will oder nicht, mit ihr konfrontiert. Ein Buch kann man beiseite legen, ein Bild abhängen, eine Plastik entfernen, ein Film oder ein Konzert lassen sich ignorieren; aber ein städtisches Kunstwerk muß man nolens volens über sich ergehen lassen, möglicherweise sogar tagtäglich, immer wieder. Die Wahrnehmung mag in Unaufmerksamkeit, ja selbst in Zerstreutheit erfolgen; sie ist jedoch unvermeidlich und wiederholt. Hinzu kommt, daß ein Haus oder eine städtische Skulptur alles andere als leicht entfernbar ist.

Also: »Wie verhält sich der Künstler jetzt?«

Zuvörderst darf er sein (natürliches, legitimes) »Bedürfnis nach Kommunikation« nicht verleugnen. Dem entspricht eine Verpflichtung zur Klarheit. Im doppelten Sinn: Es müssen die Absichten des Autors und es muß der Kontext, in welchem diese Absichten geäußert werden, deutlich werden. Eine Kunst, die im Zusammenhang mit Architektur und Stadt sich artikuliert, muß diese Architektur und diese Stadt erklären. Sie muß den Betrachter lehren, sie zu lesen. Notfalls mit Rücksichtslosigkeit: Sie ist immer noch weit angemessener als Kaschierung, Verniedlichung oder Beschönigung. Angemessener auch als Kontradiktion: Wenn das Gebaute mißraten ist, vermag keine noch so exzellente künstlerische Behandlung seine Mängel aufzuwiegen. Sie vermag lediglich seine (möglicherweise übersehenen) Qualitäten hervorzuheben.

Das bedeutet nicht, Kunst, die mit Architektur und Stadt einen Dialog einzuleiten gedenkt, dürfte sich ausschließlich bejahend gebärden. Eine solche Forderung würde schnurstracks zur megalomanen Baukunst als »Sinnbild des Staatswesens«[317] oder aber zu den falschen Oasen von Gemütlichkeit und »peinlichen Vertraulichkeiten«[318] der kleinkarierten »Stadtmöblierung« führen. Allerdings ist für militante Kritik und empörte Denunziation die Kunst im öffentlichen Raum ebenso ungeeignet wie für liebenswürdige Betörung. Was ihre Erzeuger als »Beunruhigungen« oder »Protestzeichen« begreifen, erweist sich, gebaut und in der Stadt aufgestellt (oder: gemalt und der Öffentlichkeit präsentiert), meist lediglich als häßliche Objekte und Tableaus, die kaum etwas anderes als den Schönheitssinn des verstimmten Bürgers verletzen. Ihr kritisches Potential kommt allenfalls dem Autor zugute, der auf diese Weise (und das heißt: auf Kosten seiner Mitbürger) sein politisches Gewissen entlastet. Ansonsten tragen sie zu eben jener Unansehnlichkeit, Unwirtlichkeit und Unbewohnbarkeit der Stadt bei, die sie zu entlarven vorgeben.

In einem anderen Kontext, wiederum jenem der Literatur, forderte Theodor W. Adorno kategorisch: »Jedes Engagement für die Welt muß gekündigt sein, damit der Idee eines engagierten Kunstwerks genügt werde...«[319] Das Postulat ist in seiner Ausschließlichkeit rabiat, und Adorno selbst hat diese Position später revidiert[320]. Im Kern bleibt der Satz jedoch wahr.

Auch und vor allem für Kunst im öffentlichen Raum. Ganz besonders sie sollte, anstatt auf Meinungen zu setzen, die auf Flugblättern und in Zeitungsartikeln wirksamer untergebracht sind, die Darstellung privilegieren. Natürlich muß sie auch Meinungen vertreten; sie darf dabei jedoch nicht vergessen, daß die Form, die sie diesen Meinungen gibt, primärer Gegenstand der Rezeption und Beurteilung ist und ihre eigentliche Qualität (oder aber ihr Scheitern) ausmacht. Es ist wichtig, was der Künstler denkt, und man wird verständlicherweise (aber keineswegs gerechterweise) dazu neigen, seine Arbeit dann besser zu finden, wenn er das gleiche denkt, wie man es selbst tut. Entscheidend aber ist, wie er dem, was er denkt, Gestalt verleiht. Nur wenn er Verständlichkeit, Einfachheit, Distanz, Vernunft, Engagement, Selbständigkeit, Behutsamkeit und Poesie walten läßt, wird sich im empfindlichen Lebensgeflecht, das die Stadt mit ihren Bewohnern bildet, Identifikation, Vertrautheit und sogar Zuneigung einstellen können.

Die abwesende Utopie
Skizze zu einer kritischen Geschichte der städtebaulichen Leitbilder 1965–1985[321]

»Konkrete Utopie steht am Horizont jeder Realität.«
Ernst Bloch, *Das Prinzip Hoffnung*, 1959[322]

Eine Nahtstelle in der Entwicklung der avantgardistischen urbanistischen Kultur war das Treffen vom Team 10[323], das 1965 in Berlin stattfand. Dies ist scheinbar doppelt paradox; denn institutionell begann mit dieser Tagung der Verlust der Führungsposition der ehemals revolutionären Architektengruppe innerhalb der fortschrittlichen Produzenten städtebaulicher Leitbilder, ein Verlust, der 1971 auf dem letzten Kongreß in Toulouse le Mirail allgemein feststellbar werden sollte; und inhaltlich standen kaum neue konzeptionelle Ansätze zur Diskussion. In der Tat traten die bedeutsamen und innovativen Impulse marginal, sozusagen neben der Hauptveranstaltung auf, und zwar in den Beiträgen von zwei Außenseitern.

Der erste war Oswald Mathias Ungers, der seit Anfang der sechziger Jahre mit Peter Smithson zusammenarbeitete und mit diesem Treffen den Vorstellungen des Team 10 näherrückte. Sein 1964 in Angriff genommenes Projekt »Berlin 1995«, das noch die technologische Utopie der Megastruktur verfolgte und die Grundidee von Smithsons »urban infrastructure« übernahm, schlug anstelle des Verkehrswege-Systems für Kraftfahrzeuge eine Kabinenbahn vor. Als Rasternetz über die historische Stadt gelegt, sollte sie die Erschließung der verschiedenen Nutzungsbereiche (Wohnen, Arbeiten, Versorgung, Freizeit) in beliebiger Kombination gewährleisten. Damit war die Vorstellung der Funktionstrennung im städtischen Gefüge überwunden.

Der zweite Außenseiter war Herman Hertzberger, der als Gast zum Berliner Kongreß eingeladen wurde. Das Team 10 suchte »permanente« architektonische und städtebauliche Elemente für sein Lieblingsmotiv der »urban infrastructure«; Hertzberger wies auf Amphitheater wie jenes von Lucca hin, das trotz der Überwucherung mit anderen Gebäuden und der neuen Nutzung als Wohn- und Gewerbehof seine prägende Wirkung für die Stadt behalten hat. Damit lenkte er den Blick der urbanistischen Kultur, der damals nahezu ausschließlich in die exotische Ferne zu schweifen pflegte, wieder zurück auf die westeuropäische Stadt (mit welcher sich letztendlich auch das Team 10 befaßte) und ihre Geschichte. So bereitete er den Weg für die Überwindung der technizistischen Logik zugunsten der historischen Rationalität.

Permanenz, Analogie und Erinnerung

Mithin war es kein Zufall, daß Hertzbergers Beispiele und Argumente im Werk jenes Architekten wiederzufinden sind, dem bei dieser Überwindung das größte Verdienst zukommt: Aldo Rossi. Seine Forschung, die er theoretisch mit den ersten Schriften von 1956[324] und praktisch mit den ersten Projekten von 1962[325] einleitete, mündete in ein gleichzeitig wissenschaftliches und persönliches Theorienkonstrukt, das 1966 veröffentlicht wurde und in der Folgezeit die architektonische und urbanistische Kultur zutiefst beeinflussen sollte. Ausgangsposition, Programm und Inhalt sind in der Überschrift zusammengefaßt: *Die Architektur der Stadt*[326].

Was Hertzberger noch zögernd und punktuell eingeleitet hatte, führte Rossi mit umfassender Konsequenz fort. Von einer scharfen Kritik der urbanistischen Konzeption der funktionalistischen »Modernen Bewegung« ausgehend, richtete er sein analytisches Augenmerk auf die abendländische Stadt und definierte sie neu: als archäologischen Artifakt von Menschenhand und als autonome Struktur von Geschichte. Denn wenn sie einerseits, als riesenhaftes Haus aus Häusern, Produkt menschlicher Arbeit ist und somit von all den externen Bedingungen abhängig, welche diese Arbeit bestimmen, wird ihr andererseits im Augenblick ihrer Materialisierung eine Autonomie zuteil, die allein schon ihrer Präsenz und ihrer Form entspringt. In diesem Kontext taucht der Begriff der Permanenz wieder auf. Permanent sind nach Rossi die primären Elemente der Stadt: die Monumente (und an dieser Stelle findet sich wieder, unter anderem, das Beispiel des Amphitheaters von Lucca) und die Wohngebiete (nicht die einzelnen Wohnhäuser, die ersetzbar und daher nicht permanent sind). Sie bestimmen das Wachstum der Stadt innerhalb fester formaler und typologischer Regeln. An diese Regeln, die vorbestimmte, aber unvorhersehbare Kombinationen ermöglichen, müssen sich auch neue Projekte für die Stadt halten. Dadurch wird ein Zusammenhang zwischen Analyse und Entwurf, zwischen der Untersuchung von Bestehendem und der Erfindung von Neuem geschaffen. Das Hilfsmittel, das dies ermöglicht, ist die Analogie: Sie löst die Typologie aus der Geschichte und macht sie dank der gewonnenen Abstraktion verfügbar.

Dennoch ergibt sich aus alledem kein Modell, auch kein Leitbild für eine Stadt des 20. Jahrhunderts. Rossis aufklärerischen Impetus überlagert immer wieder, übergewaltig, ein tiefer Pessimismus: Die Zeit für heroische architektonische Taten sei vorbei, große Dinge könnten nicht mehr vollbracht werden, aus sämtlichen generösen Bemühungen und tragischen Kämpfen gehe allein (und immer und

167 Aldo Rossi mit Eraldo Consolascio, Bruno Reichlin, Fabio Reinhart. La città analoga. 1976. Collage.

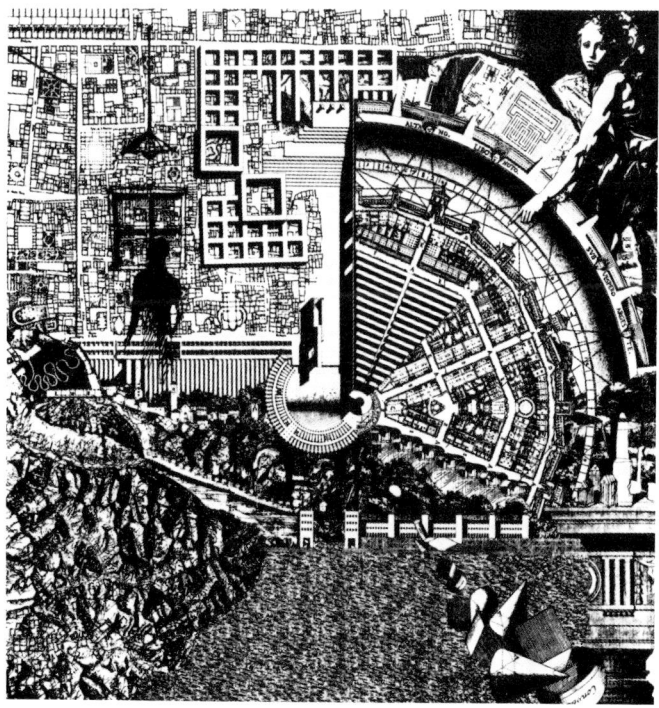

unabwendbar) das Chaos siegreich hervor. Die europäische Stadt sei nicht länger das Haus der Lebenden, sondern der Toten; ihre ursprüngliche Funktion sei verloren, ihre Geschichte vergangen; sie sei nur mehr ein melancholischer locus der kollektiven Erinnerung, welcher wie ein musée sentimental erforscht zu werden vermag[327]. Nur erforscht, möglicherweise mit Hilfe von Zeichnungen, keinesfalls aber nachgebaut. Die analoge Stadt, tauglich als intellektuelle Abstraktion oder künstlerische Parabel, versagt sich dem realen menschlichen Wohnen.

So schlugen sich Rossis urbanistische Ideen in suggestiven, ironischen und allegorischen Stadt-Tableaux nieder (»La città analoga«, 1976, »Roma interrotta«, 1978), nie jedoch in Stadtkonzepten als konkrete Utopien. Diesen Schritt sollten jene tun, die sich in seinem – mehr oder minder direkten – Einflußkreis bewegten.

Die Stadt der Vergangenheit als Stadt der Zukunft

In der zweiten Hälfte der sechziger Jahre begann Robert (Rob) Krier, die von Rossi aufgestellte Hypothese, das tradierte System von Straßen und Plätzen bilde das formale Gerüst der Stadt, zur Grundlage seiner Forschungs- und Projektarbeit zu machen. Er knüpfte dabei unter anderem an Eduard F. Seklers *Stadtmorphologische Studie zum Josefsplatz in Wien* an, die bereits 1961 abgefaßt worden war und den Begriff der Morphologie in seiner historischen Komplexität neu definierte[328]. Am Beispiel der Innenstadt von Stuttgart entwickelte er seine emblematischen Vorschläge zur »Rekonstruktion zerstörter Stadträume«; sie wurden 1973 von Rossi anläßlich der XV. Mailänder Triennale innerhalb der Ausstellung »Architettura Razionale« gezeigt und zwei Jahre später ausführlich publiziert[329]. Im Bestreben, eine ganzheitliche Stadt wiederherzustellen, verband Krier die durch die Verkehrsbauten der Nachkriegszeit voneinander abgeschnittenen Viertel wieder miteinander und erschloß den Citybereich erneut für den Fußgänger, ohne dabei das Automobil vollständig zu verdrängen. Dafür »füllte« er an städtebaulich markanten Stellen die Löcher, welche die Bodenspekulation und die einseitig autofreundliche Stadtplanung der sechziger und siebziger Jahre in der historischen Textur aufgerissen hatten. Entschiedener (und schematischer) als Rossi wollte er jede städtische Neuplanung der Ordnung des Gesamtgefüges untergeordnet wissen; so entwickelte er seine vielgestaltigen Projekte nach eingehen-

168 Rob Krier. Neugestaltung der Stuttgarter Innenstadt. Projekt 1973/74. Der
kleine Vorhof am Österreichischen Platz.

den geschichtlichen Untersuchungen und stadtgestalterischen Analysen der betroffenen Bereiche[330].

Gerade von dieser letzten, von Krier selbst immer wieder beton-
ten Prämisse findet man jedoch im ehrgeizigen und gigantischen
Stuttgarter Projekt kaum eine Spur. Erscheint es auf der einen Seite
glaubhaft, daß die monumentalen Achsen, die baumgesäumten
Alleen, die mannigfaltig gestalteten Plätze, die langen Kolonnaden
und die zahlreichen neuen Bauten die »kollektive Traurigkeit«
erzeugende Leere einer kriegs- und planungszerstörten Stadt in
erlebbare urbane Räume zu verwandeln vermögen, wirkt auf der
anderen ihre Komposition wenig überzeugend: unvermittelt,

311

unstimmig und vor allem zufällig. Kein Wunder auch. Wird (sporadisch) von dem Vorgefundenen ausgegangen, dann nur von dem Einzelgebäude oder von der Gebäudegruppe, nie von dem historischen Gesamtplan des Viertels oder der Stadt. In der Addition ergibt sich somit zwangsläufig ein heterogenes Gebilde. De facto wird aber kaum von dem Vorgefundenen ausgegangen; vielmehr wird über das, was von der alten Stadt noch existiert, die Form einer neuen, ideellen Stadt gelegt. Diese ideelle Stadt ist unregelmäßig und extrem vielfältig, ein Zwitter aus Camillo Sittes Vorstellung einer mittelalterlichen urbanen Struktur, einer Barockplanung à la André Le Nôtre und einer Beaux-Arts-Anlage aus dem 19. Jahrhundert nach Ludwig Förster oder Joseph Stübben. Der Bürger, dem seine »Würde« wiedergegeben werden soll, fällt vom technokratischen Regen in eine überästhetisierte Traufe, in welcher er vor lauter architektonischer Höhepunkte kaum zur (nicht nur optischen) Ruhe kommt.

Anders als Rossi verzichtet Krier nicht auf die konkrete Utopie: Er will keine Metapher des Gedächtnisses, sondern eine Stadt, in welcher Menschen wohnen. Dieser Stadt zieht er die melancholische Larve der Geschichte über. Nur sie erscheint ihm Erlebbarkeit und Menschlichkeit zu gewähren. Indem er jedoch dies tut, fällt sein anfänglicher Optimismus zurück in Resignation, und er teilt mit Rossi die niedergeschlagene Einsicht, daß es keine Stadt des 20. Jahrhunderts gibt und geben kann. Sein Mut, die von Rossi nur abstrakt beschworene analoge Stadt wirklich bauen zu wollen, schlägt ins Leere, und während er sich bereits in der Zukunft wähnt, hat ihn das Gespenst der Vergangenheit längst eingeholt.

Ähnliches gilt prinzipiell für die stadtplanerische Arbeit von Rob Kriers jüngerem (und radikalerem) Bruder Leon, die mit dem 1970 entstandenen Plan für Echternach, Luxemburg, einen ersten Auftakt erfuhr und mit den Projekten für den Royal Mint Square in London (1974), für das Quartier de la Villette in Paris (1976), für das Zentrum von Luxemburg (1978) und für Berlin-Tegel (1980) virtuose Höhepunkte erreichte[331]. Auch hierbei wird eine vorgedachte Idee von Stadt mit bemerkenswerter Arroganz über das jeweilige Planungsgebiet gelegt, und auch hier wird diese Idee der Vergangenheit entliehen. Allerdings basiert sie auf einer ebenso gründlichen wie intelligenten Analyse der historischen Stadt, und die Vergangenheit wird anspruchsvoller selektiert als bei Rob Krier. Leon entscheidet sich für eine feingliedrige, kompakte und weitgehend orthogonale urbane Struktur mit kleinen Blockgrößen und einer

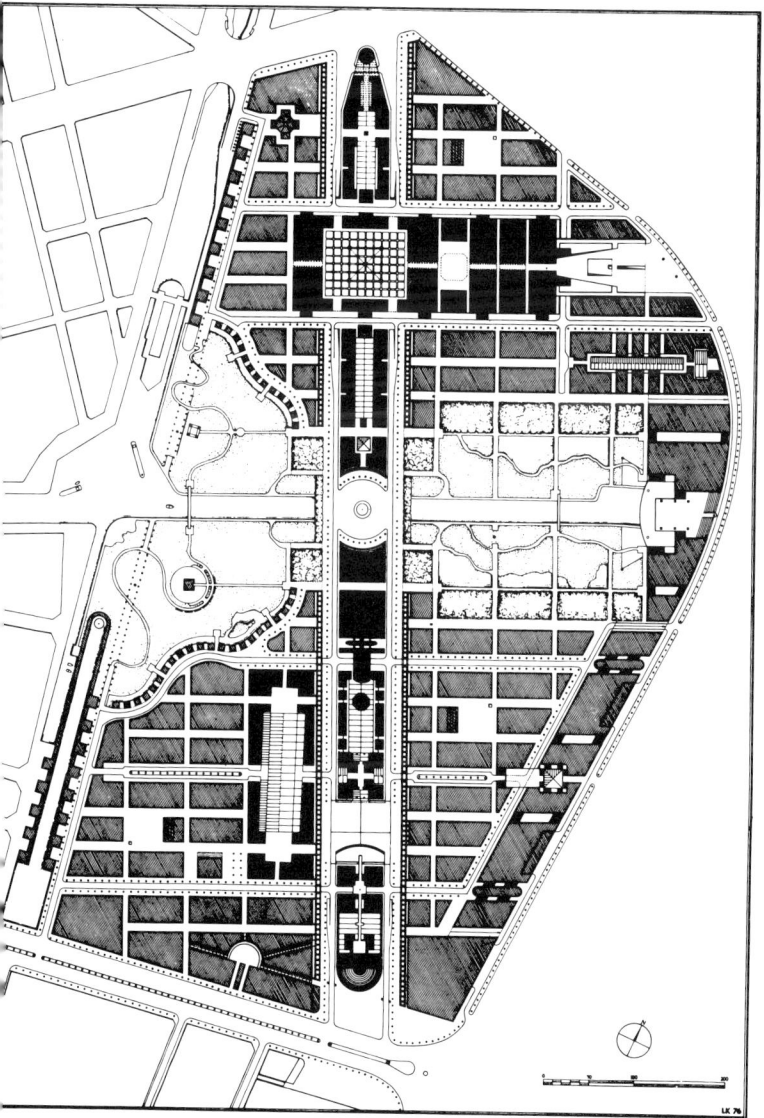

69   Leon Krier. Quartier de la Villette, Paris. Projekt 1976.

differenzierten Hierarchie von Verbindungen, vom Boulevard über Alleen und Straßen bis hin zu Gassen und Passagen. Geometrische Plätze bilden Brenn- und Orientierungspunkte im Netz des öffentlichen Stadtraums. Die Bebauung schreibt einfache historische Grundtypen und Gestaltelemente fort. Trotz mancherlei eklektizistischer Ausschweifung ist die Klassik das angestrebte Ziel und der überwiegende Bezugspunkt.

Diese klassische Wahl erlaubt es Leon Krier immer wieder, der Falle des Historismus zu entgehen und eine »zeitlose« Ruhe zu erreichen, die aus der Vergangenheit extrapoliert, aber aus ihr gelöst ist: Rossis Apparatus der Analogie kommt erfolgreich zur Wirkung. Klassik ist kein Stil, sondern eine Haltung. Ihr zu huldigen beinhaltet keine Nostalgie.

Dennoch ist deren Hauch in so gut wie sämtlichen Projekten von Leon Krier zu spüren. Bei aller Radikalität zeitigt seine Archäologie der Historie kaum die reine klassische Abstraktion, sondern verharrt in der arkadisch verklärten Replika des Idealbildes der Stadt des vorindustriellen Zeitalters. Diese aber ist nicht einmal vergangen; sie hat, eben wie Arkadien, nie außerhalb der Imagination der Dichter und Maler existiert. Solchem Wissen entspringt leise Resignation. Und, bei allem großzügigen Engagement, ein Hintergrund von Überheblichkeit: Jenseits jeglichen möglichen Zweifels implizieren die glücklich arbeitenden Handwerker, die altmodisch dahinflanierenden Pärchen, die mit wehenden Schals vorbeibrausenden Motorradfahrer, die in eleganten Cabriolets auf ihre fiancées wartenden bon-vivants und die gemächliche Doppeldecker steuernden Piloten, welche die wunderschönen Tableaux bevölkern, daß diese hold vor sich hin strahlenden Städte nicht für Menschen unserer Zeit sind.

Es ist aus diesem (und *allein* aus diesem) Grund, daß die Apodiktik, mit welcher der junge Krier seine Vorschläge unterbreitet und seine Thesen vertritt, Bange macht. Die theatralische Entschiedenheit, mit der er »richtige« Lösungen neben »falsche« stellt und die »falschen« energisch durchstreicht, die Endgültigkeit, mit der er, wie weiland Le Corbusier, ein emphatisches »non« dazu schreibt[332], muten plötzlich hohl an; denn das, was er mit der Insistenz eines Missionars aufdrängt, entzieht er sofort wieder. Und nebenbei bemerkt: Seine scheinbar behutsamen und rückwärtsgewandten Stadtkonzepte sind in Wahrheit nicht weniger schroff und brutal als jene des fortschrittsgläubigen Rationalismus der zwanziger Jahre. Mit der gleichen Gleichgültigkeit gegenüber der bestehenden Bau-

substanz, mit welcher der Plan Voisin von Le Corbusier (1925) mit
der historischen Stadtstruktur von Paris aufräumte, um Raum für
seine 18 jeweils 200 Meter hohen Superwolkenkratzer als Sinnbild
des modernen, gesunden und glücklichen Lebens zu schaffen, legt
sich die verträumt-monumentale, eingängige, harmonische Komposition von La Villette willkürlich über ein Gebiet, das sie unbekümmert in ein anheimelndes Paradies des biedermeierlichen Urbanis-
mus zu verwandeln trachtet.

Die Gefahr, die beiden Krier-Brüdern (wenn auch in durchaus
ungleichem Maß) mit ihren urbanistischen Konzepten droht, ist jene
der Widerspruchslosigkeit. Ihre Aufmerksamkeit für die Geschichte
der europäischen Stadt verführt sie dazu, diese tel quel fortzuschreiben; damit sichern sie sich zwar die Kritik der Architekturkollegen,
aber auch die Zustimmung des Publikums. Diese ist, als potentielles
Symptom von Populismus, alles andere als schmeichelhaft und
schon gar nicht beruhigend. Und in der Tat: Das aufwieglerische
kritische Potential ihrer Vorstellungen, welche die *Unwirtlichkeit
unserer Städte*[333] schöpferisch anklagen und durch Gegenwelten
unerbittlich entlarven, kippt leicht in das eigene Gegenteil um.
Anstatt dazu anzuregen, eine unwohnliche Welt zu verändern,
damit sie wohnlich werde, wird diese dadurch erträglich gemacht,
daß wehmütige Alternativvisionen als »kleine Fluchten« an die
Wand – im wahrsten Sinn des Wortes – »gemalt« werden. Es ist kein
Zufall, daß Rob Kriers erstes größeres realisiertes Werk, die Bebauung Ritterstraße-Süd in Berlin (1977–1980), die folkloristischen
Züge einer displazierten Ferienarchitektur nicht ganz zu verheimli-
chen vermag.

Zerrissenheit, Poesie und Tod

Ein extremerer Kontrast zur Krierschen Sehnsucht nach »heiler«
Ganzheit als John Hejduks Lust am Fragment läßt sich kaum denken. Sie bahnte sich bereits in seinen frühen Projekten an und
gewann seit 1975 mit den Vorschlägen für Venedig eine städtebauliche Dimension. Themen, die für seine urbanistische Utopie maßgeblich werden sollten, materialisierten sich in gezeichneten Projekten: die Todesobsession in »The Cemetery of the Ashes of Thought«
(1975); die Stadt als Collage singulärer Objekte (eine vom Kubismus
übernommene Technik) in den »Seven Guard Towers for Cannare-
gio«; der übersteigerte Individualismus Thoreauscher Provenienz

im »House of the One Who Refused to Participate« (beide 1978/ 79)[334].

Diese sämtlichen Themen wurden 1981 in »The Berlin Masque« weiterentwickelt. Dort, wo die Vorgaben der Internationalen Bauausstellung Berlin die schöpferische Wiederherstellung einer weitgehend zerstörten Stadt verlangten und die Reparatur des zerrissenen und ausgefransten urbanen Gewebes suggerierten, machte Hejduk genau das Gegenteil: Er sublimierte die Zerrissenheit zur Poesie. Le Corbusier hatte in Chandigarh (1950–1965) vereinzelte objets à réaction poétique in einem subtilen Spannungsfeld über die Landschaft verteilt, um eine neue Stadt zu beschwören. Hejduk tat das gleiche, aber mit entgegengesetzter Absicht: um eine alte Stadt in Frage zu stellen. In seinen verzauberten Visionen bevölkern sich die verwilderten Grundstücke zwischen düsteren Brandmauern und ungepflegten Straßen mit ebenso ästhetischen wie sinnlosen architektonischen Gegenständen und mit kleinen ingeniösen Monstern, die menschliche Tragödien technisch-handwerklich inszenieren. Weit davon entfernt, die Stadt als solche rekonstruieren zu wollen, evozieren sie, wie Italo Calvino in *Le città invisibili*[335], ihr ideelles Gespinst aus Traum, Erinnerung und Zeichenhaftigkeit.

170   John Hejduk. Städtebauliche Neuordnung von Block 19, Wilhelmstraße, Berlin. Projekt 1981.

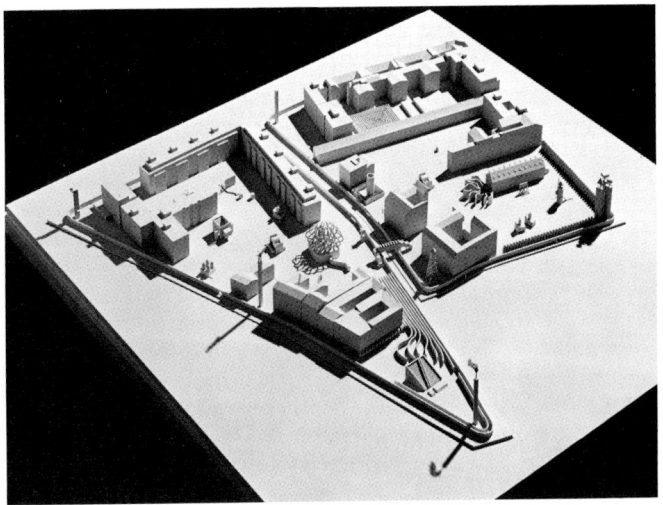

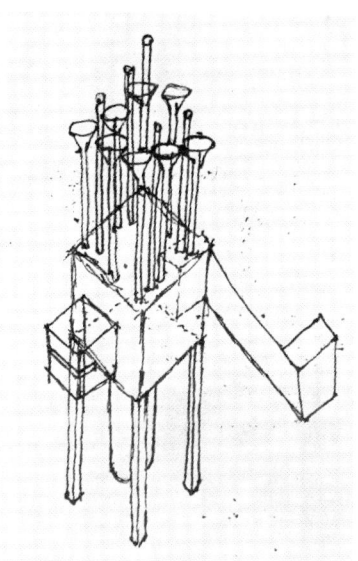

171 John Hejduk. Studie zu
      einem Objekt. Um 1983.

»The Berlin Masque« ist ein Projekt, welches sich die eigentümliche Poesie der Stadt Berlin zu eigen macht und sie in einem ambivalenten »J'accuse« verarbeitet. Daß dies ganz im Rahmen von Hejduks übergreifender urbanistischer Utopie geschieht, offenbart die
Vision »The Rural Community of Hanover-Lancaster« (von 1982
an), die sich als Weiterentwicklung der Vorschläge für Berlin darstellt[336]. Das anti-städtische Element triumphiert. Bereits der Name
weist die Gemeinschaft, ihrer beachtlichen Größe (69 + 1 Grundob-
jekte) ungeachtet, als rural aus; das Gesamtgebilde stellt sich als
weitgehend willkürliches Agglomerat singulärer objets trouvés dar,
nicht als gesetzmäßig geschlossene Struktur von Straßen und Häusern; das Zentrum ist bezeichnenderweise leer. Die einzelnen
Gegenstände, weit davon entfernt, miteinander einen wie auch
immer gearteten Dialog zu führen, verschließen sich im eigenen
pathologischen Individualismus, der zu einer extrem (und ironisch)
funktionalistischen Interpretation ihrer zwecklosen Zweckbestim-
mung führt. Letztere spiegelt Hejduks Todesbesessenheit und seine
Faszination für das Foucaultsche Binom *Surveiller et punir*[337]: Die
Rural Community besitzt einen Friedhof, ein Gefängnis, ein
Gerichtshaus, ein Krankenhaus, ein Haus des Veterinärs (mit einem

317

Sonderausgang für tote Tiere), ein Schlachthaus; hinzu kommen das Haus des Selbstmörders, das Haus der Witwe, das Haus des Aufpassers, das Haus des Todes und verschiedene Wachtürme. Die »Stadt der Zukunft« entpuppt sich als surrealistische Assemblage heiterer Vernichtungsmaschinen, die als Bühne für eine Inszenierung von Franz Kafkas *Prozeß* dienen könnte.

Bei aller Unterschiedlichkeit ihrer Ausgangspositionen kommt Hejduk somit genau dort an, wo auch Rossi hingelangt: zur Stadt der Toten. Rossi lehnt den funktionalistischen Modernismus ab, Hejduk führt ihn ad absurdum; Rossi absorbiert die Geschichte, Hejduk läßt sie an sich abgleiten; Rossi verkörpert, wenngleich ohne figurative Anleihen, die Essenz der historischen italienischen Stadt, Hejduk jene der neuen nordamerikanischen Suburbia. Beide jedoch erreichen Visionen des unabwendbaren Chaos, in welchem allein die Erinnerung der Ordnung über den Trümmern des großen Hauses der Lebenden schwebt. Die Utopie bleibt unwohnlich und unbewohnbar, und der Hölderlinsche Traum (»dichterisch wohnet der Mensch«) wird gebrochen: Der Mensch, der noch den Anspruch hat, dichterisch zu sein, kann im 20. Jahrhundert auf Grund eben dieses Anspruchs nicht wohnen.

172   OMA (Office for Metropolitan Architecture). The City of the Captive Globe. 1976. Gemälde von Zoe Zenghelis.

Zwischen Resignation und Idealismus: Wohnen üben

Die gleiche Resignation – Martin Heidegger hatte sie bereits 1951 in seinem Darmstädter Vortrag »Bauen, Wohnen, Denken« ansatzweise vorgezeichnet[338] – verraten, in unterschiedlichem Maß und in unterschiedlicher Weise, so gut wie alle urbanistischen Utopien der Gegenwart. Rem Koolhaas' Großstadtvisionen wie »The City of the Captive Globe« (1972) sind nichts anderes als konkrete Metaphern des Lebens in der Metropole, die keine entwerferischen Hinweise vermitteln, sondern das Manhattan von Francis Scott Fitzgeralds »jazz age« zeichnerisch erforschen – übrigens mit dem gleichen leicht melancholischen Rückblick, mit welchem Rossi die klassisch-abendländische Stadt analysiert. Nicht zufällig ist Koolhaas stark von Oswald Mathias Ungers beeinflußt, dessen Bestreben, in den städtebaulichen Projekten die »Poesie des Ortes« herauszuarbeiten, wiederum in Rossis Verständnis von Stadt wurzelt: ein Ort des Chaos, wo jeder Versuch, Ordnung »von oben« zu schaffen, unweigerlich zum Scheitern verurteilt ist, zumal nur »von unten« her das Chaos domestiziert und lyrisch überhöht zu werden vermag. Ähnliches geschieht, wenn auch auf der Grundlage völlig anderer ideologischer Voraussetzungen, in Peter Cooks »Arcadian City« (1976–1978), in welcher die unerbittliche Logik der Archigram-Projekte der sechziger Jahre einer romantisierenden Nostalgie weicht: Nach den tollkühn-heroischen Metropolen der Technokratie wird die kleinbürgerliche Dimension der englischen Vororte gefeiert.

Lediglich in vereinzelten städtischen Projekten von vereinzelten, meist jüngeren Architekten kommt, wenngleich in »kleinem« Maßstab, der Glaube an die Stadt noch zum Ausdruck. Keine zusammenhängende, umfassende Utopie; aber die Fragmente vermitteln nicht introvertiert ihre eigene resignative Selbstgenügsamkeit, sondern teilen das – zunächst weitgehend abstrakte – Vertrauen mit, daß es eine Stadt des 20. Jahrhunderts geben kann, die sich an jener der Vergangenheit orientiert, ohne sie zu kopieren, zu paraphrasieren oder zu negieren.

Solcherlei Idealismus ist weder leichtfertig noch einfältig optimistisch. Er setzt sich keineswegs über Heideggers bedrückende Feststellung hinweg, die »Sterblichen« müßten »das Wesen des Wohnens immer erst wieder suchen« und »das Wohnen erst lernen«[339]. Im Gegenteil, er nimmt die Feststellung zutiefst ernst. Er macht sich daran, das Wohnen beizubringen. Und zwar mit dem Mittel des Architekten, nämlich mit konkreter Architektur. Er begnügt sich nicht damit, die Stadt, wie sie ist, lesbar zu machen, poetisch zu überhöhen oder zu kritisieren; er beschwört eine neue Stadt, in welcher die »Sterblichen« das Wohnen üben können. Dies allein genügt freilich nicht, um Hölderlins »Heimatlosen« eine endgültige Bleibe im Sinne von Ernst Bloch zu geben[340]; aber es weist den Weg, den ein Architekt innerhalb der Grenzen (und der Beschränkungen) seiner Disziplin zu gehen vermag, um die »Heimatlosen« einer »Heimat« näherzubringen.

Eigensinn ohne Illusionen
Fragmente zu einem Programm für die architektonische Kultur der nahen Zukunft

»Und heute ist das Gefühl der Komplexität des Ganzen, das Gefühl des Wimmelnden oder des Dichten oder des Scheckigen oder des Labyrinthischen oder des Geschichteten notwendigerweise komplementär geworden zur Weltsicht, die sich einer vereinfachenden, schematisierenden Verzerrung des Wirklichen bedient. Doch das Moment, von welchem wir möchten, daß es der einen wie auch der anderen Weise entspringe, die Realität zu begreifen, ist doch immer jenes des Nicht-Akzeptierens der gegebenen Situation, des aktiven und bewußten Aufbruchs, des Willens zum Kontrast, des Eigensinns ohne Illusionen.«
Italo Calvino, ›Il mare dell'oggettività‹, 1960[341].

Der Begriff der Postmoderne, zunächst im Bereich der Literatur benutzt, um die Wiederkehr der organisch zusammengefügten Erzählung sowie die Verwendung der Wörter in ihrer primären, nicht metaphorischen Bedeutung zu bezeichnen, wurde Mitte der siebziger Jahre auf die Architektur übertragen. Seitdem gibt er dort Anlaß zu ebenso heftigem wie (größtenteils) gegenstandslosem Streit[342]. Man ist dafür oder dagegen, echauffiert sich genüßlich und hält selbstzufrieden hehre kulturelle Sonntagspredigten, in welchen nahezu ausnahmslos nicht viel mehr als private ästhetische Bekenntnisse abgegeben werden: Das gefällt mir, das gefällt mir nicht. Eine notdürftige Etikettierung verleiht diesen Bekenntnissen im Nachhinein die trügerische Aura weltanschaulicher Urteile.

Die nur leicht verlegene Ausrede, einer nicht ausschließlich subjektiven Argumentation fehle es an Grundlagen, trägt nicht. Daniel Bell hat mit *The Coming of Post-Industrial Society* die gesellschaftliche und ökonomische Plattform des »postmodernen Zeitalters« aufgezeigt[343]; Jean-François Lyotard hat in *La condition postmoderne*, einem »Bericht über das Wissen«, dessen philosophische und kulturelle Basis erläutert[344]. Und die Diskussion, die sie zusammenfassen und weiterführen, reicht um einiges zurück: Gegen die großen gedanklichen Konstruktionen von Plato und Aristoteles, gegen die Glaubenskathedralen der Scholastiker und gegen die aufklärerische, in sich geschlossene Metaphysik von Gottfried Wilhelm Leibniz, Immanuel Kant oder Georg Wilhelm Friedrich Hegel wandten sich

»antikosmische« Denker wie Plaise Pascal oder Søren Kierkegaard. Friedrich Nietzsche verwarf zeitweise die Begriffe der Einheit, der Totalität und des Universalen und gab der skeptischen Ahnung Ausdruck, daß es nicht eine, sondern viele Wirklichkeiten gebe.

Posthistoire, Postmoderne und neue Unterschiede

Damit bahnte Nietzsche der Posthistoire den Weg. Ihre grundlegenden Texte sind von Denkern wie Oswald Spengler, Gottfried Benn, Ernst Jünger, Hendrik de Man, Arnold Gehlen, Michel Foucault und Roderick Seidenberg[345]. Was man heute mit nicht selten gespielter Überraschung »plötzlich« zu gewärtigen vorgibt, hatte etwa Benn bereits 1947 in *Der Ptolemäer* eindringlich geschildert: »Wieder war eine solche Stunde da, eine Stunde, in der sich etwas abzog von der Erde: der Geist oder die Götter oder das, was menschliches Wesen gewesen war – es handelte sich nicht mehr um den Verfall des einzelnen Menschen, auch nicht einmal den einer Rasse, eines Kontinents oder einer sozialen Ordnung, eines geschichtlichen Systems, sondern etwas weit Ausholenderes geschah: die Zukunftslosigkeit eines ganzen Schöpfungswurfes trat in das allgemeine Gefühl, eine Mutation – an ein Erdzeitalter gebunden, an das hominine –, mit einem Wort: das Quartär ging hintenüber.«[346]

Gelassener als der Schriftsteller und Dichter Benn beschrieb etwas über dreißig Jahre später der Philosoph und Kulturkritiker Lyotard die postmoderne Situation: als allgemeinen »Unglauben gegenüber den Meta-Erzählungen.«[347]. Die großen, übergreifenden Denk- und Erklärungssysteme sind zerstört, eine Ära der Ambivalenz, ja der Indifferenz bricht an, in welcher Urteile zwischen Gut und Böse, Links und Rechts, Fortschritt und Rückschritt nicht mehr möglich sind. Gleichwertigkeit erodiert die politischen und moralischen Positionen einer Kulturkritik, welcher ihre primäre Substanz, nämlich die kritische, entzogen wird. Und doch besteht bei aller Verwirrung nicht nur zu Pessimismus Anlaß; denn das postmoderne Wissen »schärft unsere Empfindlichkeit für Unterschiede und stärkt unsere Fähigkeit, das Unermeßliche zu ertragen«[348].

Die Frage, ob in einer solchermaßen geschärften Empfindlichkeit der Ausweg aus dem zähen Sumpf der Gleichgültigkeit liegt, muß zunächst offenbleiben. Es stellt sich aber, daneben, jene nach der Art des Umgangs mit der Indifferenz. Es gibt zwei Wege, ihr zu begegnen. Der eine ist der resignierte: Die Wüstenei der Gleichwer-

173   Arduino Cantafora. La città analoga. 1973. Gemälde (Ausschnitt).

tigkeit wird akzeptiert, indem man sich mit ihr arrangiert, ohne den
Anspruch zu erheben, etwas daran zu ändern. Der andere ist der
oppositionelle: Die Wüstenei der Gleichwertigkeit wird verworfen,
indem versucht wird, neue Unterschiede und neue Ziele zu etablie-
ren.

Vom Ritual der Wiederholung zur Entscheidung
für die Tradition

In der architektonischen Kultur stößt dieser (letztere) Ehrgeiz auf
grundlegende Hindernisse. Das »arché« von Architektur, das in der
klassischen Tradition sowohl auf den Begriff des Ursprungs (als
Urform oder Archetyp) als auch auf jenen des Prinzips (als festge-
fügtes Regelsystem) verwies, ist auf Grund seiner Verknüpfung mit
der Domäne des Sozialen von den gleichen Krisen erfaßt, welche die
Gesellschaft seit der Aufklärung erschüttern. Die Gewißheit des
Ursprungs ist ebenso zerrüttet wie jene der Regel. Außerdem haben
die avantgardistischen Häresien der »Modernen Bewegung«, welche
die von Hans Sedlmayr beschworene »Mitte«[349] willentlich verloren
und die klassische Syntax ebenso willentlich verwarfen, offenkundig

323

in eine Sackgasse geführt und obendrein die Architektur ihrer öffentlichen Funktion (als verständliche Sprache) beraubt.

Die Lage, so dramatisch sie auch erscheint, ist nur solange hoffnungslos, wie die von ihr Betroffenen sie als erstmalig und einzigartig wähnen. Beides trifft jedoch nicht zu. In der Tat befindet sich die architektonische Kultur der Postmoderne in einer Situation, die jener der Archaik nicht unähnlich ist.

In der archaischen Welt haben die Gegenstände und Handlungen keinen eigenen Wert, und die zwischen ihnen gesponnenen Beziehungen sind unverständlich. Darauf reagiert der Mythos. Innerhalb seiner Konstruktion erhalten die Gegenstände einen Sinn (und werden »wirklich«), indem sie einer »anderen«, transzendenten Realität teilhaftig werden; und die Handlungen gewinnen eine Bedeutung, indem sie als Reproduktion einer Ur-Geste, als Wiederholung eines mythischen Originals aufgefaßt werden[350]. Auf diese Weise werden die einen wie die anderen (wie auch ihre Interrelationen) sinnfällig, verständlich und mitteilbar.

In der postmodernen Welt haben die Gegenstände und Handlungen ebenfalls keinen eigenen Wert; sie haben ihn verloren. Und die zwischen ihnen gesponnenen Beziehungen sind gleichfalls unverständlich; die Verständlichkeit ist ihnen abhanden gekommen. Um dem entgegenzuwirken, bietet sich der architektonischen Kultur der Nach-Postmoderne, oder, besser: der nahen Zukunft, eine analoge Lösung zu jener der Archaik an. Nur, daß das Vertrauen, es gebe eine einzige Wirklichkeit (nämlich: jene des Mythos), dem Verdacht gewichen ist, es gebe deren viele, und die umfassende, *eine* Wirklichkeit sei lediglich eine notwendige menschliche Erfindung. An die Stelle des leidenschaftlichen Glaubens an eine transzendente Welt tritt das rationale Bewußtsein der immanenten Notwendigkeit eines Wertsystems; und an die Stelle des Rituals der Wiederholung die entzauberte Verpflichtung zur Tradition. Das Ergebnis bleibt das gleiche: Verständlichkeit durch Konvention.

Eines ist jedoch anders und neu. Die mythische Ordnung, welche die archaischen Kulturen über das Chaos ihrer Umwelt legten, um sie zu begreifen, folgte einem unbewußten Bedürfnis nach Erkenntnis. Ihre Etablierung war kein Akt der Moral, sondern eine unwillkürliche, richtige, »gesunde« menschliche Reaktion. Anders bei dem Wertsystem, das die neue Generation (die Generation der nahen Zukunft) der Gleichgültigkeit des Posthistoire einzuprägen sich anschickt. Sie tut es in nüchterner Erkenntnis der weitgehenden Willkür des Wertsystems selbst und gleichzeitig in reflektierter Einsicht seiner Unverzichtbarkeit. Die Auswahl aus den unendlichen Möglichkeiten, die Entscheidung innerhalb des Dickichts gleichwertiger Alternativen ist eine bewußte Operation. Und eine moralische Handlung. Dazu gehört der Mut, der immer dann notwendig wird, wenn die Unschuld verloren ist.

Zwischen dem Paradies der Geschichtslosigkeit und der Hölle der Historizität

Wobei die Verpflichtung zur Tradition nichts, aber auch gar nichts mit jenem verfügbaren Historismus gemein hat, den die architektonische Kultur der Postmoderne vorlaut auf ihre Banner schreibt.

Im Gegenteil. In *Le mythe de l'eternel retour* (der Untertitel lautet nicht zufällig *Archétypes et répétition*) weist Mircea Eliade darauf hin, daß das kollektive Gedächtnis ahistorisch ist[351]. Nicht Ereignisse werden überliefert, sondern Kategorien, nicht die Erinnerung an einzelne, sondern Archetypen. Das Individuelle wird nicht akzeptiert; nur das Exemplarische. In der Tradition wird die konkrete Zeit aufgehoben und die autonome (also nicht archetypisch regulierte) Geschichte verleugnet. Die Überlieferung nimmt sich ausschließlich allgemeiner und allgemeingültiger Sinnbilder an.

Dies gilt auch und vor allem für die architektonische Überlieferung. Georges Bataille erinnert in *L'expérience intérieure*[352], daß innerhalb des traditionellen Kunstbegriffs das Projekt die Instanz ist, welche die Zeit ausklammert: Sein Prinzip (wie im übrigen auch jenes der Harmonie) ist die Wiederholung, durch die jedes Mögliche ewig wird. Die ideale Inkarnation dieses Prinzips aber ist die bildhauerische oder die architektonische. Sie frieren die Harmonie ein und gewährleisten auf diese Weise die (theoretisch unbegrenzte) Dauer der Annullierung der Zeit. Eliades Traum, der Zeit und der Geschichte zu entrinnen, geht in Erfüllung[353].

Freilich befindet sich das Paradies der Geschichtslosigkeit in enger Nachbarschaft zur Hölle der Historizität; es wird sogar erst durch diese Nachbarschaft zum Paradies. Die Stabilität der Architektur erhält gegenwärtig gerade durch die Labilität des postmodernen Zeitalters ihre Einzigartigkeit und Bedeutsamkeit. Das Projekt

175 Heinrich Tessenow. Gutsherrenhaus, Mecklenburg. Projekt um 1913.

gerät dadurch zur moralischen Instanz, daß es sich dem Verschleiß des allgegenwärtigen Konsumismus entzieht und einen festen Punkt mitten in einer zerfließenden Welt der Gleichförmigkeit und Indifferenz bildet.

Etwas kommt hinzu, was das Bau-Projekt für seine stabilisierende Rolle geradezu prädestiniert. Die Elementarprobleme der Architektur sind in ihrer Anzahl beschränkt und in ihrer historischen Entwicklung grundsätzlich gleich geblieben. Für diese Elementarprobleme sind immer wieder Lösungen entwickelt, ausprobiert und ausgewählt worden. Jene Lösungen, die sich über Jahrzehnte und Jahrhunderte bewährt haben, sind so gut, daß sie kaum mehr verbesserungsfähig sind: Wie die Werkzeuge der alten Handwerker sind sie durch den Gebrauch geformt und haben dadurch eine Einfachheit, Angemessenheit und Perfektion erreicht, über die hinaus nur noch Raffinement möglich ist.

Außerdem sind die Elementarlösungen, die dem Auslesedruck des »geschichtlichen Darwinismus« standgehalten haben, nicht nur architekturimmanent die besten, weil sie gut zu konstruieren und gut zu realisieren sind, weil sie gut halten und gut funktionieren. Sie sind bereits dadurch, daß sie unentwegt wiederholt wurden, die vertrautesten und somit die verständlichsten. Die Konvention erzeugt einen Archetypus. Oder, wie Italo Calvino von der »unsichtbaren Stadt« Zirma erzählt: »Die Stadt ist übervoll: Sie wiederholt sich, damit etwas im Gedächtnis haften bleibe. . . . Das Gedächtnis ist übervoll: Es wiederholt die Zeichen, damit die Stadt zu existieren beginne.«[354]

Vom abstrakten Projekt zur konkreten Utopie

Diese »neue Sicherheit« der Erinnerung macht allerdings keineswegs Erfindung überflüssig; sie gibt nur den Rahmen vor, in welchem jene sich zu entfalten hat. Die Auflösung der Zeit bedeutet mitnichten die Auflösung der Utopie. Vielmehr ermöglicht erst der Rekurs auf die Tradition die Utopie überhaupt. Denn: »Nur auf der Basis des Selbstverständlichen, gewohnheitsmäßig Gewordenen und der Kritik und Kontrolle Entzogenen kann man ›sublimieren‹, kann man hohe Lösungen improvisieren oder einmal im vollen Bewußtsein des Gewichtes und Risikos ein geistiges oder moralisches Experiment versuchen.«[355]

Um geistige (künstlerische) und moralische (soziale) Experimente geht es in Architektur und Städtebau nach wie vor; und diese Experimente müssen sich, ebenfalls nach wie vor, stets an dem orientieren, was als das denkbar Beste erscheint. Schließlich ist ihr Gegenstand die Planung von Räumen, in welchen sich menschliches Leben über Jahrhunderte abzuspielen hat. Pragmatismus, der sich den »Sachzwängen« der Gegenwart beugt, ist dabei unverantwortlich; kühne idealistische Visionen allein vermögen Lösungen aufzuzeigen, die eine tragfähige Antwort auf die Widersprüche der Wirklichkeit in der Zeit darstellen und somit Dauer haben.

176 Thomas Moore, »Utopia«. Blatt von Ambrosius Holbein, Basel 1518. ▷

Amaurotū vrbs.

fons Anydri.   Ostium anydri.

HOI

Hythlodaeus.

Die Ablehnung der flachen Empirie bedeutet freilich alles andere als realitätsfremde Schwärmerei. Architektur hat das Feld des Möglichen zum Gegenstand; ihr Traum muß verwirklichbar bleiben. Idealismus und Realismus müssen einander in tapferem Optimismus begegnen, um die Welt mit Gebautem zu verändern.

Diese Begegnung mündet in eine Utopie, die jenseits geistiger Kurzatmigkeit und jenseits leichtfertiger Zukunftsschwelgerei architektonische und städtebauliche Modelle für ein besseres, glücklicheres und gerechteres Zusammenleben der Menschen entwirft, ohne es in schematischen Bahnen einzufrieren.

Dabei ist der Mut zum großen, einheitlichen und umfassenden Projekt ebenso notwendig, wie der Anspruch unangemessen ist, ein solches Projekt sofort und vollständig zu bauen. Es geht um Idealvisionen, die realistisch sind, indem sie einerseits Gesamtstrategien aufzeigen, andererseits aber diese Gesamtstrategien einer schrittweisen Verwirklichung öffnen. Auf diese Weise vermag das abstrakte Projekt dem Leben angepaßt und zur konkreten Utopie zu werden.

Wo Phantasie gebaut wird, wird sie getötet

Wie aber kann und muß die konkrete Utopie einer menschenwürdigen Stadt der nahen Zukunft aussehen? Die Frage verlangt nach wenigstens theoretischer Antwort.

Sie vermag zunächst per negativum gegeben zu werden: Die Stadt der achtziger Jahre wird nicht die modernistische »funktionelle Stadt« im Sinne Le Corbusiers sein. Diese hat mittlerweile sattsam gezeigt, daß sie nicht einmal das tut, was das Attribut in ihrem Kompositum verspricht: funktionieren. Dazu ist die Wirklichkeit der Menschen, die sie zu beherbergen hat, zu komplex, und das reduzierte, abstrakte Menschenbild, das sie ihren Formen zugrunde legt, geht an dieser Wirklichkeit unweigerlich vorbei.

Die Stadt der achtziger Jahre wird aber auch nicht die postmoderne »typologische Stadt« sein. Die endlose Fortschreibung der bestehenden urbanistischen Muster und Typen führt allenfalls in die Stagnation und somit in die Selbstzerstörung. Der Wunsch, die neuen Städte mögen so sein wie die historischen und in den historischen Städten möge alles so bleiben, wie es ist, mutet nicht bloß verständlich an: Er ist legitim. Aber schon Giuseppe Tomasi di Lampedusa (der ein wahrer Konservativer war) ließ Tancredi sagen:

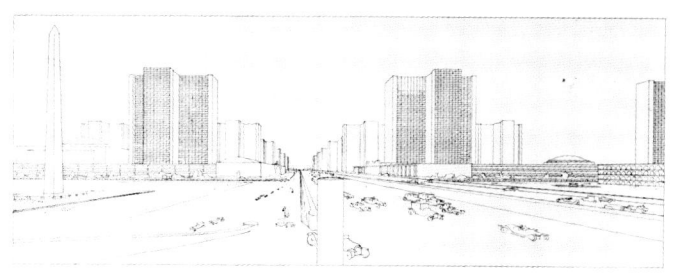

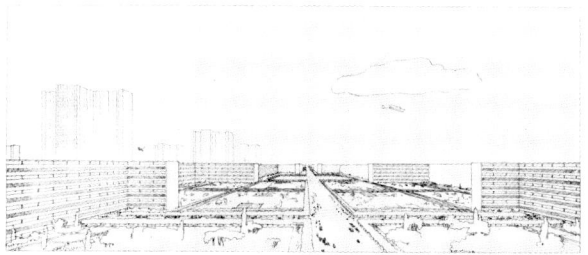

177 Le Corbusier. Ville Contemporaine. Projekt 1922.

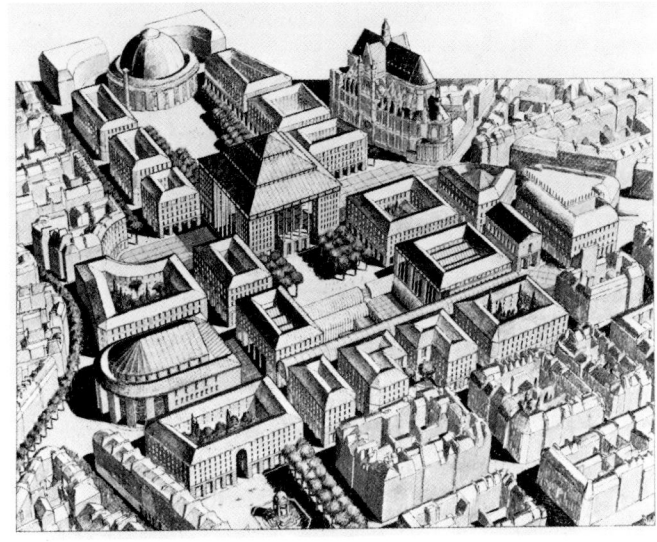

178   Leon Krier. Les Nouveaux Quartiers des Halles, Paris. Projekt 1976.

»Wenn wir wollen, daß alles bleibt, wie es ist, muß sich alles ändern.«[356]

Die Sehnsucht nach der Ganzheit der Vergangenheit, durch die Zersplittertheit der Gegenwart verschärft, vermag jene nicht tel quel zurückzubeschwören. Die Stadt der nahen Zukunft muß dem Leben der nahen Zukunft angepaßt werden.

Einem Leben, in welchem nicht »alles mit der Stoppuhr in der Hand eilt oder stillsteht«, »Fragen und Antworten... wie Maschinenglieder ineinanderklinken«, »jeder Mensch...nur ganz bestimmte Aufgaben« hat und »Spannung und Abspannung, Tätigkeit und Liebe... zeitlich genau getrennt und nach gründlicher Laboratoriumserfahrung ausgewogen« sind, wie Robert Musil höhnisch bemerkte[357]; dessen Vorstellung nicht ein verstümmeltes Menschenbild zugrunde liegt, sondern ein ganzheitliches, humanistisches; das nicht aus einer dürren Kette utilitaristischer, zweckgebundener und vorhersehbarer Handlungen und Reaktionen besteht, sondern auch in das geheimnisvolle Reich der Phantasie hineinwächst. Ein schöpferisches Leben.

Dem muß die Architektur der Stadt entsprechen. Kann aber die Architektur der Stadt dem entsprechen? Die Mäanderläufe, Zuckungen und Sprünge der Kreativität lassen sich keinesfalls in eine determinierte, unverrückbar materialisierte Form pressen; versucht man es dennoch, übt man Verrat ausgerechnet an dem, was man zu feiern gedenkt. Nichts ist für Phantasie paralysierender, tödlicher als ein konkreter Raum, der sie zu repräsentieren sich anmaßt. Wo sie gebaut wird, wird sie unvermeidlich gegängelt, eingefroren und vernichtet.

Die »Stadt für schöpferisches Leben« als Gefäß

Musil hat, gewissermaßen nebenbei und indirekt (denn auf deren Namen sollte »kein besonderer Wert gelegt werden«), die »Stadt für schöpferisches Leben« präfiguriert. »Wie alle großen Städte bestand sie aus Unregelmäßigkeit, Wechsel, Vorgleiten, Nichtschritthalten, Zusammenstößen von Dingen und Angelegenheiten, bodenlosen Punkten der Stille dazwischen, aus Bahnen und Ungebahntem, aus einem großen rhythmischen Schlag und der ewigen Verstimmung und Verschiebung aller Rhythmen gegeneinander, und glich im ganzen einer kochenden Blase, die in einem Gefäß ruht, das aus dem dauerhaften Stoff von Häusern, Gesetzen, Verordnungen und geschichtlichen Überlieferungen besteht.«[358]
Beschrieben wird hier natürlich die historische Stadt; aber die historische Stadt ist in der Tat nach wie vor der Ort, wo sich allein wirklich urbanes Leben abzuspielen vermag. Sie ist in erster Linie eine Konstruktion von Widersprüchen (was übrigens ihren Charme ausmacht). Derartiges baulich widerspiegeln zu wollen, ist nicht nur ein aussichtsloses, sondern auch ein gegenstandsloses Ansinnen. Die Aufgabe ist keine architektonische: Sie überschreitet die Grenzen der Disziplin.
In der Tat verwirklicht sich die kühnste Utopie der »Stadt für schöpferisches Leben« im weisen Verzicht darauf, dies explizit zum Ausdruck zu bringen. Die Architektur der Stadt kann nicht mehr sein als das »Gefäß« aus dem »dauerhaften Stoff von Häusern, Gesetzen, Verordnungen und geschichtlichen Überlieferungen«, kann nicht mehr darstellen als die rationale Seite des Menschen, das, was untersucht, erklärt, vorhergesehen werden kann. Tut sie dies im Bewußtsein der Tatsache, daß sie dadurch mindestens ebensoviel unberücksichtigt läßt, wie sie berücksichtigt, und bewahrt sie sich

179   Louis Bretez. Perspektivischer Plan von Paris, genannt Plan de Turgot. 1778. Ausschnitt.

aus diesem Bewußtsein heraus genügend Offenheit, um Unerwarte-·
tes zuzulassen, dann darf sie hoffen, daß in dem Gefäß, das sie
verkörpert, in den Nischen ihrer Abstraktion, auf den glatten Flächen ihrer Neutralität und an den scharfen Kanten ihrer Gleichgültigkeit ungerufen Kreativität entsteht und heimisch wird. Und mit
ihr natürlich Phantasie und Poesie.

Ganz von alleine wird das freilich nicht geschehen; es bedarf nach
wie vor der bewußten Anstrengung. Und der ernsthaften ästhetischen Bemühung. Roland Barthes, der noch 1953 in *Le degré zéro de
l'écriture* den wilden, subversiven Schrei postuliert hatte[359], stellte
nicht zufällig 1973 in *Le plaisir du texte* die Frage nach dem
Genuß[360]. Er stellte sie gegen die Gleichgültigkeit der Wissenschaft,
gegen den Puritanismus der ideologischen Analyse, vor allem aber
gegen die sinnliche Verflachung der Literatur. Die gleiche Frage
muß gegen die sinnliche Verflachung der Architektur gestellt werden, gegen die Prostitution ihrer formalen Elemente, gegen die Willkür ihrer Kompositionsregeln. Und gegen die Vernachlässigung
ihrer Schönheit.

Das sind große Worte – vor allem das letzte. Doch es tut not, den
Mut zu solchen Worten wiederzufinden. In Ansätzen hat es Theodor W. Adorno schon vorformuliert, in Ansätzen auch immer wieder Erich Fromm: Den Worten muß ihre ursprüngliche Bedeutung
zurückgegeben werden, die beliebige Schnoddrigkeit muß dem präzisen Ernst weichen. Wenn es sich um Liebe handelt, muß man von
Liebe sprechen und nicht ausweichend von »gern haben«; wenn ein
Monument entstehen soll, muß man ein Monument entwerfen und
nicht ein unentschiedenes Gehäuse.

Dabei bilden Offenheit und Größe keinerlei Widerspruch; im
Gegenteil. Ihre Kombination zeitigt eine Klarheit, die zu einer
Erneuerung der Architektursprache führt, ohne sie programmatisch
anzustreben. Denn eine solche Erneuerung geht nicht von der
Expression aus, sondern von der Aufgabe, und ihre Grundlage ist
nicht ein philologisch ausgefeiltes Vokabular, sondern es sind neue,
reale, rationale Gewißheiten über das Wesen von Architektur.

Die Leere und die Heimat

Eine Architektur, welche die rationale Seite des Menschen darstellt
und auf rationalen Gewißheiten über ihr eigenes, von Logik und
Gesetzmäßigkeit regiertes Wesen aufbaut, ist eine rationalistische

Architektur. Dies besagt per se allerdings wenig. Giuseppe Terragni, einer der wichtigsten Protagonisten der italienischen Avantgarde der zwanziger Jahre, zog bereits 1931, nicht ohne nationalistische Anspielungen, die Grenzen genau: »Wir betreiben Rationalismus, um zur Architektur zu gelangen, nicht Architektur, um zum Rationalismus zu kommen ... Es gibt den hellen und klaren, nahezu mediterranen Rationalismus von manchen hellenisierenden Bauten und den barbarischen, überzogenen Rationalismus mancher typisch nordischer Architekten; es gibt den Rationalismus, der Häuser und Villen entstehen läßt, die für ein Leben unter der Sonne, zwischen Bäumen und Blumen, am Wasser geschaffen sind, und den Rationalismus, der unmenschliche Visionen von Trauer und Alpträumen gebiert.«[361] Architektur muß auf Grundlagen aufbauen, die durch Vernunft zu bestimmen sind; das allein aber bietet noch keine Gewähr für ihre Qualität. Und die durch Vernunft bestimmten Grundlagen bedeuten ihrerseits keine borniere Architektur, die nur Rationalem Raum bietet.

Genausowenig bedeutet eine neutrale Architektur Unverbindlichkeit und gebaute Gesichtslosigkeit. Sie bedeutet nur den Ver-

180   Le Corbusier. Villa Savoye, Poissy. 1929–1931. Skizze.

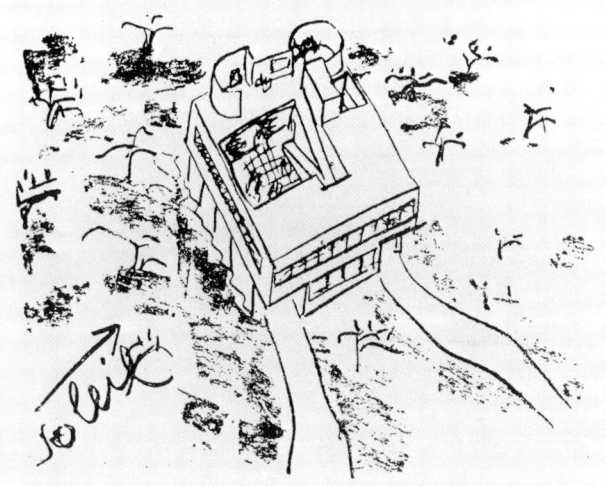

zicht auf nach außen gekehrten Individualismus (*nicht* auf Individualismus überhaupt), auf gewollt Spektakuläres, auf vorlaute Geschwätzigkeit. Architektur muß weder originell, noch lustig, noch witzig, noch ironisch sein; dafür ist ihre Materialisierung nicht geeignet, und die Dauer und Intensität ihrer Präsenz verbieten es. Bescheidenheit und Zurückhaltung sind angemessen; vor allem, was die emotionale Komponente anbelangt. Es geht nicht an, daß die subjektive Laune eines einzelnen, zu Stein erstarrt und mithin langlebig, über Jahrhunderte einer Gesellschaft vorgeführt und aufoktroyiert wird, die mit dieser Laune nichts zu tun hat. Oder, radikal formuliert, wie bei Karl Kraus nicht anders zu erwarten: »Ich verlange von einer Stadt, in der ich leben soll: Asphalt, Straßenspülung, Haustorschlüssel, Luftheizung, Warmwasserleitung. Gemütlich bin ich selber.«[362]

Dies ist keineswegs eine Aufforderung zum Verzicht auf künstlerisches Engagement; lediglich zu seiner Disziplinierung. Der gleiche Karl Kraus erläutert in seiner passionierten Verteidigung von Frank Wedekinds Drama *Lulu*, daß nur im wahren Kunstwerk, in welchem ein Dichter der eigenen Welt eine Form gegeben hat, alle alles mögliche hinzuzufügen vermögen. Zu einer analogen Erkenntnis gelangte Benedetto Croce: »...jede echte künstlerische Darstellung ist sich selbst und das Universum, das Universum in jener individuellen Form, jene individuelle Form wie das Universum. In jedem Akzent des Dichters, in jedem Geschöpf seiner Phantasie ist das gesamte menschliche Schicksal enthalten, alle Hoffnungen, die Illusionen, die Schmerzen und das Glück, die menschlichen Größen und das menschliche Elend, das gesamte Drama des Wirklichen, das unablässig in sich selbst wächst und wird, leidend und frohlokkend.«[363]

Auf diese Weise kann die architektonische Kultur der nahen Zukunft mit dem Widerspruch fertig werden, in welchem die der Gegenwart noch gefangen ist. Das Dilemma ist durchaus bösartig: Auf der einen Seite hat Architektur, wie von jeher, die soziale und kulturelle Verpflichtung, eine allgemeinverständliche Sprache zu sprechen; auf der anderen wendet sie sich mittlerweile an eine Gesellschaft, die sich extrem pluralistisch artikuliert und weitgehend verbindlicher Konventionen entbehrt. Diesen Widerspruch vermag sie allein durch Offenheit zu überwinden: indem sie mit abstrakten Zeichen operiert (die sich auf die wenigen übriggebliebenen Konventionen beziehen) und dadurch zahlreiche unterschiedliche Interpretationen zuläßt. In ihre »Leere« muß ein jeder die ihn bewegenden Fragen, Hoffnungen und Ängste hineinrufen können, um dann dem Echo der eigenen Antworten zu lauschen.

Die Architektur der Stadt aber muß sich bescheiden und ihre eigene, interne, immanente Utopie verfolgen: jene der Ordnung. Ein architektonisches oder urbanes Gebilde beinhaltet stets eine Dialektik von Ordnung und Unordnung; sie entsteht im Zusammentreffen von Projekt und Wirklichkeit. Dabei stellt das Projekt die möglichst umfassende und absolute Ordnung dar, welche die Unordnung der Wirklichkeit behutsam einfaßt. Ein Projekt, das Unordnung von vornherein künstlich einbaut, ist ein Widerspruch in sich: Es versucht, Leben und Spontaneität zu programmieren, wodurch sie unweigerlich verhindert werden. Ein Projekt, das Ordnung aufzwingt, friert einen bestimmten, ephemeren Zustand der Wirklichkeit ein und wird sofort vom Leben überholt. Beide sind gleich unbrauchbar und, wenn auch auf verschiedene Weise, gleich totalitär. In der natürlichen Begegnung von geplanter Ordnung und lebendiger Vielfalt verwirklicht sich hingegen jene Stadt, die eine Antwort auf die unterschiedlichsten Lebensformen in den unterschiedlichsten Zeiten zu bieten vermag und ihren Bewohnern das ist, was Ziel alles Bauens zu sein hat: Heimat.

Anmerkungen

Die Anmerkungen sind von 1 bis 363 durchnumeriert, also aufsatzübergreifend. Sie sind allerdings in Gruppen zusammengefaßt, die jeweils einem Aufsatz zugeordnet sind. Diese Gruppen sind autonom, so daß Titel, die in einer vorangehenden Gruppe bereits erwähnt wurden, in der nächsten wieder ausführlich bibliographiert werden.

Über jeder Gruppe von Anmerkungen steht der Titel des Aufsatzes, wie er im vorliegenden Buch verwendet wird, sowie Titel, Veröffentlichungsorgan, Ort und Datum der Erstpublikation.

Sämtliche Übersetzungen im Text und in den Anmerkungen stammen, wenn keine Quelle angegeben ist, vom Verfasser.

V. M. L.

Einleitung

1 Nikolaus Pevsner, *Pioneers of the Modern Movement from William Morris to Walter Gropius*, Faber & Faber, London 1936.
2 Sigfried Giedion, *Space, Time and Architecture. The Growth of a New Tradition*, The Harvard University Press, Cambridge (Mass.) 1941. Deutsch: *Raum, Zeit, Architektur. Die Entstehung einer neuen Tradition*, Otto Maier, Ravensburg 1965. Weitere Aufl.: Artemis, Zürich und München 1976.
3 Gustav Adolf Platz, *Die Baukunst der Neuesten Zeit*, Propyläen, Berlin 1930.
4 Adolf Behne, *Der moderne Zweckbau*, Drei Masken Verlag, München 1926.
5 Henry-Russell Hitchcock, *Modern Architecture. Romanticism and Reintegration*, Payson & Clarke, New York (N. Y.) 1929.
6 Vgl. Ernst H. Gombrich, *Die Kunst der Renaissance,* Band I, Norm und form. Klett-Cotta, Stuttgart 1985. Daraus auch die Zitate. Englische Originalausgabe: *Norm and form: studies of the art of the Renaissance,* University of Chicago Press, 4. Aufl. Chicago 1985.
7 Vgl. Alberto Savinio, *Maupassant e »L'altro«,* Adelphi, Mailand 1975.

I   Methodische Versuche

Die eigenwillige Muse
Einführung in eine komplexe Auffassung von Architektur

Erstpublikation: »Dort im Haine und hoch auf dem schattigen Hügel / wohnt ein Gott, doch welcher, ist ungewiß...« Betrachtungen über Abhängigkeit und Autonomie in der Architektur, in: *Bauwelt*, Heft 1/2, 1980, S. 45–52. *Überarbeitete Fassung:* ›Die eigenwillige Muse. Ansätze zu einer Methode für die Analyse von Architektur‹, in: *Um Bau*, Heft 3, 1980, S. 38–53.

8   Johann Wolfgang von Goethe, *Wilhelm Meisters Wanderjahre*, 2. Buch, 9. Kapitel. Cotta, Stuttgart/Tübingen 1821. Zitiert nach: *Goethes Werke*, Hamburger Ausgabe, Hrsg. Erich Trunz (1950–1967), 10. Aufl. 1981, Band 8, S. 260; Trunz führt überflüssige Anführungsstriche ein.

9   Theodor Lessing, *Geschichte als Sinngebung des Sinnlosen*, C. H. Beck, München 1919.

10   »... les plus grands produits de l'architecture soint moins des œuvres individuelles que des œuvres sociales; plutôt l'enfantement des peuples en travail que le jet des hommes de génie; le dépot que laisse une nation; les entassements que font les siècles; le résidu des évaporations successives que la société humaine; en un mot, des espèces de formations.« Victor Hugo, *Notre-Dame de Paris*, in: *Œuvres complètes de Victor Hugo*. Édition de l'Imprimerie Nationale. Albin Michel-Ollendorf Éditeurs, Paris 1904. 3. Buch, 1. Kapitel, S. 90. Vgl. über das Verhältnis von Victor Hugo zur Architektur Jean Mallion, *Victor Hugo et l'art architectural*, Presses Universitaires de France, Paris 1962.

11   Vgl. Norbert Huse, ›*Neues Bauen‹ 1918 bis 1933. Moderne Architektur in der Weimarer Republik*, Heinz Moos, München 1975.

12   ›Architecture ou révolution?‹ In: Le Corbusier-Saugnier, *Vers une architecture*. Les Éditions G. Crès et Cie, Paris o. J. (1923). Deutsch: Hans Hildebrandt (Hrsg.), *Kommende Baukunst*. Deutsche Verlags-Anstalt, Berlin/Leipzig 1926, S. 235.

13   In diesem Zusammenhang wird deutlich, wie einseitig die ausschließlich politische Wertung von Architektur ist. Le Corbusier hat mit dem italienischen Faschismus sympathisiert: Ist er deswegen ein schlechterer Architekt? Paul Schmitthenner ist zum Nationalsozialismus übergetreten: Ist seine politische Haltung oder seine Architektur kritisierbar? Philip Johnson, der bis 1939 ein überzeugter Anhänger von Hitler war, hat 1936 (vergeblich) versucht, eine nach nationalsozialistischem Muster organisierte Partei in den USA zu gründen: Kann man mit dieser Begründung seine Bauten auf die gleiche Ebene stellen wie jene von Albert Speer? Vgl. hierzu auch den Aufsatz: ›Die entnazifizierte Baugeschichte. Architektur im nationalsozialistischen Deutschland und im faschistischen Italien‹, im vorliegenden Band S. 229–257.

14   Hugo Häring, ›die tradition, schultze-naumburg und wir‹, in: *Die Form*, Heft 8, Mai 1926. Wieder abgedruckt in: Heinrich Lauterbach/Jürgen Joedicke, *Hugo Häring. Schriften, Entwürfe, Bauten*. Dokumente der Modernen Architektur, Karl Krämer, 4. Aufl. Stuttgart 1965, S. 19–20.

15 Hugo Häring, ›probleme der stilbildung‹, in: *Deutsche Bauzeitung*, Heft 43, 24. Oktober 1934. Wieder abgedruckt in: Heinrich Lauterbach/Jürgen Joedicke, *Hugo Häring*, op. cit. (Anm. 14), S. 41. – Auf S. 42 fährt Häring fort: »... Den organhaften kulturen aber ist vielseitigeres erleben möglich. In allem kulturgeschehen haben die germanischen völker immer die partei der organik ergriffen, haben sie zu dem wesenhaften des innen sich bekannt, haben sie organhaft gestaltet und um einen bildnerischen ausdruck gerungen. Reiner organik gehört ihr leben an vor dem zusammentreffen mit den geometrischen kulturen des mittelmeers, und was sie nach diesem zusammentreffen an kulturgütern schufen, ist umso germanischer, je mehr es der organik, je weniger es der architektonik-geometrie angehört. Daraus müssen wir den schluß ziehen, daß in der entwicklung einer organhaften kultur die noch nicht erfüllte aufgabe der germanischen völker liege, daß wir darin den ihnen in der entwicklung zugedachten, weil ihren seelischen veranlagungen und neigungen entsprechenden auftrag zu erkennen hätten.«

16 Lars Olof Larsson, ›Klassizismus in der Architektur des 20. Jahrhunderts‹, in: *Albert Speer. Architektur. Arbeiten 1933–1942*, Propyläen, Frankfurt/Main/Berlin/Wien 1978, S. 151–175. – Vgl. auch den Aufsatz: ›Auf dem Weg zu einer faschistischen Diktatur? Formale Tabuisierung und Machtdarstellung im Bauen‹, im vorliegenden Band S. 214–228.

17 Giuseppe Lugli, ›Il valore topografico e giuridico dell' »Insula« in Roma antica‹, in: *Rendiconti della Pontif. Accad. Rom. di Archeologia*, vol. XVIII, 1941/42, S. 191–208. Ludovico Quaroni, *Immagine di Roma*, Laterza, Bari 1975, S. 124–166.

18 Eine übersichtliche Darstellung der Haussmannschen Eingriffe findet sich in: Sigfried Giedion, *Space, Time and Architecture. The Growth of a New Tradition*, The Harvard University Press, Cambridge (Mass.) 1941. Deutsch: *Raum, Zeit, Architektur. Die Entstehung einer neuen Tradition*, Otto Maier, Ravensburg 1965, S. 446–452. Weitere Aufl.: Artemis, Zürich und München 1976. – Vgl. auch die Einschätzung von Maurice Halbwachs, *Les expropriations et le prix des terrains à Paris (1860–1900)*. Thèse pour le doctorat..., E. Cornély & Cie., Paris 1909.

19 Werner Hegemann, *Das steinerne Berlin. Geschichte der größten Mietskasernenstadt der Welt*, Kiepenheuer, Berlin 1930. Und: Jakob Hegner, Lugano 1930. Wiederabdruck: Vieweg, Braunschweig 1979.

20 Johann Friedrich Geist, *Passagen. Ein Bautyp des 19. Jahrhunderts*, Prestel, München 1969.

21 Manfredo Tafuri/Francesco dal Co, *Architettura contemporanea*, Electa Editrice, Mailand 1976. Deutsch: *Architektur der Gegenwart*, Belser/Electa, Stuttgart 1977, S. 311–336.

22 Hans Bernoulli, *Die Stadt und ihr Boden*, Verlag für Architektur, Erlenbach–Zürich 1946. Die Kritik dazu findet sich in: Aldo Rossi *L'architettura della città*, Marsilio Editori, Padua 1966. Neuauflage: clup. Milano 1978, S. 207–214.

23 George F. Chadwick, *The Works of Sir Joseph Paxton 1803–1865*, The Architectural Press, London 1961.

24 Albert Neuburger, *Die Technik des Altertums*, R. Voigtländers, Leipzig 1919. Fotomechanischer Neudruck der Originalausgabe nach dem Exemplar der Universitäts- und Landesbibliothek Halle. Zentralantiquariat der Deutschen Demokratischen Republik, Leipzig 1977, S. 161–167.

25 Franz Maria Feldhaus, *Die Technik der Vorzeit, der Geschichtlichen Zeit und der Naturvölker*, R. Löwit, Wiesbaden. Erste Aufl. 1914. Unveränderte Sonderausgabe: Heinz Moos, München 1970, S. 452–453, 1183–1184.

26 George F. Chadwick, *The Works of Sir Joseph Paxton 1803–1865*. op. cit. (Anm. 23).

ANMERKUNGEN

27 François Burkhardt/Milena Lamarová, *Cubismo cecoslovacco. Architetture e interni*, Electa Editrice, Mailand 1982. Und: Wolfgang Pehnt, *Die Architektur des Expressionismus*, Gerd Hatje, Stuttgart 1973, S. 61–62.

28 Vgl. Bruno Zevi, *Architettura e storiografia*, Libreria Editrice Politecnica Tamburini, Mailand 1950.

29 Vgl. Hanno-Walter Kruft, *Geschichte der Architekturtheorie*, C. H. Beck, München 1985.

30 Adolf Loos, ›Ornament und Verbrechen‹, 1908. In: Adolf Loos, *Trotzdem. 1900–1930*, Brenner-Verlag, Innsbruck 1931. Unveränderter Neudruck: Georg Prachner, Wien 1982, S. 78–88.

31 Le Corbusier–Saugnier, *Vers une architecture*, op. cit. (Anm. 12).

32 Ludwig Mies van der Rohe, in: *G. Material zur elementaren Gestaltung*, Heft 1, Berlin, Juli 1923.

33 Ludwig Mies van der Rohe, op. cit. (Anm. 32).

34 Hermann Muthesius, *Stilarchitektur und Baukunst. Wandlungen der Architektur und der gewerblichen Künste im 19. Jahrhundert und ihr heutiger Standpunkt*, Mühlheim 1902. Zitiert nach: Julius Posener, ›Hermann Muthesius. Vortrag zur Eröffnung der Ausstellung.‹ In: *Hermann Muthesius 1861–1927*, Ausstellungskatalog, Akademie der Künste, Berlin 1978, S. 13.

35 Christian Norberg-Schulz, *Genius loci. Towards a Phenomenology of Architecture*, Rizzoli int., New York 1980. – Vgl. auch Christian Norberg-Schulz, ›Genius loci‹, in: Martina Schneider (Hrsg.), *Entwerfen in der historischen Straße. Arbeiten des IDZ-Symposiums im Herbst 1975 zur baulichen Integration Alt – Neu*, Abakon, Edition Lichterfelde, Berlin 1976, S. 12–19. Norberg-Schulz versucht, seine Aussagen über den genius loci in zehn Punkten zusammenzufassen:

1. Menschliche Identität beruht (unter anderem) auf Identifikation mit einem Ort. Diese Identifikation nennen wir das Wohnen.

2. Menschliche Identität setzt die Identität des Ortes voraus.

3. Die Identität des Ortes impliziert bestimmte Eigenschaften.

4. Diese Eigenschaften sind lokal und kulturell bedingt.

5. Die Eigenschaften können in räumliche Organisation und formale Artikulation unterschieden werden.

6. Die formale Artikulation konkretisiert einen besonderen genius loci.

7. Der genius loci ist ein Gegenüber, mit dem der Mensch sich auseinandersetzen muß.

8. Eine lebendige Tradition besteht darin, den genius loci auf immer neue, zeitbedingte Weise auszudrücken.

9. Architektur heißt Orte schaffen, die das Wohnen fördern.

10. Architektur kann nur phänomenologisch verstanden werden.

36 Auf dieses Phänomen hat Umberto Eco bereits hingewiesen in: *La struttura assente. Introduzione alla ricerca semiologica*, Bompiani, Mailand 1968. Deutsche Neubearbeitung und Ergänzung: *Einführung in die Semiotik*, W. Fink, München 1972.

Eco unterscheidet zwischen Primär- und Sekundärfunktionen von Architektur: die ersten beziehen sich auf die Nutzung (zum Beispiel: Wohnen), die zweiten auf kommunikative und assoziative Werte (zum Beispiel: der Symbolcharakter eines Hauses).

Unter anderem zählt Eco folgende Möglichkeiten der Wechselwirkung von Primär- und Sekundärfunktionen auf:

1. Schwinden der Primärfunktion, Bestehen der Sekundärfunktionen (zum Beispiel: eine unbenutzte Kirche, die jedoch als städtebaulicher Bezugspunkt bleibt);

2. Die Primärfunktion überdauert, die Sekundärfunktionen verschwinden (zum Beispiel: ein Rathaus behält seine Primärfunktion der Verwaltung, aber seine Sekundärfunktion als Symbol der Verwaltungsautonomie verschwindet);

3. Beides, die Primärfunktion und die Sekundärfunktionen, verschwinden; die Sekundärfunktionen werden durch andere ersetzt (zum Beispiel: die Pyramiden, die nicht mehr als Gräber und auch nicht mehr als astrologische und geometrische Systeme, sondern nur noch als Objekte von touristisch-historischem Interesse angesehen werden);

4. Verschwinden der Primärfunktion; eine neue Primärfunktion tritt an ihre Stelle, welche die Sekundärfunktionen verändert (zum Beispiel: die altrömischen Amphitheater, die als befestigte Marktflecken die Funktion der Spiele gegen eine militärische Funktion vertauscht haben, während die Bedeutung »Imperiale Macht« in »Sehenswürdigkeit aus dem Altertum« umgesetzt wurde).

Die Analyse zeigt, daß das Schwinden der ursprünglichen Funktionen nicht notwendigerweise den Tod des Gebäudes zur Folge hat: Andere Funktionen – primäre und sekundäre – können sich einstellen, um das Fortbestehen des Bauwerks in der Zeit zu sichern.

37 »Vix ea dicta, dehinc progressus monstrat et aram
et Carmentalem Romani nomine portam
quam memorant, Nymphae priscum Carmentis honorem,
vatis fatidicae, cecinit quae prima futuros
Aeneadas magnos et nobile Pallantheum.
hinc lucum ingentem, quem Romulus acer asylum
rettulit, et gelida monstrat sub rupe Lupercal
Parrhasio dictum Panos de more Lycaei.
nec non et sacri monstrat nemus Argileti
testaturque locum et letum docet hospitis Argi.
hinc ad Tarpeiam sedem et Capitolia ducit
aurea nunc, olim silvestribus horrida dumis.
iam tum religio pavidos terrebat agrestis
dira loci, iam tum silvam saxumque tremebant.
›hoc nemus, hunc‹ inquit ›frondoso vertice collem
(quis deus incertum est) habitat deus . . .‹«
Publius Vergilius Maro, *Aeneis,* VIII, S. 337–352. Deutsche Übersetzung von Wilhelm Plankl, unter Mitwirkung von Karl Vretska und unter Verwendung der Übertragung Ludwig Neuffers. Philipp Reclam Jun., Stuttgart 1979.

38 Charles Jencks, *Le Corbusier and the Tragic View of Architecture.* The Harvard University Press, Cambridge (Mass.) 1973.

39 ». . . è infatti impensabile che nel fare questa o quella architettura determinata noi non vogliamo esprimere anche qualcosa d'altro, qualcosa di nostro. Questo almeno se non siamo mediocri del tutto.« Aus: Aldo Rossi, ›Architettura per i musei‹, Seminario su »Teoria della progettazione architettonica« tenuto all' Istituto Universitario di Architettura di Venezia nell'anno accademico 1965–1966. Wieder abgedruckt in: Ders., *Teoria della progettazione architettonica,* Dedalo, Bari 1968, und in: Ders., *Scritti scelti sull'architettura e la città 1956–1972,* clup. Milano 1975, S. 337.

40 »Nicht jeder Kunstkritiker ist ein Genie; aber jedes Genie ist ein geborner Kunstkritiker«. Gotthold Ephraim Lessing, *Hamburgische Dramaturgie,* 96. Stück, in: Ders., *Werke,* Band 4, Hanser, München 1973, S. 673.

41 Vgl. Aldo Rossi, *L'architettura della città,* op. cit. (Anm. 22). Und: Carlo Aymonino, *Il significato delle città,* Laterza, Bari 1976.

Auf der Suche nach der verlorenen Theorie
Muscumsarchitektur als Paradigma

Erstpublikation: ›Auf der Suche nach der verlorenen Theorie‹, in: *Neue Heimat/ Monatshefte für neuzeitlichen Wohnungs- und Städtebau.* Heft 8, 1979, S. 10–17.

42 »Quelli che s'innamoran di pratica senza scienza, son come l nocchiere, ch'entra in navilio senza timone o bussola, che mai ha certezza dove si vada. Sempre la pratica dev'essere edificata sopra la bona teorica.« Leonardo da Vinci, *Frammenti letterari e filosofici,* Barbèra, Florenz 1899.

43 Umberto Eco, *La struttura assente. Introduzione alla ricerca semiologica,* Bompiani, Mailand 1968. Deutsche Neubearbeitung und Ergänzung: *Einführung in die Semiotik,* W. Fink, München 1972. Ecos Unterscheidung zwischen Primär- und Sekundärfunktionen wird in Anm. 36 näher erläutert.

44 Vgl. Vittorio Magnago Lampugnani, ›Die merkwürdigen Wandlungen des weisen Spiels. Anmerkungen zum Wettbewerb »Staatsgalerie Stuttgart«‹, in: *aw Architektur Wettbewerbe,* Heft 94, 1978, S. III–8.

45 Roland Scharr/Peter C. von Seidlein, ›Glas, Neoprene, Silicon und Architektur‹, in: *Der Architekt,* Heft 3, 1979, S. 152.

46 Ellen Spickernagel/Brigitte Walbe (Hrsg.), *Das Museum: Lernort contra Musentempel,* Anabas, Gießen 1976.

47 Vgl. Volker Plagemann, *Das deutsche Kunstmuseum 1790–1870. Lage, Baukörper, Raumorganisation, Bildprogramm,* Prestel, München 1967.

48 Vgl. den Aufsatz: ›Die Diskussion um die Chimäre. Bauen in der Demokratie und »demokratisches Bauen«, im vorliegenden Band S. 258–266.

49 Walter Gropius, ›Monumentale Kunst und Industriebau‹, Vortrag im Folkwang Museum, Hagen, 29. Januar 1911. Typoskript, *Bauhaus Archiv,* Berlin.

50 Walter Gropius, ›Wohnhaus – Industrie‹, in: *Berliner Tageblatt,* 24. September 1924. Vgl. Thomas P. Hughes, ›Gropius, Machine Design, and Mass Production‹, in: Peter Wapnewski (Hrsg.), *Jahrbuch 1983/84, Wissenschaftskolleg zu Berlin,* Siedler Verlag, Berlin 1985. S. 171–179.

51 Vgl. den Aufsatz: ›Sizilianische Stadtgeometrien. Die Projekte der skeptischen Aufklärung um 1700‹, im vorliegenden Band S. 77–88.

52 Die Ästhetik war ursprünglich eine Disziplin der Philosophie, in welcher der Wahrheitsgehalt der Kunst untersucht wurde.

53 *Ruf zum Bauen,* Zweite Buchpublikation des Arbeitsrats für Kunst, Wasmuth, Berlin 1920; S. 4 f.

54 »J'ai cherché la justesse dans les pensées; afin que, clairement engendrées par la considération des choses, elles se changent, comme d'elles-mêmes, dans les actes de mon art. J'ai distribué mes attentions; j'ai refait l'ordre des problèmes; je commence par où je finissais jadis, pour aller un peu plus loin … Je suis avare de rêveries, je conçois comme si j'exécutais. Jamais plus dans l'espace informe de mon âme, je ne contemple de ces édifices imaginaires, qui sont aux édifices réels ce que les chimères et les gorgones sont aux véritables animaux. Mais ce que je pense est faisable; et ce que je fais se rapporte à l'intelligible.« Aus: Paul Valéry, *Eupalinos ou l'Architecte,* 1921. Zitiert nach: Ders., Editions Gallimard, Paris 1970, S. 28.

II Geschichte, Stadt, Architektur

Die bewußte Dekoration
Planung der Schönheit in der mittelalterlichen Stadt

Erstpublikation: ›Die bewußte Dekoration‹, in: *Bauwelt,* Heft 19/20, 1976, S. 596–601.

55 »Passez en revue, analysez tout ce qui est naturel ... vous ne trouverez rien que d'affreux. Tout ce qui est beau et noble est le résultat de la raison et du calcul.« Charles Baudelaire, ›Éloge du maquillage‹. In: ›Le peintre de la vie moderne‹. *Le Figaro,* Paris, 26. November, 29. November, 3. Dezember 1863. Wieder abgedruckt in: Ders., *Curiosités esthétiques. L'Art romantique et autres Œuvres critiques.* Éditions Garnier Frères, Paris 1962, S. 491.

56 Vgl. Christopher Alexander, *Notes on the Synthesis of Form,* The Harvard University Press, Cambridge (Mass.) 1964; Kenneth Ricci, ›Memory and Meaning‹, in: *Progressive Architecture.* August 1970,S. 90–95.

57 Vgl. Bernard Rudolfsky, *Architecture without Architects. A Short Introduction to Non-Pedigreed Architecture,* Museum of Modern Art, Doubleday & Co. Garden City, New York 1964.

58 Wolfgang Braunfels (*Mittelalterliche Stadtbaukunst in der Toskana,* Gebr. Mann, Berlin 1953) untersucht die wichtigsten Städte des italienischen Mittelalters in der Toskana und gelangt zu dem Schluß, daß sie sehr wohl auf ihre ästhetische Wirkung hin überlegt waren, wobei ihre geplante Form stets in Statuten juristisch untermauert wurde. Die zwei im folgenden auszugsweise zitierten Erlasse sind seiner Arbeit entnommen.

59 Vgl. Abraham A. Moles, *Theorie de l'information et perception esthétique,* Flammarion, Paris 1958. Und: Umberto Eco, *La struttura assente. Introduzione alla ricerca semiologica,* Bompani, Mailand 1968. Deutsche Neubearbeitung und Ergänzung: *Einführung in die Semiotik,* W. Fink, München 1972.

60 Vgl. Norbert Wiener, *Cybernetics or Control and Communication in the Animal and the Machine,* J. Wiley, New York 1948. Und: *The Human Use of Human Being. Cybernetics and Society,* Houghton Mifflin, Boston 1950. Siehe auch: Claude E. Shannon/Warren Weaver, *The Mathematical Theory of Communication,* University of Illinois Press, Urbana 1949.

61 »Le case addossate a quelle scogliere, sono assai meschine, tutte però fregiate di un qualche ornato di architettura, essendoché un antico statuto municipale decretava premii a chi in ciò distinguevasi.« – »Die Häuser, die sich an jene Felsen [von Sorano] anlehnen, sind sehr armselig, alle jedoch mit irgendeinem architektonischen Ornament verziert, weil ein altes munizipales Statut Belohnungen bestimmte für diejenigen, welche sich darin auszeichneten.« Aus: Antonio Zuccagni-Orlandini, *Indicatore topografico della Toscana Granducale, ossia compendio alfabetico delle principali notizie di tutti i luoghi del Granducato,* Polverini, Florenz 1856.

62 Zitiert nach: Alexander Mitscherlich, *Die Unwirtlichkeit unserer Städte. Anstiftung zum Unfrieden,* Suhrkamp, Frankfurt/Main 1965, S. 33.

63 »Cum ad urbem applicuerit si erit civitas clara et praepotēs vias habere directas amplissimas condedet: quae ad dignita tem maiestatemque urbis faciāt. Sinautem erit colonia/aut oppidum tutissimos prestabit aditus: si non expedito in portam

rectabit: sed in dextram aut sinistram prope menia ac presertim sub ipsis murorum propugnaculis diducetur intra urbem vero non directa/sed fluentum more in hanc atque in hanc/atque iterato in hancipsam/esse partem molli flexu sinuosam condecet. Nam praeter illud que ea quidem ubi prolixior videbitur: illic urbis amplitudinem opiniöe adaugebit: profecto vehementer quoque confert ad gratiam ad usus commoditates / ad temporumque casus / et necessitates. Etenim et quanti erit hoc et rectantibus ad singulos gradus: sensi novae aedificio facies obiiciät: ut cuiusque domus egressio et perspectus ex media viae ipsius äplitudine dirigat: ut cũ alibi nimia laxitas ídecora sit ẽt insalubris. Hic ipsa quoque vastitas conducat.« Aus: Leon Battista Alberti, *De re Aedificatoria,* Nicolaus Laurentius Alamanus, Florenz 1485. Zitiert nach: Leon Battista Alberti, *Zehn Bücher über die Baukunst,* Hrsg. Max Theuer. Hugo Heller & Co, Wien und Leipzig 1912, S. 201. – Offensichtlich geht es Alberti auch dann, wenn er utilitaristische Überlegungen anzustellen vorgibt, im Grunde nur um ästhetische Fragen.

64 Igor de Wolfe, der in *The Italian Townscape,* Architectural Press, London 1963 eine formale und perzeptive Analyse von Sabbioneta durchführt, stellt der gewollt »anonymen« Architektur die starre Wegstruktur des nahezu gleichzeitig geplanten und gebauten Palmanova gegenüber. – Vgl. auch Gerrit Confurius, *Sabbioneta – oder die schöne Kunst der Stadtgründung,* Hanser, München/Wien 1984.

65 Ein spektakuläres Beispiel für eine frühe Ordnungsabsicht auf der städtebaulichen Ebene ist der »Bebauungsplan« der pränuragischen Nekropole von Montessu (Sardinien): Die aus der Vogelschau klar erkennbare halbkreisförmige Anordnung der Gräber zeichnet das Motiv der Stierhörner nach, Symbol des männlichen Prinzips.

66 Der Begriff der kollektiven Vorstellungswelt bezeichnet die Ebene, auf welcher die Logotechniken, Systeme zeichenhafter Funktionen, die nicht nur pragmatische Aufgaben erfüllen, sondern auch der Kommunikation dienen, den allgemeinen Konsumenten begegnen. Dieser »gemeinsame Nenner« wird für die gebaute Form bei Renato de Fusco, *Architettura come mass medium,* Dedalo libri, Bari 1967 definiert. Für eine allgemeinere Klärung des Begriffs siehe Roland Barthes, *Essais critiques,* Edition du Seuil, Paris 1963.

67 Von der Warte der Verhaltensforschung könnte hier der Einwand eingeräumt werden, daß die phylogenetischen ästhetischen Kriterien auch heute eine homogene Grundlage für eine umfassende kollektive Vorstellungswelt zu liefern vermögen. Dem scheint die Realität zu widersprechen. Außerdem sind die biologisch vererbten Determinismen eher funktionell als inhaltlich aufzufassen, was ihre Auswirkung im Bereich des Ästhetischen stark eingrenzt.

68 Wiedergegeben in Giorgio Vasari, *Le vite de' più eccellenti pittori, scultori et architettori,* ohne Verlag, Florenz 1550. Überarbeitete 2. Aufl.: I. Giunti, Florenz 1568. Deutsch: *Die Lebensbeschreibungen der berühmtesten Architekten, Bildhauer und Maler,* Hrsg. A. Gottschewski und G. Gronau. I. H. Ed. Heitz (Heitz und Mündel), Straßburg 1906, 3. Band, S. 75–150.

69 Für die Thematik der oberen quantitativen Grenze jeder Form von Organisation vgl. Wentworth D'Arcy Thompson, *On Growth and Form,* The Harvard University Press, Cambridge (Mass.) 1942.

70 Dies ist auch dem – allerdings historisch nicht besonders zuverlässigen – Bericht von Vasari zu entnehmen; da heißt es: »Ragunaronsi dunque tutti nella Opera di Santa Maria del Fiore, presenti i Consoli e gli Operai insieme con una scelta di cittadini più ingegnosi...« Giorgio Vasari, *Le Vite...,* Hrsg. Rosanna Bettarini, Sansoni Editori, Florenz 1971, S. 156. Deutsch: »Es versammelten sich also alle im Verwaltungsgebäude von Santa Maria del Fiore, in Gegenwart der Konsuln und der Bauverwalter, im Verein mit einer auserlesenen Anzahl der begabtesten Bür-

ger...« Giorgio Vasari, *Die Lebensbeschreibungen...* op. cit. (Anm. 68), S. 96, 97.

71 Zum Problem der Partizipation vgl. den Aufsatz: ›Partizipation am Protest, Architektur zwischen Kulturgut und Konsumprodukt‹; im vorliegenden Band S. 267–290.

72 Vgl. Moissej Kagan, *Vorlesungen zur marxistisch-leninistischen Ästhetik*, Dietz, Berlin (Ost) 1969.

Sizilianische Stadtgeometrien
Die Projekte der skeptischen Aufklärung um 1700

Erstpublikation: ›Sizilianische Stadtgeometrien. Der diskrete Charme ironischer Stadtplanungen‹, in: *Bauwelt*, Heft 4, 1978, S. 126–133.

73 »La ragione precede i fatti e ne determina l'esistenza. È uno degli assiomi più belli della ›mente latina‹. Se vero o falso non so. Può darsi sia falso. Può darsi che i fatti non nascano dalla ragione, ma irrazionalmente. Tutto è: tutto dunque si può dimostrare filosoficamente. Questa la profonda ragione dell'umana infelicità. Ma per non essere infelici, per schivare il ›tema obbligato‹ dell'infelicità, disperatamente noi ci aggrappiamo al sistema artefatto (fatto con arte); e, fra tutti i sistemi ›artefatti‹, a quello che è fatto con più arte di tutti: la mente latina. E crediamo alla ragione: all'assoluta esistenza della ragione: al suo organismo perfetto, alle sue leggi inderogabili, alla sua forza protettrice e salutare.« Alberto Savinio, *Ascolto il tuo cuore, città*, Bompiani, Mailand 1944, S. 276, 277.

74 Vgl. Maria Giuffré, ›Utopie urbane nella Sicilia del '700‹, in: *Quaderni dell'Istituto di Elementi di Architettura e Relievi dei Monumenti della Facoltà di Architettura di Palermo*, 8–9, Dezember 1966, S. 41–75. – Liliane Dufour/Vernard Huet/Henri Raymond, *Urbanistique et société baroques*, Institut d'études et de recherches en architecture et urbanisme, Paris 1977. – Carlo Doglio, ›Le geometrie della natura, ovvero: dalla terra alla progettazione‹; Leonardo Urbani, ›I segni di Sicilia, I centri storici della Sicilia (e del Sud)... a che servono?‹; Rosalia La Franca, ›Il figurativo e le geometrie‹; Saro Bondì/Roberto Dolce/Silvana Guccione/Manny Lo Cicero/Claudio Mattarella, ›Cosa sono i centri storici (Lo spazio: le geometrie naturali e le geometrie ideali)‹; Giuseppe Gangemi, ›Spazio urbano e città storica‹; alle in: *Parametro*, Heft 53, Januar/Februar 1977.

75 Im Zusammenhang mit den Stadtstaaten der Toskana im 13. und 14. Jahrhundert wird dies im Aufsatz: ›Die bewußte Dekoration. Planung der Schönheit einer mittelalterlichen Stadt‹; im vorliegenden Band S. 63–76 ausgeführt.

76 Vgl. hierzu auch die unter dem Themenkomplex: ›Architektur und Ideologie‹ zusammengefaßten Beiträge; im vorliegenden Band S. 214–266.

77 Claude Lévi-Strauss, *Anthropologie structurale*, Plon, Paris 1958.

78 Vgl. Cord Meckseper, ›Stadtplanung und Sozialstruktur in der Stadt des Mittelalters‹, in: *Stadtbauwelt 33*, (Bauwelt Heft 12/13), 1972, S. 52–57.

79 Maria Ajroldi, *Le molte Campanie: natura, piano, astrazione,* Neapel 1974.

80 Vgl. zum Problem des genius loci S. 30ff.

81 Vgl. zur Frage der Harmonie S. 60.

Die Analogie der Widersprüche
Anmerkungen zum Gebäude des Kunstgewerbemuseums in Berlin

Erstpublikation: ›Die Analogie der Widersprüche. Fragmentarische Anmerkungen zum Gebäude des Kunstgewerbemuseums in Berlin‹, in: Christos M. Joachimides/Norman Rosenthal (Hrsg.), *Zeitgeist*, Katalog der Internationalen Kunstausstellung Berlin 1982. Frölich & Kaufmann, Berlin 1982, S. 49–61.

82 Gottfried Wilhelm Leibniz, *De la sagesse, Philosophische Schriften,* Hrsg. C. I. Gerhardt, Berlin 1875–1890, 7. Band, S. 82–85. Nachdruck: Hildesheim 1960/61.

83 Ernst Heinrich, ›Die städtebauliche Entwicklung Berlins seit dem Ende des 18. Jahrhunderts‹, in: *Berlin. Neun Kapitel seiner Geschichte,* De Gruyter, Berlin 1960. – Mohammed Scharabi, *Einfluß der Pariser École des Beaux-Arts auf die Berliner Architektur in der 2. Hälfte des 19. Jahrhunderts,* TU-Diss., Berlin 1968.

84 Vgl. *Zeitschrift für Bauwesen,* Berlin 1851ff. und *Deutsche Bauzeitung,* Berlin 1867ff. Aufschlußreich sind auch die Festreden zum jährlichen Schinkelfest am 13. März, einige davon in: *Schinkel zu Ehren. Fünfundzwanzig Festreden,* ausgewählt und eingeleitet von Julius Posener. Frölich & Kaufmann, Berlin 1981. Ein umfassender Überblick über die Architektur dieser Zeit findet sich in: Eva Börsch-Supan, *Berliner Baukunst nach Schinkel 1840–1870,* Prestel, München 1977.

85 Vgl. Michael S. Cullen, *Der Reichstag. Die Geschichte eines Monumentes,* Frölich & Kaufmann, Berlin 1983.

86 Vgl. Hans Schliepmann, *Martin Gropius in seiner Bedeutung für die Entwicklung von Architektur und Kunstgewerbe,* TU-Diss., Berlin 1892. Und: Manfred Klinkott, *Martin Gropius und die Berliner Schule,* TU-Diss., Berlin 1971.

87 *Das Kunstgewerbemuseum zu Berlin,* Festschrift zur Eröffnung des Museumsgebäudes. Berlin 1881, S. 4.

88 Vgl. Andreas Bekiers/Karl-Robert Schütze, *Zwischen Leipziger Platz und Wilhelmstraße. Das ehemalige Kunstgewerbemuseum zu Berlin und die bauliche Entwicklung seiner Umgebung von den Anfängen bis heute,* Frölich & Kaufmann, Berlin 1981. – Vgl. auch den Aufsatz: ›Der Horizont der Vergangenheit. Die Südliche Friedrichstadt als Lehrstück für die architektonische Kultur‹; im vorliegenden Band S. 120–130

89 Die folgende Baubeschreibung ist fragmentarisch. Ausführliche Beschreibungen finden sich in: ›Das Kunstgewerbemuseum in Berlin‹, in: *Zentralblatt der Bauverwaltung,* 2, 1882, S. 363ff.; darauf stützt sich die Baubeschreibung in: Manfred Klinkott, ›Das Kunstgewerbemuseum als Dokument preußischer Bautradition im kaiserzeitlichen Berlin‹. Nachwort zum *Reprint der Festschrift* (vgl. Anm. 87). Frölich & Kaufmann, Berlin 1981. Vgl. auch, in der genannten Festschrift, das Kapitel ›Das neue Museumsgebäude‹, S. 59–68.

90 Zitiert nach: Albert Hofmann, ›Groß-Berlin, sein Verhältnis zur modernen Großstadtbewegung und der Wettbewerb zur Erlangung eines Grundplanes für die städtebauliche Entwicklung Berlins und seiner Vororte im zwanzigsten Jahrhundert‹ (Fortsetzung), in: *Deutsche Bauzeitung,* Beilage für Wettbewerbe, Nr. 28, 2. April 1910, S. 198. – Vgl. auch den Aufsatz: ›Eine Leere voller Pläne. Die Projekte für das nie verwirklichte Zentrum von Groß-Berlin 1839–1985‹; im vorliegenden Band S. 140–170.

91 Bruno Möhring, ›Das bessere Berlin‹, in: *Stadtbaukunst alter und neuer Zeit*, Heft 1, 1920, S. 5–7.

92 Anna-Elisabeth Jacob, ›Zur Baugeschichte und Rekonstruktion des ehemaligen Berliner Kunstgewerbemuseums‹, in: *Jahrbuch Preußischer Kulturbesitz*, 15, 1980, S. 315–341.

93 Anne Louise Germaine de Staël-Holstein, *Considérations sur les principaux événements de la révolution française, dupuis son origin jusques et compris le 8 juillet 1815*, 3 Bde, Delaunay, Paris 1818.

94 Vgl. Anm. 82.

Der Horizont der Vergangenheit
Die Südliche Friedrichstadt als Lehrstück für die architektonische Kultur

Erstpublikation: ›Der Horizont der Vergangenheit. Die Südliche Friedrichstadt als potentielles Lehrstück für eine neue architektonische Kultur‹, in: *Erste Projekte*. Katalog einer Ausstellung 1981. Schriftenreihe zur Internationalen Bauausstellung Berlin. Die Neubaugebiete. Dokumente – Projekte 2. Quadriga, Berlin 1981, S. 231–237.

95 ›A Maurilia, il viaggiatore è invitato a visitare la città e nello stesso tempo a osservare certe vecchie cartoline illustrate che la rappresentano com'era prima: la stessa identica piazza con una gallina al posto della stazione degli autobus, il chiosco della musica al posto del cavalcavia, due signorine col parasole bianco al posto della fabbrica di esplosivi. Per non deludere gli abitanti occorre che il viaggiatore lodi la città nelle cartoline e la preferisca a quelle presente, avendo però cura di contenere il suo rammarico per i cambiamenti entro regole precise.« Italo Calvino, *Le città invisibili*, Einaudi, Turin 1972, S. 37. Deutsch: *Die unsichtbaren Städte*, Hanser, München 1977, S. 36.

96 Vgl. Thomas Biller/Wolfgang Schäche, ›Zur Entwicklung der Südlichen Friedrichstadt‹. In: *Erste Projekte*. Katalog einer Ausstellung 1981. Schriftenreihe zur Internationalen Bauausstellung Berlin. Die Neubaugebiete, Dokumente-Projekte 2. Quadriga, Berlin 1980, S. 240–251.

97 THEODOTUS ... Die Bibliothek von Alexandria steht in Flammen! ...
    CÄSAR. Ist das alles?
    THEODOTUS. Alles?! ... Cäsar, willst du der Nachwelt als ein Barbar überliefert werden, der zu unwissend war, den Wert der Bücher zu kennen?
    CÄSAR. Theodotus, ich bin selbst ein Autor, und ich sage dir: es wäre besser, wenn die Ägypter ihr Leben lebten, statt es mit Hilfe ihrer Bücher zu verträumen.
    THEODOTUS. Cäsar! – nur einmal in zehn Generationen gewinnt die Welt ein unsterbliches Buch!
    CÄSAR. Wenn es der Menschheit nicht schmeichelte, so würde es der Henker verbrennen.

THEODOTUS. Ohne die Überlieferung durch die Geschichte wird der Tod dich neben den geringsten deiner Krieger legen.

CÄSAR. Das wird der Tod in jedem Falle tun; ich verlange kein besseres Grab.

THEODOTUS. Was dort verbrennt, ist das Gedächtnis der Menschheit.

CÄSAR. Ein Gedächtnis, das beschämt – laß es brennen!

THEODOTUS. Willst du die Vergangenheit zerstören?

CÄSAR. Ja – und aus ihren Ruinen die Zukunft aufbauen ...

Aus: George Bernard Shaw, *Cäsar und Cleopatra*, 2. Akt. Zitiert nach: Ders., *Klassische Stücke*, übers. von Siegfried Trebitsch, Suhrkamp, Berlin/Frankfurt/Main o. J., S. 212 f. – Vgl. auch den Aufsatz ›Das bescheidene Modell. Der Prager Platz und die Wiederentdeckung des Stadtraums‹, im vorliegenden Band S. 131–139, insbesondere S. 137 ff.

Das bescheidene Modell
Der Prager Platz und die Wiederentdeckung
des Stadtraums

Erstpublikation: ›Das bescheidene Modell. Der Prager Platz und die Wiederentdeckung des Stadtraums‹, in: *Erste Projekte*. Katalog einer Ausstellung 1981. Schriftenreihe zur Internationalen Bauausstellung Berlin. Die Neubaugebiete. Dokumente – Projekte 2. Quadriga, Berlin 1981, S. 75–81.

98 Ernst Bloch, ›Berlin aus der Landschaft gesehen‹, 1932. In: *Verfremdungen II*, Suhrkamp Verlag, Frankfurt/Main 1964, S. 37.

99 Werner Hegemann, *Das steinerne Berlin. Geschichte der größten Mietskasernenstadt der Welt*, Kiepenheuer, Berlin 1930 und Jakob Hegner, Lugano 1930. Wiederabdruck: Vieweg, Braunschweig 1979. Zitat auf S. 225.

100 Camillo Sitte, *Der Städte-Bau nach seinen künstlerischen Grundsätzen*, Karl Graeser, Wien 1889 (4. Auflage: 1909. Zitat auf S. 38).

101 Le Corbusier, *Précisions sur un état présent de l'architecture et de l'urbanisme*, Les Éditions G. Crès et Cie, Paris 1930.

102 Le Corbusier, *Précisions sur un état présent de l'architecture et de l'urbanisme*, op. cit. (Anm. 101), neunter Vortrag, gehalten am 18. Oktober 1929 in Buenos Aires.

103 Ludwig Hilberseimer, ohne Titel. (›Das Projekt Miës van der Rohes im Wettbewerb für die Umgestaltung des Alexanderplatzes‹), in: *Das Neue Berlin*, Heft 2, Berlin 1929, S. 39–41.

104 Martin Wagner, ›Das Formproblem eines Weltstadtplatzes‹, in: *Das Neue Berlin*, Heft 2, Berlin 1929, S. 33–38.

105 Hans Bernhard Reichow, *Die autogerechte Stadt*, O. Maier, Ravensburg 1959.

106 Vor allem: Rob Krier, *Stadtraum in Theorie und Praxis*, Karl Krämer, Stuttgart 1975.

107 *La presenza del passato, Prima mostra internazionale di architettura*, Edizioni La Biennale, Venedig 1980.

108 Max Horkheimer/Theodor W. Adorno, *Dialektik der Aufklärung*, Fischer, Frankfurt/Main 1969.

109 »...all that is human must retrograde if it do not advance...« Edward Gibbon, *The Decline and Fall of the Roman Empire*, 1776–1787, Kap. LXXI. Neuauflage: 5 Bände, Belford, Clarke & Co., Chicago/New York/San Francisco 1952, S. 575.

110 Karl Kraus, *Auswahl aus dem Werk*. Kösel, München 1957, S. 48.

Eine Leere voller Pläne
Die Projekte für das nie verwirklichte Zentrum von Groß-Berlin 1839–1985

Erstpublikation: ›Eine Leere voller Pläne. Die Projekte für das gescheiterte Zentrum von Groß-Berlin 1839–1983: eine Auswahl‹, in: *Der Architekt,* Heft 9, September 1983, S. 426–433.

111 Heinrich Heine, *Reisebilder*, 3. Teil, Italien (1828), Reise von München nach Genua, 4 Bände, 1826–1831. Wieder abgedruckt in: Ders., *Sämtliche Schriften,* Band 2, Hanser, München 1976, S. 317–318.

112 Josef Ponten, *Architektur, die nicht gebaut wurde,* Deutsche Verlags-Anstalt, Stuttgart/Berlin/Leipzig 1925.

113 Italo Calvino, *Le città invisibili,* Einaudi, Turin 1972. Deutsch: *Die unsichtbaren Städte,* Hanser, München 1977.

114 Ein Teil der im folgenden diskutierten städtebaulichen Pläne findet sich in: *Die Bauwerke und Kunstdenkmäler von Berlin, Bezirk Kreuzberg, Karten und Pläne,* bearbeitet von Manfred Hecker. Gebrüder Mann, Berlin 1980. Dort auch: Manfred Hecker, ›Stadtplanerische Entwicklung des Bezirks Kreuzberg‹, S. 19–35.

115 Vgl. Hartwig Schmidt, *Das Tiergartenviertel, Baugeschichte eines Berliner Villenviertels,* Teil I 1790–1870, Gebrüder Mann, Berlin 1981 (Beiheft 4 zum Bezirk Tiergarten der Inventarbände: Die Bauwerke und Kunstdenkmäler von Berlin).

116 Zitiert nach: Albert Hofmann, ›Groß-Berlin, sein Verhältnis zur modernen Großstadtbewegung und der Wettbewerb zur Erlangung eines Grundplanes für die städtebauliche Entwicklung Berlins und seiner Vororte im zwanzigsten Jahrhundert‹ (Fortsetzung), in: *Deutsche Bauzeitung,* Beilage für Wettbewerbe, Nr. 28, 2. April 1910, S. 198.

117 Albert Hofmann, op. cit. (Anm. 116), S. 198 ff.

118 »Man könnte«, schreibt Jansen in bezug auf die Zuschüttung des Landwehrkanals und seine Umwandlung in eine Verkehrsstraße, »mit dieser Radikallösung einer der heikelsten Fragen sich eventuell abfinden, wenn nicht gerade der Landwehrkanal mit seinen elegant geschwungenen Uferlinien mit zum Reizvollsten gehörte, was Berlin und besonders die an schönen Städtebildern so dürftigen Vororte besitzen. Ehe solch charakteristisches Stadtbild geopfert wird – und das geschieht, sobald statt der tiefgelegenen Wasserstraße eine im Straßenniveau liegende Promenade entsteht –, sollen alle anderen Mittel nicht unversucht bleiben. Der Wettbewerb will eben in erster Linie nicht den Weg vom Zentrum an die Peripherie um wenige Minuten kürzen, sondern vor allem Schönheit schaffen und

erhalten!« Zitiert nach: Albert Hofmann, op. cit. (Anm. 116), in: *Deutsche Bauzeitung,* Beilage für Wettbewerbe, Nr. 31, 16. April 1910, S. 235, 236.

119 Zitiert nach: Max Berg, ›Der neue Geist im Städtebau auf der Großen Berliner Kunstausstellung‹, in: *Stadtbaukunst alter und neuer Zeit,* Jahrgang VIII, Nr. 3., 20. Juni 1927, S. 41.

120 Max Berg, ›Der neue Geist im Städtebau auf der Großen Berliner Kunstausstellung‹. op. cit. (Anm. 119).

121 Mächler hob in seinem Plan sämtliche Berliner Kopfbahnhöfe auf: Lehrter, Stettiner, Potsdamer, Anhalter und Görlitzer Bahnhof.

122 In: *Baugilde,* 1929, S. 2001.

123 Otto Kohtz, ›Das Reichshaus am Königsplatz in Berlin. Ein Vorschlag zur Verringerung der Wohnungsnot und der Arbeitslosigkeit‹, in: *Stadtbaukunst alter und neuer Zeit,* Heft 1, 1920/21, S. 241–245. Erweitert, unter demselben Titel, im Verlag Der Zirkel 1920 in Berlin erschienen.

124 Max Berg, ›Der Bau von Geschäftshochhäusern in Breslau zur Linderung der Wohnungsnot‹, in: *Stadtbaukunst alter und neuer Zeit,* Heft 1, 1920/21, S. 99–104 und 115–118; mit leicht verändertem Schluß unter dem Titel: ›Der Bau von Geschäftshochhäusern in den Großstädten als Mittel zur Linderung der Wohnungsnot, mit Beispielen für Breslau‹, in: *Ostdeutsche Bauzeitung,* Heft 18, 1920, S. 273–277. Nach einem Blick auf die nordamerikanischen Wolkenkratzer ruft Berg nicht ohne Pathos aus: »Welche Akropolis der Arbeit, als Ausdruck des Hirns des wirtschaftlichen Amerikas hätte hier entstehen können, wenn Tektonen statt Techniker am Werke gewesen, wenn sozialem Gestaltungswillen die Möglichkeit zur Entfaltung gegeben wäre ... Nur ein sozial organisiertes Volk, durchdrungen vom sozialen Arbeitswillen, wird auch den Werken, in denen seine Arbeit verkörpert wird, den entsprechenden künstlerischen Ausdruck verleihen können. Deutschland steht dieser Aufgabe am nächsten. Wie es dem sozialistischen Staat die Form geben wird, so wird es auch die Führung in der Gestaltung der menschlichen Arbeit übernehmen ... Im Architekturstadtbild der Zukunft muß man sich vorstellen, daß aus dem heutigen, gegenüber dem Mittelalter höheren Häusermeer, durch dieses auch wieder den Maßstab der Monumentalität erhaltend, die modernen Riesengeschäftshäuser als Tempel der menschlichen Arbeit in der Geschäftsstadt beherrschend emporragen ...«

125 Hugo Häring, ›Die Sonderausstellung städtebaulicher Projekte Groß-Berlins in der Großen Berliner Kunstausstellung, veranstaltet von der Architekten-Vereinigung »Der Ring« ‹, in: *Stadtbaukunst alter und neuer Zeit.* Jahrgang VIII, Nr. 3., 20. Juni 1927, S. 50–55.

126 Ludwig Hilberseimer, ohne Titel (›Das Projekt Miés van der Rohes im Wettbewerb für die Umgestaltung des Alexanderplatzes‹), in: *Das Neue Berlin,* Heft 2, Berlin 1929, S. 39–41. Bemerkenswert ist, daß Hilberseimer zwar Mies van der Rohes Konzeption gutheißt, aber nur in diesem ganz besonderen Fall und keineswegs als allgemeines Prinzip: »Früher vergewaltigte die Architektur den Verkehr. Heute scheint das Umgekehrte der Fall zu sein. Trotzdem läßt sich denken, daß zwischen beiden durchaus eine Harmonie bestehen kann, die beiden vollkommene Freiheit zugesteht. Bei den Entwürfen für die Umgestaltung des Alexanderplatzes, die aus Verkehrsgründen notwendig ist, scheint auf den ersten Blick diese Harmonie vorhanden, Architektur und Verkehr durchaus zu ihrem Recht gekommen zu sein. Dringt man aber tiefer in das Problem ein, so ergibt sich, daß diese Architektur nur eine Fassadenarchitektur ist, die mit den dahinterliegenden Bauorganismen nichts zu tun hat. Die durch den Verkehr notwendige Kreisform ist auf die Platzwände übertragen, die auch die Straße überbauen, um so nach Art

des Klassizismus eine geschlossene Platzwirkung zu erzielen, aus einem lockeren Gebilde, wie der Alexanderplatz bisher war, eine feste architektonische Form zu machen. Hier muß die Frage aufgeworfen werden, ob die Bauflucht dem Verkehrsband parallel laufen muß oder ob beide relativ voneinander unabhängig sind. Der ideale Fall ist allerdings ihre Übereinstimmung. Bei der speziellen Gegebenheit jedoch scheint es, daß diese architektonische Form den Bau- und Straßenorganismus vergewaltigt, aus scheinbar architektonischen Gründen die architektonische Gestalt zerstört.«

127 Vgl. Ludovica Scarpa, *Martin Wagner e Berlino. Casa e città nella Repubblica di Weimar. 1918–1933,* Officina Edizioni, Roma 1983. Deutsch: *Martin Wagner und Berlin. Architektur und Städtebau in der Weimarer Republik,* Vieweg, Braunschweig/Wiesbaden 1986.

128 Martin Wagner, ›Das Formproblem eines Weltstadtplatzes‹, in: *Das Neue Berlin,* Heft 2, Berlin 1929, S. 33–38. Es lohnt sich, die gesamte Passage im Zusammenhang zu lesen: »...Ein Weltstadtplatz ist kein Kleinstadtplatz. Die Gestaltung des Kleinstadtplatzes, eines Marktes, kann rein architektonischen Gesichtspunkten folgen und dennoch mit den nur zeitweise auftretenden Anforderungen an den Verkehr (Markt) nicht in Widerspruch treten. Der Weltstadtplatz ist eine fast dauernd gefüllte Verkehrsschleuse, der ›Clearing‹-Punkt eines Adernetzes von Verkehrsstraßen erster Ordnung. Man kann nun sagen, daß die Durchschleusung des Verkehrs durch diesen Clearing-Punkt das Primäre und Wesentliche, und die formale Gestaltung, die Zweckform, von sekundärer Bedeutung ist. Und dennoch wird jeder Städtebauer das eine von dem anderen nicht trennen können, und bei näherem Studium des Problems zu dem Ergebnis kommen, daß Zweck und Form, Grundriß und Aufriß, Oberfläche und Straßenwand zu einer organischen Einheit verschmelzen. Weltstadtplätze sind Organismen mit ausgeprägtem formalen Gesicht.

Organisch gestaltete Weltstadtplätze hat Europa bis heute noch nicht gesehen...«

129 Ludwig Hilberseimer, ›Reichstagserweiterung und Platz der Republik‹, in: *Die Form,* Jahrgang V, Heft 13, 1930.

130 Martin Kießling, ›Der Reichstagswettbewerb‹, in: *Das Neue Berlin,* Heft 4, 1929.

131 Martin Kießling, ›Der Reichstagswettbewerb‹, op. cit. (Anm. 130).

132 Werner Hegemann, ›Turmhaus am Reichstag?‹, in: *Wasmuths Monatshefte für Baukunst,* Berlin 1930, S. 97–104.

133 Karl Scheffler, *Die Architektur der Großstadt,* Bruno Cassirer, Berlin 1913.

134 Erich Mendelsohn, ›Zum Platz der Republik‹, in: *Das Neue Berlin,* 1929, S. 145–146.

135 Hugo Häring, ›Herrn Erich Mendelsohn zur Erwiderung‹, in: *Das Neue Berlin,* 1929, S. 146.

136 Vgl. Lars Olof Larsson, *Die Neugestaltung der Reichshauptstadt, Albert Speers Generalbebauungsplan für Berlin,* Gerd Hatje, Stuttgart 1978.

137 Otto Bartning, ›Ketzerische Gedanken am Rande der Trümmerhaufen‹, in: *Frankfurter Hefte,* Zeitschrift für Kultur und Politik, 1. Jg., Heft 1, Frankfurt/Main, April 1946, S. 64. Zitiert nach: Hartmut Frank, ›Trümmer. Traditionelle und moderne Architekturen im Nachkriegsdeutschland‹, in: Bernhard Schulz (Hrsg.), *Grauzonen, Farbwelten, Kunst und Zeitbilder 1945–1955,* Ausstellungskatalog, Neue Gesellschaft für Bildende Künste/Medusa, Berlin/Wien 1983, S. 43–83.

138 Walter Moest, *Der Zehlendorfer Plan,* Schriftenreihe der neuen Bauwelt, Ullstein AG, Bauwelt-Verlag, Berlin 1947.

ANMERKUNGEN

139 Der »Kollektivplan«, der von Ebert, Friedrich, Herzenstein, Lingner, Scharoun, Seitz, Selmanagic und Weinberger erarbeitet wurde, wurde anläßlich der Ausstellung »Berlin plant – erster Bericht« am 22. August 1946 im damals noch nicht abgerissenen Berliner Schloß gezeigt. Vgl.: *Ausstellung »Berlin plant«*. Katalog, Berlin o. J. (1946). Spiegelberg Druckerei (zu beziehen: Berlin W 8, Mauerstr. 53, Magistrat der Stadt Berlin, Abt. f. Volksbildung).

140 Hans Scharoun, ›Zur Ausstellung »Berlin plant«‹, in: *Neue Bauwelt,* Heft 10, 1946, S. 3.

141 Max Taut, *Berlin im Aufbau. Betrachtungen und Bilder des Architekten Max Taut,* Aufbau, Berlin 1946.

142 Vgl. Vittorio Magnago Lampugnani, ›Ausstellungen von Architektur. Eine fragmentarische historische Übersicht für Europa und die USA‹, in: *Erste Projekte.* Katalog einer Ausstellung 1981. Schriftreihe zur Internationalen Bauausstellung Berlin. Die Neubaugebiete. Dokumente – Projekte 2. Quadriga, Berlin 1981, S. 53 ff.

143 Leon Krier, ›Per il Tiergarten di Berlino. Proposta di un parco metropolitano‹, in: *Lotus international* (Mailand), Heft 31, April 1981, S. 80, 81.

144 Leon Krier, ›Per il Tiergarten di Berlino‹. op. cit. (Anm. 143).

145 Vgl.: ›Berlin: »Zentraler Bereich«‹, in: *Bauwelt,* Heft 5/6, 10. Februar 1984, S. 172–217.

146 Colin Rowe/Fred Koetter, *Collage City,* The MIT Press, Cambridge (Mass.) und London 1978.

147 Vgl. Peter Rumpf, ›Operation am offenen Herzen. Internationales Gutachterverfahren für das Kulturforum in Berlin‹, in: *Bauwelt,* Heft 46/47, 16. Dezember 1983, S. 1843–1852.

III   Aktuelle Diskussionen

Rückkehr der Monumentalisten?
Die Debatte um den Neubau der Stuttgarter Staatsgalerie

Erstpublikation: ›Sind den Architekten ihre verkalkten Sicherheiten genommen, schimmern im Ringen nach neuen Lösungen Chancen einer Erneuerung auf. Der Streit um die Staatsgalerie-Projekte für Stuttgart‹, in: *Bauwelt,* Heft 1, 1978, S. 21–25. *Überarbeitete Fassung:* ›Monumental oder nicht? Die Entwürfe zur Stuttgarter Staatsgalerie entfachen einen neuen Architekten-Streit‹, in: *Die Zeit,* Nr. 5, 1978, S. 35.

148   Horaz, *Episteln.* Zitiert nach: D. Ludwig Döderlein (Hrsg.), *Horazens Episteln,* B. G. Teubner, Leipzig 1856–1858. 1. Buch, S. 7, Z 97–101.
149   Zitiert aus dem Auslobungstext.
150   Zitiert aus dem Protokoll des Preisgerichts.
151   Zitiert aus dem Protokoll des Preisgerichts.
152   Zitiert aus dem Protokoll des Preisgerichts.
153   Charles Jencks, *The Language of Post-Modern Architecture,* Academy Editions, London 1977.

Weiße und Graue
Eine Architekturdiskussion in den USA

Erstpublikation: ›Weiße Vernunft oder graues Gefühl? Zur Architektur-Diskussion in den USA/ Der unsinnige Begriff »Post-Moderne«‹, in: *Frankfurter Allgemeine Zeitung,* 20. November 1982, Nr. 269, S. 25.

154   »Some time ago you asked what connection there might be between words and architecture. There is this immediate and important connection – that architecture, for the past several centuries, has suffered from a growing accretion of words: it is now in fact so overgrown and stifled with words that the reality has been lost to view. Words and phrases have usurped the place of function and form. Finally phrase-making has come to be an accepted substitute for architecture-making.« Louis Henry Sullivan, *Kindergarten Chats,* 1918, George Wittenborn Inc., New York 1947. Zitiert nach: Ders., *Kindergarten Chats and Other Writings,* Dover Publications, New York 1979, S. 49.
155   Friedrich Dürrenmatt, *Sätze aus Amerika,* Arche, Zürich 1970.
156   Cesar Pelli, ›White, Grey and Silver‹, in: *Architecture and Urbanism,* Heft 45, September 1974, S. 15–20.
157   *Five Architects. Eisenman Graves Gwathmey Hejduk Meier.* Wittenborn & Company, New York 1972. 2. Auflage: Oxford University Press, New York 1975. 3. Auflage 1977.

ANMERKUNGEN

158 Im Zusammenhang mit einem Treffen der Gruppe CASE (Conference of Architects for the Study of the Environment). Museum of Modern Art, Department of Architecture and Design, New York 1969.

159 Vgl. Paul Goldberger, ›Architecture's »Big Five« Elevate Form‹, in: *The New York Times,* 26. November 1973; Manfredo Tafuri, ›L'Architecture dans le boudoir‹, in: *Oppositions* 3, 1974, S. 37–62; Richard Pommer, ›The New Architectural Suprematists‹, in: *Artforum,* Vol. XV, Nr. 2, Oktober 1976, S. 38–43; Rosemary Haag-Bletter, ›Five Architects – Eisenman, Graves, Gwathmey, Hejduk, Meier‹, in: *Journal of the Society of Architectural Historians,* Mai 1979, S. 205–207.

160 Vgl. Manfredo Tafuri, ›The Ashes of Jefferson‹, in: *L'Architecture d'Aujourd'hui,* Nr. 186, August/September 1976, S. 53–58.

161 Kenneth Frampton, ›Nine Questions to Raimund Abraham: An Interview‹, in: Raimund Abraham, *Collisions.* Katalog der Ausstellung in der Yale School of Architecture, New Haven 1981.

162 Robert Venturi, *Complexity and Contradiction in Architecture,* The Museum of Modern Art Papers on Architecture 1, Doubleday & Co. Garden City, New York 1966.

163 Aldo Rossi, *L'architettura della città,* Marsilio Editori, Padua 1966. Neuauflage: clup. Milano 1978.

164 Robert Venturi, op. cit. (Anm. 162). Deutsche Übersetzung, vom Verfasser überarbeitet, aus: Ders., *Komplexität und Widerspruch in der Architektur,* Vieweg, Braunschweig 1978 (Bauwelt Fundamente, Bd. 50).

165 Gordon Cullen, *Townscape.* Architectural Press, London 1961.

166 Vincent Scully, *The Shingle Style Today or the Historian's Revenge,* George Braziller, New York 1974.

167 Charles Jencks, ›The Rise of Post-Modern Architecture‹, in: *Architecture-inner Town Government,* Technische Hogeschool Eindhoven, Juli 1975. Wieder abgedruckt in: *Architectural Association Quarterly,* Nr. 4, London 1975, S. 3–14.

168 Charles Jencks, *The Language of Post-Modern Architecture,* Academy Editions, London 1977. – Vgl. für eine grundlegende Analyse des »postmodernen Zustands«: Jean-François Lyotard, *La condition postmoderne, Rapport sur le savoir.* Les Éditions de Minuit, Paris 1979.

169 Vgl. hierzu auch die Aufsätze ›Meinung und Darstellung. Kunst in Architektur und Stadt: fast ein Plädoyer‹; im vorliegenden Band S. 291–306, insbesondere S. 013–304; sowie: ›Eigensinn ohne Illusionen. Fragmente zu einem Programm für die architektonische Kultur der nahen Zukunft; im vorliegenden Band S. 321–338, insbesondere S. 322–326.

170 Diese Sicht wurde von Jencks selbst in seinen späteren Arbeiten korrigiert.

171 Le Corbusier-Saugnier, *Vers une architecture.* Les Éditions G. Crès et Cie, Paris o. J. (1923). Deutsch: Hans Hildebrandt (Hrsg.), *Kommende Baukunst.* Deutsche Verlags-Anstalt, Berlin/Leipzig 1926.

172 Dies wird vor allem im Bildmaterial der vier Blauen Bücher von Walter Müller-Wulkow deutlich: *Bauten der Arbeit und des Verkehrs.* Karl Robert Langewiesche, Königstein im Taunus und Leipzig 1925, 3. Aufl. 1929; *Wohnbauten und Siedlungen,* ibd. 1928, 3. Aufl. 1929; *Bauten der Gemeinschaft.* ibd. 1928, 3. Aufl. 1929; *Die deutsche Wohnung.* ibd. 1930, 4. Aufl. 1932. Zusammen wieder aufgelegt als: Walter Müller-Wulkow, *Architektur der Zwanziger Jahre in Deutschland,* K. R. Langewiesche Nachfolger Hans Köster, Königstein im Taunus 1975.

173 Vgl. Vittorio Magnago Lampugnani, ›Architektonische Avantgarden 1970–1980. Ein fragmentarisches Panorama‹, in: *Bauwelt,* Heft 46, S. 2026–2045.

174 Charles Jencks, ›Late-Modern and Post-Modern Architecture. A Set of Distinctions‹, in: *Architectural Design,* Dezember 1978, S. 593–609. Wieder abgedruckt als: ›Late-Modernism and Post-Modernism‹, in: *Late-Modern Architecture and Other Essays,* Academy Editions, London 1980, S. 10–30.

Das Ende der Verschwendung
Der neue architektonische Historismus

Erstpublikation: ›Rückbesinnung mit Gefahren. Der Entwurf des Engländers James Stirling und der neue architektonische Historismus. Baugeschichte als Repertoire für gegenwärtiges Bauen – das geplante Wissenschaftszentrum in Berlin‹. In: *Die Zeit,* Nr. 29, 1980, S. 26.

175 Cicero, *De oratore II.* Zitiert nach: *M. Tulli Ciceronis Rhetorica,* Hrsg. A. S. Wilkins, Oxford University Press, Oxford 1979, S. 81 (9, 35, Z. 36–37).

176 Charles Rollin, *Traité des Études,* V., Librairie de Firmin-Didot, Paris 1881.

177 Jorge Luis Borges, ›La conducta novilistica de Cervantes‹, in: Ders., *El idiorma de los argentinos,* M. Gleiser, Buenos Aires 1928. Deutsch: ›Pierre Menard, Autor des Quijote‹, aus: Ders., *Sämtliche Erzählungen,* Hanser, München 1970.

178 Vgl. zur allgemeinen Problematik des deutschen Historismus: Michael Brix/Monika Steinhauser (Hrsg.), ›Geschichte allein ist zeitgemäß‹. *Historismus in Deutschland,* Anabas, Lahn-Gießen 1978. Zur Problematik des Historismus in der Gegenwartsarchitektur: Maria Luigia Argentiero/Francesco Maltese, *Storia e progetto. Tendenze dell'architettura contemporanea,* Edizioni Kappa, Roma 1979.

179 Johann Gottfried von Herder, *Stimmen der Völker in Liedern,* 1807, Cotta, Tübingen. – Johann Wolfgang von Goethe, *Von deutscher Baukunst,* o. J. (1772), in: *Goethes Werke.* Hamburger Ausgabe, Hrsg. Erich Trunz (1950–1967), 10. Aufl. 1976, Bd. 12, S. 7–15.

180 Friedrich Nietzsche, ›Vom Nutzen und Nachteil der Historie für das Leben.‹ *Unzeitgemäße Betrachtungen,* 2. Stück, in: Ders., *Werke.* Kritische Gesamtausgabe, de Gruyter, Berlin 1972, 3. Abt., Band 1, S. 239–330.

181 Vgl.: *Erste Projekte.* Katalog einer Ausstellung 1981. Schriftenreihe zur Internationalen Bauausstellung Berlin. Die Neubaugebiete. Dokumente – Projekte 2. Quadriga, Berlin 1981.

182 Hollein trat vom Wettbewerb zurück, weil er die Verpflichtung, den Vorderteil des etwas überladenen neobarocken Bauwerks zu erhalten, als zu einengend und ungerechtfertigt empfand; Botta schlug einen strengen, sich generös dem Stadtgrundriß unterordnenden Block vor; die Berliner Gruppe konzipierte einen formalistischen Entwurf mit einer ondulierenden Rückwand und einer großen glasüberdachten internen Halle. Vgl. Ulrike Jehle-Schulte Strathaus, ›Bausteine aus der Geschichte‹, in: *Werk/Bauen und Wohnen,* Heft 6, 1980, S. 10–13.

183 Vgl. zu James Stirling den Aufsatz: ›Rückkehr der Monumentalisten? Die Debatte um den Neubau der Stuttgarter Staatsgalerie‹; im vorliegenden Band S. 171–182.

184 Robert Venturi, ›Nonstraightforward Architecture: A Gentle Manifesto‹, in: Ders. *Complexity and Contradiction in Architecture*. The Museum of Modern Art Papers on Architecture 1, Doubleday & Co. Garden City, New York 1966, S. 22–23.

185 Paolo Portoghesi, ›La fine del proibizionismo‹, in: *La presenza del passato. Prima móstra internazionale di architettura.* Edizioni La Biennale, Venedig 1980, S. 9–14.

186 Manfred Sack, ›Ausstellung: Architektur-Biennale in Venedig. Im Zirkus der Baugeschichte‹, in: *Die Zeit,* Nr. 32, 1. August 1980.

187 Wolfgang Pehnt, ›Die Postmoderne als Lunapark. Erste Architekturbiennale in Venedig/Erlaubt ist, was gefällt‹, in: *Frankfurter Allgemeine Zeitung,* 18. August 1980.

188 Die Verschwendung, die hier droht, ist jener »conspicuous consumption« verwandt, die Thorstein Veblen in seiner Theorie der »leisure class« als »the obvious vaste of valuable goods as a men as of gaining reputability« definiert. Vgl. Thorstein Veblen, *The theory of the leisure class. An economic study of Institutions,* Mac Millan, London 1899. Reprint der Originalausgabe: Augustus M. Kelley, New York 1965.

189 Am eindrucksvollsten und plastischsten ist dieses Phänomen in der Parabel beschrieben, die diesem Essay auszugsweise vorangestellt ist. Gleichzeitig ist der *Pierre Menard* eine subtile Interpretation von Stirlings Projekt für das Wissenschaftszentrum in Berlin. Vgl. Anm. 177.

IV Architektur und Ideologie

Auf dem Weg zu einer faschistischen Architektur?
Formale Tabuisierung und Machtdarstellung im Bauen

Erstpublikation: ›Eine neue faschistische Architektur? Eine Tendenz im Bauen bricht mit den formalen Tabus der Machtdarstellung‹, in: *Die Zeit*, Nr. 49, 1978, S. 52.

190 »Qu'est-ce qu'il y a de plus mystérieux que la clarté? . . .« Paul Valéry, *Eupalinos ou l'Architecte,* 1921. Zitiert nach: Ders., Éditions Gallimard, Paris 1970, S. 57.

191 Aldo Rossi/Massimo Scolari/Daniele Vitale, *Architettura razionale,* Franco Angeli, Mailand 1973.

192 Vgl. hierzu den Aufsatz: ›Rückkehr der Monumentalisten? Die Debatte über den Neubau der Stuttgarter Staatsgalerie‹; im vorliegenden Band S. 171–182.

193 Vgl. zum Begriff des Faschismus (Literaturauswahl):
   Otto Bauer/Herbert Marcuse/Arthur Rosenberg, *Faschismus und Kapitalismus. Theorien über die sozialen Ursprünge und die Funktionen des Faschismus,* Hrsg. Wolfgang Abendroth, Europäische Verlagsanstalt, Frankfurt/Main und Wien 1967. – Ralf Beckenbach, *Der Staat im Faschismus,* Verlag für das Studium der Arbeiterbewegung, Berlin 1974. – Ernst Bloch, *Erbschaft dieser Zeit,* Suhrkamp, Frankfurt/Main 1962. – Manfred Clemenz, *Gesellschaftliche Ursprünge des Faschismus,* Suhrkamp, Frankfurt/Main 1972. – Reinhard Kühnl, *Formen bürgerlicher Herrschaft. Liberalismus – Faschismus,* Rowohlt, Reinbek b. Hamburg 1971. – Ders., *Texte zur Faschismusdiskussion. Positionen und Kontroversen,* Rowohlt, Reinbek b. Hamburg 1974. – Ernst Nolte, *Der Faschismus in seiner Epoche,* Piper, München 1963. – Ders., *Die faschistischen Bewegungen,* Deutscher Taschenbuchverlag, München 1966. – Ders., *Theorien über den Faschismus,* Kiepenheuer & Witsch, Köln/Berlin 1967. – Ders., *Der Nationalsozialismus,* Ullstein, Berlin 1970. – Karin Priester, *Der italienische Faschismus. Ökonomische und ideologische Grundlagen,* Pahl-Rugenstein, Köln 1972.

194 Aus dem Bericht von Georgi Dimitroff, *Protokoll des VII. Weltkongresses der Kommunistischen Internationale.* Moskau 25. Juli–20. August 1935. Neu aufgelegt im Verlag Neuer Weg, 2. Aufl. Stuttgart 1976, S. 322.

195 Vgl. zur Architektur unter dem Faschismus folgende Werke, die zwischen 1934 und 1943 erschienen sind:
   Herbert Hoffmann, *Deutschland baut,* J. Hoffmann, Stuttgart 1938. – Werner Rittich, *Architektur und Bauplastik der Gegenwart,* Rembrandt-Verlag, 2. Aufl. Berlin 1938. – Paul Schmitthenner, *Die Baukunst im neuen Reich,* Callwey, München 1934. – Hubert Schrade, *Bauten des Dritten Reiches,* Bibliographisches Institut, Leipzig 1937. – Albert Speer (Hrsg.), *Die Kunst im Deutschen Reich,* Zentralverlag der NSDAP, München 1937. – Ders. (Hrsg.), *Neue Deutsche Baukunst,* Volk und Reich, Berlin 1941. – Friedrich Tamms, ›Das Große in der Baukunst‹, in: *Kunst im Deutschen Reich,* Nr. 8, 1944, S. 52 f. – Gerdy Troost (Hrsg.), *Das Bauen im Neuen Reich I,* Gauverlag Bayerische Ostmark, Bayreuth 1938. – Rudolf Wolters, *Neue deutsche Baukunst,* Volk und Reich, Berlin 1941. – Ders., *Albert Speer.* Stalling, Oldenburg 1943.

Nach 1945 erschienene Literatur (Auswahl):
Jost Dülffer/Jochen Thies/Josef Henke, *Hitlers Städte. Baupolitik im Dritten Reich*, Böhlau, Köln 1978. – Hermann Giesler, *Ein anderer Hitler. Bericht eines Architekten*, DM, Leoni 1977. – Lars Olof Larsson, *Die Neugestaltung der Reichshauptstadt, Albert Speers Generalbebauungsplan für Berlin*, Gerd Hatje, Stuttgart 1978. – Hellmut Lehmann-Haupt, *Art under a Dictatorship*, Oxford University Press, New York 1954. – Barbara Miller Lane, *Architecture and Politics in Germany, 1918–1945*, The Harvard University Press, Cambridge (Mass.) 1968. – Ute Peltz-Dreckmann, *Nationalsozialistischer Siedlungsbau. Versuch einer Analyse der die Siedlungspolitik bestimmenden Faktoren am Beispiel des Nationalsozialismus*, Minerva-Publikation, München 1978. – Joachim Petsch, *Baukunst und Stadtplanung im Dritten Reich. Herleitung, Bestandsaufnahme, Entwicklung, Nachfolge*, Hanser, München 1976. – Albert Speer, *Erinnerungen*, Propyläen, Berlin 1969. – Albert Speer, *Architektur. Arbeiten 1933–1942*, Propyläen, Frankfurt/Main/Berlin/Wien 1978. – Robert Scholz, *Architektur und bildende Kunst 1933–1945*, Schütz, Preußisch-Oldendorf 1977. – Robert Ratcliffe Taylor, *The Word in Stone. The Role of architecture in the National Socialist Ideology*, University of California Press, Berkeley/Los Angeles/London 1974. – Anna Teut, *Architektur im Dritten Reich 1933–1945*, Ullstein, Berlin/Frankfurt/Main/Wien 1967 (Bauwelt Fundamente, Band 19). – Josef Wulf, *Die Bildenden Künste im Dritten Reich*, S. Mohn, Gütersloh 1963.

196   Vgl. Bruno Reichlin/Martin Steinmann, ›Realismus in der Architektur‹, in: *archithese*, Heft 19, 1976.

197   Aus: Ludwig Mies van der Rohe, ›Antrittsrede als Direktor der Architekturabteilung am Armour Institute of Technology 1938‹, in: Philip C. Johnson, *Mies van der Rohe*. Gerd Hatje, Stuttgart 1956 (Originalausgabe: The Museum of Modern Art, 1947), S. 215.

198   Vgl. Vittorio De Feo, *Urss Architettura 1917–1936*, Editori Riuniti, Rom 1963. – Andrej B. Nakov, *Tatlin's Dream-Russian Suprematist and Constructivist Art 1910–1923*, Fischer Fine Art Lim., London 1973. – Vieri Quilici, *L'architettura del costruttivismo*, Laterza, Bari 1969. – George Rickey, *Constructivism: Origins and Evolution*, Braziller, New York 1967. – Anatole Kopp, *Ville et revolution*, Éditions Anthropos, Paris 1967. – Marco De Michelis/Ernesto Pasini, *La città sovietica 1925–1937*, Marsilio, Venedig 1976. – Jean-Louis Cohen/Marco De Michelis/Manfredo Tafuri, *URSS 1917–1978: La città, l'architettura. La ville, l'architecture*, L'Équerre, Rom/Paris 1979. – Selim Chan-Magomedow, *Pioniere der sowjetischen Architektur. Der Weg zur neuen sowjetischen Architektur in den zwanziger und zu Beginn der dreißiger Jahre*, Löcker, Wien/Berlin 1983.

199   Vgl. Anatole Kopp, *L'architecture de la période stalinienne*, Presses universitaires de Grenoble, Grenobel 1978. – Christian Borngräber, *Architettura accademica in URSS 1919–1959*. Electa, Mailand i. Vorb. (1987).

Die entnazifizierte Baugeschichte
Architektur im nationalsozialistischen Deutschland und im faschistischen Italien

Erstpublikation: ›Weder rein noch reaktionär: Die merkwürdigen Abenteuer der Architektur unter Hitler und Mussolini‹, in: *Die Zeit*, Nr. 3, 27. Januar 1984, S. 9–12.

200 Walter Benjamin, ›Der Autor als Produzent‹, Ansprache im Institut zum Studium des Faschismus, Paris, 27. April 1934. Abgedruckt in: Ders., *Versuche über Brecht*, Suhrkamp, Frankfurt/Main 1975, S. 101–119 (Zitat S. 103).

201 Zu den wichtigsten Arbeiten, die diese Auffassung korrigieren, zählen:
Silvia Danesi, Luciano Patetta (Hrsg.), *Il razionalismo e l'architettura in Italia durante il fascismo*, Edizioni La Biennale, Venezia 1976. – Giorgio Ciucci, ›Il dibattito sull'architettura e la città fascista‹. In: *Storia dell'arte italiana*, 2. Teil, 3. Band, Il Novecento, Giulio Einaudi editore, Turin 1982, S. 261–378. – *Stadtbauwelt 84 (Bauwelt 48)*, 28. Dezember 1984. Mit Beiträgen von Anna Teut, Werner Durth, Niels Gutschow, Gerhard Fehl u. a. – Wolfgang Schäche, ›Architektur und Stadtplanung während des Nationalsozialismus am Beispiel Berlin‹, in: Hans J. Reichardt/Wolfgang Schäche, *Von Berlin nach Germania. Über die Zerstörungen der Reichshauptstadt durch Albert Speers Neugestaltungsplanungen*, Ausstellungskatalog. Landesarchiv Berlin, 1984. – Hartmut Frank (Hrsg.), *Faschistische Architekturen. Planen und Bauen in Europa 1930 bis 1945*, Hans Christians, Hamburg 1985. – Werner Durth, *Deutsche Architekten. Biographische Verflechtungen 1900–1970*, Vieweg, Braunschweig/Wiesbaden 1985.

202 Der gesamte Text des Manifests, das am 31. März 1931 von den Tageszeitungen veröffentlicht wurde, lautet:
1) Mussolini vuole un'arte del nostro tempo, un'arte fascista.
2) Purtroppo per arte fascista, in architettura, s'intendono tutte le incongruenze dei vecchi architetti che hanno servito Giolitti e che avrebbero servito Don Sturzo e Graziadei.
3) Affermiamo che fascismo è eguale a fascismo e che i vecchi architetti rimasticando e rimuginando gli stili trasformano l'Italia nel museo di se stessa e privano così il fascismo di una sua impronta architettonica.
4) L'architettura del tempo di Mussolini deve rispondere al carattere di maschilità, di forza, di orgoglio della Rivoluzione. I vecchi architetti sono emblema di una impotenza che non ci va.
5) Il nostro movimento non ha altra conseguenza morale che quella di servire la Rivoluzione nel clima duro. Noi invochiamo la fiducia di Mussolini affinché ci dia modo di realizzare. Siamo 50 giovani i quali, in mezzo all'incomprensione e alla sistematica opposizione di chi non vuole cedere affari, in quattro anni abbiamo costruito sei case.
6) Per instaurare un rinnovamento architettonico è indispensabile costruire. Non si creda che noi chiediamo per guadagnare, bensì per esprimere un'idea fascista. Ognuno di noi è pronto a lavorare alle condizioni che tanti di noi hanno assaporato nelle squadre d'azione.
Wieder abgedruckt in: Bruno Zevi, *Storia dell'architettura moderna*, Einaudi, 5. Aufl., Turin 1975, S. 511, 512.

ANMERKUNGEN

203 Pietro Maria Bardi, *Rapporto sull'Architettura (per Mussolini)*, Edizioni di ›Critica Fascista‹, Rom 1931.

204 Es lohnt sich, den Text etwas ausführlicher zu zitieren: »Il Fascismo è segnale di una nuova età. Gli Stati europei si affrettano a salvarsi nel Fascismo: quelli che non faranno così, saranno travolti. La corporazione avanza; essa è il nuovo ossigeno della società. Gli uomini irreggimentati in un ordine luminoso, ecco la mèta, e Mussolini – soprattutto caro all'Eresiarca – ha indicato la direzione di marcia quando ha detto: ›Non bisogna avere paura di avere coraggio‹. Guai a chi proverà questa paura.

L'Eresiarca vuole una età fascista.

Nella politica ormai esiste. Nell'architettura pure, anche se le manifestazioni sono fuori d'Italia: Le Corbusier, Mies van der Rohe, sono architetti dell'êra fascista.«
Carlo Belli, *Kn*, Edizione del Milione, Mailand 1935. Neudruck Vanni Scheiwiller, Mailand 1972. Zitat S. 216.

205 Adolf Hitler, Rede auf dem Nürnberger Kulturtag am 1. 4. 1933. Zitiert nach German Bestelmeyer, ›Baukunst und Gegenwart‹, in: *Deutsche Technik*, 1934, S. 393 ff., 444 ff.

206 Adolf Hitler, Rede auf dem Nürnberger Kulturtag, in: *Völkischer Beobachter*, 3./ 4. 9. 1933.

207 Joseph Goebbels, ›Jedem wirklichen Künstler wird das Feld freigemacht‹, in: *Völkischer Beobachter*, 12. April 1933.

208 Vgl. Barbara Miller Lane, *Architecture and Politics in Germany 1918–1945*, The Harvard University Press, Cambridge (Mass.) 1968, S. 176 ff.

209 Joseph Goebbels, ›Die Deutsche Revolution‹, in: *Nationalsozialistische Monatshefte*, Heft III, 1933, S. 247.

210 Alfred Rosenberg, *Der Mythos des 20. Jahrhunderts*, Hoheneichen Verlag, München 1935.

211 Joseph Goebbels, ›Wir halten der Kunst unsere Hand hin!‹, in: *Völkischer Beobachter*, 10. Mai 1933.

212 Wassili Luckhardt, ›Vom preußischen Stil zur neuen Baukunst‹, in: *Deutsche Allgemeine Zeitung*, 26. März 1933.

213 Max Cetto, ›Brief eines jungen deutschen Architekten an den Herrn Reichsminister für Propaganda und Volksaufklärung Dr. Goebbels‹, in: *Die neue Stadt*, Heft VII, 1933, S. 27, 28.

214 Martin Elsässer, Denkschrift an Mussolini, 1933, Typoscript. Architektursammlung der Technischen Universität München. Zitiert nach: Hartmut Frank, ›Welche Sprache sprechen Steine?‹ Zur Einführung in den Sammelband ›Faschistische Architekturen‹, in: Hartmut Frank (Hrsg.), *Faschistische Architekturen*. op. cit. (Anm. 201), Zitat S. 15, 16.

215 Martin Elsässer, ›Die Situation der modernen Architektur‹, Vortrag in der Universität Rom, 1933, Typoskript. Architektursammlung der Technischen Universität München. Zitiert nach Hartmut Frank, ›Welche Sprache sprechen Steine?‹ op. cit. (Anm. 201), Zitat S. 16.

216 Hugo Häring, ›Für die Wiedererweckung einer deutschen Baukultur‹, Manuskript, Januar 1934. TU Plansammlung West-Berlin, *Nachlaß Martin Mächler*, Dokument Nr. 12.12.3.

217 Martin Wagner, Brief an Carl Lörcher, 8. Juni 1934. *Nachlaß Martin Wagner*, Akademie der Künste, Berlin.

218 Walter Gropius, Brief an Eugen Hönig, 27. März 1934.
Nachlaß Walter Gropius, Houghton Library,
Harvard University, Cambridge (Mass.)

219 Paul Schultze-Naumburg. *Kunst aus Blut und Boden. Die Kunst der Deutschen, ihr Wesen und ihre Werke*, Deutsche Verlags-Anstalt, Stuttgart/Berlin 1934.

220 Paul Schmitthenner, *Das deutsche Wohnhaus*, Einführung von Hartmut Frank, Deutsche Verlags-Anstalt, Stuttgart 1984.

221 Schmitthenners Vortrag wird im vollen Wortlaut zitiert in Sigurd Rabe, ›Tradition und neue Kunst‹, in: *Völkischer Beobachter*, 16./17. Juli 1933.

222 Paul Schmitthenner, *Die Baukunst im neuen Reich*, Georg D. W. Callwey, München 1934. Zitate S. 9 und 24.

223 Adolf Hitler, Rede auf dem Nürnberger Kulturtag 1934. Zitiert nach: *Der Baumeister*, 1934, S. 325–327.

224 Adolf Hitler. Zitiert nach: Anna Teut, *Architektur im Dritten Reich 1933–1945*, Ullstein, Berlin/Frankfurt/Main/Wien 1967 (Bauwelt Fundamente, Band 19), S. 13.

225 Adolf Hitler, Kulturrede auf dem Reichsparteitag 1937. Zitiert nach: *Baugilde*, Heft 26, 1937.

226 Vgl. Lars Olof Larsson, ›Klassizismus in der Architektur des 20. Jahrhunderts‹, in: Albert Speer, *Architektur. Arbeiten 1933–1942*, Propyläen, Frankfurt/Main/Berlin/Wien 1978, S. 151–175.

227 Paul Schmitthenner, ›Meine politische Vergangenheit‹, Manuskript, Schloß Kilchberg, 15. März 1947. *Paul Schmitthenner-Archiv*, München.

228 Urteil des Finanzgerichts beim Oberfinanzpräsidenten von Berlin Sg. IV, Nr. 67 und 68 vom 1. 10. 1938. Zitiert nach: Kurt Junghans, ›Bruno Taut in seiner Zeit. Die Stationen seines Lebens‹, in: *Bruno Taut 1880–1938*. Ausstellungskatalog. Akademie der Künste, Berlin 1980. S. 13.

229 Frank Werner, ›Paul Bonatz 1877–1956. Architekt ohne Avantgarde?‹, in: *Paul Bonatz 1877–1956* (Stuttgarter Beiträge Nr. 13), Karl Krämer, Stuttgart 1977.

230 Gerda Wangerin/Gerhard Weiss, *Heinrich Tessenow. Ein Baumeister 1876–1950. Leben, Lehre, Werk*, Richard Bacht, Essen 1979.

231 Hugo Häring, ›die tradition, schultze-naumburg und wir‹, in: *Die Form,* Heft 8, Mai 1926. Wieder abgedruckt in: Heinrich Lauterbach/Jürgen Joedicke, *Hugo Häring. Schriften, Entwürfe, Bauten.* Dokumente der Modernen Architektur, Karl Krämer, 4. Aufl. Stuttgart 1965, S. 19–20.

232 Hugo Häring, ›probleme der stilbildung‹, in: *Deutsche Bauzeitung,* Heft 43, 24. Oktober 1934. Wieder abgedruckt in: Heinrich Lauterbach/Jürgen Joedicke, *Hugo Häring,* op. cit. (Anm. 231), S. 41.

233 Das Zitat von Philip Johnson ist wiedergegeben in: Robert Hughes, ›Doing Their Own Thing‹, in: *Time,* 8. Januar 1979, S. 54–55. Auch in: Thomas S. Hines, *Richard Neutra and the Search for Modern Architecture, A Biography and History,* Oxford University Press, New York/Oxford 1982, S. 191.

234 *Wasmuths Monatshefte für Baukunst,* 1937, S. 197–204.

235 Vgl. Peter Blundell-Jones, ›Scharoun houses‹, in: *The Architectural Review,* Dezember 1983, Nr. 12, S. 59–67.

236 Fritz Höger, ›Kunst und Volkstum‹, in: *Deutsche Technik,* Oktober 1933, S. 54–57. Zitat S. 55.

237 Carl J. H. Westphal (Hrsg.), *Fritz Höger. Der niederdeutsche Backstein-Baumeister,*Wolfshagen-Scharbeutz 1938, S. 87. Zitiert nach: Wolfgang Pehnt, *Die Architektur des Expressionismus,* Gerd Hatje, Stuttgart 1973, S. 203–208.

238 Vgl. die Expressionismus-Debatte; einige ihrer wichtigsten Beiträge finden sich in: Fritz J. Raddatz (Hrsg.), *Marxismus und Literatur,* 2 Bände, Rowohlt, Reinbek b. Hamburg 1969.

239 Bernhard Hoetger und Herbert Helfrich, *Deutsches Forum,* o. J., Faltblatt.

240   Vgl. Wolfgang Pehnt, *Die Architektur des Expressionismus.* op. cit. (Anm. 237),
       S. 206.

241   Martin Kießling, ›Wettbewerb für den Erweiterungsbau der Reichshauptbank in
       Berlin‹, in: *Zentralblatt der Bauverwaltung,* 2. August 1933, Heft 33, 53. Jahr-
       gang, S. 385–395.

242   Hans Stephan, Ausstellung ›Deutsches Volk – Deutsche Arbeit‹, Berlin, in: *Zen-
       tralblatt der Bauverwaltung,* 1934, S. 317 ff. Auch: ›Zu neuem Aufstieg, Ausstel-
       lung »Deutsches Volk – Deutsche Arbeit«‹, in: *Deutsche Bauzeitung,* 1934,
       S. 325 ff.. – Vgl.: Winfried Nerdinger, ›Versuchung und Dilemma der Avantgarde
       im Spiegel der Architekturwettbewerbe 1933–1935‹, in: Hartmut Frank (Hrsg.),
       Faschistische Architekturen, op. cit. (Anm. 201), S. 65–87.

243   Zum Wettbewerb ›Häuser der Arbeit‹ in: *Bauwelt,* 1934, S. 77 ff. Eine historische
       Aufarbeitung des Wettbewerbs findet sich in: Winfried Nerdinger, ›Versuchung
       und Dilemma der Avantgarde im Spiegel der Architekturwettbewerbe 1933–35‹,
       op. cit. (Anm. 242).

244   Vgl. Brief von Sibyl Moholy-Nagy, in: *Journal of the Society of Architectural
       Historians,* Vol. XXIV, Nr. 3, Oktober 1965, S. 255, 256.

245   Martin Kießling, ›Wettbewerb für den Erweiterungsbau der Reichshauptbank in
       Berlin‹, op. cit. (Anm. 241).

246   Vgl. Philip C. Johnson, *Mies van der Rohe,* The Museum of Modern Art, New
       York 1947. Deutsche Ausgabe: Gerd Hatje, Stuttgart 1956. – Wolf Tegethoff, *Die
       Villen und Landhausprojekte von Mies van der Rohe,* Kaiser Wilhelm Museum
       der Stadt Krefeld, 2 Bände, Richard Bacht, Essen 1981.

247   Edouard Schuré, *Les grands initiés,* Perrin, 5. Aufl. Paris 1901.

248   Vgl. Paul Turner, ›The Beginnings of Le Corbusier's Education‹, in: *Art Bulletin,*
       Juni 1971, S. 214–224.

249   Le Corbusier, *Urbanisme,* Les Éditions G. Crès et Cie, Paris 1925.

250   »Je suis, depuis des années, poursuivi par l'ombre de Colbert!« Le Corbusier,
       Précisions sur un état présent de l'architecture et de l'urbanisme, Les Éditions G.
       Crès et Cie, Paris 1930, S. 187.

251   Le Corbusier, *La Ville Radieuse,* Éditions de ›L'Architecture d'Aujourd'hui‹,
       Paris 1935. Zwei Jahre später schrieb er: »... il faut le bon plan, le plan totalitaire
       symphonique, qui réponde aux besoins collectifs et assure le bonheur indivi-
       duel: ... ici est le rôle tout puissant e bienfaisant de l'autorité: l'autorité père de
       famille.« In: Ders., *Quand les Cathédrales étaient Blanches, Voyage au pays des
       timides.* Plon, Paris 1937, S. 222.

252   Vgl. Francesco Tentori, *Vita e opere di Le Corbusier,* Laterza, Bari 1979, S. 61, 62.

253   à S. E. Mussolini.
       En souvenir de sa harangue aux jeunes architects italiens, en juin 1934, alors que
       j'étais à Rome pour essayer de prouver qu'il n'y a d'unité dans les gens et les
       œuvres humains, que par l'équivalence du potentiel de l'énergie créatrice. Tout
       plagiat, tout regard jeté derrière, ne sent que mort e moisissence.
       Avec mon respect et mon admiration
       Le Corbusier
       Paris 1934, nov.
       (Ihrer Exzellenz Mussolini.
       Zur Erinnerung an seine Ansprache an die jungen italienischen Architekten, im
       Juni 1934, als ich in Rom war, um zu versuchen, den Beweis anzutreten, daß es
       keine Einheit unter den Leuten und den menschlichen Werken gibt außer durch
       die Entsprechung des Potentials an schöpferischer Energie. Jedes Plagiat, jeder
       Blick zurück riecht nur nach Tod und Moder.

Mit meinem Respekt und meiner Bewunderung
Le Corbusier
Paris 1934, November)
    Wiedergegeben als Faksimile in: Hans Girsberger, *Im Umgang mit Le Corbusier. Mes contacts avec Le Corbusier,* Les Éditions d'Architecture Artemis, Zürich und München 1981, S. 39.

254 Vgl. Stanislaus von Moos, ›Le Corbusier As Painter‹, in: *Oppositions* 19/20, 1980, S. 88–107.

255 Le Corbusier/François de Pierrefeu, *La maison des hommes,* Plon, Paris 1942.

256 »Pas tenu au courant… Jamais questionné d'un seul mot par les autorités… Je m'en fous parfaitement.«
    Interview mit Hugues Dessalle. Zitiert nach: Stanislaus von Moos, *Le Corbusier, Elemente einer Synthese,* Frauenfeld und Stuttgart 1968, S. 269.

257 Vgl. Wolfgang Schäche, ›Architektur und Städtebau im Nationalsozialismus‹, in: *Bauwelt,* Heft 4, 28. Januar 1983, S. 119–125; und: Ders., ›Architektur und Stadtplanung während des Nationalsozialismus am Beispiel Berlin‹. op. cit. (Anm. 201).

258 Vgl. den Aufsatz: ›Eine Leere voller Pläne. Die Projekte für das nie verwirklichte Zentrum von Groß-Berlin 1839–1985‹; im vorliegenden Band S. 140–170, insbesondere S. 143 f., 147 f.

259 Vgl. Hartmut Frank, ›Trümmer. Traditionelle und moderne Architekturen im Nachkriegsdeutschland‹, in: Bernhard Schulz (Hrsg.), *Grauzonen, Farbwelten. Kunst und Zeitbilder 1945–1955.* Ausstellungskatalog. Neue Gesellschaft für Bildende Künste/Medusa, Berlin/Wien 1983.

260 Hans Bernhard Reichow, ›Grundsätzliches zum Städtebau im Altreich und im neuen deutschen Osten‹, in: *Raumforschung und Raumordnung,* Heft 3/4, Heidelberg, April 1941. Wieder abgedruckt in: Anna Teut, *Architektur im Dritten Reich 1933–1945,* op. cit. (Anm. 224), S. 332–341.

261 Hans Bernhard Reichow, *Organische Stadtbaukunst. Von der Großstadt zur Stadtlandschaft,* Westermann, Berlin/Hamburg 1948.

262 Martin Heidegger, ›Bauen, Wohnen, Denken‹. Vortrag am 5. August 1951 im Rahmen des »Darmstädter Gesprächs II« über »Mensch und Raum«. Abgedruckt in der entsprechenden Veröffentlichung, Neue Darmstädter Verlanganstalt, Darmstadt 1952, S. 72 ff. Wieder abgedruckt in: Ders., *Vorträge und Aufsätze.* Günther Neske, Pfullingen 1954, S. 145–162.

263 Vgl. Werner Durth, ›Der programmierte Aufbau, Speers »Arbeitsstab zum Wiederaufbau bombenzerstörter Städte«‹, in: *Stadtbauwelt 84 (Bauwelt 48),* 28. Dezember 1984, S. 378–390 (2082–2094).

264 Bruno Taut, *Die Auflösung der Städte,* Folkwang, Hagen 1920.

265 Vgl. Wolfgang Christian Schneider, ›Die Stuttgarter Stadtautobahnen wurden vor 1945 geplant. Stadtplanung im 3. Reich: Auf den Hügeln der Stadt sollten NS-Herrschaftsbauten entstehen‹, in: *Stuttgarter Uni-Kurier,* November 1982, S. 5.

266 Viktor Šklovskij, *Chod Konja,* Helikon, Moskau/Berlin 1928.

267 Vgl. Vittorio Magnago Lampugnani, ›Wiederaufbau? Unmöglich! Deutsche Stadtplanung nach 1945 / Keine »Stunde Null« ‹, in: *Frankfurter Allgemeine Zeitung,* 24. August 1983, Nr. 195. – Ders., ›Die bauliche Entnazifizierung. Deutsche Stadtplanung und Architektur (2): 1945–1953 / Die Gespenster werden ausgetrieben‹, in: *Frankfurter Allgemeine Zeitung,* 25. August 1983, Nr. 196. – Ders. ›Der »Städtebau der Demokratie«. Deutsche Stadtplanung und Architektur (3) – Billige Programme und schöne Utopien‹. In: *Frankfurter Allgemeine Zeitung,* 30. August 1983, Nr. 200. – Ders., ›Die Bebauung des Wohlstands. Städtebau und

Architektur in Deutschland (4) / Innovation und Abriß‹, in: *Frankfurter Allgemeine Zeitung*, 2. September 1983, Nr. 203. – Ders., ›Behutsame Erneuerung der Vergangenheit. Deutsche Stadtplanung und Architektur (5) – Ende der alten Theorien, neue Erkenntnisse‹, in: *Frankfurter Allgemeine Zeitung*, 14. September 1983, Nr. 213. – Ders., ›Der neue Anfang der Unsicherheit. Deutsche Stadtplanung und Architektur (6) – 1969–1983: Der Vorstoß der Traditionalisten, das Verblassen der Kontroverse, eine neue Vielfalt der Stile‹, in: *Frankfurter Allgemeine Zeitung*, 17. September 1983, Nr. 216. – Überarbeitet, ergänzt und zusammengefaßt erschienen als: Ders., ›Architektur und Stadtplanung‹, in: Wolfgang Benz (Hrsg.), *Die Bundesrepublik Deutschland. Geschichte in drei Bänden,* Band 3: Kultur. Fischer Taschenbuch Verlag, Frankfurt/Main 1983, S. 140–182.

268 »Nessun centralismo fascista è riuscito a fare ciò che ha fatto il centralismo della civiltà dei consumi. Il fascismo proponeva un modello, reazionario e monumentale, che però restava lettera morta. Le varie culture particolari (contadine, sottoproletarie, operaie) continuavano imperturbabili a uniformarsi ai loro antichi modelli: la repressione si limitava ad ottenere la loro adesione a parole. Oggi, al contrario, l'adesione ai modelli imposti dal Centro, è totale e incondizionata. I modelli culturali reali sono rinnegati. L'abiura è compiuta. Si può dunque affermare che la ›tolleranza‹ della ideologia edonistica voluta dal nuovo potere, è la peggiore delle repressioni della storia umana.« Pier Paolo Pasolini, ›Acculturazione e Acculturazione‹ (9. Dezember 1973), in: *Scritti corsari,* Garzanti, Mailand 1975 (1977), S. 27, 28. Zitiert nach: ›Alte und neue Kulturpolitik‹, in: *Freibeuterschriften. Die Zerstörung der Kultur des Einzelnen durch die Konsumgesellschaft,* Klaus Wagenbach, Berlin 1978 (1981), S. 29.

Die Diskussion um die Chimäre
Bauen in der Demokratie und »demokratisches Bauen«

Erstpublikation: ›Die Diskussion um die Chimäre. Fragmente zur Architektur in der Demokratie‹, in: *Der Architekt,* Heft 2, 1980, S. 80–82, 91.

269 »The greatest man of action is he who is the greatest, and a life-long, dreamer ... A democracy should not let its dreamers perish. They are its life, its guaranty against decay.« Louis Henry Sullivan, ›Education‹. Vortrag vor der Architectural League of America, Toronto 1902. Zitiert nach: Ders., *Kindergarten Chats and Other Writings,* Dover Publications, New York 1979, S. 226.

270 Selbstverständlich gilt auch der umgekehrte Fall: daß sich verschiedene Regierungsformen architektonisch gleich repräsentieren. Vgl. hierzu den Aufsatz: ›Auf dem Weg zu einer faschistischen Architektur? Formale Tabuisierung und Machtdarstellung im Bauen‹, im vorliegenden Band S. 214–228.

271 Richard Bäumlin, *Die rechtsstaatliche Demokratie,* Polygraphischer Verlag, Zürich 1954. – Edward Hallet Carr, *Die neue Gesellschaft. Aspekte der Massendemokratie,* Suhrkamp, Frankfurt/Main 1968. – William Nisbet Chambers/Robert H. Salisbury (Hrsg.), *Democracy in the Mid-20th Century,* Washington University Press, St. Louis 1960. – Robert Alan Dahl, *A Preface to Democratic Theory,*

University of Chicago Press, Chicago 1956. – Ralf Dahrendorf, *Gesellschaft und Demokratie in Deutschland*, Piper, München 1965. – Karl-Heinz Folkers, *Die Demokratie als Gesellschaftssystem*, Duncker & Humblot, Berlin 1968. – Theodor Geiger, *Demokratie ohne Dogma*, Szczesny, München 1963. – Harry Girvetz, *Democracy and Elitism: Two Essays with Selected Readings*, Scribner, New York 1967. – Jürgen Habermas, *Strukturwandel der Öffentlichkeit*, Luchterhand, 3. Aufl. Neuwied/Berlin 1968. – Manfred Hättich, *Demokratie als Herrschaftsordnung*, Westdeutscher Verlag, Köln/Opladen 1967. – Albert Hunold (Hrsg.), *Masse und Demokratie*, Rentsch, Erlenbach/Zürich/Stuttgart 1957. – Henry Kariel, *The Decline of American Pluralism*, California University Press, Stanford 1961. – Valdimir Orlando Key, *Public Opinion and American Democracy*, Knopf, New York 1961. – Heinz Laufer, *Die demokratische Ordnung, Eine Einführung*. Kohlhammer, Stuttgart 1966. – Gerhard Leipholz, *Strukturprobleme der modernen Demokratie*, Athenäum – Fischer-Taschenbuch-Verlag, 3. Aufl. Frankfurt/Main 1974. – Seymour Martin Lipset, *Soziologie der Demokratie*, Luchterhand, Neuwied/Berlin 1962. – Leslie Lipson, *The Democratic Civilization*, Oxford University Press, New York 1964. – Richard Löwenthal (Hrsg.), *Die Demokratie im Wandel der Gesellschaft*, Colloquium, Berlin 1963. – Henry Bertram Mayo, *An Introduction to Democratic Theory*, Oxford University Press, New York 1960. – Franz Leopold Neumann, *Demokratischer und autoritärer Staat*, Europäische Verlagsanstalt, Frankfurt/Main/Wien 1967. – Karl Raimund Popper, *Die offene Gesellschaft und ihre Feinde*, 2 Bände, Francke, Bern 1958. – M. Rejai (Hrsg.), *Democracy. The Contemporary Theories*, Atherton Press, New York 1967. – Arthur Rosenberg, *Demokratie und Sozialismus. Zur Politischen Geschichte der letzten 150 Jahre*, Europäische Verlagsanstalt, Frankfurt/Main 1962. – Giovanni Sartori, *Democratic Theory*, Praeger, 2. Aufl. Detroit 1965. – Elmar Eric Schattscheider, *The Semisovereign People*, Holt, Rinehart and Winston, New York 1960. – Joseph Schumpeter, *Kapitalismus, Sozialismus und Demokratie,* Francke, 2. Aufl. Bern 1950. – Otto Stammer, *Politische Soziologie und Demokratieforschung*, Duncker & Humblot, Berlin 1965. – J. Talmon, *Die Geschichte der totalitären Demokratie*, Westdeutscher Verlag, Köln/Opladen 1961. – Herbert Tingsten, *The Problem of Democracy*, Bedminster Press, Totowa 1965. – Robert Paul Wolff/Barrington Moore/Herbert Marcuse, *Kritik der reinen Toleranz,* Suhrkamp, Frankfurt/Main 1966.

272 Vergleiche: Hannah Arendt, *Elemente und Ursprünge totaler Herrschaft*, Europäische Verlagsanstalt, Frankfurt/Main 1958. – Franz Borkenau, *The Totalitarian Enemy*, Faber and Faber, London 1940. – Hans Buchheim, *Totalitäre Herrschaft. Wesen und Merkmale*, Kösel, München 1962. – Betty Brand Burch, *Dictatorship and Totalitarism*, Van Nostrand, Princeton 1964. – Alfred Cobban, *Dictatorship. Its History and Theory*, Scribner's sons, London 1939. – Carl Cohen (Hrsg.), *Communism, Fascism and Democracy, The Theoretical Foundations,* Random House, 2. Aufl. New York 1972. – Peter F. Drucker, *The End of Economic Man. A Study of the New Totalitarianism*, John D. Company, New York 1939. – Maurice Duverger, *De la dictature,* Julliard, Paris 1961. – William Ebenstein, *Totalitarianism: New Perspectives,* Holt, Rinehart and Winston, New York 1962. – Ernst Forsthoff, *Der totale Staat,* Kohlhammer, 2. Aufl. Stuttgart 1984. – Carl Joachim Friedrich, *Totalitarianism,* The Harvard University Press, Cambridge (Mass.) 1954. – Carl Joachim Friedrich, *Totalitäre Diktatur,* Kohlhammer, Stuttgart 1957. – Klaus Hornung, *Die totalitäre Herrschaft*, Landesanstalt für Erziehung und Unterricht, Stuttgart 1967. – Hans Kohn, *Revolutions and Dictatorship,* The Harvard University Press, Cambridge (Mass.) 1939. – Hans Kohn, *Fascism*

and Communism, The Harvard University Press, Cambridge (Mass.) 1939. – Emil Lederer, *State of the Masses,* Norton and Company, New York 1940. – Herbert Marcuse, *Die Gesellschaftslehre des sowjetischen Marxismus,* Luchterhand, Neuwied/Berlin 1964. – Barrington Moore, *Terror and Progress USSR,* The Harvard University Press, Cambridge (Mass.) 1954. – Renate Müller, *Untersuchungen zur Struktur des Dritten Reiches und zur Theorie des Totalitarismus,* Diss., Marburg 1961. – Sigmund Neumann, *Permanent Revolution. Totalitarianism in the Age of International Civil War,* Dunmow, 2. Aufl. London 1965. – Bruno Seidel/Siegfried Jenkner (Hrsg.), *Wege der Totalitarismusforschung,* Wissenschaftliche Buchgesellschaft, Darmstadt 1968.

273 Adolf Arndt, ›Demokratie als Bauherr‹, Vortrag anläßlich der Berliner Bauwochen 1960, Selbstverlag der Akademie der Künste, Berlin 1961.

274 Vergleiche: Günter Behnisch, ›Bundesbauten in Bonn‹, in: *Deutsches Architektenblatt,* Heft 12, 1979, S. 1507–1510. – Rudolf Hillebrecht/Gerhard Laage/Walter Rossow, ›Zur Hauptstadt Bonn‹, in: *Planung für die Bundeshauptstadt Bonn,* Heft 8, 1979. – Heinrich Klotz, ›Ikonologie einer Hauptstadt – Bonner Staatsarchitektur‹, in: *Gestaltung einer neuen Umwelt. Kritische Essays zur Architektur der Gegenwart.* bucher report 3, Bucher, Luzern/Frankfurt/Main 1978, S. 45–55. Die in diesem Essay zusammengefaßten Artikel erschienen ursprünglich alle drei in der *Frankfurter Rundschau,* und zwar unter folgenden Titeln: ›Repräsentation – aber wie?‹ (1. 7. 1976); ›Stabilität und Image‹. (6. 7. 1976); ›Die Röhrenhose von gestern – als Statussymbol?‹ (13. 9. 1976). – Rolf Zundel, ›Kahlschlag und Protzentum? Von der Schwierigkeit, Bonn eine Hauptstadt-Silhouette zu geben‹, in: *Die Zeit,* Nr. 45, 2. 11. 1979. – Paulhans Peters, ›Ressortdenken in Beton gegossen‹. Architektur-Kritiker Paulhans Peters über die Pläne für das Bonner Regierungsviertel, in: *Der Spiegel,* Nr. 53, 31. 12. 1979.

275 Dieser Aspekt wurde bereits von Wolfgang Pehnt hervorgehoben, in: ›Der lange Weg zur Bundeshauptstadt. Die Planung des Bonner Regierungsviertels‹. Gesendet im *Deutschlandfunk,* 6. Dezember 1979. So auch in: ›Politik in florealem Idyll. Zur gegenwärtigen Planung des Bonner Regierungsviertels‹, in: *Frankfurter Allgemeine Zeitung,* Nr. 296, 20. 12. 1979.

V Ausblicke, kritisch

Partizipation am Protest
Architektur zwischen Kulturgut und Konsumprodukt

Erstpublikation: ›Partizipation am Protest. Architektur zwischen Konsumgut und Kulturprodukt: Überlegungen zu einer nachdenklichen Avantgarde‹, in: *Freibeuter,* Heft 12, 1982, S. 52–71.

276 »Ce n'est jamais d'en haut que surgissent les principes vivifiants sans lesquels l'art se traîne dans les pastiches: c'est d'en bas, c'est par le sentiment ou l'instinct populaire. Tout renouvellement se fait par suite d'une élaboration dans l'esprit du peuple, des masses: il n'est jamais le produit d'une élite.« Eugène Emmanuel Viollet-le-Duc, *L'Art russe. Ses origines, ses éléments constitutifs, son apogée, son avenir,* Vve A. Morel et Cie, Paris 1877, S. 257.

277 Aus einem Brief (7.11.1920) von Théo van Doesburg (einer der Gründer der Gruppe De Stijl) an Adolf Behne (den Beobachter und Streitgenossen des »neuen bauens« zwischen den Kriegen).

278 Zur Partizipation des Volkes an der mittelalterlichen Stadtarchitektur vgl. den Aufsatz: ›Die bewußte Dekoration. Planung der Schönheit in der mittelalterlichen Stadt‹, im vorliegenden Band S. 63–76.

279 Vgl. Hans-Egon Bahr, *Politisierung des Alltags. Gesellschaftliche Bedingungen des Friedens,* Luchterhand, Neuwied 1972. Und: Reiner Gronemeyer, *Integration durch Partizipation,* Fischer, Frankfurt/Main 1973.

280 Zu guter Letzt ist Partizipation gleichzusetzen mit Demokratisierung per se.

281 Aus dieser Sicht wird die Beziehung zwischen Architekten und Bauherren (die eine spezielle Art von Betroffenen darstellen, deren Einflußnahme auf die Architektur durch die ökonomische Kontrolle natürlich gewährleistet ist) ausgeklammert: Es geht also um Bewohner, Benutzer und Betrachter.

282 Der Begriff war zunächst national geprägt; seinen gesellschaftlichen Bezug erhielt er erst nach der Industrialisierung.

283 Johann Wolfgang von Goethe, *Von deutscher Baukunst,* o. J. (1772). In: *Goethes Werke,* Hamburger Ausgabe, Hrsg. Erich Trunz (1950–1967), 10. Aufl. 1976, Bd. 12, S. 7–15.

284 »Zu glauben, daß aus der Gemeinschaft der Fortschritt komme, ist Romantik. Sie zieht herab und ebnet mindestens ein. Volkstracht, Volksbuch, Volkslied, Volksschauspiel, Bauernmöbel usw. sind gesunkene Kulturgüter ... Mit anderen Worten: Volksgut wird in der Oberschicht gemacht.« Hans Naumann, *Grundzüge der deutschen Volkskunde,* Quelle & Meyer, 2. Aufl. Leipzig 1929, Zitat S. 11.

285 Vgl. (Le Corbusier), Urbanisme des CIAM. La Charte d'Athènes (1933), Plon, Paris 1943.

286 Vgl. Heinz Grossmann, *Bürgerinitiativen, Schritte zur Veränderung,* Fischer, Frankfurt/Main 1971.

287 Gustave Flaubert, Quelle unbekannt.

288 Zitiert nach Sigfried Giedion, *Space, Time, Architecture. The Growth of a New*

Tradition, The Harvard University Press, Cambridge (Mass.) 1941. Deutsch: *Raum, Zeit, Architektur. Die Entstehung einer neuen Tradition.* Otto Maier, Ravensburg 1965. Weitere Aufl.: Artemis, Zürich und München 1976, S. 197.

289 Zitiert nach: Sigfried Giedion, op. cit. (Anm. 288), S. 198.

290 Ein genau dokumentierter Bericht dieser Ereignisse findet sich in: Vittorio Magnago Lampugnani, ›Stuttgart – zerstört vom Krieg und vom Wiederaufbau‹, in: *Forum Stuttgart,* Heft 3, 1980, S. 22–29 (erster Teil). Ders., ›Ein Museum darf nicht wie ein Krankenhaus aussehen‹, in: *Forum Stuttgart,* Heft 4, 1980. S. 30–35 (zweiter Teil).

291 Vgl. hierzu auch den Aufsatz: ›Rückkehr der Monumentalisten? Die Debatte über den Neubau der Stuttgarter Staatsgalerie‹, im vorliegenden Band S. 171–182.

292 Bertolt Brecht, *Über Lyrik,* Edition Suhrkamp, Bd. 70, Frankfurt/Main 1964, S. 72.

293 Theodor W. Adorno, ›Thesen zur Kunstsoziologie‹ in: *Kölner Zeitschrift für Soziologie und Sozialpsychologie.* 19. Jahrgang, 1967, Heft 1, S. 87–93. Wieder abgedruckt in: *Ohne Leitbild, Parva Aesthetica.* Suhrkamp, Frankfurt/Main 1967, S. 94–103, Zitat S. 97.

294 Ernst Bloch, *Das Prinzip Hoffnung,* 3 Bände, Suhrkamp, Frankfurt/Main 1959. Zitiert nach: 6. Aufl. 1979, S. 872.

295 Gotthold Ephraim Lessing, *Hamburgische Dramaturgie.* In: Ders., *Werke,* Band 4, Hanser, München 1973. Für die Architektur hat vor allen Giulio Carlo Argan eine Professionalisierung und Sensibilisierung der Betroffenen immer wieder postuliert. Vgl. Giulio Carlo Argan, *Progetto e destino,* Il Saggiatore, Mailand 1965.

Meinung und Darstellung
Kunst in Architektur und Stadt: fast ein Plädoyer

Erstpublikation: ›Meinung und Darstellung. Kunst in Architektur und Stadt: fast ein Plädoyer‹, in Laszlo Gloser/Vittorio Magnago Lampugnani, *Gerhard Merz: Tivoli,* Verlag der Buchhandlung Walther König, Köln 1986, S. 9–16.

296 Friedrich von Schiller, ›Über den Gebrauch des Chors in der Tragödie‹, Vorwort zu: *Die Braut von Messina,* 1803. Zitiert nach: Ders., *Sämtliche Werke,* Hanser, 5. Aufl. München 1974, S. 815.

297 »A true artist takes no notice whatever of the public.« Oscar Wilde, *The Soul of Man under Socialism,* Humboldt publ., New York 1892. Zitiert nach: The Porcupine Press, London 1948, S. 46.

298 ›Aufträge an bildende Künstler und Kunsthandwerker bei Bauaufgaben der Staatshochbauverwaltung‹. Erlaß des Reichsministers für Volksaufklärung und Propaganda vom 22. 6. 1934. Aus: *Zentralblatt der Bauverwaltung,* 1934, S. 685.

299 Zitiert nach: Diether Schmidt, *In letzter Stunde – 1933–1945.* Verlag der Kunst, Dresden 1964, S. 16.

300 Vgl. für einige unter den besseren Beispielen: Robert Häusser/Dieter Honisch, *Kunst Landschaft Architektur. Architekturbezogene Kunst in der Bundesrepublik Deutschland,* Ahrtal-Verlag, Bad Neuenahr-Ahrweiler 1983.

301 Hans Magnus Enzensberger, ›Die Aporien der Avantgarde‹, in: *Einzelheiten*, Suhrkamp, Frankfurt/Main 1962.

302 Pier Paolo Pasolini, Acculturazione e Acculturazione‹ (1973), in: *Scritti corsari*, Garzanti, Mailand 1975 (1977), S. 27, 28. Zitiert nach: Alte und neue Kulturpolitik‹, in: *Freibeuterschriften, Die Zerstörung der Kultur des Einzelnen durch die Konsumgesellschaft*, Klaus Wagenbach, Berlin 1978 (1981), S. 29.

303 Marcus Vitruvius Pollio, *De architectura libri decem*, um 24. v. Chr. Zitiert nach: Fritz Schumacher, *Lesebuch für Baumeister*, Karl Heinz Henssel, Berlin 1941, S. 11, 12.

304 Paolo Gualdo, *Vita di Andrea Palladio* 1617, Hrsg. G. G. Zorzi, in: *Saggi e Memorie di Storia dell'Arte*, 1958/59, S. 93–94. Palladio, heißt es, sei »nella conversazione piacevolissimo e facentissimo, sicché dava estremo gusto alli Gentiluomini e alli Signori con quali trattava come anco agli operari, dei quali si serviva, tenendoli sempre allegri, e trattenendoli con molte piacevolezze faceva che lavorassero allegrissimamente«.

305 Walter Gropius, ›Programm des Staatlichen Bauhauses in Weimar‹, 1919. Zitiert nach: Ulrich Conrads (Hrsg.), *Programme und Manifeste zur Architektur des 20. Jahrhunderts*, Bertelsmann Fachverlag, Gütersloh/Berlin/München 1964, S. 47.

306 Vgl. hierzu auch die Aufsätze: ›Weiße und Graue. Eine Architekturdiskussion in den USA‹, im vorliegenden Band S. 183–199, hier insbesondere S. 194–197. Und: ›Eigensinn ohne Illusionen. Fragmente zu einem Programm für die architektonische Kultur der nahen Zukunft‹, im vorliegenden Band S. 321–338.

307 Vgl. Michael Köhler, ›»Postmodernismus«: Ein begriffsgeschichtlicher Überblick‹, in: *Amerikastudien*, Jahrgang 22, Heft 1, J. B. Metzlersche Verlagsbuchhandlung, Stuttgart 1977.

308 Federico de Oníz, *Antologia de la Poesia Espanola e Hispanoamericana*, Imp. de la Lib. y casa edit. Hernando, Madrid 1934.

309 Arnold Toynbee, *A Study of History*, Oxford University Press Milford, Oxford 1934 ff.

310 Irving Howe, ›Mass Society and Postmodern Fiction‹, in: *Partisan Review*, Nr. 3, 1959, S. 420–436. – Harry Levin, ›What Was Modernism?‹, in: *Massachussetts Review*, Nr. 4, 1960, S. 609–630.

311 Susan Sontag, ›One Culture and the New Sensibility‹ (1965), in: *Against Interpretation and Other Essays*, Eyre & Spottiswoode, London 1967, S. 293–304.

312 Leslie A. Fiedler, *Cross the Bridge-Close that Gap: Post-Modernism. American Literature Since 1900*, Ed. Marcus Cunliffe, London 1975.

313 Michael Kirby, ›Post-Modern Dance Issue: An Introduction‹, in: *Drama Review*, Nr. 65, New York 1975, S. 3–4. – Charles Jencks, ›The Rise of Post-Modern Architecture‹, in: *Architecture – inner Town Government*. Technische Hogeschool Eindhoven, Eindhoven, Juli 1975. Wiederabdruck in: Architectural Association Quarterly, Nr. 4, London 1975.

314 Jean-François Lyotard, *La condition postmoderne, Rapport sur le savoir*, Les Éditions de Minuit, Paris 1979.

315 Max Frisch, ›Öffentlichkeit als Partner‹, Rede zur Eröffnung der Frankfurter Buchmesse 1958. Abgedruckt in: *Öffentlichkeit als Partner*. Suhrkamp, Frankfurt/Main 1967, S. 56–67. Zitat S. 59, 60.

316 Max Frisch, ›Öffentlichkeit als Partner‹. op. cit. (Anm. 315).

317 Vgl. Anm. 298 sowie W. A. Gut, ›Malereien am Bauwerk‹, in: *Die Kunstkammer*, Heft 12, Berlin 1935. Zitiert nach: Anna Teut, *Architektur im Dritten Reich 1933–1945*, (Bauwelt Fundamente, Band 19), Ullstein, Berlin/Frankfurt/Main/Wien 1967, S. 291.

318 ›Peinliche Vertraulichkeiten‹. Fragen an Wolf Jobst Siedler von Armando Kacz-marczyk, in: *werk und zeit*, Heft 1, 1985, S. 3.

319 Theodor W. Adorno, ›Engagement‹, in: *Noten zur Literatur III*, Suhrkamp, Frankfurt/Main 1965, S. 129.

320 Theodor W. Adorno, *Ästhetische Theorie*, Suhrkamp, Frankfurt/Main 1973.

Die abwesende Utopie
Skizze zu einer kritischen Geschichte der städtebaulichen Leitbilder 1965–1985

Erstpublikation: ›L'utopia assente. Frammenti per una storia critica‹, in: *Casabella*, Heft 487/488, Januar/Februar 1983, S. 8–13.

321 Die Bezeichnung »Skizze« für den vorliegenden Text ist ein Euphemismus; »Fragment«, »Ansatz« oder »Erster Versuch« wäre angesichts der Unvollständig-keit dieser »kritischen Geschichte«, die überdies ein viel zu »heroisches« Bild der architektonischen und städtebaulichen Kultur der letzten zwei Jahrzehnte zeich-net, angemessener. Die Auswahl der diskutierten Ideen, Theorien und Projekte ist extrem arbiträr: und wenn auch Werke wie Louis Kahns Dacca (1962–1974) oder James Stirlings Wohnquartier in Runcorn New Town (1967–1974) innerhalb eines Aufsatzes, der sich mit Utopien auseinandersetzt, auf Grund der Tatsache ihrer stattgefundenen Realisierung noch mit Berechtigung unerwähnt bleiben können, so geht das für die abstrakten urbanistischen Ideen, die ihnen zugrunde liegen, nicht an. Gleiches gilt für viele andere (latente oder explizite) städtebauli-che Utopien der Gegenwart. Im Grunde liegt der Ursprung sämtlicher Unge-reimtheiten (die eine viel längere Rechtfertigung verlangten als diese) im Wort »Geschichte«; darauf, und vor allem auf den damit verbundenen Anspruch, wollte ich aber in der Zukunftsperspektive gerade *nicht* verzichten. Was ich im Subjekt unzureichend eingehalten habe, habe ich in dessen Attribut, »kritisch«, kompensiert: Es ist fast eine Polemik daraus geworden. Den betroffenen Freun-den und Kollegen gegenüber kann ich nur einen mildernden Umstand anführen: den tiefen Respekt für ihre Arbeit, der sich in der Gewissenhaftigkeit ausdrückt, mit welcher ich mich bemüht habe, sie zu diskutieren.

322 Ernst Bloch, *Das Prinzip Hoffnung*, 3 Bände, Suhrkamp, Frankfurt/Main 1959. Zitiert nach: 6. Aufl. 1979, S. 258.

323 Alison Smithson (Hrsg.), *Team 10 Primer*, The MIT Press, Cambridge (Mass.) und London 1968.

324 Aldo Rossi, *Scritti scelti sull'architettura e la città 1956–1972*, clup, Mailand 1972.

325 Francesco Moschini (Hrsg.), *Aldo Rossi. Progetti e disegni 1962–1979. Projects and drawings 1962–1979*, Centro Di, Florenz 1979.

326 Aldo Rossi, *L'architettura della città*, Marsilio Editori, Padua 1966.

327 »It is no longer possible to do anything about it: to modify the misery of modern culture, a great popular movement is necessary, and the misery of architecture is the expression of this knowledge.

In looking at a ruin, especially in the city, I noticed that the contours of things became clouded and confusing. In the exaggerated silence of an urban summer, I grasped the deformation, not only of ourselves, but of objects and things as well. Perhaps there was a certain bewilderment in looking at things which only became more obscure the more precise they were. Out of this bewilderment, I thought, one could attempt to make a project: a house, for example.

I felt that the disorder, if limited and somehow honest, might best correspond to our state of mind.

But I detested the arbitrary disorder that is indifferent to order, a kind of moral obtuseness, complacent well-being, forgetfulness.

To what, then, could I have aspired in my craft?

Certainly to small things, having seen that the possibility of great ones was historically precluded.«

Aus: Aldo Rossi, *A Scientific Autobiography,* Oppositions Books, The MIT Press, Cambridge (Mass.) und London 1981.

328 Eduard F. Sekler, *Stadtmorphologische Studie zum Josefsplatz in Wien,* 1961.

329 Rob Krier, ›Rekonstruktion zerstörter Stadträume, demonstriert am Beispiel der Innenstadt Stuttgarts‹, in: *Inventur. Stuttgarter Wohnbauten 1865–1915,* Ausstellungskatalog Württembergischer Kunstverein Stuttgart in Zusammenarbeit mit dem Landesdenkmalamt Baden-Württemberg, Zentralstelle Stuttgart, Stuttgart 1975, S. 93–98.

330 Rob Krier, *Urban Projects 1968–1982,* Catalogue 5. The Institute for Architecture and Urban Studies, Rizzoli International Publications, New York 1982.

331 Leon Krier, *Drawings 1967–1980,* Archives d'Architecture Moderne, Brüssel 1980.

332 Vgl. Leon Krier/Maurice Culot, *Contreprojects, Controprogetti, Counterprojects,* Archives d'Architecture Moderne, Brüssel 1980.

333 Alexander Mitscherlich, *Die Unwirtlichkeit unserer Städte. Anstiftung zum Unfrieden,* Suhrkamp, Frankfurt/Main 1965.

334 Alle diese Projekte in: Francesco Dal Co (Hrsg.), *10 immagini per Venezia,* Officina Edizioni, Rom 1980.

335 Italo Calvino, *Le città invisibili,* Einaudi, Turin 1972. Deutsch: *Die unsichtbaren Städte,* Hanser, München 1977.

336 Kim Shkapich (Hrsg.), *John Hejduk, Mask of Medusa. Works 1947–1983,* Rizzoli International Publications, New York 1985.

337 Michel Foucault, *Surveiller et punir,* Gallimard, Paris 1975.

338 Martin Heidegger, ›Bauen, Wohnen, Denken‹. Vortrag am 5. August 1951 im Rahmen des »Darmstädter Gesprächs II« über »Mensch und Raum«. Abgedruckt in der entsprechenden Veröffentlichung, Neue Darmstädter Verlagsanstalt, Darmstadt 1972, S. 72 ff. Wieder abgedruckt in: Ders., *Vorträge und Aufsätze,* Günther Neske, Pfullingen 1954, S. 145–162.

339 Martin Heidegger, ›Bauen, Wohnen, Denken‹, op. cit. (Anm. 338), Zitat S. 162.

340 Ernst Bloch, *Das Prinzip Hoffnung,* op. cit. (Anm. 322), S. 1622–1628.

Eigensinn ohne Illusionen
Fragmente zu einem Programm für die architektonische Kultur der nahen Zukunft

Erstpublikation: ›Eigensinn ohne Illusionen. Fragmente zu einem Programm für die architektonische Kultur der nahen Zukunft‹, in: *Freibeuter,* Heft 22, 1984, S. 41–54.

341 »… E oggi, il senso della complessità del tutto, il senso del brulicante o del folto o dello screziato o del labirintico o dello stratificato, è diventato necessariamente complementare alla visione del mondo che si vale di una forzatura semplificatrice, schematizzatrice del reale. Ma il momento che vorremmo scaturisse dall'uno come dall'altro modo di intendere la realtà, è pur sempre quello della non accettazione della situazione data, dello scatto attivo e cosciente, della volontà di contrasto, della ostinazione senza illusioni.« Italo Calvino, ›Il mare dell'oggettività, in: *il menabò di letteratura,*Nr. 2, Turin 1960, S. 14.

342 Ausführlicher wird das Stichwort »Postmodernismus« (in der Architektur) behandelt in: Vittorio Magnago Lampugnani (Hrsg.), *Hatje-Lexikon der Architektur des 20. Jahrhunderts.* Gerd Hatje, Stuttgart 1983, S. 242, 243. – Vgl. hierzu auch die beiden Aufsätze: ›Meinung und Darstellung. Kunst in Architektur und Stadt: fast ein Plädoyer‹; im vorliegenden Band S. 291–306, insbesondere S. 301–304. Und: ›Weiße und Graue. Eine Architekturdiskussion in den USA‹; im vorliegenden Band S. 183–199, insbesondere S. 194–197.

343 Daniel Bell, *The Coming of Post-Industrial Society. A Venture in Social Forecasting,* Basic Books, New York 1973.

344 Jean-François Lyotard, *La condition postmoderne, Rapport sur le savoir,* Les Éditions de Minuit, Paris 1979. – Vgl. auch Charles Newman, *The Post-Modern Aura, The Act of Fiction in an Age of Inflation,* Northwestern University Press, Evanston 1985.

345 Vgl. Stephan Meier, ›Geschichte und kein Ende? Zum Begriff Posthistoire‹, in: *Bauwelt,* Heft 1/2, 74. Jg., 14. Januar 1983, S. 21–23.

346 Gottfried Benn, *Der Ptolemäer,* 1947. Limes Verlag, Wiesbaden 1949. Wieder abgedruckt in: Ders., *Gesammelte Werke.* Band 5, Deutscher Taschenbuchverlag, München 1975.

347 »En simplifiant à l'extrême, on tient pour ›postmoderne‹ l'incrédule à l'égard des métarécits.« Aus: Jean-François Lyotard, *La condition postmoderne,* op. cit. (Anm. 344), S. 7.

348 »Le savoir postmoderne n'est pas seulement l'instrument des pouvoirs. Il raffine notre sensibilité aux différences et renforce notre capacité de supporter l'incommensurable.« Aus: Jean-François Lyotard, *La condition postmoderne,* op. cit. (Anm. 344), S. 8, 9.

349 Hans Sedlmayr, Verlust der Mitte, O. Müller, Salzburg 1948.

350 Vgl. Ernesto Grassi, *Kunst und Mythos,* rowohlts deutsche enzyklopädie, Rowohlt, Hamburg 1957.

351 Mircea Eliade, *Le mythe de l'éternel retour. Archétypes et répétition,* Gallimard, Paris 1947. Dort (Paris 1969, S. 59) heißt es: »La mémoire collective est ahistorique.«

352 Georges Bataille, *Somme athéologique,* Teil 1: *L'expérience intérieure.* Gallimard, Paris 1954.

353 »Et moi je rêve de m'échapper un jour du temps, de l'histoire... L'existence humaine me paraîtrait vaine si elle se trouvait réduite aux seules catégories du mythe. Même ce paradis non-historique dont vous parlez me semblerait difficile à supporter s'il n'y avait pas, près de lui, l'enfer de l'histoire...« Mircea Eliade, *Forêt interdite,* Gallimard, Paris 1955, S. 336.

354 »La città è ridondante: si ripete perché qualcosa arrivi a fissarsi nella mente... La memoria é ridondante: ripete i segni perché la città cominci a esistere.« Italo Calvino, *Le città invisibili,* Einaudi, Turin 1972, S. 27. Deutsch: *Die unsichtbaren Städte,* Hanser, München 1977, S. 24–25.

355 Arnold Gehlen, ›Das Bild des Menschen im Lichte der modernen Anthropologie‹, 1952, in: Ders., *Philosophische Anthropologie und Handlungslehre,* Klostermann, Frankfurt/Main 1983, S. 127–142.

356 »Se vogliamo che tutto rimanga come é, bisogna che tutto cambi.« Giuseppe Tomasi di Lampedusa, *Il Gattopardo,* Feltrinelli, Mailand 1958. Zitiert nach: Universale economica, Feltrinelli, 23. Aufl. Mailand 1975, S. 21.

357 Robert Musil, *Der Mann ohne Eigenschaften,* Rowohlt, Berlin 1930. Zitiert nach: Ders., *Gesammelte Werke in neun Bänden,* Hrsg. Adolf Frisé, Rowohlt, Reinbek b. Hamburg 1967, S. 31.

358 Robert Musil, *Der Mann ohne Eigenschaften,* op. cit. (Anm. 357), S. 87.

359 Roland Barthes, *Le degré zéro de l'écriture,* Editions du Seuil, Paris 1953

360 Roland Barthes, *Le plaisir du texte,* Editions du Seuil, Paris 1973.

361 »Noi facciamo del razionalismo per arrivare all'architettura, non dell'architettura per arrivare al razionalismo... C'è il razionalismo chiaro e sereno, quasi mediterraneo di talune costruzioni ellenizzanti e il razionalismo barbarico, esasperato, di taluni architetti tipicamente nordici; c'è il razionalismo che dà origine a case e ville fatte per vivere sotto il sole, in mezzo agli alberi, e ai fiori, di fronte alle acque; e il razionalismo che dà vita a inumane visioni di squallore e di incubo.« Leserbrief von Giuseppe Terragni an die Zeitung *Il Giornale d'Italia,* 12. Mai 1931. Abgedruckt in: Enrico Mantero, *Giuseppe Terragni e la città del razionalismo in Italia,* Dedalo, Bari 1969, S. 103–104.

362 Karl Kraus, *Auswahl aus dem Werk,* Kösel, München 1957, S. 48.

363 »...ogni schietta rappresentazione artistica è sé stessa e l'universo, l'universo in quella forma individuale, e quella forma individuale come l'universo. In ogni accento di poeta, in ogni creatura della sua fantasia, c'è tutto l'umano destino, tutte le speranze, le illusioni, i dolori e le gioie, le grandezze e le miserie umane, il dramma intero del reale, che diviene e cresce in perpetuo su sé stesso, soffrendo e gioiendo.« Benedetto Croce, *Breviario di estetica,* G. Laterza e figli, Bari 1913, 5. Aufl. 1938, S. 136, 137.

Bildnachweis

Akademie der Künste, Sammlung Baukunst, Berlin   95

Anderson, Rom   36

The Art Institute of Chicago: *Die Großstadt Architektur*   157 (Geschenk von George Danforth)

Aulanier, Christine, *La Grande Galerie du Bord de l'Eau. Histoire du Palais et du Musée du Louvre,* Paris (kein Erscheinungsdatum)   24

Bauausstellung GmbH, Archiv Stadtneubau, Berlin   98, 118, 121, 122, 170, 171

Bauhaus-Archiv, Berlin   25 (Photothek, Berlin), 76, 142, 144, 164, 166 (Junkers Luftbild, Neuau)

Behnisch & Partner   106

Bekiers, Andreas, Schütze, Karl-Robert, *Zwischen Leipziger Platz und Wilhelmstraße,* Berlin 1981   50, 52, 56, 68

Bibliothèque Nationale, Cabinet des Estampes, Paris   1, 9

Bildarchiv Dr. Franz Stoedtner, Düsseldorf   5, 8, 16, 17, 29, 34, 48, 101, 117, 127, 129, 149, 151, 153, 162, 163

Bildarchiv Foto Marburg   108, 112, 123, 125, 168, 172

Bildarchiv Preußischer Kulturbesitz, Berlin   4, 32, 46, 155, 160, 176

Carroll, Lewis, *Alice's Adventures in Wonderland,* London 1952   28

Chadwick, George F., *The Works of Sir Joseph Paxton, 1803–1865.* Birkenhead 1961   7

Civica Galleria d'Arte Moderna, Mailand   173

Confurius, Gerrit, *Sabbioneta – oder die schöne Kunst der Stadtgründung,* © 1984. Carl Hanser Verlag, München/Wien   35

Éditions des Archives d'Architecture Moderne, *Le Familistère de Guise ou les équivalents de la richesse,* Brüssel (kein Erscheinungsdatum)   19

Fischer von Erlach, Johann Bernhard, *Entwurff einer historischen Architektur,* Wien 1721   116

Frank, Hartmut (Hrsg.), *Faschistische Architekturen. Planen und Bauen in Europa 1930–1945,* Hamburg 1985   137, 140, 143

Frankl, Volfango, Rom   154

Fondation Le Corbusier, Paris   10, 159, 177, 180

Foster Associates, London (Foto: John Donat)   22

Giurgola, Romaldo, Mehta, Jaimini, *Louis I. Kahn,* Zürich/München 1979   120

Gregotti Associati, Mailand   44

Hind, Arthur M., *Giovanni Battista Piranesi: A Critical Study,* London 1967   23

Howard, Ebenezer, *Tomorrow: A Peaceful Path to Social Reform,* London 1898   78

Izzo, Alberto, Gubitosi, Camillo, *Frank Lloyd Wright. Three Quarters of a Century of Drawings,* Florenz 1976   113

Krier, Léon, *Drawings 1967–1980,* Brüssel 1980   169, 178

Kunstbibliothek mit Museum für Architektur, Modebild und Grafik-Design. Staatliche Museen Preußischer Kulturbesitz, Berlin   11, 37, 38, 39, 40, 42, 152, 175

Das Kunstgewerbemuseum zu Berlin, Festschrift zur Eröffnung des Museumsgebäudes, Berlin 1881   54

Lampugnani, Vittorio Magnago   31

Lampugnani, Vittorio Magnago, *Architektur unseres Jahrhunderts in Zeichnungen. Utopie und Realität,* Stuttgart 1982   102, 135

Lampugnani, Vittorio Magnago (Hrsg.), *Lexikon der Architektur des 20. Jahrhunderts,* Stuttgart 1983   165

Register

Personen

A

Aalto, Alvar   27, 195
Abel, Adolf   246
Abraham, Raimund   189
Adorno, Theodor W.   137, 281, 306, 335
Agrest, Diana   189
Ajroldi, Maria   80
Albani, Alessandro   51
Alberti, Leon Battista   27, 68f., 284, 297
Albrecht, Prinz von Preußen   107
Ambasz, Emilio   189
Anker, Alfons   153
Apollodoros von Damaskus   297
Aristoteles   321
Arnolfo di Cambio   297
Arp, Hans   301
Augustus, röm. Kaiser   72

B

Badovici, Jean   250
Bangert, Jansen, Scholz und Schultes, Architektengruppe   205 f.
Bardi, Pietro Maria   230
Barlach, Ernst   234
Barry, Charles   258
Barthes, Roland   335
Bartning, Otto   158, 246
Basile, Ernesto   258
Bataille, Georges   326
Baudelaire, Charles   63
Baum, Mirko   166
Beckett, Samuel   278, 287
Behne, Adolf   9, 62

Behnisch, Günther und Partner   173, 174, 179
Behrens, Peter   28, 43, 52, 93, 151, 153, 154, 157, 179, 232, 248, 253
Bell, Daniel   321
Belli, Carlo   232, 250
Bellori, Giovanni Pietro   9
Bellow, Saul   287
Benjamin, Walter   229
Benn, Gottfried   322
Berg, Max   14, 151
Berlage, Hendrik Petrus   105
Bernini, Gian Lorenzo   27, 258, 297
Bestelmeyer, German   154, 157, 239, 253
Bielenberg und Moser, Architektengemeinschaft   108
Bielenberg, Richard   112
Bismarck, Otto von   143, 162
Bloch, Ernst   131, 283, 307, 320
Bo, Jørgen   173
Böckmann, Wilhelm   100, 106
Böhm, Gottfried   174, 288
Bohnstedt, Ludwig   90
Böll, Heinrich   287
Bonatz, Paul   157, 160, 162, 241, 248, 253, 255, 256
Bontempelli, Massimo   250
Borges, Jorges Luis   202
Borromini, Francesco   10, 28, 210, 284, 297
Botta, Mario   205
Boullée, Etienne-Louis   27
Bramante, Donato   284
Brands, Ludger   166
Braque, Georges   24
Brasini, Armando   238

Städte, Bauten, Institutionen, Vereinigungen

Pläne, Projekte, Wettbewerbe

REGISTER

Copyright-Nachweis